中国旅行社职业经理人实战丛书

现代旅行社管理手册

（第2版）

张道顺　主编

旅游教育出版社
·北京·

丛书策划：丁海秀
责任编辑：安颖侠

图书在版编目（CIP）数据

现代旅行社管理手册/张道顺主编．—北京：旅游教育出版社，2006.4（2010.9）
（中国旅行社职业经理人实战丛书）
ISBN 978-7-5637-1246-5

Ⅰ．现… Ⅱ．张… Ⅲ．旅游社—企业管理 Ⅳ．F590.63

中国版本图书馆 CIP 数据核字（2006）第 014084 号

中国旅行社职业经理人实战丛书
现代旅行社管理手册
（第 2 版）
张道顺　主编

出版单位	旅游教育出版社
地　　址	北京市朝阳区定福庄南里 1 号
邮　　编	100024
发行电话	（010）65778403 65728372 65767462（传真）
本社网址	www.tepcb.com
E-mail	tepfx@163.com
印刷单位	北京中科印刷有限公司
经销单位	新华书店
开　　本	787×960　1/16
印　　张	20
字　　数	322 千字
版　　次	2010 年 9 月第 2 版
印　　次	2010 年 9 月第 1 次印刷
定　　价	32.00 元

（图书如有装订差错请与发行部联系）

修订说明

中国旅游业经过20多年的飞速发展，已经具备了庞大的产业基础。中国加入WTO以后，外资旅行社携巨资和先进的运营模式抢滩中国；中国旅行社企业面临着管理能力升级、产品结构调整、人力资源短缺等多重压力，如何应对这一危机成为一个亟待破解的难题。

目前，"散、小、弱、差"，依旧是中国旅行社界的主流，企业管理水平低下、产品结构单一，与发达国家旅游企业形成鲜明的对比。以产品创新开发为例，旅游产品创新风险大、没有知识产权保护、容易被后来者模仿和学习，是旅游企业不愿意开发新产品的理由之一。造成这一现象的根本原因，是企业没有完善的管理制度，没有形成有效的产品创新和质量管理机制，缺乏精通产品开发和企业管理的专业人才。

另外，由于旅游业的火暴，旅游管理专业也成了高校中的热门专业。据不完全统计，全国旅游专业毕业生每年超过10万人，面临着很大的就业压力。笔者与旅行社、景区、饭店等旅游企业的管理者交流时，他们普遍反映，目前旅游专业毕业生存在着操作能力差、没有敬业精神、学习的兴趣不强、眼高手低、不愿从基层干起等问题。有的总经理宁肯接收没有任何专业背景的转业军人和下岗职工，也不愿接纳旅游专业毕业生就业。这就产生了旅游人力资源供应的结构性矛盾。一方面是大量的企业缺乏专业人才和业务能力强的员工；另一方面是旅游专业毕业生不能顺利就业，发挥自己的专业特长。

笔者在中国民族旅行社有限责任公司工作期间，对于企业管理、产品创新、人力资源等问题有所思考，与旅游业专家进行过交流、论证，对中国旅行社行业"集团化发展、网络化经营"的问题进行了探讨，并进而形成了企业发展思路的初步看法，同时积累了丰富的实战经验和实际案例，后来在同人的鼓励下，愿将积累下来的实战经验与从事管理咨询的实战成果有机结合，归纳总结出来，与广大旅行社同人分享。笔者将这套丛书定位为对旅游产品开发、旅行社企业管理实战技巧的归纳、阐释和实证分析，是对旅游从业者提升业务素质的实践指南。这一定位，应该说是来自于旅游企业经营管理实践过程中对理论的呼唤。

本套中国旅行社职业经理人实战丛书共分两册，包括《旅游产品设计与操作手册》和《现代旅行社管理手册》。丛书采用规范研究和实证研究相结合的方法，引入MBA的案例教学法，尽量采用深入浅出的语言对理论进行阐述；引用了大量被实践证明的成功案例，供旅行社从业者和旅游院校的广大师生学习和研究。丛书对案例进行了画龙点睛式的归纳和分析，试图将引用实证性材料、归纳的方法和案例分析相结合，走一条“实证—规范化—案例分析一体化”的研究途径。目前，采用案例分析法对旅游产品开发和旅行社企业管理研究的书籍尚少，史晓明先生的《旅游产品设计与经营》给了我很大的启发。本丛书中也引用了史先生的一些研究成果。为了增强本丛书的实用性，笔者引用了大量国内外的实战案例和研究成果，尽量将旅游产品开发、旅行社管理等相关领域的最新成果奉献给大家。

修订后的《现代旅行社管理手册》分为四个部分，第一部分业务知识篇，向读者介绍了旅行社行业的基本知识及中国旅行社行业发展的现状和趋势；第二部分职业态度篇，讲述了旅行社员工应该树立什么样的职业态度和如何进入职业角色；第三部分业务技巧篇，采取实战案例分析和理论归纳总结相结合的写作方法，向读者阐述了收客业务、接待业务、同业批发业务、电话营销、投诉处理等具体业务层面的实战技巧；第四部分管理发展篇，则重点讲述了旅行社战略管理、营销管理、产品管理、人力资源管理、信息管理、财务管理等方面的制度建设和如何实现管理的系统化、规范化。

本书既是旅行社经理、总经理的实用工具书，也是旅行社一般员工的培训手册。另外，由于本书具有大量的实证案例，也为旅游院校师生的案例教学提供了丰富的资料。

本书再版将要面世之际，特别感谢上海财经大学的孙健硕士、华东师范大学的程艳博士、南京中国民族旅行社的张道利和赵磊，他们为此书做了大量的资料收集和初稿编写工作。同时由衷地感谢张鸿庆、杨健威、谢鑫、成文、王战、桑郁等中国民族旅行社同人和王祖淦、郁宁、陈丽霜、李光健、吴峰、李志轩、黄泰山、朱晋、赵宇青、陈星高、尚永利、贺霞、吴志祥等广大旅游同人，他们对旅游业的热情和致力于实现旅游企业规范管理的认真态度感动了我，正是由于同他们的充分交流和认真讨论，才促成了这套丛书的出版。这套丛书的修订工作主要由张道顺完成。

本套丛书的顺利完成还凝结着诸多前辈、同人和学术友人的关心和帮助，他们是上海春秋旅行社的王正华总经理和广州广之旅的郑烘总经理。他们的努力造就了上海春秋和广之旅等中国旅行社企业的典范。我的恩师李树德教授、何佳梅教授严谨认真、学以致用的治学风格将是我一生中最大的财富；中企东方资产管理有限公司的王建军先生、赵大奇先生、王翔先生、许永春先生、雷驰先生，他们在咨询界的成就和对我的帮助让我终身难忘，在此一并致以衷心的谢意！

最后感谢我的太太陈秀娟博士和我远在山东的父母，他们无微不至的关爱和一如既往的支持，可以让我全身心地投入到对旅游业的研究和工作中去，从而保证了这套丛书的顺利完成。

“小荷才露尖尖角，早有蜻蜓立上头”。本人希望旅游界的学者同人和旅行社界的众多朋友，广开批评交流讨论之门，进一步推动旅游界的实战案例讨论研究之风，以提升旅游学术研究的实战应用水平，加快中国旅游界与世界旅游发达国家接轨的步伐。欢迎通过电子邮箱 zhangdaoshun@yahoo.com 与本人联系。

张道顺

2010 年 6 月 25 日

目录

第一篇　业务知识篇

第二篇　职业态度篇

第三篇 业务技巧篇

第四篇　管理发展篇

第一篇

业务知识篇

第一章

认识旅行社

本章导读

本章主要介绍旅行社产生和发展的历程、旅行社的性质与职能，以及旅行社的类型及基本业务。另外，还向读者介绍旅行社设立的基本条件和程序。

通过本章的学习，您应该能够：

(1)了解旅行社产生的社会经济背景及发展历程。

(2)掌握旅行社的定义、性质与职能等基本知识。

(3)熟悉旅行社的基本业务和分工体系。

(4)明确设立不同类型旅行社的基本条件和程序。

一、旅行社与旅行社业

(一)旅行社的产生

旅行社是人类社会的经济、科技和社会分工发展的直接结果，同时也是旅行活动长期发展的必然产物。18 世纪中叶，英国工业革命不仅革新了生产技术，促使世界经济结构和社会面貌发生了巨变，还极大地改变了旅游活动的发展进程，促进了旅行社的产生。其成就主要体现在：

(1)产业革命加速了人类社会生产力的发展，社会财富急剧增加，有钱人越来越多，为旅游的发展奠定了市场基础。

(2)产业革命促进了科技进步，尤其是交通技术的大力发展，蒸汽机车和轮船的相继出现，使运输能力得到了空前提高，大大缩短了旅行时间，使大规模、长距离的旅行成为可能。

(3)产业革命加速了城市化的进程，使人们的生活和生产方式发生了很大的变化。这一变化最终导致人们产生了适时逃避紧张的城市生活、单调的工作、拥挤嘈杂的环境的需要。总之，工业革命提供并满足了旅行的两个必要条件：金钱和时间，世界上第一个旅行社就是在这种背景下产生的。

1841 年 7 月 5 日，身为传教士的英格兰牧师托马斯·库克(Tomas Cook)组织了世界上第一次团体包价旅游。他包租了一列火车，运载570人，从莱斯特到拉夫伯勒参加一次禁酒大会，全程往返24英里，每人仅收费1先令。随后，他又多次组织类似的活动，从中认识到旅游市场的巨大商机。1845年，库克在赖斯克正式成立世界上第一家旅行社——托马斯·库克旅行社，开始举办商业性的旅行业务。1845年夏天，库克组织了世界上第一个团体观光消遣旅游团，从莱斯特到利物浦，为期一周，而且还配备了专职的导游。此次活动的目的是纯商业营利性的，与以前的观光活动有明显的区别。库克为了能够顺利地完成这次旅行，做了大量的考察工作，编写了世界上第一本旅游指南《利物浦之行手册》，包含了旅游线路考察、旅游产品组织、旅游广告宣传、旅游团队的组织和陪同及导游等多项内容的旅行社业务活动。

1855年，托马斯·库克组织了从英国来斯特到法国巴黎的第一次出国包价旅游，在巴黎停留、游览4天。这次包价旅游可以说是现代出境旅游业务的初次尝试，受到了英国媒体的好评。1872年，托马斯·库克组织了世界上第一个包价环球旅游团。该团由9人组成，库克担任向导，从英国的利物浦出发，行程4万公里，历时222天，历经十几个国家。从此，托马斯·库克和他的旅行社名声远扬，享誉欧美大陆。

由于托马斯·库克创立了世界上第一家旅行社，极大地推动了近代旅游的发展，所以被誉为近代旅游业的创始人。

（二）世界旅行社业发展历程分析

从1845年世界上第一家旅行社成立至今，世界旅行社业，已经历了160年的发展历程，大致可以分为近代旅游时期、大众旅游时期、当代旅游时期。在这三个时期中，从旅游市场特征到旅行社供给，都发生了重大变化（表1-1）。

表1-1　世界旅行社业发展历程表

阶段	近代旅游时期	大众旅游时期	当代旅游时期
时间	1841—1949年	1950—1989年	1990年至今
市场特征	市场容量小，市场发育不成熟，绝大多数人没有旅行经验。	社会经济环境的不断优化，使旅游市场迅速扩大，市场特征表现为“大规模、无差别”。	市场需求呈现出差异化、复杂化、个性化和多样化的特征，对标准化旅游产品的需求日趋减弱。
供给特征	1845年，Tomas Cook创办了第一家旅行社，企业规模小，经营范围有限。	旅行社行业规模迅速扩大，一些旅行社开始大规模跨越国界设立自己的分支机构，形成了跨国旅游企业集团。	旅行社通过分析细分市场特征，进行弹性生产和产品创新，提供多样化的旅游产品，以满足日趋复杂多变的旅游需求，网络化经营成为旅行社发展的潮流。

1. 近代旅游时期的世界旅行社业(1845—1949 年)

托马斯·库克的成功吸引了很多企业的关注,为了满足人们日益增长的旅游需求,各种类似的旅游机构在世界各地迅速发展起来。英国 1857 年成立了登山俱乐部,1885 年成立了帐篷俱乐部;德国、法国 1890 年成立了观光俱乐部;美国运通公司 1850 年开始兼营旅行代理业务,并于 1891 年发生了与现代实用方法相同的第一张旅行支票;1893 年,日本成立了专门接待外国游客的“喜宾会”,开始专门从事招徕和接待国外游客和代办旅行的各项服务,1926 年正式定名为“日本交通公社”。英国的托马斯·库克公司、美国的运通公司和以比利时为主的铁路卧车公司成为当时世界旅行社业的三大巨头。

到 20 世纪 20 年代末,已有 50 多个国家开展了旅行社业务,设立了专门的旅游管理机构和旅游公司,形成了世界规模的旅行社业务。

2. 大众时期的世界旅行社业(1950—1989 年)

“二战”以后,特别是从 20 世纪 50 年代开始,世界各国都致力于经济的恢复和发展,许多新技术的广泛应用促进了社会生产力的迅速提高。人们的经济收入,尤其是可自由支配收入的大幅度增加,为旅游活动的迅速发展和普及奠定了物质基础;喷气式客机等新型交通工具的出现,为人们进行长途旅行提供了便利的交通条件,极大地缩短了人们在旅途中用于交通的时间;社会生产率的提高同时使人们获得了越来越多的闲暇时间,“带薪假期”在西方社会的普遍实施,使人们有时间从事自己喜爱的休闲旅游活动。经济收入的增加、交通条件的改善、闲暇时间的增多,使得旅游活动不断向着规模化、大众化方向发展。

旅游需求的巨大拉动致使旅行社业在全球范围内迎来了前所未有的高速发展期。旅行社的数量和营业收入大幅度增加。根据美国《旅游代理人必备饭店名录》记载,1979 年,全球约有旅行社 31 391 家,美国运通、日本交通公社等大型旅游企业,纷纷到世界各地设立分支机构,组成了遍布世界的旅游服务网络。

3. 当代旅游时期的世界旅行社业(1990 年至今)

进入 20 世纪 90 年代以来,旅游市场开始出现个性化旅游的新特征。人们对行程、服务统一化的全包价旅游产品的需求呈逐渐下降趋势。网络技术等新型技术手段的出现,为人们个性化旅游的实现提供了更加丰富的信息。人们可以从旅行社网站、旅游目的地网站获取自己想要得到的旅游资讯。与此相对应,旅行社界出现了一些依赖网络技术兴起的“网上旅行社”(如“Expedia,Travelocity”等大型旅游网站),传统的旅行社企业也开始利用网络技术提升企业的经营管理能力,网络化经营成为旅行社发展的必然趋势。与此同时,世界旅行社业出现了两极分化的趋势,以超大型旅行社和数量庞大的小旅行社为主,共同构成了世界旅行社业;欧美发达国家的大型旅行社企业,利用自身强大的资本实力,进行了全球范围的兼并、收购与战略联盟,形成了一批实力雄厚、市场占有率高、经营业务范围广,能够对市场产生重要影响的旅行社行业巨头。

（三）中国旅行社业发展历程分析

中国的旅游活动有着悠久的历史，但作为一项经济活动，我国的旅行社最早产生于20世纪20年代。1923年，爱国人士陈光甫在上海商业储蓄银行设立旅行部。这是中国第一家由华人经营的旅游服务企业。该部1925年春天组织第一个赴日旅游的“观樱团”，1927年出版了中国第一本《旅行杂志》，并先后在铁路沿线和长江主要港口城市设立了11个办事处。1927年6月1日，旅行部从银行中独立出来，更名为中国旅行社，1949年该旅行社迁往香港，现为香港中国旅行社股份有限公司。

中华人民共和国成立后，为保护华侨、侨眷的正当利益，方便他们出入境旅行，在福建厦门成立了新中国第一家旅行社——厦门华侨服务社，此后，在全国许多城市都成立了华侨服务社。1957年4月，华侨服务总社在北京成立，1974年更名为中国旅行社（后文简称“中旅”），由中央政府和各地侨办负责。1954年4月15日在北京成立了中国国际旅行社（后文简称“国旅”）总社及上海、杭州、南京等12个城市的分社与支社，主要负责接待外国自费旅游者，由中央政府和地方政府外事办公室直接领导。由于体制的原因，加上我国经济水平不高，以及后来文化大革命的冲击，来我国旅游的境外客人较少，中旅、国旅主要以政治接待为主，不具备企业的性质。

我国具有现代意义的旅行社业大发展，始于改革开放之后，从行业竞争水平和行业发展规模的角度，可以大致分为四个阶段：从事业单位到企业组织阶段、从垄断到竞争阶段、从不完全竞争到完全竞争阶段和从完全竞争阶段到整合阶段。

1. 从事业单位到企业组织阶段（1978—1984年）

改革开放之后，国旅和中旅的主要任务转变为接待自费来华的旅游者，在体制上都是直属政府的行政事业单位，不具备企业性质。1980年，中国青年旅行社（后文简称“中青旅”）总社在北京成立。从此，形成了我国三大旅行社巨头垄断经营的局面。根据国家旅游局规定，全国只有国旅、中旅、中青旅三家总社具有旅游外联的权力，它们之间有相对明确的业务分工：国旅系统，负责接待外国来华旅游者；中旅系统，负责接待港澳同胞和来华旅游的海外华人；青旅系统，主要以来华旅游的青年旅游者作为接待对象。

1984年国务院就我国旅行社体制改革作出了两项决定：一是，规定旅行社的性质，由行政或事业单位转变为企业性质；二是，将旅游外联权力下放，允许更多旅行社经营国际业务。从此，中国旅行社业开始真正走向市场，是旅行社业由行政事业单位向产业化发展迈出的重要一步。

2. 从垄断到竞争阶段（1985—1993年）

1985年，国务院颁布了《旅行社管理暂行条例》。该条例首次将我国旅行社规定为企业性质，同时将我国旅行社划分为“一类社、二类社、三类社”三个类型。其中只有一类社，为经营对外招徕并接待外国人、华侨、港澳同胞、台湾同胞来中国、归国或者回内地旅游业务的旅行社；二类社，为不对外招徕，只经营接待第一类旅行社或者其他涉外部门组织的外国人、华侨、港澳同胞、台湾同胞来中国、归国或者回内地旅游业务的旅行社；三类社为经营中国公民国内旅游业务的旅行社。同时说明，只要符合规定条件，并经旅游专管部门批准，中央和地方各部门均可开办旅行社，凡是批准开办的一类社，就都有外联权。

下放外联权极大地促进了中国旅游业的发展，国旅、中旅、青旅三大系统的市场份额，由1980年的79.6%下降到了1992年的27.8%（见图1－1）。

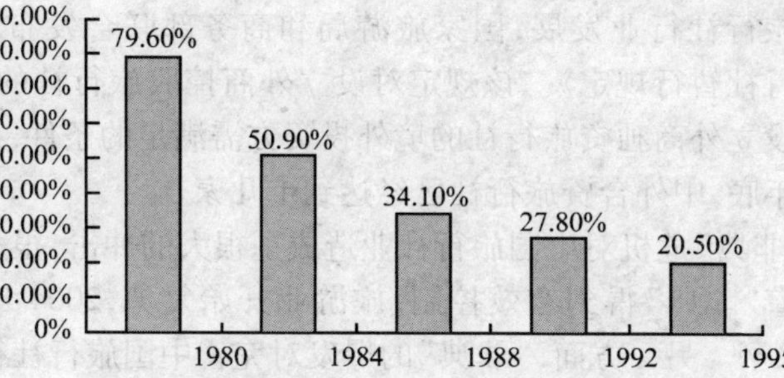

图1－1　国、中、青三大集团市场份额变化情况

20世纪80年代末，我国旅行社就像雨后春笋般发展起来，到1988年，我国共有旅行社1573家。其中，一类社44家、二类社811家、三类社718家。1989年的“六四”风波对我国旅行社业造成了巨大的冲击。旅行社经营者第一次体验到了旅游业的脆弱性和经营旅行社的风险性。旅行社的数量由1989年的1617家下降到1991年的1561家。

3. 从不完全竞争到完全竞争阶段(1994—2008年)

1994年，我国旅行社总数已达到4382家，尤其是1992年邓小平南巡讲话之后，国内旅游市场发展迅猛，从事国内旅游的三类社迅速增加。在我国旅行社行业规模迅猛发展的同时，也暴露了很多问题，旅游市场秩序混乱，旅行社违规经营，坑害、欺诈旅游者的现象时有发生。1995年1月1日，为了规范旅游市场，国家旅游局发布并实施了《旅行社质量保证金暂行规定》和《旅行社质量保证金暂行规定实施细则》，正式开始在我国实施旅行社质量保证金制度。不同经营范围的旅行社所缴纳的质保金各不相同：经营国际旅游招徕和接待业务的旅行社缴纳60万元；经营国际旅游接待业务的旅行社缴纳30万元；特许经营出境游业务的旅行社另外缴纳100万元。随着保证金制度的实施，一部分实力较弱的旅行社因无法缴纳规定数量的质量保证金而被迫退出。旅行社的数量由1994年的4382家减少到1995

年的3826家。

1996年10月,国务院颁布了《旅行社管理条例》,并于2001年12月进行了修订,改变了我国旅行社的分类方式,重新按照业务范围,将我国旅行社划分为国际旅行社和国内旅行社。国际旅行社为经营入境旅游业务、出境旅游业务(特许经营)和国内旅游业务的旅行社。1997年,我国的旅行社总数达到4986家。

1997年,国家旅游局、公安部联合发布了《中国公民自费出国旅游管理暂行办法》,标志着中国出境游市场的正式形成,由此确定了我国旅行社入境旅游、国内旅游、出境旅游三大经营业务的基本格局。

1999年1月,国家旅游局和外经贸部,联合发布了《中外合资旅行社试点暂行办法》,2003年,为了适应我国加入世界贸易组织的新形势,进一步扩大旅游业的对外开放,促进旅行社行业发展,国家旅游局和商务部联合发布了《设立外商控股、外商独资旅行社暂行规定》。该规定对设立外商控股旅行社的境外投资方、境外投资者,以及设立外商独资旅行社的境外投资方需满足的条件,都作出了明确规定。到2003年年底,中外合资旅行社已经达到十几家。

2003年的"非典"危机对中国旅行社业造成了很大的冲击,很多旅行社关门歇业。一方面,随着"非典"得到有效控制,旅游业开始复苏,2004年已经恢复到了"非典"之前的水平。另一方面,"非典"的爆发对完善中国旅行社行业的危机管理机制,有着不可估量的作用。

伴随着旅游宏观环境和旅游市场的明显改善,旅游供给不断增加,旅游市场的竞争也日趋白热化。到2004年年底,我国旅行社总量已经达到1.5339万家,其中,国际旅行社1472家,国内旅行社1.3867万家。随着我国加入WTO,世界旅游巨头开始进入中国。美国运通、欧洲最大的旅游批发商——途易也开始通过成立合资公司等各种手段进入中国;香港中国旅行社也开始利用收购兼并等手段,在中国建立自己的业务网络;国旅、中旅总社、中青旅控股、中国康辉、上海春秋国际等国内旅行社巨头,也开始进行系统内部的整合,中国旅行社业在21世纪迎来了一个大整合的时代。

4. 从完全竞争阶段到整合阶段(2009年至今)

2009年2月20日,温家宝总理签署国务院第550号令,新《旅行社条例》(以下简称《条例》)于2009年5月1日正式实施。新《条例》实施带来了改革开放30年来全国旅游业的一次重大变革,使旅行社的优胜劣汰成为正常,促进了旅游行业进入全面整合阶段。具体来说,新《条例》将通过以下五方面促进行业转变与整合:

(1)加大违法经营打击力度,维护游客合法权益。投诉旅行社,历来是我国旅游消费投诉的一大热点。投诉的问题,集中于旅行社擅自降低住宿、交通、餐饮等服务标准。新的旅行社条例在这方面有了详细的准则,并大幅提高了对旅行社和导游侵犯游客权益行为的惩罚力度。

(2)规范合同内容,强化竞争秩序。新条例最重要的就是对合同的强化,要求旅行社为旅游者提供服务,应当与旅游者签订旅游合同。旅游合同中约定的内容,至少应包括:旅游行程中交通、住宿、餐饮服务安排及其标准;旅行社统一安排的游览项目的具体内容及时间;旅游者自由活动的时间和次数;旅游者应当交付的旅游费用及交付方式、旅行社安排的购物次数、停留时间及购物场所的名称;需要旅游者另行付费的游览项目及价格等事项。旅行社未经旅游者同意在旅游合同约定之外提供其他有偿服务的,将会面临旅游行政管理部门责令改正,处 1 万元人民币以上 5 万元人民币以下罚款的处罚。《条例》还对零、负团费以及人头费等不正当经营行为都做出明确的规定,严禁旅行社低于成本报价,保障旅游者与旅行社的合法权益。

(3)调整旅行社类别,降低入境旅游门槛。新《条例》统一了从事国内旅游业务和入境旅游业务的准入条件,规定取得旅行社业务经营许可后,就既可以经营国内旅游业务也可以经营入境旅游业务。同时,条例还将经营入境旅游业务所需的注册资本最低限额由人民币 150 万元人民币降低为 30 万元人民币,大大降低了入境旅游市场的准入门槛。而出境旅游业务方面,准入门槛同样有所下调。注册资本不少于 30 万元人民币的旅行社取得经营许可满两年,且未因侵害旅游者合法权益受到行政机关罚款以上处罚的,可以申请经营出境旅游业务。这样就解决了过去国内旅行社不能接待外国人,经营入境游旅行社因门槛高而造成的曲高和寡,有利于旅行社行业的健康发展。

(4)弹性监管质量保证金,减轻旅行社负担。以前旅行社质量保证金利息的一部分被作为旅游管理费用,而《条例》规定这项利息属于旅行社所有。并规定旅行社三年无行政罚款以上行政处罚,质量保证金可降低 50%,当出现行政处罚后,要求五日内补足,实现了弹性监管。《条例》还规定,银行担保可以作为质量保证金,这也减轻了旅行社负担。

(5)加强行业自律,加大综合执法力度。一是加强行业自律,引导公平、诚信经营。二是明晰投诉渠道,加大综合执法力度。

总之,新《条例》实现了对旅行社的“宽进严管”,有利于加强对旅行社的管理,提高旅行社的质量与品质,维护旅游市场秩序,最大限度地维护旅游者的合法权益,从而促进旅游行业的全面整合。

二、旅行社的性质与职能

(一)旅行社的性质

旅行社是旅游业的龙头。旅行社作为向旅游者提供服务的中介组织,在不同的国家和地区具有不同的含义。欧美地区将旅行社简单划分为旅游经营商(Tour

Operator)和旅行代理商(Travel Agency)。其中,旅游经营商是一种销售企业。他们在消费者提出要求之前,准备好旅游活动和度假地,组织旅行交流,预订旅游目的地的各类客房,安排多种游览、娱乐活动,提供整套服务(包价旅游),并事先确定价格及出发和回归日期,即组装好旅游产品,由自己属下的销售处或旅游代理商将产品销售给团队或个体消费者。旅游代理商是销售企业,它的职能,一是向公众提供有关旅行、住宿条件及时间、费用和服务项目等信息,并出售产品。二是受交通运输、饭店、餐馆及供应商的委托,以合同规定的价格向旅游者出售他们的产品。销售合同(票据等)标明购买者和销售者是两厢情愿的,旅行代理商只起到中间人的作用。三是接受它所代表的供应商的酬劳,代理商按售出旅游产品总金额的一定比例提取佣金。

1996年,国务院颁布的《旅行社管理条例》明文规定:旅行社,是指有营利目的,从事旅游业务的企业。其中旅游业务,是指"为旅游者代办出境、入境和签证手续,招徕、接待旅游者,为旅游者安排食宿等有偿服务的经营活动"。

由此可见,不同国家、地区和组织,关于旅行社性质的定义不尽相同,但都包含了一些基本相同的内容:

1.营利性

营利性,是旅行社作为一个企业具有的共性,企业经营的最终目的就是实现利润的最大化。

2.中介性

旅行社作为旅游者和旅游服务供应商之间的纽带,把饭店、交通、餐馆、景点、娱乐、旅游购物商店、保险公司等服务部门联结起来,极大地促进了旅游产品的销售。

3.服务性

旅行社作为一种典型的服务企业,出售给旅游者的,是一个包含了相关旅游服务的体验产品,服务始终是产品的核心。

(二)旅行社的职能

旅行社的职能,是满足旅游者在旅游过程中的各种需要,主要包括:

1.组织协调职能

旅游者的旅游过程涉及"行、游、住、食、购、娱"等多方面的活动,要保障这些活动的顺利进行,离不开旅游服务各部门和相关行业的合作和支持。旅行社在旅游过程中要充分发挥组织协调的职能,与旅游要素供应部门一起提供旅游者需要的各种服务。

2.生产职能

旅行社的生产职能也可以称之为"组装"职能。我国旅行社目前销售的大都是"全包价"产品。旅行社需要实现向饭店、交通等要素服务部门批量购买旅游者所需的各种要素，然后根据市场的需求状况进行组装，并且融入旅行社自身的服务，形成市场上出售的“旅游产品”。就此种意义而言，旅行社具有生产职能。

3. 销售职能

旅行社作为旅游业的“龙头”，承担了沟通旅游要素服务供应商和旅游者的重任，使旅游产品更加顺利地进入消费领域，是旅游产品最重要的销售渠道。尤其对于一种跨国度综合性的旅游产品来说，旅行社的作用就会更加明显。

4. 分配职能

旅游者购买了旅游产品之后，将全部费用一次性支付给旅行社。旅行社需根据旅游者的要求，在不同旅游项目之间合理分配旅游者的支出，并于旅游结束后，根据供应商提供服务的数量和质量，合理地分配旅游收入，这个过程充分体现了旅行社的分配职能。

5. 信息提供职能

旅行社信息提供职能主要体现在，一是将旅游者需求等市场信息及时提供给旅游要素服务供应商；二是将各种旅游产品的信息，通过各种渠道传递给旅游消费者，供旅游者选购。

三、旅行社的类型及基本业务

(一)旅行社的主要类型

1. 欧美地区旅行社的分类

欧美国家的旅行社，是在市场经济体制下成长起来的。它形成了一种“垂直分工体系”。不同类型的旅行社分别居于旅游服务产业链的上下游，一般分为旅游经营商和旅游代理商两大类型。

(1)旅游经营商

旅游经营商以组织和批发包价旅游产品为主要业务。相对于旅游代理商，旅游经营商属于上游企业。它通过对旅游市场的分析调查，预测旅游市场的需求和发展趋势，设计组装出各种包价旅游产品。旅游经营商将这些产品批发给旅游代理商，再由旅游代理商销售给旅游者，也可以通过自己的销售机构直接向旅游者出售。旅游经营商的利润，主要来源于旅游产品的批零差价和设计组合旅游产品产生的垄断利润。旅游经营商一般实力雄厚，经营规模较大。例如，美国运通、日本交通公社等，都属于旅游经营商。

(2)旅游代理商

旅游代理商是旅游经营商的下游企业。其主要功能是代理销售旅游经营商的各种旅游产品，向旅游者提供旅游咨询和旅游接待服务。收入全部来源于销售佣金，不同的旅游业务代理，佣金标准不同。如，轮船舱位的佣金为7%～7.5%，航空服务和包价旅游为10%，如果销售额客观，还可以得到2.5%的奖励佣金和其他形式的奖励。近几年，由于航空业持续不景气，网络技术的广泛应用带来的网络直销越来越被广大消费者所接受，导致来自于各大航空公司的销售佣金不断下降。

2. 日本旅行社的分类

1996年4月，日本实施了新的《旅行业法》，以是否从事包价旅游业务为主要标准，对旅行社的分类进行了调整（日本的旅行业及旅行社），将以前划分的"一般旅行业、国内旅行业和旅游代理店"重新划分为"第Ⅰ种旅行业、第Ⅱ种旅行业、第Ⅲ种旅行业"。这种分工体系兼有垂直分工和水平分工的特点，是一种混合式分工体系。

（1）第Ⅰ种旅行业，可以从事海外和国内包价旅游业务。

（2）第Ⅱ种旅行业，只能从事国内包价旅游业务。

（3）第Ⅲ种旅行业，主要作为前两种旅行业的零售代理店，不从事包价旅游业务。

3. 我国旅行社的分类

我国旅行社实行的是一种水平分工体系，不同的旅行社拥有不同的经营范围。我国的旅行社分为国际旅行社和国内旅行社两大类。

（1）国际旅行社，是指经营入境旅游业务、出境旅游业务、国内旅游业务的旅行社。我国的出境旅游业务为特许经营业务，拥有出境旅游经营权的国际旅行社被业内称为"出境社"，截至2008年年底，我国的出境国际社有1970家。

（2）国内旅行社，是指经营中国公民国内旅游的旅行社。

另外，我国加入WTO以后，出现了外商投资旅行社，包括中外合资、合作旅行社和外商独资旅行社。外商投资旅行社的经营范围，包括入境旅游业务和国内旅游业务，出境旅游业务没有向外商投资旅行社开放。

（二）旅行社的基本业务

1. 按经营范围划分

旅行社的业务按照经营范围，可以分为"入境旅游业务、出境旅游业务、国内旅游业务"三大类。

（1）入境旅游业务，是指旅行社组织境外旅游者以团队或散客形式在本国境内进行的旅游活动。

（2）出境旅游业务，是指旅行社组织本国公民以旅游团或散客形式自费前往境外进行的旅游活动。目前，出境游业务由"出国旅游、边境旅游和港澳台旅游"三部分组成。

（3）国内旅游业务，是指旅行社组织本国公民在境内进行的旅游活动。

2. 按服务流程划分

旅行社业务按业务流程，可以分为接待业务、批发业务、直客业务三类。

（1）接待业务，是指旅行社按照旅游接待计划为旅游者（团队或散客）在旅游目的地提供导游翻译，安排旅游者的旅行游览，并负责订房、订餐、订票及旅游目的地之间的联络等综合性旅游服务，并从中获得经营利润的业务。以“接待业务”为主导业务的旅行社被业内称为“地接社”。与接待业务相对应的旅游产品，即“接待产品”或“地接产品”（详见本丛书《旅游产品设计与操作手册》）。

（2）批发业务，是指旅行社批量采购飞机、火车等交通要素和接待产品，组合成包价旅游产品，然后向其他旅行社进行批发，由其他旅行社代为收客，并从中赚取批零差价的业务。目前，中国的批发商形式，主要分为以区域大型旅行社为主体的批发商，和接待旅行社派往旅游客源地的联络处、办事处的批发商两类。

（3）直客业务，是指旅行社接待旅游者或者代理旅游批发商组织旅游者，以团队或散客形式到旅游目的地旅游，向旅游者提供各种相关旅游服务并从中获得利润，即业内通常所说的“组团、散客业务”。以直客业务为主导业务的旅行社通常被业内称为“组团社”。

3. 按组织形式划分

旅行社业务按组织形式可以分为团队业务、散客业务两类。

（1）团队业务，根据团队客人的来源分为“独立成团”和“散客成团”。“独立成团”，是指某一个团体（企事业单位、家庭）为了出游方便独立成为一个出游单位，配备单独的导游；“散客成团”，是指旅游团队是由不同旅行社组织起来的、经客人同意组成的一个旅游团队，由接待社统一安排相关旅游服务。业内的“散客成团”根据成团地点不同还分为“目的地成团”和“客源地成团”两种。

（2）散客业务，是指旅行社为旅游者独自一人或几人提供各种旅游信息咨询服务和单项旅游要素（如机票、火车票、酒店等）预订服务的业务形式。

另外，中国旅行社界根据旅游者的旅游目的不同，还可以将旅行社业务分为满足旅游者旅游观光需求的“观光业务”，满足旅游者休闲度假需求的“度假业务”，满足旅游者会议旅游、奖励旅游及展览、差旅费管理等商务需求的“商务旅游业务”，满足旅游者探险、文化采风、科学考察等特殊旅游需求的“主题旅游业务”等。

四、旅行社设立的基本条件和程序

旅行社的设立，是指由旅行社申办人按照《旅行社管理条例》及《旅行社管理条例实施细则》的规定，备齐申办所需的各种文件并提出申请，报请旅游行政管理部门审核批准，以获得“旅行社业务经营许可证”，然后申请人持“许可证”向工商行政管理机关领取营业执照，取得法人资格，在核准登记的营业范围内从事旅游经营活动的全过程。

(一)旅行社设立的条件

根据最新修订的《旅行社条例》、《旅行社条例实施细则》和《旅行社质量保证金存取管理办法》,我国申请设立旅行社应该至少具备固定的经营场所、必要的营业设施、符合《条例》规定的注册资本和质量保证金四项条件,且随着经营范围的扩大,设立条件将逐步严格。

1. 申请设立旅行社,经营国内旅游业务和入境旅游业务的条件

(1)有固定的经营场所。申请者拥有产权的营业用房,或者申请者租用的、租期不少于1年的营业用房;营业用房应当满足申请者业务经营的需要。

(2)有必要的营业设施。两部以上的直线固定电话、传真机、复印机;具备与旅游行政管理部门及其他旅游经营者联网条件的计算机。

(3)注册资本金。不得少于30万元人民币。

(4)质量保证金。旅行社应当自取得旅行社业务经营许可证之日起3个工作日内,在国务院旅游行政主管部门指定的银行开设专门的质量保证金账户,应当存入质量保证金20万元人民币。

2. 旅行社申请经营出境旅游业务的条件

(1)旅行社取得经营许可满两年,且未因侵害旅游者合法权益受到行政机关罚款以上处罚的,可以申请经营出境旅游业务。

(2)有固定的经营场所。申请者拥有产权的营业用房,或者申请者租用的、租期不少于1年的营业用房;营业用房应当满足申请者业务经营的需要。

(3)有必要的营业设施。有两部以上的直线固定电话、传真机、复印机;具备与旅游行政管理部门及其他旅游经营者联网条件的计算机。

(4)注册资本金。不得少于30万元人民币。

(5)质量保证金。应当增存质量保证金120万元人民币。

3. 旅行社分支机构设立的条件

《旅行社条例》规定,旅行社可以根据业务经营和发展的需要设立分社与旅行社服务网点两类分支结构,其不具有法人资格,以设立分社、服务网点的名义从事《条例》规定的经营活动,其经营活动的责任和后果,由设立社承担。

旅行社分社是指旅行社设立的不具备独立法人资格、以设立社名义开展旅游业务经营活动且不得超过设立社的经营范围的分支机构。设立旅行社分社的条件包括:(1)有必要的营业设施;有固定的经营场所;(2)符合《条例》中规定的质量保证金的要求,每设立一个经营国内旅游业务和入境旅游业务的分社,应当向其质量保证金账户增存5万元人民币;每设立一个经营出境旅游业务的分社,应当向其质量保证金账户增存30万元人民币。

旅行社服务网点是指旅行社设立的,为旅行社招徕旅游者,并以旅行社的名义与旅游者签订旅游合同的门市部等机构。设立服务网点的条件包括：(1)服务网点的区域范围，应当在设立社所在地的设区市的行政区划内，不得在规定的区域范围外设立服务网点；(2)服务网点应当设在方便旅游者认识和出入的公众场所；(3)服务网点应当在设立社的经营范围内，招徕旅游者、提供旅游咨询服务。

4. 外商投资旅行社设立的条件

为进一步全面推进依法行政，切实保障《旅行社条例》(国务院第550号令)准确、顺利地实施，国家旅游局、商务部现决定废止《设立外商控股、外商独资旅行社暂行规定》。

新条例关于外商投资旅行社有以下规定：外商投资旅行社包括中外合资经营旅行社、中外合作经营旅行社和外资旅行社；外商投资旅行社不得经营中国内地居民出国旅游业务以及赴香港特别行政区、澳门特别行政区和台湾地区旅游的业务，但是国务院决定或者我国签署的自由贸易协定和内地与香港、澳门关于建立更紧密经贸关系的安排另有规定的除外；其他与上述非外商投资旅行社设立条件一致。

(二)旅行社设立的程序

1. 准备设立旅行社所必需的相关文件

(1)设立申请书。内容应包括：

- 申请设立的旅行社类别、中英文名称及缩写和设立地。旅行社申报和登记的企业名称，应该符合企业名称登记管理的有关规定，并须含有“旅行社”字样；
- 企业形式、投资者、投资额和出资方式；
- 申请人、受理申请部门的全称、申请报告名称和呈报申请的时间等。

(2)设立旅行社的可行性研究报告。可行性研究报告的内容包括：

- 设立旅行社的市场条件；
- 资金条件的说明；
- 人员条件；
- 受理申请的旅游行政管理部门需要补充说明的其他问题。

(3)旅行社章程。旅行社章程的内容包括：

- 旅行社的宗旨、设立方式、经营范围、经营方式；
- 旅行社的经济性质、注册资金数额及其来源；
- 旅行社的组织机构及其职权；
- 法定代表人产生的程序和职权范围；
- 财务管理制度和利润分配方式；
- 劳动用工制度；
- 章程修改程序和终止程序；
- 对旅游者承担的责任和其他应该说明的问题。

(4)旅行社经理、副经理履历表和资格证书。

(5)验资证明。开户银行出具的资金信用证明、注册会计师及其会计师事务所或审计师事务所出具的验资报告。资金信用证明内容应该包括:资金总额、资金占用形式、资金来源。

(6)经营场所证明。申请人应向旅游行政管理部门提交旅行社营业场所的产权证明或租赁期限在一年以上(含一年)的租房协议。

(7)经营设备情况证明。

2. 申领旅行社业务经营许可证

(1)申请设立旅行社

• 申请设立旅行社,经营国内旅游业务和入境旅游业务的,应当向所在地省、自治区、直辖市旅游行政管理部门或者其委托的设区的市级旅游行政管理部门提出申请,并提交符合条例规定的相关证明文件。受理申请的旅游行政管理部门应当自受理申请之日起20个工作日内作出许可或者不予许可的决定。予以许可的,向申请人颁发旅行社业务经营许可证,申请人持旅行社业务经营许可证向工商行政管理部门办理设立登记;不予许可的,书面通知申请人并说明理由。

• 申请经营出境旅游业务的,应当向国务院旅游行政主管部门或者其委托的省、自治区、直辖市旅游行政管理部门提出申请,受理申请的旅游行政管理部门应当自受理申请之日起20个工作日内作出许可或者不予许可的决定。予以许可的,向申请人换发旅行社业务经营许可证,旅行社应当持换发的旅行社业务经营许可证到工商行政管理部门办理变更登记;不予许可的,书面通知申请人并说明理由。

(2)申请设立旅行社分支机构

• 旅行社分社的登记设立。旅行社设立分社应当持旅行社业务经营许可证副本向分社所在地的工商行政管理部门办理设立登记,并自设立登记之日起3个工作日内向分社所在地与工商登记同级的旅游行政管理部门备案,没有同级旅游行政管理部门的,向上一级旅游行政管理部门备案,需备案的文件包括:设立社的旅行社业务经营许可证副本和企业法人营业执照副本、分社的《营业执照》、分社经理的履历表和身份证明、增存质量保证金的证明文件。

• 旅行社服务网点的登记设立。设立社向服务网点所在地工商行政管理部门办理服务网点设立登记后,应当在3个工作日内,持下列文件向服务网点所在地与工商登记同级的旅游行政管理部门备案:设立社的旅行社业务经营许可证副本和企业法人营业执照副本;服务网点的《营业执照》;服务网点经理的履历表和身份证明。

没有同级旅游行政管理部门的,向上一级旅游行政管理部门备案。

旅行社分社、服务网点备案后,受理备案的旅游行政管理部门应当向旅行社颁发《旅行社分社备案登记证明》或者《旅行社服务网点备案登记证明》。

3. 办理营业执照

申请者在领到“旅行社业务经营许可证”60 个工作日内，持批准设立文件和许可证到工商行政管理部门领取“营业执照”。工商行政管理部门应当在受理申请后 30 日内，作出核准登记或不予核准登记的决定。

4. 办理税务登记

旅行社领取营业执照 30 日内，向当地税务部门办理开业税务登记，并在银行账号办妥后，申请“税务执照”。税务机关审核通过后，发给“税务登记证”。税务登记结束后，旅行社凭“营业执照”，可以刻制公章、开设银行账户、申领发票，进行旅游业务经营活动。

【本章小结】

社会分工的不断发展，促进了一种专门为人们的旅行提供服务的企业组织——“旅行社”的产生。我国旅行社的发展与世界旅行社业相比，具有一定的滞后性，大致可以分为四个发展阶段。旅行社应该是以营利为目的的企业组织，具有特定的职能。

由于社会经济大背景的差异，我国旅行社采取了与欧美国家不同的分工体系。本章从旅行社管理实践的角度出发，对旅行社业务进行了分类。

本章最后介绍了我国目前对各类旅行社设立的基本程序和条件的要求。

第二章

中国旅行社行业发展现状与发展趋势

本章导读

本章首先介绍中国旅行社业的五大业态特征和“小、散、弱、差”的四大问题,分析影响中国旅行社行业发展的宏观环境;其次,阐述中国旅行社业的竞争结构和扩张模式;再次,重点说明21世纪中国旅行社企业的战略选择;最后简单归纳中国旅行社业的发展趋势。

通过本章的学习,您应该能够:

(1)了解中国旅行社业的业态特征及其存在的问题。

(2)初步认识经济环境、产业环境、技术环境对中国旅行社业发展的影响。

(3)明确中国旅行社企业的三大竞争结构和大型旅行社的扩张模式。

(4)掌握21世纪旅行社企业的战略选择。

(5)理解中国旅行社业发展的七大趋势。

一、中国旅行社业的发展概况

中国旅行社业经过20多年的市场化发展,已经具备了相当的产业规模。旅行社通过市场化运作积累了不少宝贵的经营意识和管理经验。中国加入世界贸易组织以后,旅游业出现了对内对外双重开放的局面,旅行社业的发展环境发生了巨大变化,呈现出了新的业态特征。

(一)中国旅行社业业态特征

1.旅行社数量控制的市场化

由于旅游市场的持续繁荣,中国旅行社业近几年呈现出蓬勃发展的局面。国家进一步降低了旅行社进入的政策门槛,国家旅游局已经把国内旅行社的审批权下放。2002年可以经营出境旅游的国际旅行社扩大到了528家,2005年又进一步扩大为672家，到2009年年底已达到1069家。旅行社的数量控制，由原来的政府宏观控制转变为由市场来进行控制。

2. 旅行社经营规模的两极化

中国旅行社业经过20多年的发展，已经出现了年收入超过15亿元的大型旅行社企业。如国旅、中旅、青旅等大型旅行社企业，不但旅行社主业突出，而且还进行了相关多元化经营，企业总资产已达到几十亿元。青旅总社通过股份制改造，成功地进行资本运营，还进入了高科技和旅游房地产等行业。在市场化经济环境下成长起来的上海春秋国际旅行社，不但在全国拥有了30多家分支机构，国内旅游业务连续多年名列全国第一，而且还建立了自己的航空公司，成功地将旅游和航空运营有机结合，成为改革开放以来国内旅行社发展的典范。这些旅行社巨头，已经充当了中国旅行社界整合的先锋，通过各种途径进一步扩大自己的经营网络，呈现出一种规模化发展、网络化经营的趋势。同时，中国旅行社界，还有大量年收入在一二百万元的小型旅行社。这些小旅行社经营灵活，有的小旅行社还实现了一定程度的专业化运营。但是大多数小旅行社还是以代理销售各种旅游产品为主，由于政府放松了对旅行社的审批，可以预见，小型旅行社将越来越多。旅行社规模两极化的特征会更加明显。大量中小旅行社的存在，为我国旅行社的分工体系，由水平分工体系向垂直分工体系过渡，提供了代理网络形成的基础。

3. 旅行社业务多元化

随着中国旅游市场的不断成熟，旅游者需求逐渐呈现多元化趋势。旅游者已经不满足于跟着旅游团队去做急行军式的观光旅游。有经验的旅游者已经逐渐倾向于要求更加自由、放松的休闲度假旅游。我国经济的蓬勃发展带来了庞大集团客户会议、展览、商务旅行等商务旅游方面的业务。因此，中国旅行社业务已经由传统单一的组团观光业务向观光、度假、商务、主题旅游等复合型业务结构转化。

4. 旅行社组团散客化

进入21世纪以来，人们的旅游已经越来越倾向于个性化，出游心理逐渐趋于成熟。旅游目的地的各项服务设施也日趋完善，为旅游者的单独出游创造了良好的接待条件。在这种形势下，国内旅游的组团散客化已经成为一种趋势，一部分比较成熟的旅游者为获得较好的旅游体验，避开三个黄金周和暑假等旅游旺季而选择淡季出游。一部分专家也开始建议我国实行"带薪休假"制度，取消黄金周。在这种背景下，旅行社的散客成团业务所占比例日益上升，很多旅行社已经提供了到目的地成团的接待产品，使得与之相匹配的组团散客化已经成为一种趋势。

5. 旅行社运营手段科技化

随着网络技术的日渐流行，中国旅行社业对于网络技术的应用已经成为一种趋势，很多旅行社建立了自己的网站，以宣传自己的旅游产品。有的旅行社网站已经实现了"酒店、机票、旅游线路产品、度假产品"的在线预订，"青旅控股"花费上千万元,请“浪潮通软”为自己设计了ERP软件,建立了“青旅在线”网站,上海春秋国际旅行社的“网络代理”也已经发展了上千家,“广之旅”的电子商务网站也已经取得了一定的经济收益。“金棕榈”、“美狐”等旅行社业务管理软件的应用范围也越来越广。中国旅行社经营手段的科技含量越来越高,网络技术的广泛应用已经成为提高中国旅行社行业核心竞争力的必要手段。

(二)中国旅行社业存在的问题分析

中国旅行社业虽然已经走过了几十年的发展历程,但是和欧美发达国家的成熟的旅行社业相比,仍然存在着很多亟待改进的问题。旅游专家魏小安先生将中国旅行社业存在的主要问题归纳为“小、散、弱、差”四个字。

(1)“小”:企业规模小。我国旅行社的规模普遍偏小。我国的十大旅行社只相当于发达国家的中小型旅行社,无法实现旅行社运营的规模经济。美国运通已经成功地将旅游业和金融进行有机结合,实现了涵盖商务旅行、中小企业财务管理、个人信用卡发行等经营领域的范围经济。日本最大的旅行社——日本交通公社已经将经营触角延伸到了旅游业的各个领域。我国旅行社企业规模小的主要原因,是经营范围仅限于观光旅游,而欧美、日本等发达国家的旅行社,已经实现了以旅游为龙头的范围经济和规模经济;另外,以美国运通和日本交通公社为代表的国际大旅行社,都有一个规模极其庞大的网络。例如,美国运通在全球130多个国家设有1700多家旅游办事处,为客户提供服务,而我国的旅行社大部分还处于单打独斗的状态。

(2)“散”:企业之间的联系“散”,没有实现集团化、网络化。国旅、中旅、青旅形成了自己的网络,但只是一种比较松散的业务性网络,只建立了业务联系,没有资产纽带,无法形成国际竞争的整体优势。如果不进行大规模的行业整合,我国的旅行社业根本无法与网络庞大、运营模式成熟、应用先进技术的外国大旅行社集团进行竞争。

(3)“弱”:产品开发能力弱。全国2万多家旅行社全部以经营团体观光市场为主,与旅游先进国家有很大差距。在美国,闲暇观光团体方式只占美国旅行社产品的6%。商务旅行和闲暇观光散客产品是美国旅行社的主要产品。我国的旅行社分工不明确,所有旅行社都相当于美国的旅行批发商,由于规模小,没有进行有效的市场细分,自行开发产品的能力差。所以闲暇观光团队产品,是我国旅行社产品的主体,有待开发的新型旅游产品潜力巨大。旅游客源市场开发能力弱、促销经费不足、营销方式单一,没有形成一套行之有效的市场开发策略。

(4)“差”:市场环境差。由于市场定位和经营的旅游产品雷同,市场竞争非常激烈,旅行社之间竞相压价,导致市场混乱。应用新技术的能力差,对信息技术的重视不够。

二、中国旅行社业发展宏观环境影响分析

(一)经济环境

从宏观经济来看，自20世纪90年代以来，中国经济一直处于高速增长之中。经济的高速增长带来了人们生活水平的持续改善，人均旅游消费也直线上升。2009年，我国国内旅游收入10 184亿元人民币，人均旅游消费达到了763元，年人均旅游消费占同期全国居民人均生活消费的比重，由1990年的1.9%上升到2009年的8.1%(图2-1)。

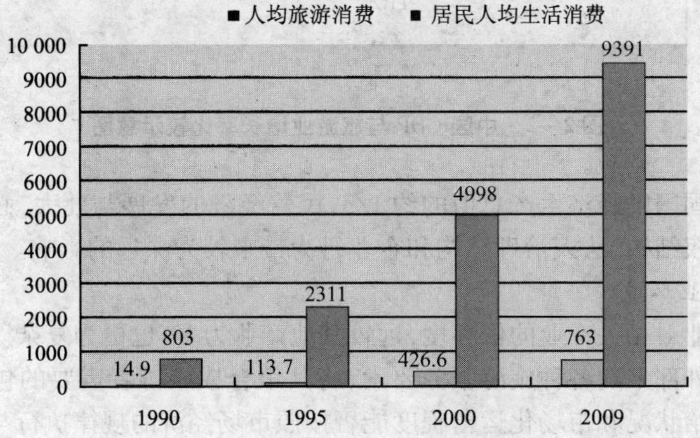

图2-1　中国人均旅游消费增长示意图

国民经济是旅游业发展的基础，20世纪90年代以来国民经济的快速增长支撑了旅游业的快速增长。我国目前人均国民生产总值已经超过了3000美元，根据世界旅游发展的经验，我国已经到了“大众旅游”时代到来的临界点。中国的旅游市场将呈现“排浪式”迅速扩大的趋势，为中国旅行社业的快速发展提供了良好的外部经济环境(图2-2)。

改革开放以来，中国逐渐由计划经济体制向市场经济体制过渡。中国市场经济体制的逐渐完善对中国旅行社业的影响主要体现在以下几个方面：

(1)全国统一市场的建立与完善给旅行社业的网络化建设和集团化发展，提供了全新的市场运作运行空间；

(2)中国已经制定颁布了很多鼓励中小企业发展的政策，形成了一整套扶持鼓励民营中小型企业发展的政策体系，中小企业扶持体系的建立与运行，有利于旅行代理商的分工和旅行社的专业化经营；

(3)邓小平南巡讲话之后，中国的民营经济获得了蓬勃发展，现在民营经济已

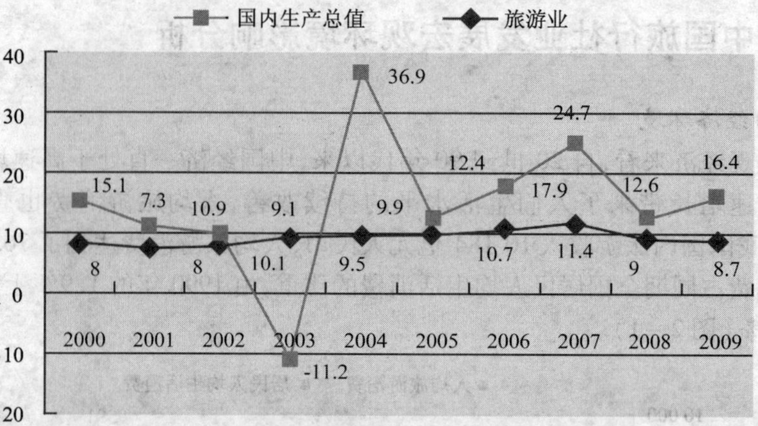

图 2-2　中国 GDP 与旅游业增长率比较示意图

经占到了中国国民经济生产总值的约 1/3，民营经济的发展与壮大，必然会给中国旅行社的产权结构、法人治理结构和企业行为带来较为深远的影响。

（二）产业环境

旅行社业对相关产业的依存度，远较其他产业为多，也更为复杂。旅游产品的生产需要从外部采购各种旅游服务要素，将其组合成旅游者需要的包价产品。旅游要素的供给状况和市场化运营程度能否按照市场经济的规律执行与旅行社的契约，都是旅行社发展产业环境的直接反应。从总体上与旅行社业相关的各个产业，已经处于或正在向市场化、企业化方向迈进，对处于完全竞争态势中的旅行社业来说，逐渐形成了一个较为有利的市场环境。即使铁路、航空、景区景点等自然垄断或长期依靠行政力量维持垄断的行业，也正在逐步改革。从这一点来说，旅行社发展的产业环境正逐步优化（表 2-1）。

表 2-1　中国旅行社产业环境分析简表

旅游产业要素名称	供求状况	产业竞争及市场化状况	旅行社采购能力
航空运输业	供大于求	政府垄断管理，刚刚对民营经济开放，竞争不充分	弱，履约能力差
铁路运输业	求大于供	行业垄断，基本无竞争	弱
出租车公司	供大于求	竞争较充分	中
饭店业	供大于求	完全市场化，竞争激烈	强
景区景点业	求大于供	多头管理，基本无竞争	弱
餐饮业	供求平衡	企业化运作，竞争充分	中
商业零售业	供大于求	完全市场化运作，竞争激烈	强

（三）技术环境

从20世纪90年代中期起，由于国际互联网的广泛应用，使得消费者有能力以低成本获得大量的产品信息，从而改变了产品与服务的传统分销渠道。Expedia等大型旅游预订网站已经对传统的旅游代理商形成了很大的威胁。我国的旅行社在性质上类同于欧美的旅游批发经营商，主要经营包价旅游产品，未来受到信息技术的冲击远不会像欧美旅行代理商所受到的冲击那样严重，如果说有影响的话，可能来自相关产业应用信息技术对旅行社的经营模式的影响，要比对消费者的消费模式的变化影响更大。

在欧美旅游发达国家，电脑预订系统在旅行社的应用非常广泛，在德国已经达到了100%（图2－3）。计算机网络被广泛应用于国内机票、国际机票、出租车、饭店客房、内部管理，以及交易票据分发和信息处理等各项事务。网络技术的广泛应用降低了旅行社的内外部交易成本，最终形成了旅行社的核心竞争能力的有利组成部分。

随着中国互联网技术的普及，中国旅行社业有望通过网络技术迅速弥补与国外发达国家旅行社行业的差距。中国部分旅行社已经建立了自己的网站，而且运用ERP软件管理系统提高了企业的运营水平。确切地讲，网络技术为中国旅行社业提供了良好的技术环境。

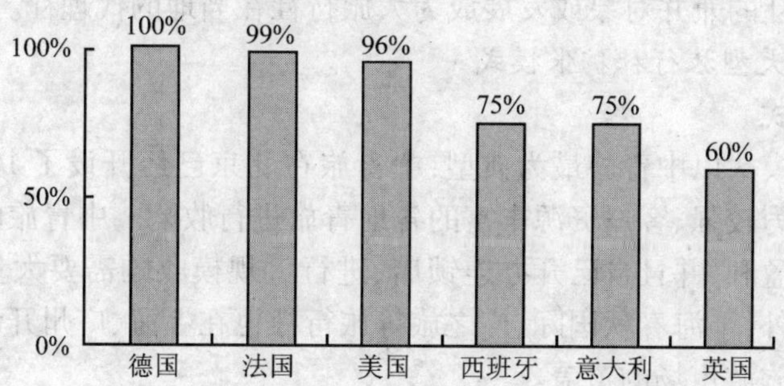

图2－3 世界发达国家旅行社电脑预订系统拥有率比较示意图

三、中国旅行社业竞争层次及扩张模式分析

（一）中国旅行社业企业规模及竞争力层次划分

中国旅行社业和发达国家成熟的旅行社业相比，虽然还显得很稚嫩，但一些旅行社已经具备了发展为中国大旅游经营批发商的雏形，目前正在运用各种手

段进行全国性扩张。综合分析我国旅行社企业的素质,可以将其分为超大型旅行社、以地区强社为代表的绝大多数双百强旅行社、其他中小型旅行社三个层次。

第一层次 超大型旅行社。以香港中国旅行社、中国国际旅行社总社、中国旅行社总社、中青旅控股、上海春秋国际旅行社、中国康辉旅行社为代表。这几家企业通过自建分社、收购兼并、连锁和分支社相互持股等各种方式,已经在全国建立了自己的业务网络。具备了大型旅游批发商的雏形。其中,上海春秋国际旅行社经营的散客成团业务在全国形成了规模,"春秋"还成立了自己的航空公司,为下一步做大做强旅游批发业务奠定了基础。中国康辉飞往泰国普济岛等海外旅游目的地的包机也已经具备了相当大的规模。其他旅行社的分支机构基本上还是处于独立运作的状态。

第二层次 以地区强社为代表的绝大多数双百强旅行社。如锦江旅游、广东中旅、广州广之旅、广东国旅、神舟国旅等。这些地区强社虽然没有建立遍布全国的旅行社经营网络,但却在本地建立了较为完善的业务网络,覆盖了当地国内旅游、出境旅游市场,在入境旅游接待上有较强的实力。这些旅行社已经具备了在全国扩张的实力,目前正在积极进行全国扩张。

第三层次 其他中小型旅行社。随着超大型旅行社和地区强社的强强联合、网络扩张的完成,中小旅行社中的绝大多数旅行社,独立生存空间会越来越小,逐渐沦为大旅行社的兼并对象或发展成为大旅行社在当地的代理社。

(二)中国大型旅行社扩张模式

1. 连锁模式

连锁扩张模式以中青旅最为典型,中青旅在北京已经开设了16家连锁,同时在全国选择实力较强、客户资源丰富的各地青旅进行收购。中青旅的连锁模式,目前还没有实现盈利,并且自己开办连锁店、进行大规模收购需要大量的资金支持。除了中青旅之外,上海春秋国际、广之旅等旅行社也在上海、广州开设了很多门市,实现了对区域旅游市场的覆盖。

2. 品牌扩张模式

品牌扩张模式最典型的是"广之旅"。广之旅的前身是广州旅游公司,经过企业形象策划,确定了"广之旅"这个响亮的名称,同时进行了一系列的品牌塑造工作。目前,"广之旅"已经成为一个非常响亮的品牌,并运用品牌的优势进行扩张,吸引小旅行社以特许经营的方式加入广之旅的阵营。品牌扩张模式需要有较强的品牌优势和对加盟社较强的控制力。国旅总社和美国运通成立的合资旅行社,也开始利用品牌扩张的方式在中国建立自己的商务接待网络,由美国运通提供全方位的指导和培训工作。中旅总社在"中旅 CTS"被认定为驰名商标之后,也启动了自己的品牌扩张计划。

3. 收购兼并模式

目前，很多大旅行社均采取了这种扩张模式，强势介入中国内地旅游市场的香港中国旅行社首先在北京设立了自己的全资子公司——中旅国际，然后利用自身强大的资本实力通过收购的手段收购了上海中旅等优质旅行社，在上海、西安、成都、青岛、乌鲁木齐等市成立了自己的分支机构。中旅总社也在全国收购了 13 家地方中旅，加强了对地方中旅的控制力度。国旅总社也收购了广东国旅、西安国旅、北京国旅、河南国旅、新疆国旅、承德国旅、辽宁国旅等地方国旅。收购兼并模式需要相当数量的资金支持，并且收购方要具有成熟的旅游产品和经营模式，能够在较短时间内实现二者的业务互动，从而实现旅游业务的联网运作。

4. 行政划拨方式

行政划拨，一般由当地政府将自己投资设立的旅行社采用行政划拨的方式，组建旅行社集团。其中以上海锦江国际旅游股份有限公司和北京神舟国旅集团的组建最为典型。上海锦江国际旅游股份有限公司是锦江国际(集团)有限公司旗下，主营旅行社业务的上市公司，整合了原上海中国国际旅行社股份有限公司、上海锦江旅游有限公司、上海华亭海外旅游公司、上海旅行社等上海最大、最知名的国际、国内旅行社。神舟国旅集团由北京市政府所属的北京中国国际旅行社、北京市中国旅行社、北京海外旅游公司、北京市旅行社、神州国际旅游公司、方舟旅行社等旅行社及相关企业重组组建。目前，神舟国旅已经将北京国旅的控股权移交给了国旅总社。

随着中央下属大型集团改革的深入，中央级的旅行社企业重组也出现了行政划拨方式。例如，在全国拥有 15 家国际旅行社、3 家航空运输代理公司、1 家游船公司及 2 座写字楼，以及日本、英国、香港特别行政区的旅游事务所及合资旅行社，总资产近 3 亿元人民币的招商旅游集团，于 2005 年 7 月份，以行政划拨的方式并入香港中国旅游集团。

(三) 中国著名旅行社综合竞争力定性评价表

某咨询机构选取了网络建设、产品研发、市场开拓、品牌知名度、接待服务能力、电子商务六大指标，对中国著名旅行社企业在中国内地旅游市场上的综合竞争力，进行了定性评价，见表 2－2。

表 2－2　中国著名旅行社综合竞争力定性评价表

主要旅行社	网络建设	产品研发	市场开拓	品牌知名度	接待服务	电子商务
港中旅	★★★★★	★★★	★★★★★	★★★	★★★★★	★★★
国旅总社	★★★★	★★★	★★★	★★★★★	★★★★★	★★★
中旅总社	★★★★	★★★	★★★★	★★★★	★★★★★	★★★

续表

主要旅行社	网络建设	产品研发	市场开拓	品牌知名度	接待服务	电子商务
中青旅控股	★★★★	★★★	★★★★	★★★	★★★★	★★★★★
中国康辉	★★★★★	★★★	★★★★★	★★★★	★★★★	★★
上海春秋	★★★★★	★★★	★★★★★	★★★	★★★	★★★★★
锦江旅游	★★	★★★	★★★	★★	★★★★	★★
神舟国旅	★★	★★★	★★★	★★	★★★★	★★
广州广之旅	★★★	★★★	★★★	★★★★	★★★★	★★★★★
广东中旅	★★★	★★★	★★★	★★	★★★★	★★★

四、21 世纪中国旅行社企业的经营战略选择

（一）大型旅行社的战略选择

中国的大型旅行社已经具备了一定的对外扩张能力，为了应对国际旅游巨头的竞争，需要确立正确的经营战略。

1. 全球化经营战略

在完全竞争和国际化竞争的新时代，中国的大型旅行社要有意识地站在全球旅游市场发展和旅行社竞争的高度，来思考自己的发展规划和经营战略。从更高层面上来看，一个优秀的旅行社管理者，必须把旅行社本身也当作“产品”来经营。这就要求现有的旅行社管理理论与实践工作者，必须熟悉现代市场经济和企业运作制度，并把思考的触角延展到企业外部的旅游市场、物业市场、金融与证券市场，通过资本运营、品牌发育、营销网络构建、人力资源培育等市场创新和管理创新等手段来“经营”旅行社，努力使自己所管理的旅行社成为满足业主利益最大化需要的公众型公司。

国际化的战略眼光，还要求我国的旅行社企业要关注中国公民出境旅游市场的发展，在政府的服务贸易采购战略、对等开放市场政策引导下，积极主动地开展高层次的跨国经营活动。争取尽快建立服务于中国公民旅游的“网络递增覆盖”的发展目标。目前，国内的大型旅行社已经确立了自己的国际化经营战略，通过收购兼并和新注册等形式，在中国公民重要的旅游目的地构建了属于自己的国际化经营网络。

2. 品牌化竞争战略

相对于价格竞争而言，品牌竞争是旅行社在更高层面进行的竞争，也是中国旅行社业走出价格竞争低谷的有效途径。中国的大型旅行社已经在中国公民旅游市

场中建立了良好的品牌影响力。在良好的企业品牌之下,大型旅行社可以组织不同系列或不同类型的旅游活动。在旅游行业的竞争由单纯的价格战转入品质和特色的比拼阶段后,大型旅行社认识到了产品品牌的重要性。它们纷纷打造属于本企业的具有针对性的主题旅游产品来抢占市场,实施品牌竞争战略。目前,旅行社推出的品牌旅游产品大致有两大类别,一是同一目的地不同行程的系列旅游;二是具有针对性的,如婚庆、休学、保健、探险、休闲、夏令营等个性化、专业化的主题旅游。从理论上讲,旅行社可以将上述名称进行注册,但这只是表明,该旅行社对于这些特有的文字组合具有排他性使用权,并不表明其他旅行社无权经营类似的旅游活动。旅游者会根据自己的需求、期望以及产品的价格、方便程度和品牌等因素,选择自己中意的旅行社,会仰慕旅行社良好的声誉而参加其组织的不同系列或不同类型的旅游活动。

3. 人力资本战略

旅行社经营应该高度重视人力资源的开发与使用,特别是对高素质经理人员的激励机制建设。这里有三个层面的问题,企业家和战略投资者层面、职业经理人层面、企业经营领域的专业技术人员队伍层面。在市场经济条件下,只有流动,人才要素才会有价格。人才才能够通过市场竞争发现自己的长处和不足,才能够持续学习和创新,以保持自己在要素市场上的竞争地位。所以,要转变企业的用人机制,要勇于打破一些诸如"论资排辈"、"内部选拔"、"只能上不能下"之类的条条框框。

21世纪中国大型旅行社的经营者,应该充分认识到人才在旅行社核心竞争力构建中的重要作用,适应社会主义市场经济的要求,积极在企业内部推行管理层持股制度,让企业的业务骨干同时成为企业的拥有者,从企业产权层面彻底解决企业经营者与所有者利益不一致的矛盾,真正实现企业的人才资本战略。例如,中国康辉旅游集团通过管理层持股,较好地解决了这一问题。

4. 信息化战略

信息技术的应用,已经在全球范围内对各行各业产生了广泛的冲击,电子商务已经成为企业转型时所必须学习与应用的概念。其他类型的企业,尤其是其他类型的服务企业所应用的电子商务手段,在中国的旅行社中都可以运用,关键是中国旅行社首先要完善自身建设,强化科学管理的理念。在市场经济中,企业以效率和效益取胜,信息技术为企业提高效率和效益提供了共同的技术基础。信息技术毕竟只是一种技术手段,不应用信息技术的旅行社,不会成为具有国际竞争力的旅行社,而应用信息技术的旅行社,要依靠对信息技术的把握和充分利用,通过信息技术所获得的信息来寻找商机,才能实现发展的目标。

我国目前只有上海春秋国际旅行社的散客成团网络初具规模,其他旅行社在国内根本没有建立起自己的有效网络。在欧美旅游发达国家,电脑预订系统在旅行社的应用非常广泛，在德国已经达到了100%。计算机网络被广泛应用于国内机票、国际机票、出租车、饭店客房、内部管理，以及交易票据分发和信息处理等各项事务。网络技术的广泛应用，降低了旅行社的内外部交易成本，最终形成了旅行社的核心竞争能力的有利组成部分。信息技术的成熟，为我国旅行社业的整合提供了一个强有力的技术工具。

中国旅行社应用信息技术的现状，不足以迎接来自国际旅游巨头的挑战，但是，只要抓住信息技术提供的机遇，并将信息技术的应用与行业变革紧密结合，中国旅行社终将找到一条适合自身的信息技术发展之路。

(二)中小型旅行社在中国旅行社业整合浪潮中的战略选择

在旅游市场竞争日益激烈，中国旅行社业面临整合风潮的21世纪，中国数量庞大的中小型旅行社将面临怎样的选择，是退出旅游市场，还是走专业化和连锁经营的道路，这取决于中小型旅行社自身的定位。

1. 中小型旅行社发展壮大的障碍分析

中国的中小型旅行社要想发展壮大，首先需要突破资金实力的障碍。中国的中小型旅行社注册资本金少则30万元，多则几百万元。这样的资金实力与大型旅行社相比，无疑处于很大的劣势。大型旅游产品，如包机、专列、系列旅游团的运作等，都需要相当数量的资金支持。凭借自身的资金实力，中小型旅行社很难在这些方面取得突破。其次，中小型旅行社还面临着企业管理和技术条件的制约。据不完全调查，中国中小型旅行社企业的旅游业务流程亟须规范，绝大多数中小型旅行社企业的总经理，同时又是企业最大的业务员和企业的总计调；由于人力资源和企业业务操作规范程度的制约，信息化管理系统在中小型旅行社企业中普及率很低，即使已经购买了旅行社管理软件的旅行社，应用效果也反映不好。再次，中小型旅行社普遍缺乏战略规划和企业品牌意识，绝大多数中小型旅行社的管理者不知道自己企业未来的发展方向，整天沉溺于企业的具体业务；中小型旅行社企业品牌意识淡薄，没有完整的品牌规划和发展计划，有的中小型旅行社虽然具备了一定的品牌影响力，但仅仅局限于某一地区市场，没有品牌复制和扩张的能力。

综上所述，中小型旅行社在未来的发展中，需要面对资金、企业管理、技术条件、战略规划、企业品牌等诸多方面的制约。

2. 中小型旅行社发展中定位和认识的误区

中小型旅行社对于发展定位的误区，主要体现在盲目多元化投资和执迷于企业归属权。

(1)盲目多元化投资。中国的中小型旅行社企业，由于受环境和自身制约因素的影响，绝大多数没有形成自己的核心竞争力，即使在某一两个旅游产品的运作上取得成功，也不能保证企业的永续经营。很多中小型旅行社企业在区域旅游市场中取得一定市场份额之后，往往不是围绕自己已经取得的竞争优势打造企业的核心竞争力,而是盲目地进行多元化投资。有的从主营业务中调出资金投资于餐厅、购物商店、景点开发等旅游相关产业,有的甚至将资金投入到与旅游业毫不相关的产业中去。由于新项目的管理运营和旅行社的管理运营存在着较大的差异,结果造成主业停滞不前。没有进行充分调研和分析的多元化投资往往以失败而告终。

(2)执迷于企业归属权。有些中小型旅行社企业的管理者认识到了凭借自身实力发展的局限性,也试图与那些在全国进行扩张的大型旅行社结盟,成为大型旅行社企业的控股自控公司。但是,中国中小型旅行社企业的管理者有着浓重的"创业者情结",总是担心成为大型旅行社的控股子公司之后,自己的利益会受到损害,自己会丢掉对企业的控制权。因此,在遇到此类机会时总是踌躇不前,最终坐失良机。在市场经济条件下,企业归属权、控制权的重要性和企业的发展前途比较起来,孰轻孰重,中小型旅行社的管理者应该有一个清醒的认识。企业是谁的并不重要,最关键的是企业能否进一步发展壮大。

3. 中小型旅行社的发展方向选择

(1)立足于成为旅游代理商,建立区域销售网络。对于绝大多数中国的中小型旅行社企业而言,应该清醒地认识到,随着旅游市场竞争的日益白热化,大型旅行社之间的强强整合,必然带来中国旅行社企业分工体系的调整,成为旅游代理商是众多中小型旅行社企业的必然选择。中小型旅行社应该积极地与多个大旅游批发商建立合作关系,同时拓展自己的旅游产品种类,将机票、饭店等单项预订产品,以及机票+饭店纳入自己的经营范围;同时,立足于区域旅游服务市场,在某一地区或某一城市建立自己完善的收客服务网络,减少自己在旅游产品研发和产品采购上的投入,利用自己在区域旅游市场中的覆盖网络和良好的服务品牌,来赢得与旅游批发商合作的主动权,进一步丰富自己的产品结构,形成以构建区域网络模式为主体的旅游代理商发展模式。

(2)进行市场细分,形成旅游服务专业化的竞争优势。由于投资主体的影响或旅游管理者对旅游市场的认识,一部分中小型旅行社在一些细分旅游市场上形成了自己的品牌。这部分旅行社可以凭借已经取得的品牌优势和对细分旅游市场消费者需求特征的把握,把细分市场做深做透,形成产品系列化和服务专业化,在该市场上形成对大型旅行社的竞争优势。同时联合全国各地在该细分市场中的专业旅行社进行业务互动,形成专业旅行社连锁经营的网络。

(3)建立统一的信息化系统,在此基础上统一业务运作和企业管理模式,最终形成有产权关系的企业联盟,达到联合做大的目标。中国的中小型旅行社为了应对日益严重的生存和发展危机,纷纷建立各种类型的旅游联合体。有些区域性的旅游联合体,以某一项目为运作中心。如旅游餐厅或旅游购物商店等。在此基础上达到联合采购、降低采购成本、联合发团等业务合作的目的。还有一些全国性的旅游联合体，每年定期召开联合体成员大会。目前，联合体模式并没有给中小型旅行社的发展带来实质性的影响。其主要原因，是目前的联合体模式没有任何实质的联合，基本上属于旅行社同行联谊会的范畴。中小型旅行社要想达到联合做大的目的，必须在企业运作理念接近的基础上，建立统一的信息化系统，建立成员企业之间的业务联动，然后进一步磨合，统一成员企业的业务运作流程和管理模式，最终可以通过相互参股或吸引战略投资者的方式，建立有产权关系的企业联盟，实现联合做大的发展目标。

（4）加入某大型旅行社，成为该旅行社在本地区的运营中心。目前，中国的大型旅行社正在全国各地进行地方运营中心的建设工作。一些优质的地方旅行社将会成为大型旅行社的收购目标。对于在区域旅游市场中占据一定市场份额的地方旅行社管理者来说，应该把握进一步发展壮大的机遇，争取成为该大型旅行社在本地区的运营中心。这样不但能获得一定数量的资金支持，而且还会获得大型旅行社各地成员企业之间业务互动带来的业务多元化的优势。

五、中国旅行社业发展趋势分析

（一）旅行社业市场将进一步开放

21 世纪的中国旅行社将面临来自发达国家旅行社巨头的不对称竞争，国外的旅行社可能以成熟的业务操作模式、雄厚的资金优势、先进的网络预订系统等诸多优势进入中国市场，中国的旅行社面临的冲击和压力很大，竞争将进一步加剧；同时，中国已经放开了对于国内旅行社的审批权，更多新的有活力的国内旅行社将出现在旅游市场上。在内外竞争压力的打击下，许多规模不大、竞争力不强的旅行社将面临破产的危险。

（二）企业制度改革将进一步深入

国有旅行社将通过实行股份制等形式进行改革，目前，国内的主要旅行社都进行了股份制改革，中国康辉集团还利用企业改制的机会实现了管理层持股，进一步调动了企业骨干的积极性。随着国家对旅行社行业管制的放松，各种经济成分将通过各种方式进入旅行社业，旅行社的所有制将趋于多样化。

（三）旅行社业的分工体系将得到调整

随着中国旅行社整合风潮的加剧，大型旅行社和地区优质旅行社的强强联合，中国将出现不超过 10 家大型旅游批发商，中型旅行社通过对旅游市场的细分实现在某一市场上运营的专业化，小型旅行社则通过成为大型旅行社的代理等形式，完成中国旅行社由水平分工体系向垂直分工体系的调整。

（四）旅行社数量的进一步增长，将促进旅游产品开发出现多样化

中国的大众旅游时代已经到来。因此，中国旅游市场将出现排浪式的发展态

势。现有旅行社的数量远不能满足国内旅游迅猛发展的需要，旅行社的数量将进一步扩大；随着国家行业整合国际化的发展趋势，机票代理机构和旅行社代理商将合二为一。可以预见，在适当的时候，国家会把一些以经营旅游业务为主的网站列入旅行社管理范畴。同时，旅行社开始细分市场，产品开发将趋于多元化。

（五）信息技术将得到广泛应用

随着信息时代的来临，中国旅行社将面临以信息技术为核心的企业竞争力迅速提升的机遇。旅行社企业对于信息技术的应用主要体现在互联网的应用、全球分销系统的应用、企业信息管理系统的建设与运营三个方面。信息技术的广泛应用，将进一步提高旅行社的效率和促进中国旅行社业分工体系的调整。

（六）旅行社业的竞争将从目前的价格竞争过渡到品牌竞争

随着中国旅行社业强强整合风潮的结束，中国旅行社业将形成稳定的金字塔形行业结构，旅行社在加强管理、提高服务质量的同时，通过内部规范和外部促销，在市场上树立起鲜明的形象，建立企业的品牌。同时，中国旅游消费者的品牌消费意识将不断觉醒，将进一步促进中国旅行社业优质服务品牌的形成。

（七）少数旅行社将走向跨国经营的道路

随着中国旅行社业中佼佼者企业实力的增强，同时通过恰当的资本运作从资本市场获得对外扩张的资金支持，少数旅行社将凭借自己在国内旅游市场上的优势地位，伴随中国旅游者走遍世界各地的足迹，顺利地实现跨国经营的梦想。

【本章小结】

本章对中国加入世界贸易组织以后，旅游业出现的对内、对外双重开放的局面、旅行社业发展环境发生的巨大变化和呈现出的新的业态特征，以及中国旅行社业还存在的“小、散、弱、差”四个方面的问题作了系统阐述，并从经济环境、产业环境、技术分析等角度，分析了影响中国旅行社业发展的宏观环境。另外，也从多个层面阐述了中国旅行社业的三个竞争层次及四个扩张模式。

本章指出，全球化经营战略、品牌化竞争战略、人力资本战略、信息化战略，是21世纪中国大型旅行社企业必须面临的战略选择；中国的中小型旅行社企业需要走出盲目多元化投资和执迷于企业归属权的误区，根据自身具体情况，选择适合自己的发展方向，同时提出了21世纪中国旅行社业将面临的新的发展趋势。

第二篇

职业态度篇

第三章

培养正确的职业态度

本章导读

本章首先介绍旅行社的企业本质，明确旅行社企业对于员工的功能和含义；其次说明为什么正确的职业态度是绩效的基础；最后阐述如何进行态度管理，培养积极的态度及旅行社业崇尚的十大观念。

通过本章的学习，您应该能够：

(1) 了解旅行社企业的组织层次，以及旅行社对于员工的功能和意义。

(2) 明确正确的职业态度是绩效的基础。

(3) 掌握如何进行态度管理和培养积极的态度。

一、旅行社的本质

旅行社作为旅游业的龙头企业，是旅游客源市场的开发者和旅游产品的组合销售者。作为一种企业形态，旅行社本质上是投资者建立的一个旅游服务企业，通过向旅游者提供满足客源市场需要的旅游产品，为旅游者提供满意的旅游服务，让旅游者在旅游过程中得到满意的旅游体验。旅游者为他们得到的旅游服务和愉快的心理体验，付给旅行社企业一定的服务费用，这就构成了旅行社企业的收入。旅行社企业通过持续的经营和服务过程获得企业运营的利润；最终再通过员工薪资、企业向国家缴纳的税金、企业发展提取的公益金、投资者应得到的投资收益、旅行社企业扩大服务范围所需的投资等形式，完成利润的二次分配。

(一)旅行社企业的组织层次

从企业的构建和组织层次来看，投资者通过向国家缴纳旅游质量保证金和足额的企业注册资本成立了旅行社，他们构成了旅行社组织结构的最高层。根据现代企业制度和改革开放的要求，我国逐步实行了投资者与经营者分开的改革。经营者作为旅行社经营管理的全权负责人，直接向投资者负责，构成了旅行社企业的第二层。对于一些中小型旅行社企业而言，投资者与经营者往往合二为一。经营者负责制订公司的发展战略和经营计划。经营计划的实施需要组织结构和人力资源的保证。因此,需要聘请一批能力强的管理人员来保证企业运营的正常进行。由此,管理人员就构成了旅行社企业的第三层次,即企业界统称的“中层管理干部”。他们既要对经营者负责,有效地实施经营者制订的经营计划和发展战略,又要对下负责,有效地将员工组织成一个强有力的服务团队,确保为旅游市场提供种类多样、特色鲜明的各类旅游产品,提高员工的服务能力,从而使游客获得满意的旅游体验成为现实。旅行社企业组织结构的第四层,是旅行社企业的一般员工。他们是直接为游客提供服务的一线人员,应该按照企业规章制度的要求和管理人员的指令,为游客提供规范的旅游服务,从而最终实现旅游企业成立的宗旨——提供旅游服务,获取经营利润。投资者——经营者——管理者——员工这四层旅行社企业的构成者,通过各自的分工和协作,构成了旅行社的旅游企业形态。同时,这四个层次之间又是可以互相转换的,从员工到投资者的发展历程,也就成了所有旅行社从业人员职业生涯的规划发展历程。

(二)旅行社企业对于员工的功能和含义

对于一个旅行社界从业人员而言,旅行社企业就是一个赋予了很多功能的场所和舞台,从业者就是这个舞台上的演员,各自扮演着自己的角色,通过观众对自己表演的评价,获得自己的收入和职业成长。对于旅行社从业者而言,旅行社企业具有下述六种功能和含义:

1. 旅行社企业是从业者的一个学习场所

“三人行,必有我师”,旅行社企业作为一个旅游服务企业,企业的服务性质,就决定了“服务经验和技巧”的重要性。从业者可以在提供旅游服务的过程中相互学习,尤其对于一个旅行社企业的新进入者,面临着一个将学校学习的理论知识与服务实践相结合的学习提高过程。在目前中国旅游服务企业还没有形成完善的知识管理体系的时候,老员工对新进入者的“一对一”的传帮带,还是一种具有较强实践意义的教学历程。

2. 旅行社企业是一个员工个性、能力发挥的场所

旅行社企业的旅游服务过程,包括产品的创意与策划、旅游产品要素的采购、旅游市场的营销、旅游服务的实施等阶段。这是一个需要具有不同类型和不同能力的员工,共同组成有效运转的团队,以完成旅游服务的全过程。因此,旅游服务的不同环节为不同个性、拥有不同能力的员工提供了充分发挥的机会。例如,员工甲在进入旅行社之前,已经考取了国家旅游主管机关的导游证,而且性格外向、语言表达能力突出。该员工可以作为旅行社的导游为游客提供面对面的导游服务。员工乙性格坚韧、做事稳健细心、具有较强的组织和协调能力,即使他没有取得导游证,也可以通过旅行社企业的培养,发展成为一个旅行社企业的计调人员。也就是说,并不是只有取得了导游证和具有外向型性格的人才能进入旅行社企业。只要拥有相关的专业知识和良好的心态,成为一名旅行社企业的从业者并不是太难的事情。一些旅行社企业每年都要从退伍军人和下岗职工中招聘一定数量的员工，这就说明旅行社企业的服务性质，决定了它必定成为一个能使不同个性的员工发挥自己能力的场所。

3. 旅行社企业是员工谋生的利益共同体

旅行社企业的服务性质，决定了它是企业四个层次从业者利益的共同体，只有为旅游市场提供满足市场需求的旅游产品，为旅游者创造满意的旅游体验，才能建立企业的品牌，获得企业的经营收益，才能满足投资者、经营者、管理者、一般员工不同的利益需求。因此，上述四个层次从业者的利益是一致的，而不是对立的。如果旅行社企业经营不善，不但投资者得不到相应的投资收益，经营者也要相应承担经营不善的责任，管理者和一般员工的薪酬也会受到相应的影响，甚至面临失去工作机会，重新寻找工作岗位的窘境。只有旅行社企业运营正常，各阶层才能得到各自诉求的利益。

4. 旅行社是一个充满人际关系的场所

旅行社企业作为社会构成的一个分子，不可避免地存在着各种类型的人际关系，作为一个企业的新进入者，处理好与同事、上级和游客的人际关系也就显得非常重要。构建良好的人际关系需要员工个人具有较好的亲和力，具备以诚待人的良好品质，只要具备上述两点，通过自身的努力完全可以处理好与游客的关系、与同事的关系、与上级的关系。良好的人际关系可以给一个员工的进步带来不可估量的作用，同时也会减少许多不必要的矛盾。对于旅行社企业而言，“人际关系也是生产力”有着非常重要的现实意义。

5. 旅行社是员工生活的重要场所

员工一周 5 天、一天 8 小时在旅行社工作，旅行社成为员工生活的一个重要场所。因此，不在公司处理个人私事、不打个人电话、不随便吃零食、不把家庭的事情带到工作单位等，这些小的细节也就变得非常重要。因此，拥有良好的生活习惯，是员工能否成为企业欢迎的成员的重要因素。例如，员工丙通过自己的努力进入了一家国际旅行社工作，由于该员工年轻、漂亮，立即成为企业男性青年员工的追逐热点。员工丙不顾企业规定的“不准在办公室谈恋爱”的规定，和企业的一个管理人员（已婚）恋爱了，导致该管理人员抛弃了自己的家庭。企业为了挽回由此造成的不良影响，只得与该管理人员和该员工解除了劳动合同。

6. 旅行社是竞争的场所

旅行社企业为了获得更快的发展，必须制定自己的业绩管理制度，将员工的发展与部门、团队、员工个人的业绩表现直接挂钩，这样就不可避免地出现了部门、团队、个人之间的竞争关系。公司正是通过这种不同团队之间的良性竞争实现业绩增长，并从中发现更优秀的员工和干部加以提升，从而实现企业团队建设的新旧更替。但是，有的员工或管理人员不能正确处理这种竞争关系，为了维持自己的业绩领先地位,不惜以出卖企业客户名单和业务报价的方式,打击企业内其他的部门和团队,给企业带来重大的经济损失。还有的管理人员和员工以企业不能满足他的经营收入要求为理由,盗取企业的客户名单和采购信息,私自跳槽到其他旅游企业,与自己曾经从业的企业进行恶性竞争,导致企业与员工最终通过法律诉讼方式解决恶性竞争的问题。可见,旅行社企业虽然是一个竞争场所,但它又是构成企业四个层次从业者利益的一个共同体,绝不允许恶性竞争局面的出现。

二、绩效的基础——正确的职业态度

(一)什么是积极的态度

态度,是一个人对外界的精神聚集。与使用照相机一样,人可以只专注于对其有吸引力的东西。生活中的一次部门聚会,可以看做是有趣的,也可看做是乏味的。作为一个旅行社的管理人员,对“进行旅游投诉”的游客是恨之入骨,还是始终坚信“游客就是上帝,把对让给游客”呢?我们强调积极因素,但并非是完全否定消极因素。态度,从来不是静止的,而是一个动态的、敏感的、感性的和发展的过程。也许您还没有旅行社工作的经历,也许您尚未做过现在的职位;也许您对各种旅游产品的服务标准还知之甚少……也许还有很多差距,没关系!学习新知识、更新旧观念是通向成功的重要途径。

一个热切地想得到某个职位的应聘者,与那些三心二意的应聘者相比,会更有可能被选中。当然,没有人能永远积极。工作也不会永远顺风顺水,当工作进行顺利时,积极态度会自我加强,易于保持。然而,只要活着,就永远会有矛盾出现,来考验你的积极心态。实践证明,成功者是那些能迅速恢复积极态度的人。不能很快复原的人,拖沓不前或过分沉湎于不幸的人,都会错过生活所赐予的无数机会。保持积极心态的努力,并不意味着忽视了问题的存在,而只意味着要努力过好每一天。

案例:

某国际旅行社员工小晖,与比她更在行且很严厉的上司工作在一起,虽然经常受到上司的批评,但是小晖的业务操作能力进步却很明显。很快,小晖业绩突出,获得了企业月度优秀员工的光荣称号。当同事小玲询问小晖,与这样要求严格的上司一起工作,她是如何保持积极心态时,小晖答道:“我友善理解对方,他批评我是因为我业务不太熟练,而且他也希望我尽快上手。我一直抱着合作态度,之所以能坚持下来,是因为我也从上司那里学到了很多业务操作技巧。坚持把主要精力集中在实现业务目标上,它使我获得了成功。”

什么是积极态度?积极态度是一种思维方式的外在表现,这种思维方式多考虑积极的层面。它是一种心态,这种心态偏向于创造而不是保守、偏向于乐观而不是悲观、偏向于希望而不是绝望、偏向于行动而不是空想、偏向于革新而不是一成不变。因此，对于一个旅行社从业者来说，态度，就是向他人表达自己的性情。它也是内心看待事物的思维方式。一个人越是能专注于环境中的积极因素，学会放弃过去，不完全依赖经验，不断学习新知识，就越能保持积极的态度。

（二）个性与态度

人们常常把个性定义为人所具有的身体和精神特性的独特组合。例如，如果您取出一个人的身体特征（眼神、微笑、姿势等）和精神特征（机智、宽容、友善等），并把它们融合起来，那么所浮现的组合就是该人的个性。作为一个旅行社职业从业者，不能强调个性而对客人或同事态度不好。积极态度，在一个人的个性发展和形成中发挥着什么样的作用呢？例如，可能你不喜欢和陌生人打交道，但是只要你加入了旅行社这个行业，每天都要面对不同的客人，面对客人时就必须改变自己，使自己变得热情起来，主动一些。对于刚刚从学校毕业的学生来说，你能获得一个国际旅行社的职位，证明你的能力已经得到了老板和上司的认可，如果再拥有积极的态度，便可使你变得更加完美；作为一名导游，你的一次用心的服务，使旅行社获得了一个回头客或常客，同时你也可以获得游客的赞誉或表扬。可见，积极的态度，是通过其个性特点来发光的。积极的态度可使一个人的整体形象变得更加灿烂，对他人更有吸引力。

因此，积极态度有助于我们充分发挥自己的个性，积极态度是一个人所能拥有的最强大、最宝贵的个性特征。作为一个旅行社职业从业者，充分利用其身体特征和精神特征的方法，是用积极态度把它们表现出来。没有积极态度，就不可能拥有完美的人生。

（三）态度决定一切——积极态度的作用

知识、技巧和态度，是决定一个人工作是否取得成功的三个关键因素。知识，可以简单称之为“干什么”，一个旅游专业的学生，在学校学习的专业课程都是在帮助其解决“干什么”的问题。这是一个人从事旅游行业的基础。技巧，可以称之为“怎么干”，具体到旅行社行业，业务技巧需要在长期的旅游服务实践中不断地学习总结。态度，可以称之为“愿意干”。它在三个关键要素中起着带动的作用，是一个人能否在旅行社行业取得成功的关键。笔者在与旅行社管理者和经营者同行的交流中，经常听到这样一句话，“不怕你不懂（会），就怕你不学”，就是说，如果一个旅行社从业者没有愿意干的积极态度，就很难在这个行业中取得良好的业绩，也就不会有很好的职业前景。

1. 积极态度可以迅速提高业务技巧，创造更好的业绩

案例：

小王加入某国际旅行社后，由于自己的努力和虚心学习，进步很快，但是在给一个客户做报价时，没有考虑到饭店单间差，经理非常生气，并严厉批评了他。小王对自己的这种低级失误非常懊恼。他认为晋升及被嘉奖似乎是不可实现的了。这使他完全丧失了自信。从此,小王每天拖着沉重的步子,无精打采,疲倦不堪。经理早已忘了那件事,见到小王的状态很担心,便邀他谈心,询问到底是出了什么问题。这次谈心使小王认识到:只因一次失误就变得消极,阻碍了自己的发展,是十分愚蠢的。现在,小王在经理的帮助下进步很快,已经较好地掌握了国际旅行社相关业务的操作技巧,对事业再度充满热情。他已经成长为企业主要业务人员之一,并得到了晋升和嘉奖。

2. 积极态度增强人对工作的热情和创造力

积极态度有助于思维自由翱翔,奇思妙想会不断涌现。相反,消极态度则会压制、扼杀创造力。旅行社的员工,由于教育背景、工作年限、经历各不相同,自然看问题的角度和层面也会有所不同,但既然已经选择了这个职业,就要按照企业的要求来扮演好自己的角色,投入十分的热情来做好自己的工作。当你积极去做的时候,成功就离你越来越近了。

案例:

某国际旅行社出台了一项员工意见管理办法,鼓励大家提出自己对管理、产品研发、市场营销等方面的意见和建议。三位主管和三位员工分别作出了不同的反应,请推测一下他们的态度会对他们在企业中的成长有什么样的影响?

A 主管:这是一个好办法,本部门的意见有了正式渠道,能够向公司反映。

B 主管:有意见当面跟老总讲都不接受,还提什么意见?

C 主管:不要被别人利用提意见的机会使自己受到攻击才好。

D 员工:老总能重视我们的意见,我们一定要提出好的建议。

E 员工:部门经理要求提案数量,交差就好。

F 员工:又有新的花样,我打赌会不了了之。

三、态度管理——培养积极的态度

(一)处理好工作中的人际关系,不要让他人偷走你的积极态度

提到自己宝贵的财产,我们常常想到物质财富。例如珠宝、名车和电器,或者是些容易被偷走的东西。对于一个在职场奋斗的旅游职业经理人,积极的态度才是无价之宝。因此,在工作中要尽可能地避免不必要的人际冲突,即使冲突难免,也要严格遵照"对事不对人"的基本原则,使问题得以迅速解决,这样才不会变成人际冲突的受害者。当某人(同事、领导、客户)的行为不当时,要本着"严以律己、宽以待人"的原则,宽宏大量,不予理会;发生冲突以后,用换位思考的方法,多替对方想想,从自身多找找原因;如果是自己的问题,应该有错必改,及时向对方道歉。这样,积极态度就不会被他人偷走。

案例：

一个月前，由于阿娟误解了旅行社的某项管理规定，与自己的上司起了冲突，并把积聚已久的一肚子不满都发泄出来，说了很多和该项规定不相关的牢骚话。在这件事结束后，阿娟没有去消除误会和恢复关系，而是让情况继续恶化，工作态度也变得消极起来，最后，旅行社不得不和她解除了工作合同。可以说，阿娟就是让未加以解决的冲突偷走了自己的积极态度。

（二）根据工作需要经常进行态度更新

旅行社行业是一个竞争激烈的服务性行业，每年都有大量的应届毕业生和社会青年进入该行业。因此，该行业中的每一个人——经理、导游、计调、业务员……都需要经常进行态度的更新。也就是根据形势的发展和工作的需要，更新自己的见解、更新自己做事的方法。不管是从学校毕业直接进入旅行社行业，还是从国内旅行社进入国际旅行社工作，或是由员工升任管理职位……不适应、不熟悉、不习惯，都可能会发生，但这些都不重要，关键是要及时地调整态度，保持积极向上的健康心态是最重要的。

案例：

你的选择？

1. 以前我能快乐地享受周末，黄金周长假可以和朋友一起聚会聊天，进入旅行社工作后，周末必须值班，黄金周必须工作，这意味着跟以前那种休闲的生活方式说再见。

- 没问题　　　　　　　　　　　• 受不了

2. 旅行社的客户分为两种，即内部客户——员工，外部客户——客人。没有快乐的内部客户就没有快乐的外部客户。

- 说得棒，完全认同　　　　　　• 反对，一派胡言

3. 旅行社员工高尚的人际关系，即经理为员工服务、计调为导游服务、导游为游客服务。

- 同意，我们就是这样做的　　　• 不接受

4. 线路的创新风险很大，这种连线的新线路，以前没听说过，我觉得很难操作。

- 有道理　　　　　　　　　　　• 没道理

5. 我带团经验非常丰富，老年团队和成年团队一样，以前的方法就能应付，不需要作改进。

- 对，我们就是这样操作的　　　• 不对，应该根据老年人的特点改进服务

（三）保持积极态度，创造良好的工作环境

作为一个21世纪的旅行社员工，积极态度在工作场所是最受欢迎的。“不把个人生活中的不快带到工作中来”是一项基本要求，虽然让所有人都做到是比较困难的，但可以肯定，消极态度会使工作场合的和谐气氛变质。例如，一个态度消

极的营业部经理,会阻碍整个营业部业务的开展,没有人能逃开;一小群喜欢拉帮结伙的消极员工(小集团),会使整个公司(部门)分裂成若干阵营,从而严重影响团队的业绩,导致每个人都会失败。一个办公室或一个部门,通常可以克服某个成员的消极态度带来的不良影响,但这需要全体成员的努力。

案例:

王霞是某国际旅行社的计调部主管,她在幼儿园的孩子突然生病。她连续几天在医院照顾孩子,终于孩子的病痊愈了。她虽然来单位上班了,但却还是未从担心孩子的负面情绪中完全摆脱出来。上班的第一天,精神委靡不振,由于她多次给幼儿园打电话询问孩子的状况,结果耽误了对一个重要会议团队客户的报价审核和发送。客户被竞争对手抢走了,使部门业绩受到了很大的影响。

(四)保持积极态度,塑造包容性的团队文化

时代的发展导致旅行社业务随旅游市场的多元化需求而变得更加复杂,与此相对应,旅行社人力资源的来源也就变得更加多元化。与来自不同文化类型的员工一起工作,应该具有什么样的态度就显得格外重要。例如,作为一个国际旅行社的导游管理人员,您对英语不太好的同事有偏见吗?您能与那些初来的导游人员友好相处吗?对那些工作习惯与己不同的同事,您能做到包容和耐心吗?

案例:

态度包容性测试

1. 在休息时间和午餐时间中,您与文化类型相同(校友等)的同事待在一起的时间是否更长?

● 是　　● 否

2. 旅行社的新同事,无论他们的文化背景和经历如何,您是否给予同样的接受程度?

● 是　　● 否

3. 对旅行社中与您不同文化类型的同事,您是否不那么耐心?

● 是　　● 否

4. 如果一个来自不同文化类型的同事当上了您的营业点经理或团队领导,您对他的态度不尊重,是否会使人受伤害?

● 是　　● 否

5. 如果您需要为自己的职位培养接班人,您对培养来自不同文化类型的同事是否不太热心?

● 是　　● 否

时代的发展和进步,使那种几乎所有同事都来自同一文化背景和从业经历的日子,一去不复返了。今天,来自不同文化背景甚至种族的人们在一起友好合作,共同为游客提供愉快的旅游体验,已经成为一种广泛存在的社会现象。这给每个

人带来了相互学习和提高的机遇，同时也带来了解决不同文化背景潜在冲突的挑战。与来自另一种文化的同事建立良好关系，可以让彼此的学习能力和适应能力都得到提高，这对双方都是有益的。因此，为了保持积极的工作态度，必须接受来自多种不同文化背景的同事，并对其施加影响和鼓励。

（五）领导的积极态度对团队成员积极态度的形成至关重要

据不完全统计，很多旅行社企业的成功是取决于态度，而不是凭借雄厚的资金和业务熟练的员工。如果团队的领导——旅行社总经理、部门经理知道怎样在自己的员工中建立积极态度，就能带领缺乏经验的团队提高工作效率，取得意想不到的成功。作为团队领导，应该对积极态度的作用有一个正确的认识。

案例：

下面是5个经理人员应该考虑的基本原则，请作出选择。

1. 态度可领会不可教导

该原则，是指员工的态度，反映了他们领导的态度。任何一个领导者的首要责任，就是保持自己的积极态度。

- 同意　　• 不同意

2. 正确的人际关系策略

应该遵循正确的人际关系原则。例如，根据互利原则对待每个人，以及对他人的需求保持敏感。任何领导者如果使用污辱人的伎俩，例如，在团队面前威吓某人，就会摧毁士气。

- 同意　　• 不同意

3. 烂苹果原则

只要有足够的时间，一桶苹果中的一个烂苹果，最终会使其他苹果也烂掉。只要有足够时间，团队中的一个消极成员，最终也会毁掉其他成员的积极态度。为解决这个问题，领导者应与这个消极成员进行心灵沟通，直到他调整了态度，或者采取了其他行动。在职业体育界，对一个很有才能的运动员来说，可能会因等待比赛的时间太长而破坏士气，甚至"输掉整场比赛"。

- 同意　　• 不同意

4. 态度和自信之间的联系

自信的基石就是积极态度。态度积极的团队成员会更加自信。不自信的高尔夫球手永远不能正好打进球。不自信的销售员还不如待在家里。不自信的护士会让自己的病人活受罪。不自信的营业点经理很少能取得成功。

- 同意　　• 不同意

5. 立即重一原则

橄榄球队的四分卫，常常把球回给上一场比赛接球失误的队员，意图在于帮助该球员恢复自信。这一原则对任何团队都适用。不论何时，只要遇到了难题，就应该开始进行态度更新(积极方法)。

- 同意 • 不同意

四、旅行社行业崇尚的十大观念

(一)以客人为中心的观念
(二)团体合作的观念
(三)上级为下级服务的观念
(四)后台为前台服务的观念
(五)时间观念
(六)遵从"规则"的观念
(七)下级向上级负责的观念
(八)质量观念
(九)销售观念
(十)创新观念

【本章小结】

本章阐述了旅行社作为旅游业的龙头企业,是旅游客源市场的开发者和旅游产品的组合销售者。作为一种企业形态,本质上它是由投资者——经营者——管理者——员工四种从业者组成的既有分工又有协作的利益共同体。对于旅行社从业者而言,旅行社企业具有六种功能和含义。

积极态度,是一种思维方式的外在表现。这种思维方式多考虑积极的层面,是一个动态的、敏感的、感性的和发展的过程。积极态度有助于我们充分发挥自己的个性。

旅行社从业者可以通过多种方式培养自己的积极态度。

第四章

养成良好的工作习惯和技巧

本章导读

本章将从职业培训的角度首先阐释旅行社员工正确的工作程序，然后重点阐述旅行社员工常用的工作技巧，最后介绍旅行社员工常用的礼仪知识。

通过本章的学习，您应该能够：

(1)了解旅行社员工正确的工作程序，学会如何指导员工正确地开展工作。

(2)掌握旅行社员工常用的工作技巧，并结合实际工作帮助员工提高工作能力。

(3)熟悉旅行社员工常用的礼仪知识，将自己塑造成一个职业的旅行社从业者。

一、旅行社员工正确的工作程序

作为一个旅行社员工，应该掌握正确的工作程序，才能有效地开展工作。每个员工开展工作之前，应清楚地了解自己的岗位，包括该岗位的主要工作职责、权限和义务，以及工作时需要同哪些部门和人员进行衔接；工作时应该抱着强烈的"目的意识"和"问题意识"，正确地接受领导布置的工作，然后按照科学的程序去完成任务。

(一)如何接受工作任务

正确地接受工作任务，主要包括以下三个步骤：

1. 迅速应答

当主管叫到你的名字时，应该用有朝气的声音立刻回答，并带上记事本，以随时记下主管的指示，切忌闷不做声地走向主管，以免引起他的误会，认为你不愿意接受工作任务，并且不可使用"干什么"、"什么事"之类平级语言反问。

2. 记录主管交办事项的重点

有效地记录上级交办事项的重点，是一个良好的工作习惯。它能起到备忘和检查的作用,可以及时核对,以避免事后与主管之间发生“有交代”、“没听到”之类的纷争。此类情况在新入职旅行社的员工中经常出现。

3. 正确领会主管的命令

接受工作任务时一定要正确领会主管的命令,如果不明白,就一定要问清楚,但询问的时候不能使用反问句,且应尽可能具体化地向主管确认,千万不可不懂装懂,没弄清楚就说“知道了”。确认的时候一定要等主管把话说完,然后再提意见和疑问。领会主管命令,可以使用“6W、3H”方法予以理解。

(1)6W:

- WHAT(“什么事?”“什么任务?”等。例如,去拜访电信公司的客户)
- WHEN(“什么时候开始?”“什么时候完成?”等。例如,“什么时候团队到南京?”)
- WHERE(“在哪里?”等。例如,“去哪里接团?”)
- WHO(“和谁一起完成?”“和谁联系?”等。例如,“和我一起接团的司机师傅是谁?”)
- WHY(“什么目的?”一般常规性的工作就不必询问工作的目的了,只要按照领导的安排去做即可,如果提出一些毫无意义的问题,很容易使主管形成“不动脑子,没有进取心”的印象,刚刚入职旅行社行业的员工,由于没有什么工作经验和知识积累,容易犯这样的简单错误)
- WHICH(“哪些选择?”例如,“客户需要多少张卧铺票?是软卧还是硬卧?”)

(2)3H:

- HOW(怎样办?例如,“现在火车票很紧张,我们可能无法搞到80张卧铺,应该采取什么样的应急措施?”)
- HOW MANY(多少数量?例如,“这次专列系列团共有300人,我们应该向酒店预订多少间客房?”)
- HOW MUCH(费用如何?例如,“这次我们到华东地区促销,需要借多少差旅费?”)

(二)如何正确地开展工作

对于每一个旅行社工作人员而言,都是通过大量业务实践的锻炼来实现工作经验的积累和工作技能的提高。著名的“戴明环”(PDCA)已经成为职场中所有员工完成工作的标准程序(图4-1)。

(三)旅行社员工工作基本守则

1. 比领导期待的工作成果做得好

一个旅行社中,业绩优秀的员工永远只可能是少数人,所以按照领导的要求把工作做好,并不是一个优秀员工的标准,要想从众多的竞争者中脱颖而出,就必须做出比领导期待的更好的工作成果。例如,领导把一个企业准备开展的业务交给

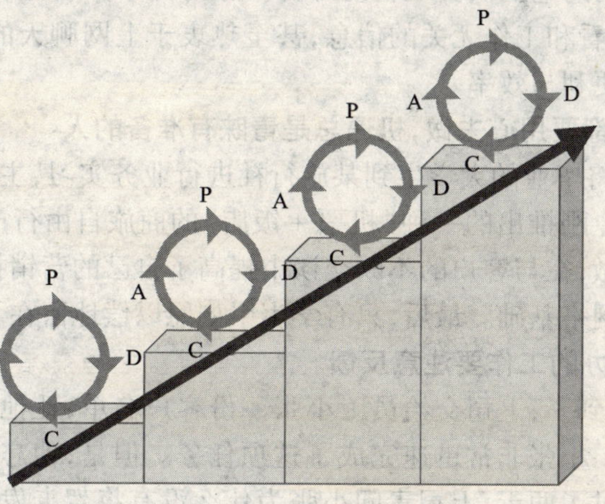

图 4-1　完成工作的标准程序——戴明环(PDCA)示意图

P——计划(plan)　D——执行(do)　C——检查(check)　A——改正再执行(action)

你负责,你在领导规定的时间内,通过自己和下属团队的共同努力,在成本没有超出预算的情况下,实现了比预定目标高两倍的利润额。这种情况下,你还用为晋升和奖励的问题担心吗?

2. 懂得提升工作效益与效率的方法

新技术和新管理理念的发展都可能成为提升企业工作效率的有效途径。例如,时间管理、日志写作等有创意的管理方式在具体旅游业务中的应用,都提升了旅行社员工的工作效率。如某旅行社的主管小王,了解到目前市场上出现了一种电子传真机,可以无限制地接收客户的传真,而目可以成功地进行传真群发。他认为,这种传真机可以大大地节约接收传真的纸张耗材,而且可以提高传真营销的工作效率。他把这种想法向领导作出了汇报。领导让他负责调查这种新型传真机应用的可能性。小王通过与经销商协商,对这种新型网络传真进行了试用,效果确实很好。领导终于决定对公司的传真机进行更新换代,为公司节省了大量传真耗材,提高了公司的工作效率。小王也得到了领导的赏识和关爱。

3. 能在指定的期限内完成工作

旅行社业务是一种时效性很强的工作。因此,在保证工作质量的前提下,能在最短的时间内完成工作,是获取客户认可的标准之一。例如,通过对旅游产品报价要素的熟悉,提升自己产品报价的准确度和速度,可以让企业得到更多的业务。

4. 工作时间能集中精神,专心工作

例如,随着技术的进步,目前旅行社之间的联系方式除了传统的电话、传真之外,很多旅行社都开始运用网络来提升与客户联系的效率。但很多旅游企业却只设了一台可以上网的电脑供员工收发邮件。旅游界不少管理者认为,很多员工在工作时间上网,查看和工作无关的信息,甚至热衷于上网聊天的情况,已经大大抵消了网络带来的便利与效率。

5. 任何工作都要用心去做,机遇总是青睐有准备的人

例如,4 个即将毕业的大学生到某旅行社进行业务实习,主管让他们到高档写字楼中去试销企业刚推出的一种"机票 + 饭店"的商旅自由行产品,学生甲严格按照主管的要求去做,在与客户的不断交谈中提高了自己的营销技巧,为企业建立了商务旅游的客户网络基础。最后,只有学生甲如愿以偿地留在了旅行社。

6. 对上司交办的工作要注意反馈

例如,圣诞节到了,上司交给员工小张一份客户名单,让他以企业的名义给客户发送圣诞贺卡。小张非常迅速完成了这项任务。但是,他忘记了向上司汇报工作进展的情况。过了两天,上司责问小张为什么没有将贺卡发送情况及时向他汇报,小张这才意识到工作反馈的重要性。

7. 要有防止错误的警觉性

在旅行社业务操作过程中有很多关联性环节,每个环节都有犯错误的可能。很多客户的投诉都是由于业务操作的失误造成的。例如,员工甲由于不熟悉旅行社的出票系统,忙中出错,忘记为一个重要客户预留机票,结果造成了客户的不满。客户就此结束了与旅行社的服务合同,给企业带来了损失。因此,在旅行社工作,一定要有防止错误的警觉性。

8. 做好整理整顿

目前,世界上许多优秀企业,都把 5S 作为现场管理所必须具备的基础管理技术。5S 管理概念源于日本。其具体含义是:

- 中文:常组织,日文:Seiri(英文:Structure),一般解释为清除,分开处理;
- 中文:常整顿,日文:Seiton(英文:Systemize),一般解释为整理,定量定位;
- 中文:常清洁,日文:Seiso(英文:Sanitize),一般解释为清理,清洁检查;
- 中文:常规范,日文:Seiketsu(英文:Standardize),一般解释为规格化,定规立法;
- 中文:常自律,日文:Shitsuke(英文:Seifdiscipline),一般解释为训练与纪律,遵纪守法。

概括 5S 管理要求,明确各环节的具体做法,如什么物品放在哪里、如何放置、数量多少合适、如何标志等,简单有效,且融入日常工作中。笔者由于业务关系走访了很多旅行社的办公室,发觉那些有一定品牌、服务质量有保证的旅行社总经理,对于办公室的"5S"管理,无一例外地都做得很好。有效的整理整顿,不但可以养成员工良好的工作习惯,还可以大大提高劳动效率和业务达成率。

9. 不断改进工作的意识

一个旅行社的员工，必须意识到服务是没有止境的，而且在具体的工作中有无数可以改进的环节。现在，很多操作比较规范的旅行社，通过长期的业务积累和总结，已经建立了企业的业务操作流程、企业旅游产品数据库、各种产品模版等环节的制度化管理文件，不断地改进自己的服务规范，以无形的服务流程形成了稳定的服务质量控制体系，企业的核心竞争力也就随之形成。

10. 养成节约费用的习惯

在旅游服务竞争日益激烈的今天，旅行社的毛利率越来越低。因此，降低企业的运营成本已经成为每个旅行社员工的责任和义务。例如，节约每一张纸，有效的电话沟通、控制没有必要的差旅费等，都成了企业节省费用，降低运营成本的必要手段。

（四）良好的工作沟通报告

良好的工作沟通报告，包括以下三个环节：

1. 报告对象——直接上级

对于一个想在职场中获得成功的年轻人来说，越级汇报是极不理智的，除非直接上级没有时间向企业领导汇报，指定你代替他进行汇报。因为越级汇报是在挑战企业的管理规则，一般情况下不可能得到企业领导的支持。

2. 报告时机

工作沟通报告，一般分为四种类型：

(1)工作计划报告。此类报告的主要作用和目的，是让主管了解计划的内容，以便请主管确认一些重要事项，对计划进行进一步的完善和调整；请主管指示和审核计划，并认可。

(2)工作进度报告。此类报告的主要作用和目的，是让主管了解员工工作进度，让主管知道员工在干什么，取得了什么成果，还存在什么问题，需要什么帮助等。

(3)紧急情况报告。此类报告的主要作用和目的，是工作中发生可能影响目标实现的重大问题和突发事件时，由主管来决定下一步应该如何应对。

(4)工作结束报告。此类报告的主要作用和目的，是让主管及时知道员工工作完成情况。这是使工作成效得到确认的重要步骤，可以保证工作的有效性。

3. 报告的方式

工作报告的方式，一般分为口头报告和书面报告两种。

(1)口头报告的原则

- 先说结论；
- 报告的语言要简洁、正确，不要拖泥带水；
- 要事实不要臆测，误导是要承担责任的；

- 要有次序,不要遗漏重点;
- 成功、失败要明言,不要报喜不报忧。

(2)书面报告的原则

- 报告的语言要简单易懂;
- 标题清楚;
- 尽量以图表、数字说明,文字简单明了;
- 报告顺序要符合逻辑;
- 如果需要附加说明,可以利用附加材料。

二、旅行社员工常用的工作技巧

(一)人际关系沟通技巧

旅行社是一个典型的服务企业,企业员工每时每刻都要和企业内部的其他员工打交道,进行不间断地沟通,按照企业的业务流程和服务规范共同协作为游客提供服务。因此,要想在旅行社企业取得成功,就要赢得企业同人的合作。从这个层面上说,企业的人际关系,就是赢得合作的关系。

1. 赢得良好人际关系的基本原则

(1)自我管理。要想赢得良好的人际关系,首先要做到自我管理,要尽量做得完美,学会尊重企业的所有人,尽量减少对别人的伤害。

(2)换位思考。换位思考在处理企业人际关系中具有重要作用。与企业中的同人或领导发生冲突的时候,应该冷静地站在别人的立场上考虑问题,这样可以减少很多不必要的争执和无谓的伤害,营造企业和谐的人际关系。

(3)主动关怀帮助别人。主动地去关心和帮助别人,是获得大家认可的有效途径,尤其是企业的管理人员和老员工,如果能主动地关心和帮助刚刚加入企业的新员工,让他们尽快地熟悉旅游业务,提醒他们不犯简单错误。这样就能得到新员工的爱戴,进一步树立自己的声望和名誉。有些企业建立了新员工“导师”制度,收到了很好的效果。

2. 赢得合作的谈话技巧

(1)用建议代替直言。在指出别人的错误时,建议性的语言往往比直接指出对方的错误收到的效果更好。例如,“为什么你总在客户挂电话之前挂掉电话?”就不如“在客户挂掉电话之后再挂断电话会比较礼貌”更容易被接受。

(2)以提问题代替批评。对于旅行社的管理人员来说,需要经常指出下属工作中需要改进的地方,这时就凸显了谈话技巧的重要性。有的管理人员对下属大发雷霆,下属口服心不服;而有的管理人员则只简单地提一个问题就收到了很好的效果。例如,某旅行社在接待某老年旅游团的时候,派出的接待车辆空调坏了,导致一些老年人中暑。旅行社在妥善处理好这件事情之后，开总结会的时候总经理向负责派车的计调人员提了一个问题："如果你的父母也来参加这个团队，你也派出这样的旅游车吗？"虽然没有提出很严厉的批评，但是却让相关责任人记忆深刻。

(3)让对方说出期望。让对方说出期望，也是赢得合作的谈话技巧之一。如让新员工说出自身发展的期望目标，管理者可以因势利导地进行培养和引导，让骨干员工说出自己内心的真实愿望，管理者才能知道员工真正想要什么，才能设计出恰当的激励政策来留住骨干员工，保持团队的稳定性。

(4)诉求共同的利益。对于企业员工来说，大家有一个共同的利益，就是只有企业发展得好，员工才有更好的前途。诉求共同利益是管理者凝聚人心、塑造团队精神的重要沟通技巧。

(5)顾及别人的自尊。工作中谁都有可能犯错误，在指出对方错误的时候应该采取恰当的方式，尽量照顾到犯错方的自尊。这样不但可以让犯错者心甘情愿地改正，而且还会起到融洽人际关系的作用。

3. 与领导相处的技巧

(1)理解领导的立场。作为一个旅行社企业的员工，正确理解领导的立场是很重要的，与领导的立场和利益诉求保持一致，可以保证自己的努力方向和领导希望的方向是一致的，这样也会促进个人的发展。

(2)有事情要先向领导报告。关于工作方面的事情一定要首先向领导报告，听取领导的意见，然后再采取适当的行动，千万不要自作主张或背后议论。如某旅行社计调员小王，在为某旅游团安排车辆时，找到了一辆比较便宜的旅游车。他未向计调主管请示就用了这辆旅游车，结果该旅游车是个非法运营的黑车，在旅游过程中被旅游执法部门发现，企业被罚款，旅游团也被迫更换接待用车，由此给企业带来了不必要的损失。

(3)工作到一个段落，需向领导报告。在工作进程中，及时地向领导报告，不但可以促进上下级的关系，而且可以得到领导的指点，促进自己工作技能的迅速提升。

(4)向领导提出自己的意见和建议。"闻道有先后，术业有专攻"，旅行社企业中很多员工对旅游业务有自己深刻的认识，适当地向领导提出自己的意见和建议，不但可以表明自己的见地，而且还可以促进企业内部的良性交流和互动学习。如某旅行社设计了一个豪华老年旅游产品，准备推向市场。员工小王具有在饭店工作的经历。他根据自己以前接待老年旅游团的工作经验，向领导提出了该产品的改进意见，增加了特意为老年人服务的个性化亮点，从而受到了市场的欢迎。

(5)向领导提供情报。及时地向领导提供竞争对手在产品研发、企业管理、市场营销等方面的情报，可以让企业在激烈的市场竞争中立于不败之地。准确的情报不但可以给企业带来收益,同时也会赢得领导的青睐。

(6)按领导的指示行事。当前,"执行"已成为企业管理者的案头语,旅行社管理者也经常讨论类似的话题,有的旅行社企业甚至采用了半军事化的管理方法,来强调按领导指示行事的重要性。一个桀骜不驯的员工不会受到任何旅行社领导的欣赏。

(7)不要在背地说上层主管的闲话。对领导有意见,可以直接与其进行交流,"当面不说,背后乱说"是所有领导最忌讳的沟通方式。因此,要想在旅行社企业获得成功,千万不要在背后说上层领导的闲话,"说者无意,听者有心",背后乱讲的"长舌妇"不可避免地会自毁前程。

(二)信息交流沟通技巧

沟通,是指为了特定的目标,而把信息、思想和情感在个人或群体间传递,并达成共同协作的过程。

1. 沟通的七大要素

沟通七大要素包括:沟通者、受众、目标、背景、信息、表达方式 、反馈。其中,沟通者,即具有沟通欲望,并发起沟通行动的人。沟通者是沟通的主体。

受众,即沟通的对象,亦即沟通的客体。确定沟通的受众,应考虑怎样才能促使他们支持你,他们对你的建议将采取怎样的态度,你是面临一个还是几个关键性受众,将受到你计划成功或失败影响的次要受众有哪些,还有无未考虑到的受众。

目标,即沟通所要寻求的结果。当你接到一个指示或产生一个好主意时,应尽可能清晰地把它写下来,然后与实现它所需花费的成本进行对比,考虑它是否有价值,它和同等重要的或更重要的目标有无冲突,你或他人将怎样评价其风险和成果。

背景,是指进行沟通的具体环境条件。它可能是特定的企业文化、企业历史或企业在竞争形势中工作的特殊性;它可能还涉及外部的客户、潜在的消费者、当地媒体或国家媒体等沟通对象,因此,在制定沟通战略前,必须确定你了解沟通的背景。

信息,即通过沟通所要传递或了解的情况。针对特定的受众,应考虑何种消息有利于实现特定目标;考虑他们需要何种信息、他们可能会产生何种疑惑,你的建议将会对他们产生何种利益。怎样使你的消息具有说服力和被牢记在心以及怎样最有说服力地组织自己的观点。

表达方式,即采用何种方式将有关信息最有效地传递给每个重要的受众。是说、是写,还是发 E-mail、召开会议、发传真、放录像,或者是举行记者招待会。

反馈,是指对所收到信息的回应。沟通既是行为又是过程。发出一个消息,引出一种反应,反应本身又是另一个消息。这个信息的回馈过程就是反馈。企业沟通不是射箭,而是一个发出沟通信息,获得反馈信息的动态过程。这就意味着在沟通的每个阶段,都要寻求受众的支持,更重要的是要给受众以回应的机会。依此方法,企业可以获悉其受众在想什么,并且可以据此相应的调整其发布的消息。受众则可通过这个沟通过程对企业的沟通目标作出承诺。

2. 有效沟通的特征

(1)准确。准确是发布信息的基本要求。当信息接近受众时,隐含之意是在寻求反馈信任。即使受众中只有一人发现了企业所发信息的错误,也会使企业陷入困境。在企业信息中,不准确有如下典型情况:数据不足、资料阐释错误、对关键因素无知、没有意识到的偏见及夸张等。对不准确信息保持警戒,将提高企业的可信度。

(2)清晰。清晰是个具有一定难度的要求。为了有效运作,一个组织需要发布或获取准确和完善的信息、可理解的指令,或能指导决策者决策的信息。模棱两可和概念混淆,会浪费金钱或遭受挫折。清晰,包括两个方面:

- 逻辑清晰。如果信息沟通主体对实现计划的行动和可能产生的结果缺乏逻辑思考,那就不能期望受众会遵循其思路。大多数糟糕的文章和讲话,都是糟糕的推理和草率准备的必然结果。
- 表达清晰。符合语法规范,是有效沟通的基础。文字和句子结构错误会使人对信息管理的能力提出质疑。但对大多数沟通过程而言,词汇和语法正确并不等于清晰。表达清晰须以思路清晰为前提。如果发现沟通受阻,那就必须再检查一下信息表达的思路是否清晰。

(3)简洁。良好的沟通追求简洁,以尽可能少的字词传递尽可能多的信息。无论是与管理人员还是最基层的员工进行沟通,简洁都是一个基本要求。简洁,并不意味着绝对地采用短句或省略重要的信息,而是指字斟句酌,弗枝弗蔓。

(4)活力。活力,意味着生动和易记。人们在履行岗位职责中,每天都要进行大量的沟通。沟通的活力来自于准确、清晰、简洁和生动,而准确、清晰、简洁和生动则来自于构思的缜密、词汇的选择和对句子的推敲。生动的语言有助于理解信息和加深记忆,传递信任和决心。

3. 沟通的准备

沟通之前需要进行认真的准备,以确保沟通的成功,一般情况下,沟通准备主要包括:

(1)确定沟通对象。沟通对象的定位,是沟通准备的首要环节。要使信息传送取得最佳效果,就必须确定沟通对象、明确沟通目的。沟通的信息内容与受众的利益关系越大,越要考虑周全,除客观事实之外,还要顾及各方人士的情感因素。

(2)把握沟通的必要性。沟通,固然是增进感情、加强了解的重要手段,但由于沟通的目的、对象、内容、背景及表达方式各不相同,沟通效果迥然有别。因此,深入、具体地分析、把握沟通的必要性,即应不应该沟通,就显得格外重要。有时,沉默或许正是最佳策略。

(3)选择沟通方式。沟通方式多种多样。如公文和书面报告比较正规,但对信息内容和信息量要把握有度;而电子邮件、电话联系或到访办公室就显得不太正规。口头交流方式较适合于讨论决策,可以较快地消除误解。不同的沟通方式适用于不同场合、不同对象,沟通往往可以是多层次和多形式的。

(4)明确沟通内容。明确沟通的信息内容是沟通准备的重要环节,因此,必须认真对待。内容侧重和信息量的把握,可据公文种类、沟通目的、企业文化等具体情况而定。这些完全取决于沟通者意向,而没有一定之规。

(5)灵活运用沟通技巧。沟通技巧因时、因地、因人而异,无一定之规,须在掌握沟通要诀的前提下,具有灵活的应变能力和创新意识。沟通效果是检验沟通技巧运用能力的唯一标准。

4. 有效沟通的要诀

(1)推敲沟通信息。要想达到有效的沟通,须对沟通信息的内容重点进行反复推敲、反复论证,分清主次,所有次要信息都应是对主要信息的佐证,是支持主要信息的论据。怎样才能达到沟通的目标,怎么才能获得受众的支持,显然都与信息推敲密切相关。

(2)分析沟通对象。分析沟通对象,是指熟悉了解想要通过沟通对其施加影响的人的兴趣、爱好和价值取向的过程。分析主要从如下几方面切入:

- 自己与受众之间的关系怎样?
- 沟通目标与受众利益的相关程度如何?
- 受众对沟通目标的认知程度如何?
- 受众可能产生怎样的反应?

(3)争取天时地利人和。要想使沟通获得成功,还须精心选择沟通的时间、地点,为确保沟通的效果,以方便受众为宜,最好抓住受众心情好的时机。

(4)设身处地为受众着想。沟通者必须认真考虑沟通受众的处境和利益并予以充分照应。这就要求必须懂得他们正在想什么;他们怎样看待自己的利益;怎样才能赢得他们的支持或至少不会成为实现沟通目标的阻力。同时,也意味着为实现沟通目标,必须向他们提供可以信赖的东西。

(5)细心聆听受众的回应。作为沟通者,也是反馈的接收者,“听”是第一位的,必须注重养成倾听的习惯。受众牺牲时间和精力,对沟通作出反馈,理当获得被倾听的权利。反馈的接收者只有细心地聆听,才能对受众的反馈意见加深理解。倾听中,如果不把其他工作暂时放在一边,不把注意力集中在受众所希望实现的目标上,就不能完全理解他们。例如,老板随意地建议你改进某个项目或方法,而实际上这可能就是他所发布的命令。

(6)尽力取得受众的承诺。沟通结束前,一定要尽力取得受众的承诺,尤其是与客户进行业务沟通，其承诺就意味着你的成功。

(7)及时跟进，获取成功。沟通结束后，一定要根据反馈的效果及时跟进，采取恰当的下一步行动，确保沟通的成功。例如，在客户拜访取得了良好效果，客户对我们提出的旅游方案很感兴趣的情况下，一定要及时将根据客户意见修改后的方案和报价送达客户，以取得最后的交易成功。

5. 有效沟通的禁忌

(1)不良的口头禅。有些旅行社工作人员在日常生活中养成了一些不良的口头禅，如果在沟通中不注意改正，难免会引起受众的反感。例如，有的旅行社从业人员经常使用口头语“你知道吗?”这虽然言者无心，却表现出对受众的不敬。

(2)用过多的专业术语或夹杂英文。有些旅行社工作人员在沟通的部分场合，经常使用一些只有同行交流时才使用的专业术语和英文单词，让受众不能明白他到底在说些什么。例如，在与准备出境旅游的游客交流时，经常使用 outbound(出境)、inbound(入镜)这两个专业术语，有的游客就听不懂。

(3)只顾表述自己的意见。沟通是一种双向交流的过程，无论是企业内部的管理沟通，还是企业外部的营销沟通，都要及时观察受众的反应，绝不能只顾表述自己的意见。否则，必然导致沟通的失败。

(4)使用威胁性语言。沟通要想取得良好的效果，绝不能使用具有威胁性的语言。有些旅行社管理人员为了显示自己的权威，在布置工作的时候，最后经常使用一些带有威胁性的语言，如:“如果完不成销售任务，下个月就回家吧”等。此举非但不能鼓舞下属的士气，而且极易引起反感。

(5)易受干扰的环境。沟通应该选择一个相对安静的环境，这将有利于取得较好的沟通效果。例如，与重要客户进行商务会谈，尽量不要安排在办公室，因为电话干扰、下属请示等日常事务会打断谈判的进程，影响沟通的效果。

(6)单方认定信息。沟通临近结束前，一定要对取得一致性意见的信息进行确认，但不要按照自己的理解单方认定客户尚未确认的信息，以免导致沟通失败。

(三)时间管理技巧

1. 时间的本质和特性

每人每天都有 24 小时，成功者和失败者拥有同样的时间，关键是怎么利用时间。时间到底是什么?“时间是物质运动的顺序性和持续性，其特点是一维性，是一种特殊的资源。”

要想了解时间、管理好“时间”，有必要深刻认识时间的本质及其特性。

(1)硬性供给。时间的供给量是固定不变的，在任何情况下都不会增加、也不会减少，每天都是 24 小时，所以，时间无法开源。

(2)无法蓄积。时间不像人力、财力、物力和技术那样被积蓄储藏。无论愿不愿意，我们都必须消费时间，所以，时间也无法节流。

(3)无法取代。任何一项活动都有赖于时间的进程,也就是说,时间是任何活动所不可缺少的基本资源。因此,时间是无法取代的。

(4)有去无回。时间无法像有形物质那样失而复得,一旦流逝,则意味着永远丧失。消耗了金钱尚可赚回,但倘若挥霍了时间,任何人都无力挽回。

"时间管理"所探索的,是如何减少时间的浪费,以便在一定的时限内有效地完成既定目标。所谓"时间的浪费",是指对目标毫无贡献的时间消耗。一个成功的职业人士,必须抛弃陋习,引进新的工作方式和生活习惯,包括要订立目标、完善计划、分配时间、权衡轻重和权力下放,加上自我约束、持之以恒,才可提高效率,事半功倍。

2. 时间管理的误区

(1)误区一——工作缺乏计划性。很多旅行社总经理总是在抱怨自己的时间不够用,而公司的经营业绩却没有突破性的进展。为什么大家不制定有效的工作计划呢?究其原因,并非是没有制订工作计划,而是因为没有养成严格执行计划的良好习惯,制定的工作计划与每天的工作实际很难趋于一致,又没有对计划进行必要的修正,长此以往,大家就普遍对制订工作计划,并按计划开展工作失去了信心。

(2)误区二——组织工作不当。旅行社企业中组织工作不当的主要表现如下:

- 职责权限不清,工作内容重复或空缺。有时会出现两个部门同时向一个地区发传真进行促销的现象,有时又出现没有人负责企业宣传册的制作等;
- 事必躬亲,亲力而为。这主要表现在中小旅行社的管理人员,不管事情大小统统自己来做,总是担心自己的下属不能很好地完成工作;
- 沟通不良。没有养成良好的沟通习惯,导致企业上下级之间信息沟通不畅,以致耽误工作,影响服务质量;
- 工作时断时续。有时虽然制定了市场促销计划,由于一些其他工作的影响,导致营销工作不能持续性进行,影响了市场开发的效果。

(3)误区三——时间控制不够。因受计划体制和个性因素的影响,部分旅行社从业人员在时间控制方面经常陷于困境。例如:

- 养成了做事拖沓的坏习惯。
- 不善处理不速之客的临时到访。例如,本来计划上午去拜访重要客户,结果社区的街道办主任却突然来访。
- 不善处理无端电话的干扰,例如,本来计划马上开会,结果某饭店的业务员却突然来电……自己又不能很快地结束电话,导致其他会议成员在会议室久候。
- 泛滥的会议困扰。这类情况在大型国有旅行社企业中经常发生,总经理不但要经常参加本企业的大小会议,而且还必须参加母公司的各类会议。

(4)误区四——整理整顿不足。很多旅行社企业的从业人员没有养成日事日清的好习惯,办公室各种物品的放置没有规律,各种文件的收存缺乏有效分类,电脑中的各种资料放在一个文件夹内,有时公司领导要一个文件需要很长时间才能找到。以至于有的旅行社居然对下班前整理自己的办公桌作出明文规定。

(5)误区五——进取意识不强。进取意识不强主要表现在以下几个方面:

- 个人的消极态度。
- 做事拖拉,找借口不干工作。
- 欷歔不已,爱做白日梦。
- 工作中闲聊。

部分刚刚加入旅行社的新员工进取意识不强表现尤为突出,由于他们还处于学习期,总是担心被客户拒绝。他们渴望高工资、高收入,但却热衷于上网聊天,缺乏对工作和生活的责任感。

3. 时间管理的基本准则

(1)明确目标。在人生旅途中,明确的奋斗目标是激发个人内在潜能的动力的源泉。一个完整的目标,应该符合如下原则:

- 具体的(specific)

目标具体化才能实现。如,某旅行社设定的战略目标,是"发展成为国内一流的旅游服务提供商"。该目标就很模糊,因为一流的旅游服务提供商没有明确的标准。此类目标远不如"中国旅行社前××强"、"业务收入达到××亿元"之类的目标更具体,对员工具有更大的激励作用。

- 可衡量的(measurable)

任何一个目标都应制定可以用来衡量目标完成情况的具体标准。该标准最好定量到可以执行、可以检查的程度,具有较强的可操作性。如,"一周内要拜访××家客户,今年发展××家客户,业务收入×××万元,毛利××万元"。有了这样的标准,才能实现市场开发的目标,自己的收入目标自然也就水到渠成。

- 可达到的(attainable)

不能达到的目标只能说是幻想、白日做梦;轻而易举便可达到的目标,又没有挑战性。这一点无论是对企业还是对个人都一样。例如,一个刚刚步入旅行社的业务人员,若将目标定在每年发展20个大客户上就不太实际。

- 相关的(relevant)

目标的制定,应考虑与自己的生活、工作有一定的相关性。

- 限定时间的(time-based)

任何一个目标的确立,都应该考虑时间的限定。例如,目标什么时间能够实现,是5年,还是10年?

(2)有计划、有组织地进行工作。所谓有计划、有组织地进行工作,就是把目标正确地分解成工作计划,通过采取适当的步骤和方法,最终达成有效的结果。计划性通常体现在以下4个方面:

• 将旅行社中相互联系比较紧密的工作进行分类整理。如,产品研发、市场营销工作等。

• 将整理好的各类事务,按流程或轻重缓急加以排列。

• 按排列顺序进行处理。

• 为制定上述方案,安排一个考虑的时间。

制定计划的步骤大致如下:

• 确立目标。例如,年度经营计划,就要首先确立企业的年度经营目标(财务目标、学习发展目标、客户服务目标等)。

• 将目标层层分解。探寻完成目标的各种途径。

• 选定最佳的完成方式。

• 将最佳途径转化成月/周/日的工作内容。

• 编排月/周/日的工作次序并加以执行。

• 定期检查目标的现实性及完成目标的可行性。

(3)分清工作的轻重缓急。行动是以目标的实现为导向,那么在一系列以实现目标为依据的待办事项中,到底哪些应该先着手处理,哪些可以拖后处理,哪些甚至不予处理或者让下属去处理呢?我们说,行事轻重缓急的先后顺序,首先应考虑事情的"轻重",再考虑事情的"缓急"——也就是我们通常采用的"四象限组织法"(表4-1)。

表4-1　四象限组织法示意图

	紧　急	不紧急
重要	Ⅰ. • 危机 • 急迫的问题	Ⅱ. • 防患未然 • 改进产能 • 建立人际关系 • 发掘新机会 • 规划、休闲
不重要	Ⅲ. • 不速之客 • 某些电话 • 某些信件与报告 • 某些会议 • 必要而不重要的问题 • 受欢迎的活动	Ⅳ. • 繁琐的工作 • 某些信件 • 某些电话 • 浪费时间之事 • 有趣的活动

注意:在划分第一和每三象限时要特别小心,急迫的事很容易被误认为重要的事。其实二者的区别,就在于这件事是否有助于完成某种重要的目标,如果答案是否定的,便应归入第三象限。

(4)合理分配时间。合理分配自己的时间,可以借鉴巴列特的"80/20 定律",对于旅行社来说,80% 的业务来源于 20% 的重点客户,80% 的电话来自 20% 的朋友。80/20 原理给我们的启示是:避免将时间花在琐碎的多数问题上,因为就算你花了 80% 的时间,也只能取得 20% 的成效。而掌握了重要的少数问题,则只需花 20% 的时间,即可取得 80% 的成效。因此,有效进行时间管理的人,总是确保最关键的 20% 的活动具有至高无上的优先权。

(5)与同事的时间安排相互协调。旅行社企业作为社会或是团体组织中的一员,无一例外地要与很多部门或人发生必然的联系。在这种情况下,旅行社从业者就需要互相尊重对方的时间安排,也就是说,要与别人的时间安排相互协调。例如,我们去拜访客户,就要和客户的工作时间相协调,提前电话预约,定好会面的时间、地点、参加人员等。

(6)制定规则、遵守纪律。"没有规矩、不成方圆",在时间管理中,纪律与规则同样很重要。制定规则和遵守纪律在时间管理中主要体现为:

- 在进行工作时,一定要念念不忘这个工作应于何时截止。
- 即使主管没有规定截止的日期,自己也要树立一个何时完成的目标。
- 由于不得已原因而不能按期完成时,一定要提前和相关领导和部门取得联系,将影响缩小到最小范围之内。

4. 时间管理的方法和技巧

(1)了解自己使用时间的方式和状况。大多数人不喜欢认真地了解自己,其实,详细记录自己时间使用的情况,就可以得到自己的时间清单,将自己每天的活动按公务活动、个人活动、家庭活动、休闲活动、其他活动五类进行记录。即可清晰地看出自己时间使用的效率,还存在哪些浪费时间的现象,哪些事情可以通过授权让别人去做。可见,了解自己使用时间的方式和状况,是进行时间管理的基础。

(2)做好工作计划。工作计划按广度分为战略性计划、作业性计划;按时间框架分为短期计划、长期计划;按明确性分为具体性计划、指导性计划。

战略计划,是指为设立总体目标和寻求企业在环境中地位的计划;而作业计划,则是规定如何实现目标的细节计划。战略计划所覆盖的时间间隔较久,通常以年为单位,涉及较宽的领域,不规定具体的目标;作业计划覆盖的时间间隔较短,如月度计划、周计划、日计划,主要偏重于实现目标的方法。

长期计划,是指 5 年以上的期间;而短期计划,一般是指 1 年以内的期间;中期计划则介于两者之间。

具体计划，具有明确规定的目标，不存在容易引起误解的问题；而指导性计划则只规定方针、指出重点，不限定在特定的行动方案上。

在制定计划的时候，一定要明确自己或部门的定位，然后按目标进行层层分解，一直分解到可执行、可考核为止。每项任务和活动都要设定控制节点，然后定期检查完成情况；做好工作日志、周小结、月总结，并根据外界的情况变化及时地修正计划，以确保计划的完成。周计划、月计划可采用执行事项清单（表4－2）。

表4－2　　周计划执行事项清单　　____年____月

本周目标	本周任务次序	星期一 ____月____日	星期二 ____月____日	星期三 ____月____日	星期四 ____月____日	星期五 ____月____日	星期六 ____月____日
	1.	今天任务次序					
	2.						
	3.						
	4.						
	5.						
	6.						
	7.	约会/承诺					
	8.						
	9.						
	10.						
	11.						
	12.						
	13.						
	14.						
	15.						
	16.						
	17.						
	18.						

（3）缩短干扰的时间。办公室的打扰无可避免，电话、来访、邮件等，甚至有不少人对打扰提出了抱怨，同时也有无奈。正确的策略，是尽量将被打扰的时间缩短，将其负面影响减至最少。如：可以通过事先约定和准备保证电话通话的质量；采用简短明确的开场白，控制通话时间，保持通话主题；遇到不想接的电话，借口“我正在开会”，“我马上要出门”，“客户在办公室等，1小时后我打给你”等礼貌的理由进行有效的过滤。

领导、下属和同事打断你正在进行的工作时，可采用下列方式尽量减少被干扰的时间。对于领导的打断要及时应答，但可带一项尚未完成的工作暗示他你很忙。对于下属，要训练他们形成良好的工作习惯，将其打扰的方式定型化。如，采用便签、邮件或例会的形式统一解决。对于同事的打断，可以通过协商达成共识，在工作时间轻易不要打扰对方，但对于确需帮助的，要表现出乐意帮忙的态度，以创造同事间良好的人际关系。

(4)办事不要拖延。计划制定之后，每次只做一项工作或者吩咐下属去做，定出完成的时间，严格遵守，强制完成，时刻提醒自己完成工作的重要性。

(5)第一次就把事情做好。有些人养成了做事不认真的坏习惯，不但浪费了自己的时间，也浪费了别人的时间，降低了工作效率。所以，养成第一次就把事情做好的好习惯是很重要的。

(6)时间安排应有弹性。在制订工作计划时，安排应尽可能保持一定弹性，过于紧张的计划不但难以完成，而且会影响执行的效果。

三、旅行社员工应知的礼仪常识

(一)专业形象要求

旅行社是一个服务性行业，员工形象对客户形成的印象非常重要。因此，员工在工作时应该仪表端庄、整洁。

1. 卫生要求

(1)头发。整洁、无头屑，可定型，女士不得披头散发。

(2)眼睛。无分泌物，避免布满血丝。

(3)鼻子。鼻毛在内，勿当众抠鼻子。

(4)牙齿。清洁、无食品残留物。

(5)指甲。光洁，定期修剪。

(6)胡须。每日一刮。

(7)饰物。简洁端正，无缺损。

(8)化妆。清淡适宜，不可浓妆艳抹，不用浓烈型香水。

2. 着装要求

(1)西装。要拆除商标，熨烫平整，扣好纽扣，不卷不挽；要慎穿毛衫，巧配内衣，衣兜内少装东西。

(2)衬衫。领口、袖口不得污秽，注意与西装颜色匹配。

(3)领带。注意与西装、衬衫颜色匹配。不得肮脏、破损或歪斜松弛，领带夹是已婚标志，应在领结下 3/5 处。

(4)鞋子。应保持清洁，如有破损应及时修补，不得穿钉底鞋。

(5)女性职员服装要淡雅得体，最好穿职业套装，周五可以穿职业便装，不得过分华丽。

(6)职员工作时不宜穿大衣或过分臃肿的服装。

3. 行为举止要求

(1)站姿。双脚跟并拢,脚尖分开约45度,腰背、脖颈挺直,头微向下,能让人看清面孔,不耸肩,身体重心在两脚中间;正规场合或在长辈、上级面前,不得双手交叉抱在胸前。

(2)坐姿。上身端正,双腿平行下垂,不得向前或向后伸;移动椅子的位置时,应先把椅子放在应放的地方,然后就座。

(3)与同事或客人相遇应点头行礼,表示致意。

(4)握手。应目视对方眼睛,身体重心稍前移,不弯腰低头,要热情大方、不卑不亢;同性间地位低或年纪轻的,应等地位高或年纪大者先伸手;异性间男方应等女方先伸手,反之则是不礼貌的。

(5)入室。进入房间,要轻声敲门,听到应答再进入;入室后,回手关门,不可大力碰撞;进入房间,如对方正在讲话,要稍候,不可中途插话,如有急事要打断对方,也要看好时机,且要说:对不起,打断你们的谈话。

(6)递交物件。若递交文件等,应把文字正面向着对方递上去;若是刀笔之类,则应将笔杆、刀把朝向对方,使对方容易接着。

(7)在通道、走廊要放轻脚步,不得大声喧哗,更不得唱歌或吹口哨等;在通道、走廊里遇到上司或客户要礼让,不得抢行。

(二)工作行为要求

1. 办公室行为要求

(1)公司的物品不能野蛮对待或挪为私用。

(2)及时清理、整理账簿和文件,桌、台、地面要保持整洁。

(3)借用他人或公司的物品,使用后要及时送还或归放原处。

(4)公司内应以职务称呼上司。

(5)未经同意不得随意翻看同事的文件、资料等。

2. 电话沟通要求

(1)接听电话时,至少应在第三声铃响前取下话筒;通话时先问候,并自报公司、部门名称。对方讲话时要留心听,并记下要点,未听清时,礼貌地请求对方复述,对话结束时礼貌道别,待对方切断电话后,自己再放下话筒。

(2)通话应简明扼要,不得在电话中聊天;接听让人久等的电话,要向对方致歉。

(3)来话反映的问题如果自己不能处理,可坦率告知对方,并马上将电话交给能够处理的人。在转交前,应先把对方所谈内容简明扼要地告诉接听者。

(4)若是代听电话,一定要主动询问客户是否需要留言。

(5)电话铃响,若口中正在吃东西,可不必立刻接听电话,应迅速吐出食物,再接听电话;若正嬉笑或争执,一定要等情绪平静后再接听电话。

(6)接电话时的开头问候语要有精神,电话交谈时要配合肢体动作,如微笑、点头。

(7)通话的音量不可过大,话筒与嘴的距离不要过近。

(8)电话来时若正在和来客交谈,应告诉对方现在有客来访,过后给他回复。

(9)接到投诉电话,千万不能与对方争吵。

(10)工作时间不得打私人电话,朋友来电,应扼要迅速地结束通话。

(三)常用商务礼仪

1. 客户接待礼仪

(1)在规定的接待时间内,不得离岗。

(2)有客户来访,马上接待,让座、沏茶。

(3)客人多的时候应按顺序接待,不能先接待熟悉的客户。

(4)对预约来访的客户,要表示欢迎。

(5)常来的客户应建立客户档案,并熟记姓名。

(6)接待应主动、热情、大方、微笑服务。

2. 人际介绍礼仪

(1)先把年轻者介绍给年长者。

(2)先把自己公司的同事介绍给别家公司的同事。

(3)先把低级主管介绍给高级主管。

(4)先把公司同事介绍给客户。

(5)先把非官方人事介绍给官方人士。

(6)先把本国同事介绍给外国同事。

3. 名片交换的礼仪

(1)如果是坐着,尽可能起身接受对方递来的名片。

(2)辈分较低者,率先双手递出个人的名片。

(3)到别处拜访时,经上司介绍后,再递出名片。

(4)接受名片时,应以双手去接,并读出其姓名和职务,以示尊重。

(5)接受名片后,不宜随手置于桌上。

(6)经常检查皮夹,不可递出污旧或皱折的名片。

(7)名片夹应置于西装内袋,避免从裤子后方的口袋掏出。

(8)尽量避免在对方的名片上书写不相关的东西。

(9)不要无意识地玩弄对方的名片。

(10)不可先于上司递交名片。

【本章小结】

旅行社员工应该知道正确的工作程序,清楚地了解自己的工作岗位,及该岗位的职责、权限和义务，需要同哪些部门和人员进行衔接等，正确地接受领导布置的工作，并按照科学的程序去完成任务。

旅行社员工应该熟练掌握人际关系沟通技巧和信息交流沟通技巧。在企业内部良好的人际关系沟通技巧就是赢得合作的技巧；信息交流沟通技巧是提高工作效率的必要手段，作为一个旅行社的从业者，要学会有效地与领导、同事、客户进行信息交流，以提高工作效率。

旅行社是一个服务性行业，作为员工，应该掌握必要的形象礼仪、工作行为要求和商务礼仪。

第三篇

业务技巧篇

第五章

旅行社组团业务操作流程及管理技巧

本章导读

本章将首先从旅游业务操作实战的角度，界定什么是组团业务，说明组团旅游产品设计、开发与市场推广技巧；其次重点阐述组团业务的操作流程和技巧；最后给出中国旅行社界在实战中总结的一些案例，供读者参考研讨。

通过本章的学习，您应该能够：

(1)了解什么是组团业务。

(2)理解掌握组团旅游产品的设计、开发与市场营销技巧。

(3)掌握组团业务的操作流程和技巧，并在业务实践中正确运用。

(4)研究实战案例的可取之处，并用以改善自己的组团业务。

一、组团业务简介

组团业务(直客业务)是旅行社的主导业务，简而言之，就是经旅游代理商(零售商)之手把旅游产品销售给旅游者，并与旅游接待服务商一起，共同为旅游者提供满意的旅游体验，从而获得企业利润的经营形态。为了符合中国旅行社界目前的操作习惯，本书中的组团业务是相对于批发旅游业务和接待旅游业务而言的，确切地讲，批发旅游产品和接待旅游产品都是旅游产品的中间形态，组团旅游产品才是旅游产品的最终形态。本章主要探讨观光旅游产品的销售操作过程，游客单项预订业务和企业差旅费管理业务未列其中，具体可参阅本套丛书《旅游产品设计与操作手册》。

二、组团产品设计与开发操作技巧

目前，中国旅行社界就旅游产品设计和开发有着不同的认识。绝大多数旅行社从业者认为，由于新产品开发需要耗费大量的时间和精力进行消费者市场调查、产品设计、产品要素采购、产品试销等工作，如果市场推广不能取得理想的效果，则具有一定的市场风险；如果销售效果好，又往往会被同行以更低的价格、更强大的广告攻势抢占市场。所以，绝大多数旅行社宁愿选择成为市场的跟随者。但是也有部分旅行社的有识之士认为，中国旅行社界需要以创新产品和服务来取得更快的发展，并且提出了本企业的主题产品设计和上市计划，针对不同的细分市场（年龄：青少年、老年人、成年人；旅游目的：观光休闲、度假、商务等）进行旅游者消费行为分析，针对不同细分市场的需求特点进行不同旅游要素的采购，从而设计开发出不同产品以满足市场的需求。产品投放市场之后，不但取得了很好的市场效果，还快速地建立了企业的服务品牌，取得了很好的综合效益。根据目前中国旅行社界的操作习惯现状，绝大多数旅行社把企业的旅游产品分为散客型产品和团队型产品（组织型产品）两种类型。下面就针对这两种产品，分别阐述两种产品类型的特点和设计开发技巧。

（一）散客型旅游产品

随着中国旅游市场的迅速扩大，散客旅游已经成为旅游市场的一个重点市场，散客型旅游产品逐渐成为市场的主打产品之一。旅行社散客型旅游产品的设计操作形式主要有如下两种：

1. 自己设计、采购并销售（大型旅行社）

现在国内各大城市的大型组团社，基本上都已经具有自己设计开发散客旅游产品的能力。它们通过企业对区域市场消费特点的及时把握，根据当地旅游市场的消费趋向调查，确定主要的旅游目的地，与旅游目的地的主要接待社协商，并获得其支持，同时利用自己多年来在当地旅游要素市场奠定的优势，与航空公司、铁路运输、巴士公司等交通运输部门签订包机、专列、包车合同，以大批量的采购获得各项要素的价格优势，将采购的接待产品和大交通进行有机组合，这样，就完成一个典型的散客型旅游产品的设计与开发。由于包机、专列等大型散客型旅游产品可以取得较好的社会效应，所以很多旅游目的地的旅游主管机构，都制定了一定的奖励政策和广告支持政策。现在，由于旅游市场的强大影响力，国、中、青、康辉等传统大社，每年都可获得各国旅游机构市场广告费的支持，国内重要旅游市场的重点组团社每年也可以从旅游目的地获得一定的奖励和广告费支持。值得注意的是，这些大型旅行社自己采购开发的散客型旅游产品，在本地市场主要由本企业分布在区域市场内的营业部销售，本地之外的市场则发展代理商进行销售。

自己设计、采购并销售旅游产品的操作技巧提示：

（1）获得大交通部门的支持，是产品设计、销售成功的关键。大交通（航空、铁路、巴士）的提供者，出于平衡不同销售渠道利益的需要和掌握更多的话语权，往往对当地组团大社和对旅游目的地来的办事处一视同仁，给予同样的价格政策。

从旅游目的地来的办事处的营销服务人员，一般情况下可以获得接待社更多的价格支持，再加上办事处的中性地位，所以，更多的中小型旅行社愿意与大交通的提供者合作。这就给大型组团社散客型产品的销售带来了很大的挑战。因此，现在大型组团社一般采取航线或专列买断的方式进行产品操作。

(2)如何建立一个分布更广、销售能力更强的同业分销网络？散客型在本地市场的垄断性操作，可以掌握产品的定价权，获取更高的利益分配，但是也存在着一定的产品分销风险。在中小型旅行社品牌意识日益增强，更乐意和办事处合作的今天，组团大社可以通过中性产品品牌的建立和共享、业务操作的安全性（不用担心资金安全性）、向中小旅行社让利销售等方式，获得广大中小旅行社的认同，建立强有力的销售网络。

2. 从批发商手里获得产品分销权，售后获得销售佣金（中小型旅行社）

目前，中国的旅行社大都是中小型旅行社，它们没有自己的散客产品开发能力，主导客户是组织型客户（团队客户）。它们通常是从批发商（大型组团社的产品分销机构、接待社在当地市场的营销机构）手中获得散客型旅游产品的分销权，然后通过广告形式进行市场开发，最后，再根据收客人数的多少从批发商手中获得一定数量的佣金。现在每个旅行社都有一批接待社设在当地市场的办事处（接待社营销机构）的名单。这批接待社的营销机构就成了中小型旅行社散客型产品的提供商。出于企业品牌塑造的考虑，中小型旅行社不愿意和当地的组团大社合作，更乐意接受这些接待社办事处的服务。但是由于办事处没有在当地旅游主管机构缴纳质量保证金，管理上有一定的难度。而且少数办事处的工作人员见利忘义，携款潜逃的事件屡有发生。国家旅游主管机构也一再进行市场整顿，试图让办事处这种批发商形态阳光化，但一直没有取得理想的效果。目前，在北京、上海、广东等重要客源市场上，来自各旅游目的地旅行社的营销服务机构多达几十家甚至上百家。

从批发商采购产品的操作技巧提示：

中小旅行社应选择实力强、经营时间长、接待信誉好的接待社营销机构合作。现在，客源市场一个重要的旅游目的地中营销服务机构就多达几十个。他们绝大多数是目的地接待社派驻的。因此，在选择此类产品提供商时，可重点考察营销服务机构的派出社在当地旅游市场的信誉，进驻当地的时间、经营业绩、产品模版的规范化程度、产品销售佣金的额度等。经营时间越长、业绩越好的批发商越珍惜自己的市场地位，一般不会发生恶性事故和重大服务质量问题。很多旅行社就是因为过于看重办事处给予的销售佣金额度而选择了那些携款潜逃的不法之徒，给自己的商誉带来了重大的损失。

（二）组织型旅游产品

组织型旅游产品，是企业根据组织型客户的个性化需求而设计的产品。这种产品的设计和散客型产品的区别主要有：

(1)散客型产品的设计与要素采购是在开发市场之前就已经完成；而组织型旅游产品则是在获得组织型客户的旅游意向之后，再根据其需求而进行设计和要素采购。

(2)散客型产品是标准化程度极高的产品，游客必须无条件服从接待社的接待时间安排；而组织型旅游产品则是由组织型客户提出自己的行程安排和接待要素的要求，再由旅行社来完成采购和组织过程的。所以，组织型产品是一种个性化的定制型产品。目前，各大组团社已经和批发商形成了紧密协作的关系，共同进行产品特色的设计和定价策略的确定。与散客型产品相比，组织型旅游产品对于服务的质量要求更高，零售商(中小型旅行社)的话语权也更大，是中国中小型旅行社的主要利润来源之一。目前，各大旅行社都有一批稳定的客户经理队伍，中小型旅行社的总经理和部门经理也都有一批自己的组织型客户。

组织型产品采购操作技巧提示：

组织型旅游产品是组团社和批发商的业务重点。中小型旅行社组织型产品的主要采购渠道，是接待社的营销服务机构，首先要求接待社必须满足客户提出的诸如欢迎仪式、晚会等旅游服务内容的个性化要求，然后再根据组织型产品的采购数量，选定两家信誉好的批发商合作，让他们竞争报价，而后选择报价较低的一家合作。在业务操作开始时，要和接待社签订服务合同，以获得接待服务质量的保证。

三、组团型产品推广操作与管理技巧

组团型旅游产品设计开发完成之后，就进入了市场推广阶段，由于面对的是最终消费市场，所以尤其要注重产品包装、产品推广媒介的选择和销售人员管理这三个重点环节。

(一)产品包装技巧

目前，国内的旅游产品包装和发达国家相比还有较大的差距。由于旅游产品具有生产和消费同时性的特点，因而，旅行社卖给旅游者的产品，是一种对未来美好旅游体验的期望，是一种无形产品。所以，通过恰当的包装，实现旅游产品的“无形产品有形化”就变得非常重要。旅游产品的包装，主要体现在以下两个方面：

1. 通过对旅游产品要素的图片展示、音像放映，向旅游者说明我们采购的旅游服务要素都是优质产品，服务质量可以得到保证

(1)大交通的方式及好处：

• 飞机。向游客说明哪家航空公司及其获得的荣誉、机型(最好配备图片)、从客源地到旅游目的地的飞行时间、中间是否停留(如果停留说明停留时间、停留时间如何安排)等。

• 火车。车厢的类型(绿皮硬卧、豪华空调车厢)、中途停留几个车站、停留时间、到达目的地的时间等。

• 巴士。旅游车类型及品牌(豪华空调车、一般大客车)、车况等。

(2)饭店等级、名称及位置。说明住宿设施的时候应该提供饭店的图片、周围环境、星级、营业时间(是否新建饭店,一般情况下客人喜欢住同等级的新饭店)及到机场、车站的距离等要素。如果是针对细分市场特定需求选择的饭店,就要把接待方安排的关于住宿的各种细节向客人详细说明。

(3)餐饮的特色及标准。应根据不同的产品进行不同的说明,一般情况下,散客型产品都是标准产品,应说明餐饮标准、早中晚三餐的菜肴数量及菜单、餐厅的等级等;组织型产品大都是根据客人的需求来安排特色餐饮,一般需说明餐饮标准、餐饮特色、餐厅的等级等。

(4)景点的数量、等级及特色。散客型产品一般都是标准行程,安排的都是目的地最具盛名的景点,介绍时须配合景点的图片、明信片、录像等形式进行描述,尤其应注意强调该景点在同等级景点中的地位和特色景观等;散客型产品还要安排不同数量的自费性景点,这时一定要向游客说明自费景点的特色、门票费;团队型产品一般不作自费景点的安排。

(5)旅游目的地的特色商品及行程中旅游商店的等级。旅游商店已经成为旅游要素中争议最多的部分,由于恶性价格竞争的影响,现在很多旅行社都已经把旅游购物作为接待利润的重要来源,为了避免不必要的投诉,在向游客介绍产品时,应该介绍行程中包含几个购物点、旅游目的地的特色商品。一些大型旅行社已经开发了“纯玩团”的产品来满足中高端旅游人群的需求。

(6)旅游目的地娱乐活动的特色及收费标准等。旅游娱乐是一些旅游产品的特色之一。如,东南亚旅游的泰国人妖表演;目前,国内旅游市场上,东南亚旅游产品已经把游客的娱乐消费作为利润的唯一来源。有的团队已经不成文地规定了游客在目的地国家一定要消费多少金额的娱乐项目。所以,在出团前向游客说明,让他们做好充分的思想和心理准备,可以提高旅行社的诚信度。

2. 图文并茂的旅游产品说明书

目前,绝大多数国内旅行社为了最大限度地节省成本,在印刷旅游产品说明书时,就力争把所有的旅游信息全部浓缩到一张纸上。这样,很多旅游信息就不能在产品行程中得到反映,旅游行程说明根本不能起到调动旅游者旅游欲望的作用。有些旅行社的旅游产品说明书采用了很差的纸张,印刷的字体也非常模糊。这样的产品说明不但不能有效地向旅游者传递必要的旅游信息,而且损害了企业形象的塑造。因此,图文并茂的产品说明书应该注意如下细节:

(1)采用图文并茂旅游产品形成的模板(详见该套丛书《旅游产品设计与操作

手册》)。一个完整的旅游产品说明书应该包括:产品特色说明、产品行程安排(对旅游行程尽量采用体验性、描述性文字进行说明)、全程接待标准三个部分。模板中应尽量采用优美的图片。

(2)精心选择纸张。一定要选择优良的纸张,如果是主题旅游产品可以选择与主题相吻合的纸张。

(3)进行人性化的版面设计,并选择印刷质量有保证的印刷厂合作。

(二)产品推广媒介的选择技巧

组团型旅游产品的推广媒介,主要有报纸、广播、电视、杂志、路牌、网络、DM媒体等。

1. 报纸

报纸,是组团型旅游产品推广的主要渠道。每年中国旅行社行业在报纸上投放的广告预算,占到了整个行业广告预算的一半以上。有的旅行社界人士曾在比较全年的毛利额和投放到报纸的广告额之后说:“我们是报纸的打工仔。”但,现在投放在报纸上的旅游产品广告,基本上没有产品形象塑造性的广告,打开报纸的旅游版,基本上全是豆腐块形的行程价格展示。这样的广告形式固然可以促进企业旅游产品的销售,但是没有任何独特性,对于塑造企业的形象没有起到应有的作用。根据企业广告预算的不同,有实力的旅行社应该更多地采取高层人员采访、企业服务模范正面新闻报道、企业主题旅游产品系列报道等软广告形式,与促进销售的硬广告相结合的方式进行报纸媒体广告的投放。选择报纸媒介的时候,也应分析一下报纸的读者群,针对读者群的消费特征和消费特点选择合适的报纸。散客型旅游产品应该选择在客源影响最大的晚报类报纸上做广告。

2. 广播媒体

广播媒体,拥有亲和力强、费用较低等优点,对于塑造企业形象有着不可低估的作用。目前,国内一些实力雄厚的旅行社已经采取了与广受群众欢迎的专栏广播节目合作的形式投放广告,由节目主持人以富有磁性的声音,介绍企业推出的特色旅游产品和企业的服务优势,对于塑造企业形象、提升企业品牌具有不可低估的作用,值得广大旅行社企业学习。

3. 电视

电视,是目前大众媒介中影响力最强的,但是它的费用一般较高,只有实力非常雄厚的国、中、青和一些具有创新精神的地方大社,才有实力采用这种宣传方式。它对提升企业形象有着非常重要的作用,但不太适合于推广企业的组团型旅游产品。

4. 杂志

杂志,是目前旅行社采用较少的一种媒介方式,尤其是在推介时令性较强的组团型旅游产品时更少采用。

5. 路牌

路牌广告的费用较高，不是一般旅行社所能承受的，而且不太适用于推广旅游产品。只有组团大社和旅游目的地共同推出组团型旅游产品时才会采用这种广告发布形式。

6. 网络广告

网络广告，是目前旅行社在推广组团型旅游产品时经常采用的一种广告形式。它的主要特点是费用低、界面直观、没有时间限制。目前，国内稍有实力的旅行社都设立了自己的网站，用来展示企业形象，定期发布企业的组团型旅游产品。

（三）销售人员管理技巧

销售人员是旅行社同客户接触最直接和最紧密的人员。在客户面前，销售人员代表着旅行社；对旅行社而言，销售人员肩负着对产品销售成败的重大责任。同时，销售人员还给公司带回许多有关客户和市场的有价值的信息。对销售人员的成功管理，是公司组团型旅游产品营销成功的必要前提。

1. 识别优秀旅游产品销售人员的技巧

目前，我国旅行社的销售队伍，主要是针对组织型客户。很多旅行社都是按销售区域来组织自己的销售队伍。国内的某大型旅行社使用网格理论组建自己的销售队伍，结合自己强大的产品设计和开发能力，市场开发取得了巨大的成功。随着我国旅行社市场细分的不断深化，有些旅行社已经进入了商务旅游领域。他们开始根据自己的服务产品结构，组建自己的销售队伍，力图通过产品的差异化占领不同的细分市场。

（1）成功旅游产品销售人员的特质

目前，市场成功的旅游销售人员不胜枚举。很多中小型旅行社企业的总经理，都是在成为一名成功的产品销售人员之后，因为熟悉了旅游产品的操作流程和拥有了自己的客户群，才出来创业的。简单总结一下，一个成功的旅游产品销售人员的特质，可分为优秀品质型、熟练销售技能型、渊博全面的旅游知识型，以及融合三种类型特征的综合型。

①优秀品质型

• 优秀品质型销售人员具有从他人角度考虑问题的能力。一个优秀的旅游销售人员只有具备了从他人角度考虑问题的能力，才能准确地预测出客户的旅游需求和他们潜在的利益需求，才能与客户建立良好的关系。

• 优秀品质型销售人员具有自我激励能力。成功的销售员由于销售业绩好，收入相对比较高，但这只是他们自我激励的结果，而不是激励的动力。许多人认为销售员只是为钱而工作，但成功的销售员却能在销售活动中感受到被客户认可和给客户带来愉悦旅游体验的快乐。

• 优秀品质型销售人员具有自制力。自制力是指销售人员从失败中恢复心理状态的能力。对旅游销售人员来说,销售的旅游产品不是人们生活中的必需品,而是一种无形产品,被客户拒绝是很正常的事情,放下一个电话时就可能是一次失败。销售员听到的“不”远远超过“是”。只有具备较强自制力的销售人员才能较好地恢复心理状态,坚韧不拔地完成销售。

• 优秀品质型销售人员诚实可信。诚实已经成为旅游销售人员成功的关键,因为诚实是建立信任的基础。有些旅游销售人员为了取得一时业绩的突破而过分夸大产品的品质,向客户作出过多的承诺,导致客户的期望值大大高于旅游产品所能给予客户的旅游体验,虽然旅游接待人员非常努力,服务质量也符合产品说明书的要求,但是客户依然很不满意,甚至导致出现不应该的投诉。

除了上述四种重要的品质之外,自律、智力、创造力、灵活性、适应力、毅力、个性等品质也是非常重要的。

②熟练销售技能型

熟练销售型旅游产品销售人员,具有比一般销售员更有效的销售技能。主要包括:

• 沟通技能。很多人对沟通技能的理解是拥有良好的口才,但是,沟通是一个听与说的双向过程。倾听往往是旅游销售人员最重要的技能之一,因为只有善于倾听才能准确把握客户的旅游需求,才能因势利导地完成旅游产品的销售。

• 分析技能。分解问题并解决问题的能力,在当今旅游产品销售市场中显得特别重要。一个优秀的技能型销售人员应具有通过表象看本质的能力。这种能力,部分源于倾听,同时也来源于提问题的能力。例如,某旅行社推出了一个针对公司客户的团队拓展训练产品。销售人员在拜访客户时,客户对该产品很感兴趣,但却一直强调最近其公司的预算紧张,销售人员立即准确地判断出客户可能对产品的价格不太满意,便立即与上司取得联系,为客户争得了一定的优惠,客户就顺利地签约了。

• 组织技能。组织能力是与时间管理能力相关的技能。组织能力是指使各种因素处于有序状况的能力。因为旅游销售员掌握着大量的团体客户信息、旅游产品信息、旅游市场信息和经济信息。在与客户沟通的时候,需要对这些信息进行良好的组织。

• 时间管理技能。正确估计时间需求和安排自己的市场拓展计划是非常重要的。因为,20%的重要客户可以带来80%的销售毛利,同时他们也会兼顾小客户的成长。成功的技能型销售人员总是能尽量增加与客户会面的时间,从而有效地促进旅游产品的销售。

③渊博全面的旅游知识型

一个渊博全面的旅游知识型销售员,应该掌握的旅游知识,包括产品知识、客户知识、产业知识、竞争知识,以及自己公司的相关知识。

通常,旅行社只注重对销售人员进行旅游产品知识和客户相关知识的培训,实践证明这是远远不够的。一个优秀的旅游产品销售人员,必须具备再学习的能力,才能在竞争激烈、变化迅速的旅游市场上立于不败之地。

(2)旅游产品销售人员行为管理的技巧

旅游产品销售人员大都工作在客户所在的区域,所以管理的难度很大,因此,有些旅行社就放弃了对销售人员的管理,而将其简化成简单的目标管理,只要每个月完成一定的销售额,就万事大吉了。这样,就导致了旅行社对产品销售人员管理的失控,也间接导致了旅游销售人员频频跳槽,寻找更高业绩提成的情况。怎样管理旅游产品销售人员的销售行为呢?销售行为管理并非是束缚或控制销售人员的活动。行为管理只是销售目标管理及效率管理的辅助工具及做法,目标能否实现、效率可否提高等,完全视销售行为的品质而定。

销售行为管理最有效的做法之一,是建立销售日报表制度。销售日报表是每位旅游产品销售员每天的行动报告书,也是在人、事、时、地、结果、进度等方面所有行为的总记录。填写日报表不仅对销售经理是行为管理的手段,也是改进销售工作的主要依据。销售日报表积累下来,就成为旅行社企业知识管理的重要组成部分,也成为企业培训的重要参考资料。

(a)销售日报表的作用:

- 有利于对旅游市场需求及发展趋势的把握;
- 有利于对同区域竞争对手产品情报的把握;
- 有利于对销售目标实现程度的评价;
- 有利于对旅游产品销售人员的行为管理;
- 有利于对组织型客户基本情况的了解;
- 有利于对沟通问题点的把握;
- 有利于对遇到问题的分类;
- 有利于对销售情况的统计;
- 有利于对销售人员的自我管理;
- 有利于对客户群体区域特色的把握。

(b)销售日报表的内容。销售日报表作为旅行社拟定现在和将来组织型客户销售计划的基础,其内容一般包括:

- 访问地点、单位;
- 组织型客户的决策人及职务;
- 实际工作时间;
- 访问人数及次数;
- 面谈或介绍旅游产品的次数;
- 客户的旅游需求;

• 目前进展情况。

(3)销售日报表的应用技巧。销售日报表在旅游销售中的应用,对于很多旅行社来说是一个极大的挑战,很多销售人员会以“太麻烦、没有用、没有时间”等各种理由拒绝填写。要想成功地在企业中推进销售日报表的应用,首先应该进行销售日报表的培训,向销售人员说明销售日报表的作用,销售日报表是销售人员自我管理的一种工具,可以提高自己与客户沟通的能力,可以有效地提升销售业绩。其次,销售部经理及其主管应该高度关心销售日报表,对于销售人员在日报表中反映的种种问题应及时确认,给予相应的帮助。如,销售人员的日报表中频频出现“客户反映公司的服务太差”,营销部经理应该及时向公司领导汇报,召开公司服务质量控制会议。一个旅行社的总经理曾经说过“服务差导致的投诉,是旅游销售人员在销售过程中遇到的最让人沮丧的事情”。最后应该下工夫设计好销售日报表,使之很容易填写,以便减少销售人员拒绝填写的借口。

四、组团业务流程及操作管理技巧

组团旅游产品设计开发完成之后,开始投放市场,采用广告促销、人员促销等多项促销措施,旅游市场顺利启动,下面就进入了组团业务的操作阶段。操作阶段主要包括如下10个环节:

(一)客户接待环节

组团业务的客户接待环节,包括客户来电接待和客户登门拜访登记两项工作。对于一个旅行社的客户接待人员而言,接待客户的态度,可以用16个字来概括:“语言清晰、言简意赅、语气和蔼、态度热情”。接待过程中应该注意“答、问、讲、记”四字要诀。

• “答”字诀:一个优秀的客户接待人员应该具有优秀的倾听技巧,了解客户真实的旅游需求,解答客户来电或亲自上门问询旅游线路的价格及具体的产品行程。

• “问”字诀:与客户的沟通中,注意按照一定的顺序询问客户的旅游需求,弄清楚客户想到什么地方去旅游,对什么类型的产品更感兴趣,旅游的时间(天数、具体出游时间)、人数(成人、儿童、老人各多少人?男女比例如何?)、出游类型(独立成团还是拼团出游?)、客户联系方式(手机、办公室电话、传真、电子邮箱)等。

• “讲”字诀:为客户具体讲述公司的服务优势、目前市场上流行的旅游线路,以及客户感兴趣的旅游线路产品的特征和产品的突出特点,同时注意引导客户的需求,尽量让客户报名参加目前本社主打的产品,可以用优惠政策和强调主打产品的优势特色等手段打动客户。向客户讲述产品时,如果与客户面对面,则尽量贯彻“无形产品有形化”的方式,用图片、录像等各种方式说明产品的品质,还可以通过向客户展示本社或个人获得的荣誉称号及合作伙伴接待实力的证明(接待合作伙伴获得的荣誉等),来进一步说明产品品质的可靠性。

- “记”字诀:与客户沟通时,还要及时记录一些与客户沟通的关键点。如上述所问及的事项,认真填写接待登记表,特别注明客户的需求类型及进度情况,即使当时不能实现产品销售,也可以及时对客户进行跟踪,以确保销售的顺利完成。

(二)产品报价环节

报价环节,是成交的关键环节之一,很多旅行社都对计调人员和客户接待人员的报价速度提出了不同程度的要求,并规定接待人员必须正确填写来电(客户来访)登记表,注明客户需求类型、进度情况及必需的客户资料。这就使客户来访登记表成为旅行社知识管理的重要文件。旅行社可以从客户接待登记表中了解到接待人员的工作效率和客户的旅游需求。

1. 散客型旅游产品

旅行社推出的散客型旅游产品是一个非常标准的产品,具有明确的价格政策,报价相对比较容易,只需要将价格政策和时间限制向客户清楚地阐明即可。在促使客户尽快报名的时候,可以向客户说明产品的畅销程度,最好马上确定,否则不能保证位子等。

2. 组织型定制产品

对于组织型客户的产品报价就有了更高的要求,由于组织型客户的需求是个性化的,因此很难用标准产品来报价,需要根据客户的需求来定制产品。这时计调人员对产品的熟悉程度和报价水平,将直接影响交易的达成。报价的基本技巧主要有:

(1)快。根据客户的要求,迅速地了解客户需求产品的供求状况,目的地有无大型会议或节庆活动等,将客户的产品需求向接待合作伙伴通报并询问接待价格,然后根据客户选定的大交通手段(铁路或飞机折扣率),再加上旅行社规定的利润率水平,合成后报给客户,同时准备该产品的替代性产品,如果客户对报价不满意,还可进一步对客户需求作再次引导,尽量争取客户购买旅行社的主打产品或优势产品。

(2)准。给客户的报价除要求一定的速度之外,还要求计调人员对产品的核准定价水平比较高,尽可能地准确。对于价格敏感度比较高的客户,由于报价的准确,比竞争对手低一点,达成交易的可能性就会大增,同时要对产品的分解报价非常清楚,有时客户在达成意向的时候,又会要求一定程度的优惠,这时就需要客户接待人员灵活对待。一方面强调利润率已经很低,没法再让,另一方面仔细观察客户的反应,灵活应变,但不能做过多的让步,以避免团队利润太低或没有利润。

(三)出游确认环节

把握客户的旅游需求,进行准确的报价,像足球场上的传球和射门,而业务确认则是“金球”,如果射术不精,可能多次射门而不进球。一般情况下,与组织型客户的业务确认,需要几个回合的沟通,对产品进行多次不同程度的修改,如双方确定达成合作意向,则需要最后与客户达成协议,签订合同。双方可以通过传真形式或者亲自上门签署合同的方式进行业务确认。具体格式,如"业务确认书或者国家统一制定的旅游合同"。如果客户进行了多家询价,同时以其他旅行社的报价来压低价格,这时就需要有一定的业务确认技巧了。如,可以向客户强调旅行社的服务优势,另外向客户解释为什么竞争对手比自己的报价低,如果客户同意降低(宾馆、用车等)要求,我们的价格也可以比竞争对手更低。当然这时一般的组织型客户会选择在一个较高的价位水平上享受较好的服务。

案例:

某旅行社在人员销售过程中,了解到某集团公司有到某著名景区春游的计划,便马上安排相关产品销售人员准备了详细的产品说明书,登门拜访。由于该旅行社在该市具有一定的品牌知名度,所以,集团公司的办公室主任对所提供的产品比较满意,便有意向将此项业务交由该旅行社承接。办公室主任拿出了一份该社竞争对手旅行社的报价,告诉该旅行社的副总经理,竞争对手的报价比他们低50元/人。由于到景区的大交通是长途巴士,该旅行社的总经理意识到竞争对手可能采用了档次较低的旅游车,便向客户作了清楚的说明,强调自己为客户准备的是市场上著名的旅游车品牌,而且车况很新,同时强调这次出团的导游曾经获得过"××市优秀导游"称号,同时说明如果客户愿意降低用车标准,价格还可以比竞争对手低10元钱,最后再次强调了自己为客户提供服务的真诚愿望。显然,客户被副总经理合情合理的分析说服了。于是,该旅行社顺利拿到了这笔200多人的春游大团业务。

(四)收款环节

收款,是业务收入得到确认的关键环节。与客户达成服务协议后,一般散客旅游产品需要游客缴纳旅游全款,如果客户报名参加欧洲或者澳大利亚、新西兰等地区的旅游,还需要提供相应的担保金或者证明。散客型旅游产品一般不会产生收款方面的问题。需要注意的是,组织型客户的收款问题,有时旅行社为了达成服务协议,为客户提出先旅游后付款的优惠条件,如果旅游全程没有任何质量事故,则收款没有问题,如果出现一点问题,便会因客户尚未付旅游款,而产生可能拒付问题,使旅行社陷入极为被动的局面。如果客户主动提出这种不合理的要求,则旅行社需要提高警惕。因为,在这种情况下,不能排除客户存在旅游后恶意找碴儿拒不付款的动机。因此,在目前旅游接待质量普遍不能得到确切保证的前提下,一般情况不能答应客户先旅游后付款的要求。在出游前,至少要让客户支付旅游的基本成本和大交通的所有费用,如果能收全款最好。

案例:

某国际旅行社通过一个销售人员,得到某金融机构有计划到桂林旅游的情报,于是,便派组团部的部门经理登门拜访。部门经理通过和客户的交谈,认为客户资金实力强,每年都有奖励旅游的计划,由此产生了将该客户发展成为长期客户的意念。销售人员为了拿到业务提成,也积极促成这项业务。由于旅行社方表现过于主动,客户提出了是否可以先旅游后付款的要求。组团部经理出于对本社旅游服务质量控制体系的信心和对金融机构不可能拖欠团款的信任,未向上层领导请示便擅自做主,同意让客户只预付大交通的费用,剩余团款待旅游结束后再支付。结果,出乎预料,旅游结束后组团部经理前去收款,遭到了客户的拒付和投诉,说接待社的导游在旅途中讲了一些格调不高的"荤段子",引起该单位员工的极大不满。由于剩余团款数额巨大,远超过该项业务所产生的利润,因此导致了旅行社一段时间内的极大被动。后来,组团部经理请旅行社高层领导出面道歉,同时出示了接待社对该导游的处理意见,并答应减少部分旅游费用,如此这般,还经历了大半年的时间,客户才把团款支付给旅行社。

(五)旅游服务要素操作落实环节

签订合同收取团款后,如果是乘飞机出游,则须将客户全体人员名单,建档保存。如果旅游全程不需要客户名单,则可不强求客户提供名单。同时应完成各项旅游要素的操作落实工作。如:

- 打印团队计划单;
- 报部门经理确认;
- 报财务部借款,签单;
- 报计调部安排大交通(飞机、火车、轮船)旅游用车、房、餐、导游等事宜;
- 确认价格、行程、时间、人数、住宿标准、餐饮标准、用餐次数、车型、区间交通票、返程交通票、陪同姓名、联系电话等内容;
- 若在确认时间至出行时间之前出现任何变更,须及时与地接社进行电话和书面确认,以保证团队接待准确无误,每次变更均需加盖双方公章。

(六)台账登记环节

目前,我国绝大多数操作规范的旅行社,在与客人签订合同,并经接待社确认后,将该团队详细信息登记在团队操作台账上,以便于计调工作和日后查对,按最终确认的时间和旅游具体要求打印行程表,并给客户代表和公司派出的领队或全陪各执一份,作为旅游接待的标准文件。

(七)出游说明会环节

出游说明会,是在临出行前全团客人的第一次集中开会,向客人说明此次旅游的注意事项。出游前的说明会特别是对出境旅游非常重要,会议内容主要包括向客人说明集中出行的时间、地点,携带有关证件、安全、纪律,以及目的地的天气、风俗习惯,客人着装及言行举止方面的基本要求。说明会对于散客拼团的团队尤为重要。一次成功的出游前说明会,一方面可以使全陪与客人拉近感情,另一方面可增强客人的团队观念,避免团队运行过程中出现不必要的麻烦。说明会上,须向客户说明自费项目有多少、行程中安排的购物点有多少、需要消费的金额有多少,使游客做到心中有数,最后给客人发放旅游包、旅游帽或胸牌。

重要操作技巧提示:——团队出行信封的妙用

为了让领队(全陪)或客人清楚地掌握出行团队的相关信息,在每个团队出行前,旅行社最好给每个客户准备一个信封,将有关这个团队的重要信息(如详细的游程安排、发车时间、接团方式、机场地点、导游及领队姓名、应急电话、注意事项等)和备用物品存于其中。这样,可使客人产生服务周到、细致的感受,有利于提升客户对服务品质的认可度。

(八)团队结束及报账环节

团队按计划结束行程后返回客源地,如果是重要的组织型客户,旅行社一般应该安排主要领导到机场、火车站接机(车),同时为客户的主要出游决策人接风,以进一步稳固客户对旅行社服务的良好印象,确保将该客户发展成为 VIP 客户。如果在行程中出现一些小的接待问题,旅行社领导的接机和接风则是一个很好的弥补机会,同时可为旅行社收回剩余团款打下良好基础。

如果组团社派出了全陪,则全陪应向计调报账,将其出行前所借的备用金与旅行社结清,在计调部报账,经审核无误后,报财务部。财务退回其借款单,并根据规定支付相应的出团补助。全陪须在导游费领取单上签字。有的旅行社配备了实力较强的财务管理部门,计调部的团队计划须同时报送财务部,最后由财务部进行单团核算,并向全陪支付导游补贴。

全陪应向计调和客户的销售经理反馈团队运行中各方面的情况,以便在以后的销售和业务操作中吸取经验,提高服务质量。

(九)团队核算、付款环节

团队结束后,如果还有剩余团款,由销售人员负责收回。如果团队发生接待质量问题,则根据旅游合同和与客户协商的结果,向客户支付一定金额的赔偿金。

根据陪同及财务提供的有关费用情况,登记团队收入台账、成本核算单,详细记录每个团队的收支及利润情况。成本核算单一式两份,一份报财务记账,一份留计调部,与团队其他资料一起备案。

团队结束,在无接待质量问题和企业资金允许的情况下,根据和接待社的合作合同向地接社支付团款,并传真对方汇款单,以保持企业在接待合作伙伴中的良好信誉。对于长期合作伙伴,经协商可定期结算。如果接待客户期间出现接待质量问题,则根据客户投诉处理结果,在支付给地接社的剩余款项中予以扣除,同时决定下一步是否继续选择该旅行社作为合作伙伴。

(十)客户回访环节

团队结束后一日之内,须通过电话或登门对客人进行回访,了解客人对团队的满意程度，如果客户对于接待有意见，则应予以安抚，同时答应以后一定改进。回访体现了旅行社的服务周到，是建立客户忠诚度的重要手段。

回访结束后，认真填写客户管理档案，将客人做成回头客，开发一个新客户的成本要比维持一个老客户的成本大得多，详细地记录客人信息，便于以后与客户进一步联系。根据了解到的客户信息确立定期地对客户电话或登门拜访计划，以实现持续性销售。

五、附件

此部分内容，主要介绍一些旅行社关于散客成团操作流程、散客接待人员工作守则、散客电话接待常见问题及答案脚本、旅行社组团业务登记表类管理工具等，以供旅行社从业人员和管理者研习探讨。

（一）某旅行社散客成团业务操作流程

- 熟悉广告刊登的所有线路，以及每条线路中的重要景点或行程安排特色。
- 每天与批发商电话确认行程线路报价和发团时间。
- 接听咨询电话，回答客人提出的问题。
- 在客人到来前，与批发商确认行程线路、时间、大交通、报价等，同时准备相关资料（如行程单、游客登记单、散客合同书、旅游人身意外保险单等）、计算器等工具。
- 客人到来，热情接待，用规范语言、手势及动作接待客人就座，同时介绍行程内容及特点，由客人填写游客登记单、签订散客合同书，同时收取团款（注：如客人要求，可先收团款的80%，剩下的20%，在客人在收到出团通知书时结清），开具发票或收据。
- 客人离开，马上将散客确认传真（行程线路、报价、标准、时间等要求）发给批发商并确认。
- 收到批发商出团通知和大交通票据后，联系客人确定取票时间和方式，将出团通知单及票据送到客人手中。
- 行程结束，电话回访客人并将全部信息资料存档。

（二）散客业务接待人员工作守则

1. 接听电话

（1）讲话语速放慢、吐字清晰，使用标准普通话及礼貌用语。

（2）讲解线路要求：

- 突出该线路的亮点及特色（一定要熟悉该线路及当地特点），用优美的语言美化亮点，使客人有一种身临其境的感觉。
- 时刻留意客人的意向（注意倾听客人讲话的语音、语气及对线路的兴趣程度),不要一味只顾自己说,要给客人留出思考和提出问题的空间,一定要耐心回答客人所提出的问题。

2. 接待客人

(1)基本要求。注意仪容仪表、使用规范的肢体语言、讲话语速放慢、语气平和、使用标准普通话及礼貌用语。

(2)业务流程规范。电话咨询→填写报名单→签订合同→收款→开具票据→入网→填写客户跟踪表→交款→报名单分配→取票。

(3)填写报名单:

- 指导游客填写报名单,不得代写,以防游客推卸责任。
- 填写游客姓名,必须与有效身份证件相符,否则无法登机。
- 填写身份证栏,便于计调部了解游客年龄及证件号码,因出境旅游须办理签证。
- 旅游线路须尽量写得清楚、详尽。
- 旅游人数栏,如 2 成人带 1 儿童(收儿童价),应填写 2 +1 人。
- 旅游日期,应注明全程往返的日期×月×日~×月×日。
- 交通栏,应填写往返大交通,如双卧、卧飞、飞卧、双飞等。
- 人身意外保险栏,由客人自愿决定取舍并填写。
- 备注栏主要填写客人的特殊要求,如"不含餐、延住、不要返程票等"。

(三)某旅行社散客电话咨询常见问题及答案脚本

- 你们社是由哪里办的?规模怎样?

答:我社是股份公司,网络强大。

- 为什么合同中旅行社违约比游客违约赔偿金要少?

答:这份合同是北京市旅游局认可的,是旅游行业约定俗成的,旅行社所负的经济责任较大,一旦游客违约,旅行社遭受的直接经济损失(如车票、机票等可举例说明)比游客相对要大。

- 能否电话报名或预留名额?

答:对不起,因为我们都是电脑联网、同时售票,您万一变更,我们的损失将会很大,而且还要签订合同办手续,所以最好还是请您亲自来一下。

- 可否给予优惠价?

答:对不起,我们社是统一报价、统一标准,如果您人数在 10 人以上,我们可以每人优惠________元。

- 能否给我中下铺?

答:抱歉,现在火车站都是电脑出票,不受旅行社控制,上中下铺都是搭配着来的,如果给您中下铺,我们便不好做其他客人的工作,尽管如此,仍尽量帮您协调,但实在不敢保证,希望您能谅解。

• 你们在当地住哪家饭店?

答:当地饭店是由接待旅行社安排的,都是长期合作的一些单位,游客回来后都反映住宿条件及饭店位置都比较好。

• 有没有人送站?

答:很抱歉,由于都是散客参加旅游,大家分散在全市各地,不便于集中,所以请您自行上火车(飞机)。

• 为什么航班时间定不下来,如果是下午航班,这一天岂不是耽误了?

答:这种机票是优惠机票,具体航班是由航空公司根据上座情况决定的,我社安排行程时,已充分考虑了此种情况,乘坐任何航班都可保证正常的游览,行程是不会受到影响的。

• 旅行社已经给我们上了保险,我们为何还要上保险?

答:旅行社上的是旅行社责任险,投保人是旅行社,受益人也是旅行社。如果出现意外,是旅行社责任造成的伤亡,旅行社会作出赔付。从游客角度考虑,我们还是建议您上人身意外保险为好。

• 为何你们的价格比其他社要贵?

答:出游不应只看直观的价格,还应了解其行程安排内容、供应标准、旅行社服务质量及信誉度等。

(四)组团业务操作情况一览表

1. 旅游组团流水单

<table>
<tr><td colspan="8">团 队 基 本 情 况</td></tr>
<tr><td colspan="2">团 号</td><td colspan="2"></td><td colspan="2">出行日期</td><td colspan="2"></td></tr>
<tr><td colspan="2">线路名称</td><td colspan="2"></td><td colspan="2">客户经理</td><td colspan="2"></td></tr>
<tr><td colspan="2">游客单位</td><td colspan="2"></td><td colspan="2">负 责 人</td><td colspan="2"></td></tr>
<tr><td colspan="2">团队类型</td><td colspan="2"></td><td colspan="2">联系方式</td><td colspan="2"></td></tr>
<tr><td>总人数</td><td></td><td>男</td><td></td><td>女</td><td></td><td>儿 童</td><td></td></tr>
<tr><td colspan="8">服 务 人 员 信 息</td></tr>
<tr><td>操作员</td><td></td><td>全 陪</td><td></td><td>地接社</td><td></td><td>地 陪</td><td></td></tr>
<tr><td>电 话</td><td></td><td>电 话</td><td></td><td>电 话</td><td></td><td>电 话</td><td></td></tr>
<tr><td>手 机</td><td></td><td>手 机</td><td></td><td>手 机</td><td></td><td>手 机</td><td></td></tr>
<tr><td colspan="8">线路行程:</td></tr>
</table>

续表

D1		食	宿
D2			
D3			
D4			
D5			
D6			

2. 团款收缴支出表

团款收缴							
总人数		免费		成人		儿童	
团费总计				单价		单价	
优惠		实收		欠款		付款方式	
经办人		会计		部门经理			
备注：							
团费支出							
申请部门				申请人			
部门经理签字				财务审核			
申请金额			元	申请时间			
飞机票		张	元	火车票		张	元
地接费用			元	其他			
预付地接款				付款时间		经办人	
付清余款				付款时间		经办人	
部门经理审核							
备注：							

【本章小结】

组团业务（直客业务）是旅行社的主导业务，简而言之，就是经旅游代理商（零售商、我国旅行界常说的组团社）把旅游产品销售给旅游者，并与旅游接待服务商一起，为旅游者提供满意的旅游体验，从而获得企业利润的经营形态。

组团旅游产品的设计、开发主要有散客型产品和组织型产品两种类型。散客型旅游产品又分为两种操作模式。其中大型旅行社凭借自己对旅游市场的把握能力和采购能力，自己研发、设计、销售；中小型旅行社通常是从批发商（大型组团社的产品分销机构、接待社在当地市场的营销机构）手中获得散客型旅游产品的分销权，根据收客人数的多少从批发商手中获得一定数额的佣金。组织型旅游产品，是企业根据组织型客户的个性化需求而设计的产品，中小型旅行社组织型产品的主要采购渠道，是接待社的营销服务机构。

组团型旅游产品的包装，主要是通过对旅游服务要素的准确描述和编制产品手册来实现的，然后，通过报纸、广播、网络广告等媒体进行宣传。对于旅游销售人员的管理，主要是通过销售日报表等形式来进行。

组团型旅游业务的操作流程共分为客户接待、产品报价、出游确认、收款、旅游服务要素操作落实、台账登记、出行前说明会、团队结束及报账、团队核算及付款、客户回访10个环节。

本章最后在附件中介绍了部分旅行社的操作管理案例，以供读者研究参考。

第六章

旅行社接待业务流程及管理技巧

本章导读

本章将从旅行社具体业务操作角度出发，首先介绍旅游接待产品要素的采购技巧，并说明接待旅游产品开发的基本原则和产品类型，分析接待产品的10种市场推广方式；其次详细阐述接待旅游业务具体操作流程的11个环节及操作技巧；最后简单归纳客户服务的管理技巧。

通过本章的学习，您应该能够：

(1)掌握接待旅游产品要素的采购技巧，并在业务实践中予以应用。

(2)了解接待旅游产品开发的基本原则和产品类型。

(3)了解接待旅游产品在业务操作中常用的10种推广方式。

(4)熟练掌握旅游接待业务的11个操作环节及管理技巧，并结合自己的业务操作实践予以改进。

一、产品开发

(一)产品要素的采购

地接旅游产品的开发，主要体现在对产品各项要素的采购上。一个成熟的地接旅游产品提供商(旅行社)，必须建立自己的接待合作网络，由于目前中国旅游市场上的价格竞争十分残酷，因此，一定要保证产品要素采购价格的竞争力。否则，所有的业务组合都将可能变为空中楼阁。采购的对象主要包括：

1. 饭店采购

饭店，是地接业务的第一要素，旅游圈中有“同业批发拼交通、地接业务拼饭店”的说法。一方面，目前全国饭店业市场整体处于供过于求的局面；另一方面，因旅行社掌握着大量的客源，是饭店的分销渠道之一。因此，地接社在对饭店的采购中占有较大的主动权，但仍须把握如下基本原则：

(1)重点采购。旅行社应根据自己的业务情况和客源整体层次，有重点地选择细分市场所对应的饭店进行重点采购，并签订长期合作协议，不要因为一时的短期利益而放弃这一操作原则。这将有利于争取获得饭店的长期支持,保证旅行社在旺季时的饭店供应不出问题。根据自身的业务量,重点采购3~5家饭店,与饭店的负责人、营销人员结成密切的合作关系,以确保自己在具有价格优势的条件下能够拿到房间。

(2)集中采购。很多旅行社已经实现了部门业务独立管理,这样的好处显而易见,大大降低了旅行社的管理难度,但对于饭店的采购,最好还是集中所有部门的业务量进行集中采购,业务量越大,越能保证在与饭店谈判中的话语权。在市场经济条件下,任何商家都要考虑业务量对企业发展的影响。因此,集中采购是获得较低采购价格的法宝。

2. 旅游车采购

旅行社如果拥有自己的旅游车队,对于保证旺季用车具有很大的作用。但是目前由于中国旅行社还相对弱小,很多旅行社没有建立自己的车队。因此,旅游车的采购对于地接业务的开展也是很重要的。一方面要与所在地旅游汽车公司的负责人建立密切的关系,根据自己已经掌握的业务量与旅游汽车公司签订一个长期的用车协议,以获得一个较低的用车价格和利润减让。另一方面还应与很多的旅游车司机保持密切的沟通。因为,现在很多的旅游汽车公司也同样处于承包经营阶段,如果经过评估,自己的业务量可以保证一定数额旅游车辆的全年基本业务量,便可与旅游车司机签订协议,准其长期挂靠企业。同时,为保证旅游旺季的不时之需,还可联系一部分没有旅游运营许可的社会车辆,在旺季到来时,如果用车极度紧张,可以临时救急,但操作时一定要非常谨慎。

3. 餐厅采购

用餐的质量,经常是游客投诉的原因之一,而且餐厅的餐扣虽然很少,但是由于数量大,所以不容忽视。因此,餐厅的采购也非常重要。除了采购旅游团队常用的餐厅外,鉴于目前旅游团队由全包价向小包价过渡的趋势,还应采购一批风味餐厅,由游客自由选择。如果游客选择自己用餐,导游可以推荐他们到我们有采购合同的风味餐厅,这样可以获得可观的餐厅返利。

餐厅采购的原则是:

(1)安排行程方便。

(2)饭菜质好量足。

(3)各种菜系搭配。

(4)可以签单消费(这是一笔较为稳定的现金流)。

(5)确保长期合作。

(6)卫生情况良好。

4. 旅游购物商店采购

旅游购物商店目前已经成为地接业务中非常重要的利润来源之一,在某些地区已经成为唯一的利润来源。导游和司机也开始根据团队购物能力的强弱来挑选团队。严格意义上说,这是一种不正常的现象。因此,以地接业务为主的旅行社一定要建立自己的旅游购物商店体系。一方面,可以充分保证游客能够在购物商店中买到货真价实的纪念品;另一方面,可以通过长期合作确保自己购物返利的数额,从而奠定对购物商店采购的优势心理;确立规范,以管理地接旅游产品中形成的容易导致投诉的不良风气的蔓延。选择旅游购物商店的原则是:

(1)商品特色性强。

(2)具有综合服务功能。

(3)诚信度高。

5. 景点采购

景点采购,主要是地区中新推出的景点和主题公园,地区中的主导景点和具有全国影响力的景点,一般列入常规采购,因为这些景点由于长期以来形成的品牌优势,使旅行社很难拿到比同行更有优势的价格,但是一般也需要和他们签订合同,确定团队付款的价格和付款的周期。这些合同一般是景区的标准合同。相反那些刚刚开发的景区和主题公园,由于需要旅行社这个影响广泛的营销渠道,反而成为旅行社采购的重点。旅行社一般可以拿到很好的景区门票价格折扣。将这些新型景区加入成熟的地接旅游产品,一方面可以对原来的产品进行重新包装更新换代,另一方面可以获得较好的效益。地接业务量较大的旅行社甚至可以考虑作为某个景区的门票销售总代理,从而利用自己的渠道向下游延伸,扩大自己的盈利点。

6. 娱乐项目采购

一般常规的地接旅游产品中,很少有娱乐内容。但是,如果地区中有合适的、具有地方特色的娱乐项目成为产品的亮点,这些娱乐点也是我们需要考虑的采购对象。例如,一些地方戏剧、歌舞表演等,都可以列入考虑的范围。在常规旅游产品中加入这些内容,一方面可以提高产品的档次,另一方面可以有效地对市场进行细分,走出价格竞争的怪圈。如果有可能,还可同娱乐点签订总代理协议,以保证对资源的垄断性使用权,同时,确立相应的返利体系,增加产品的盈利点。

(二)接待产品开发

1. 产品开发的基本原则

在完成要素采购的基础上进行相应的产品开发,要根据景区的品位和影响力。一般情况下可把景区分为世界级、全国级、地区级、本地级,围绕新景点进行产品的开发设计。一般而言,每个地区都有自己相对成熟、推向全国的旅游产品。对这些产品旅行社无须进行大的改动,只要根据消费者的反应,做一些相应的改进和包装即可。目前,我国正面临着整体旅游产品更新换代的大好机遇,黄金旅游线路在市场上销售已近 20 年,很多新兴景点已迅速成长为全国知名景区;我国已经拥有了容量巨大的国内市场和良好的国际旅游口碑。因此,由单一的旅游观光产品向观光、度假、主题等复合型产品结构过渡,已经成为一种不容小视的趋势。然而,在产品设计、开发过程中,依然要遵循以下几项基本原则:

(1)快旅慢游。(2)费用最低。(3)时间距离最短。(4)动静结合。(5)体验最佳。(6)及时更新。

任何旅游要素产品的变化,都可能成为旅游产品设计中的亮点。随着国民经济的发展,新的景点、娱乐方式、消费热点、饭店、交通方式和餐厅等层出不穷,作为一个旅游产品设计人员,应该评估这些要素的影响力,并迅速地将其应用到地接旅游产品的创新中去,通过不断的努力来占领更大的市场。

2. 产品开发的基本类型

(1)按包价种类划分:
- 单项预订——订房、订票、订车;
- 小包价——机票 + 饭店;
- 全包价——观光团队产品。

(2)按时间长短划分:一日游、两日游、三日游、四日游、五日游等。

(3)按消费层次划分:经济等级(二星同标准)、标准等级(三星同标准)、豪华等级(四星级以上标准)。

(4)按创新程度划分:传统产品、创新产品。

(5)按旅游目的划分:观光类、度假类、专题类,以及会议、商务、文化类等。

(6)按地区消费特点划分:根据地区经济发展水平不同,对不同地区主推不同等级、不同类型的旅游产品,采取不同的报价原则。

二、接待产品市场推广管理技巧

产品开发完成以后,即进入了市场推广阶段,主要有10种推广形式。即DM媒体、报纸广告、网络营销、传真营销、电话营销、旅游交易会、商业信函、同行酒会、企业自身的营销渠道推广、其他渠道。

(一)DM媒体

目前全国有DM媒体十几家,有影响力较大的约有5家。DM媒体的主要作用,是进行同行之间的宣传推广,利用一年中的几个旅游交易会进行免费赠送,其特点是费用低、针对性强,对于刚刚进入旅游市场的新兴旅行社是一个很好的选择。

(二)报纸广告

利用报纸发布地接旅游产品广告的主要媒体是《中国旅游报》,其"线路精选"已经受到了业界的普遍认可,一年的费用在几万元到几十万元不等。由于《中国旅游报》是唯一的一份中国旅游界的权威报纸,所以据不完全调查,推广的效果还是不错的，有人曾经评价说："《中国旅游报》，只要做，就有效果。"一些有实力的全国性旅行社，如上海春秋国际、广之旅等，常年坚持在《中国旅游报》上做广告。收到了很好的宣传效果和经济效益。

（三）网络营销

在电子商务浪潮到来的今天，如果不利用网络媒体为自己宣传，那就太不应该了。目前业界采取的网络营销模式，主要有以下几种：

（1）网站营销。建立自己的网站，将自己的地接产品在网上发布。

（2）在同行交流网站发布信息。将自己的地接产品信息在一些同行交流的网站上发布，如同程网、中国旅游交易网等。从业界同人的反应来看，也能收到不错的宣传效果。

（3）门户网站的旅游频道。充分利用门户网络旅游频道发布自己的地接产品信息。

（4）旅游产品批发交易平台。一些管理理念先进的企业，已经开发成功了自己的产品批发交易平台，将产品发布在自己的平台上，可以对自己长期合作的业务伙伴开放，直接在网上交易。

（四）传真营销

传真营销是最原始的营销方式之一，目前依然被广泛采用。地接旅行社在产品整合完毕之后，将自己的产品信息通过传真机对全国同行进行等距离营销，虽然营销效果一般，但却费用低、覆盖面广。有的同行还利用传真软件实现了群发，节省了大量的人力、物力。

（五）电话营销

以地接业务为主导业务的旅行社经过长期客户积累，已经形成了自己的客户群体。因此，新的地接产品问世之后，主要客户经理还通过电话方式与客户直接沟通，征询对产品的改进意见、邀请对方前来踩点、进行节日问候等。

（六）旅游交易会

目前，旅游交易会主要有中国国际旅游交易会、中国国内旅游交易会、北方十省市旅游交易会、广州旅游交易会、济南旅游交易会等。这些旅游交易会是地接旅游产品进行宣传的大好机遇。众多的组团社都来选择更好的产品供应商，寻找更好的能够打开市场的新产品。重要旅游目的地的旅行社也都在旅游交易会上集中展示自己的拳头接待产品，希望能够得到组团旅行社的订单。

（七）商业信函

商业信函也是最原始的营销方式之一，由于其直达性强、费用低，现在还被许多旅行社广泛采用。但是，如果产品没有任何新意，就很难得到营销对象的重视，往往石沉大海。所以，在产品创新、品牌塑造、表现形式的包装上下工夫，才是最终的有效的解决办法。

（八）同行酒会

每年的旅游淡季，都是旅游界广泛联谊的大好时机。很多旅行社借助举办国际旅游交易会的东风，举办大型酒会，一方面招待自己的客户，另一方面扩大自己的知名度。这样的酒会，最有利于进行特色地接旅游产品的宣传，而且往往可以收到很好的宣传效果。有的旅游从业人员就是通过频繁参加同行的联谊酒会广交朋友，迅速在圈内走红，成为旅游界“风云人物”的。

（九）企业自身的营销渠道

目前，在区域接待市场上占据前五名的旅行社企业，都已经建立了自己在全国的旅游营销体系，有挂靠当地旅行社，在主要的客源地城市设立了自己的联络处。虽然这种“办事处”模式的营销渠道至今没有获得国家旅游主管机关的认可，但却是业界普遍存在的现象。确切地讲，办事处已经发展成为中国旅游批发商的雏形，下一步如何让它合规合法地经营，则是国家旅游主管机构重点考虑的事情了。地接旅游产品通过这种强有力的渠道，迅速地在主要客户市场的客户心中占据了重要位置，成为旅游目的地旅行社对地接旅游产品进行推广的主要方式。

（十）其他渠道

有的旅行社具备了较强的实力，还通过电视媒体、杂志等渠道进行宣传推广。

三、接待业务流程及管理技巧

接待业务流程，包括客户来电接待、产品报价、业务确认、接待操作、台账登记、导游出团、计调跟团、质量检查及结账、领导送团、团队报账、团队收入核算11个操作环节。

（一）客户来电接待技巧

1. 接待要求

语言清晰、言简意赅、语气和蔼、态度热情。

2. 接待客户来电的四大要素

（1）答：解答客户来电询问的旅游线路价格及行程问题，一定要熟悉该旅游产品的价格，才能做到报价准确，具体行程的介绍可以简明扼要，娓娓而谈，让客户感觉到企业的服务水平和员工的服务素质。

（2）问：注意问清其需求线路、团队人数、联系人、电话/传真及具体出行时间，按照问询单问询客户，不要遗漏任何要素，根据客户的回答判断客户的类型和下一步合作的可能性。一次条理清楚、要素齐全的询问，对于确定一个团队至关重要，在地接社纷纷设立办事机构，主动促销的市场状况下，企业接到的每一个电话，都是由于付出了数额不菲的市场宣传费用换来的。因此，一定要珍惜每个客户的来电，以确保和客户电话沟通的高效性。

(3)讲:讲述该线路(地区)的特征和突出的卖点,强调自身的服务优势。作为地接社的接待人员和产品经理,应该对本企业的产品特征非常熟悉,将各种类型的产品特征和卖点提炼熟记在胸,与客户沟通的时候恰当地表达企业产品的卖点和与众不同的地方是获得客户认可的重要手段。因此,提炼产品卖点也是企业提升产品品质的重要工作。另外,可从以下几个方面来强调产品的质量和服务优势:

- 产品卖点的介绍。如,景点的等级、景点的特点、合理的行程安排、独到的服务细节、精心选择的风味餐、精心安排的集体互动主题活动等。
- 熟练业务队伍的介绍。如,导游员、计调人员的业务水平,导游员获得的荣誉称号,导游的特点等。
- 产品基本要素的介绍。如,饭店、餐馆、旅游用车,自选娱乐项目的等级和服务水准,标准的客户用餐单等。
- 企业实力的介绍。如,企业获得的各种荣誉称号、企业实力的体现(经营历史、注册资金、分支机构的多少、上年接待人数、固定合作伙伴的数量,以及其他客户的评价等)。

(4)记:记录上述所问及事项,认真填写接待登记表,特别注明进度情况,与组团社确定"产品内容、来团日期、什么地方接团、多少人、游客男女比例、有无儿童、有无特殊要求(少数民族饮食生活习惯、孕妇、残疾人、病人)及其返程方式(火车还是汽车、飞机)"等。

(二)产品报价技巧

1. 首次报价

根据客户的要求对线路进行报价,应填写本社接待登记表,且特别要注明进度情况。要做好不同地区组团社的报价,应一团一议,要熟悉房、餐、车的情况,对利润多少胸有成竹,方能作出准确报价;应根据客户的要求,将客户选定的产品打印出来,然后报出产品价格,同时还应为同客户进行第二次价格谈判,准备好适当的应对措施。

2. 客户跟踪

给客户报价后,应该在较短的时间内进行二次跟踪,询问客户情况,争取客户确认,达成合作意向。由于客户在确定每个团队接待合作伙伴时,总是要进行多轮询价,最终选定他感觉比较信得过、服务态度好,并且价格较低的那家旅行社进行合作。因此,主动进行第二次问询是非常重要的,即使你的价格比别人有竞争力,如果不主动向客户靠拢,客户选择你的几率也会大打折扣。如果客户要求进行二次价格减让,在保住基本利润的前提下,可以根据实际情况进行适当的再让利,或者采用赠送礼品等方式进行感情沟通,争取尽快成交。

(三)业务确认技巧

与客户经过几个回合的沟通,如能确定双方达成合作意向,可采取传真方式确认，并填写旅行社团队确认书。

确认书内容包括：价格、行程、时间、人数、住宿标准、餐饮标准、用餐人/次数（有无少数民族特殊饮食安排）、车型、区间交通票、返程交通票、全陪姓名、联系电话等。

（四）接待操作技巧

（1）打印团队计划单。

（2）报部门经理处。

（3）报财务部借款、借签单。

（4）报计调处，安排落实各项接待要素：

- 车（车型、座位数、国产空调车还是进口空调车、付费方式）；
- 房（饭店名称、地理位置、交通情况、男女比例、有无单间现象、付费方式）；
- 餐（餐厅地点、菜系、菜单、菜量、饭量、有无少数民族饮食安排、用餐时间、付费方式）；
- 导（导游员姓名、联系方式、特点）；
- 景点（签单还是现付、折扣比例）等事宜。

（5）变更：如果从确认时间到团队到来时间之前，组团社团队情况或接待要素落实情况出现任何不可预见的变更，须及时与组团社及产品要素方进行电话和书面变更确认，以保证团队接待的准确无误；每次变更均须加盖双方公章，以保证将来不会因此发生财务纠纷。

（五）台账登记技巧

与组团社确认后，要将该团队详细信息登记在团队操作台账上，以方便计调工作和日后查对，按最终确认的时间和具体要求打印行程表。

（六）导游出团技巧——导游管理部委派导游（大旅行社）

（1）长期合作客户。如果是长期合作客户，他们都会挑选以前与自己合作过的导游以确保服务质量。

（2）第一次合作。如果是第一次合作，一定要派一个经验丰富、讲解熟练、接待能力强的导游，为客户提供优质的服务，从而实现“一次服务，终生客户”的服务理念。

（3）团队类型及导游带团能力的合理分配。导游出团还要根据团队来源、游客购物能力的强弱和导游带团的顺序进行合理分配，并通知导游领取旅行社派遣单，交代就餐、景点以什么方式付费及行程安排等。

（七）计调跟团技巧

（1）常规跟团。团队行程过程中，计调部或客户服务部应该定期与全陪取得联系，询问导游服务的质量及团队的整体情况，一旦出现小的不愉快，可以及时补救，以确保团队接待的顺利完成。

（2）旺季跟团。旅游旺季，由于游客多，接待质量容易出现问题，尤其是系列大团队，一定要在团队行程过程中与要素方进行二次确认，以防止出现下述情况：

• 跑房（饭店不遵守协议，把房间让给了我们的竞争对手或出价更高的旅行社）。

• 客人不能按时就餐。旺季时，尤其是重要客户的团队，在就餐前1小时一定要对餐厅进行跟踪，以确保客人到餐厅后可以马上就餐。这对操作系列夏令营、老年团队尤为重要。

• 导游甩团。有些素质较差的导游，发现团队购物能力较差，自己无法得到理想的购物返佣时会发生甩团现象。出现这种情况的时候，一定要及时派出企业长期合作的优秀导游来救场，如果不能找到合适的导游，就由企业的老员工或部门经理前往救场。一旦出现这种情况，一定要及时把甩团导游的相关材料报送旅游行政管理机关严肃查处，彻底清除这种旅游界的害群之马，同时，还应对本企业的导游管理工作进行深刻反思。这种甩团的情况一般很少发生，但一旦出现，则会对企业形象造成严重的损害。

• 车辆故障。在旅游旺季，旅游车队的车辆和司机都在超负荷运营，因此，容易出现车辆故障。如果出现这种情况，应立即联系企业长期合作的车队，尽快安排替代车辆，同时接待部经理要在当天同全陪及游客代表见面，赠予小礼品，或在当天的就餐中进行上酒、加菜等抚慰工作，以确保游客的满意度。

（八）质量检查及结账技巧

（1）质量检查。在结束行程时，请客人填写导游带团反馈单，以了解行程安排是否合理、导游是否优秀、客人有无意见等，便于进行质量监督和下一步产品设计的改进及接待质量的控制。

（2）结账。目前，地接社的应收账款不到位已经成为一个老大难问题。为了避免出现不必要的应收账款损失，一般在团队行程结束时，应根据导游和全陪反映的情况，将全陪签字认可的团队质量评价单，传真给组团社，同时要求组团社在团队离开时，将剩余团款汇出或由全陪支付剩余团款。

（九）领导送团技巧

团队接待结束后，可由公司部门经理以上管理人员出面送团，以显示对客户的重视，一个设计良好的接待企业领导人与客人的见面，具有很好的提升企业形象的作用，有利于将该客户发展成为企业的长期客户。

如果在团队接待过程中出现失误，送团就是弥补过失、留住客户的最好机会，可以采取向客户道歉和送小礼品的方式，对客户进行安抚，给组团社和游客留下一个好印象，同时争取全陪的配合，在接待意见上签字，以便顺利收取剩余团款。

（十）团队报账技巧

团队按接待计划结束行程后，导游应向计调报账，将其出行前所借的备用金与旅行社结清，由其在计调处报账，审核无误后报财务处，导游收回其借款单，根据规定领取相应的带团补助并在导游费领取单上签字。现在，很多旅行社为了占领市场，而采取一种不正常的竞争手段，大幅度压低借贷成本，企业的营利点主要源于游客的购物返佣及导游的人头费。这种恶性竞争，使导游根本无法全神贯注在提高服务质量上，几乎所有的精力都放在了如何劝说游客购物上。长此以往，形成了一种恶性循环，出现了目前零团费和负团费的情况。上海春秋国际推出的纯玩团和给优秀导游的高导贴制度，值得旅行社界广泛学习和借鉴。

导游应向计调或相关业务员反馈团队接待中的各方面情况，以便在今后的团队操作中吸取经验，提高质量。

(十一)团队收入核算技巧

团队接待工作完全结束，根据陪同及财务提供有关费用情况，登记团队收入台账、成本核算单，详细记录团队的收支及利润情况。成本核算单一式两份，一份报财务记账，一份留计调处与团队其他资料一起归档备案。

四、客户回访及档案管理技巧

(一)客户回访

团队接待结束后，企业客户服务部应该在两天之内通过电话对组团社进行回访，了解组团社对团队接待的满意程度，一则了解组团社的意见，二则体现本社的服务周到。这也是稳定客户、扩大客源的途径之一。

(二)客户档案管理

认真填写“组团社客户管理档案”，包括企业名称、联系电话、传真、电子邮件、总经理姓名、联系方式、全陪姓名、联系方式、企业规模、组团流向等信息，以便今后与客户加强进一步的联系，将其做成回头客。因为，开发一个新客户的成本要比维持一个老客户大得多。

【本章小结】

本章从旅游业务实际操作角度出发，阐述了饭店、旅游车、定点餐厅、旅游购物商店、景点、娱乐项目旅游六大要素的采购操作技巧。接待旅游产品的开发要遵循快旅慢游、费用最低、时间和距离最短、动静结合、体验最佳、及时更新六大原则。

接待旅游业务常用的营销方式主要有10种：DM媒体、报纸广告、网络营销、传真营销、电话营销、旅游交易会、商业信函、同行酒会、企业自身的营销渠道推广及其他渠道。

然后重点阐述了接待业务流程包括11个操作环节：客户来电接待、产品报价、业务确认、接待操作、台账登记、导游出团、计调跟团、质量检查及结账、领导送团、团队报账、团队收入核算及实际操作技巧，对旅游同业者和即将进入旅行社行业的旅游专业毕业生有着重要的参考意义。

最后简单归纳了客户档案管理和客户回访的重要性及常用技巧。

第七章

旅行社同业批发业务管理技巧

本章导读

本章首先说明什么是同业批发业务，以及中国旅游批发商的形态及发展现状，然后重点阐述同业批发业务操作流程中同业旅游产品的设计与开发、区域客户网络的建设与管理、旅游批发具体业务操作三大阶段。最后给出汤姆森假日旅游公司的同业批发业务营销操作案例和某批发商的管理制度案例，供读者研究参考。

通过本章的学习，您应该能够：

(1)了解什么是同业批发业务。

(2)了解中国旅游批发商的分类模式及发展现状。

(3)熟练掌握同业批发业务的业务操作流程及管理技巧，并在具体业务操作中进行应用。

(4)学习汤姆森假日旅游公司的营销技巧。

一、同业批发业务简介

同业批发业务，是我国近几年才兴起的一种新型旅游业务，而国外同业批发业务却已经存在了几十年。我国的旅游批发才刚刚起步，各种业务形态都在市场上存在，并分别发挥着各自的重要作用。

所谓同业批发业务，是指一系列针对旅游同业客户的旅游产品批发业务。其中，包括同业产品的开发、区域客户网络的建设与管理、同业批发业务具体操作三大阶段。

目前，旅行社的分销体系主要有以下四种形态：

(1)零级分销体系：地接社—游客。

(2)一级分销体系：地接社—组团社—游客。

(3)二级分销体系：地接社—批发商—组团社—游客。

(4)三级分销体系：地接社—总代理商—批发商—组团社—游客。

地接社作为基础产品的提供者，希望自己的产品得到程度更广的分销，在上述二级、三级分销体系中，旅游批发商已经发挥着承上启下的重要作用。

二、中国旅游批发商的形态及发展现状

目前，中国存在着很多旅游批发商，按照产生机制来分，主要有以下三种形态：

1. 以地接社在客源地设立的联络处或办事处为主导的批发商形态

以地接社在客源地设立的联络处或办事处为主导，是目前我国发育比较快的一种旅游批发商形态。但是，由于国家政策限制的因素，他们大多不能公开作业，而是挂靠在一个组团社旗下非法作业。现在，有的地区已经意识到了这个问题，将这些地下作业的办事处公开化，允许他们每年到旅游管理部门缴纳一定的管理费用后，可以公开作业，随着时间的流逝，国家管理政策的松动，办事处逐渐会走向合法化，成为旅游目的地在客源地设立的旅行社。办事处的操作形式比较简单，一般和地接社之间保持密切的联系，作为地接社的驻外销售机构，将地接社的产品用传真、电话、材料，以直投的方式发送到组团社手中，一旦遇到系列团队，便配合地接社一起攻关，以较低的价格和上门服务受到组团社的欢迎。另外，办事处也是价格战的始作俑者，由于中国目前的观光旅游以团队形式为主，大型企事业单位的奖励旅游和商务旅游团队依然是旅游客源的主体。因此，一旦遇到这样的团队，往往是一个旅游目的地的多个办事处协助多个组团社进行竞争。在这种情况下，无疑，价格就成为竞争的唯一武器。而且由于办事处一般无固定的办公地点、在客源地没有质量保证金、驻外销售人员良莠不齐、鱼龙混杂，近几年来出现了多起卷款逃跑的事件，使游客和组团社蒙受了巨大的损失，让旅游管理机构感到非常为难。

2. 以大型组团社包机（或包专列）为主导的客源地区域批发形态

目前，由于旅游市场的持续火暴，很多组团大社已经在客源地建立了广泛的收客系统。有实力的旅行社甚至在大城市的闹市区建立了自己的连锁门市收客系统。通过对旅游市场的深入监控，实力雄厚的组团社纷纷进入了包机（或包专列）领域。在旅游旺季到来之前，和航空公司就某一条航线（通往旅游热点目的地）的包机进行系列谈判，通过竞价获得航线一个时段的经营权；或者向铁路部门提交开往旅游热点地区或新开发景点的专列计划，经铁路部门批准后，联合地区的组团社共同做广告收客。这种批发商形式目前也已经非常成熟，每个地区都有几个以批发为主业的旅行社，它们已经构成了地区旅游服务的主力军。但是，我国空运及交通系统多变的价格政策，又是每个批发商不得不面对的难题，飞机晚点几个小时或专列突然取消这种不可预知的事情，对批发商的运营造成了沉重的打击。

地区大旅行社的这种批发形态,在某种程度上遭到了其他旅行社的抵制。中国批发代理不成熟的现状,决定了大家谁也不愿意把客人交给自己的竞争对手,而且大旅行社这种大小通吃、既批发又零售的做法,伤害了代理旅行社的自尊心,而且有的时候,地区大社不遵守自己制定的价格政策,带头突破统一价格体系的做法更是令代理商反感。近来一段时间,很多旅行社已经意识到了这种抵制没有任何实质意义,应该说同业批发的市场环境正在形成。

3. 组团社与地接社密切合作的客源地总代理批发商形态

组团社与地接社密切合作的客源地总代理批发形态,是目前正在蓬勃发展的一种批发商形态,在同业批发已经成为旅游圈内的共识的情况下,很多旅行社为了迅速进入同业批发领域,与自己长期伙伴关系的地接社合作,由地接社派出一个产品经理(计调),组团社自己进行大交通的采购,之后进行产品的包装和组合,共同对外销售。这种形式既避免了地接社办事处卷款逃跑的风险,又可以使合作双方受益。但是往往容易在利益分配上产生分歧,最终导致劳而无功,有时还会导致为了产品的竞争力和市场占有率问题而相互抱怨。

在上述三种批发商形态中,以第一种为最多。但从严格意义上说,这三种形态都还不能算是真正的批发商。然而,虽然它们只是批发商的过渡形态,但却已经形成了中国旅游批发商的雏形。

三、中国旅游批发商主要业务类型分析

中国的旅游批发商业务,按产品形态可以分为:单一旅游产品批发,“机票+饭店”商务、度假产品批发,常规观光旅游产品批发,主题旅游产品批发四种类型。

1. 单一产品批发型

(1)饭店批发。目前在一些商务城市中,有一批旅行社专门做饭店客房的批发业务,它们凭借敏锐的市场眼光和深入的市场调查,选准几个地理位置佳、营销意识弱、可以满足商务客人需求的饭店,以一个较大的采购量获得饭店客房的可观的折扣,然后利用自己的饭店分销网络分销给外地和本地的订房公司、订房网络和旅行社。

有的同行利用自己特殊的人脉关系,取得了某一个或几个饭店的经销权,再经过细致的测算,确定一个盈亏平衡点,然后将客房批发给当地的地接社和订房公司。这种情况一般是没有进行社会化经营的机关事业单位的培训中心和接待设施。

有的同行则利用旺季用房紧张的机遇和自有资金,对选定的几家饭店进行提前预订,然后在旅游旺季提高房价售出,从而获得高额利润,这就是业界熟知的炒

房业务。

(2)机票批发。很多旅游批发商的主导业务，就是进行机票的批发，其具体操作手法，是根据自己对市场的判断和常年旅游销售的经验，从航空公司直接切位、定期发团，有的旅游目的地一天切30个或者50个位子，获得一个非常有竞争力的折扣，然后加上自己的利润额，再将其批发给旅游零售商。可见，他们已经充当了航空公司的批发商角色，成功地实现了从机票+地接产品的组合批发，向单一机票批发的过渡，“只要市场调查详细，把握住需求动向，机票只要卖出去，利润就产生了。这比旅游线路的批发来钱快、风险小，且不会产生任何投诉”。

(3)车票批发。车票的批发，是指企业通过与铁路部门建立的人际关系，在日常和旅游旺季订到车票，然后销售给其他旅行社的旅游批发业务类型。这就是业界熟知的“票贩子”，严格意义上说，其并非典型意义的旅游产品批发形态。但是它也构成了旅游产品批发的一种形式。

(4)景区门票批发。有的旅游同行利用自己的专业知识和锐利目光，选择一些新开发的景区做门票总代理。他们有的利用自己在旅游市场多年打拼形成的旅游网络进行门票的分销；有的则对景区进行二次包装，在区域市场上进行二次推广，进而从每个旅游者的门票收入中获得提成。

在国外，门票已经成为旅行社的销售产品之一。在我国，旅行社销售的主要是全包价产品，所以景区门票这种单一产品，还没有获得其应有的位置，相信不久的将来，景区门票的批发和分销，将成为我国旅行社一项非常重要的批发业务。

2.“机票+饭店”商务、度假产品批发型

目前，市场已经出现了专门针对商务旅游者的“机票+饭店”产品的批发形式，重点商务城市的旅游同行，将自己掌握的机票和商务饭店资源进行有机整合，形成了非常有特点的“机票+饭店”的商务旅行产品。但是绝大多数推出者都自己进行销售，并未进行有效的分销，这并不能说明这种产品不适合批发。相反，由于这种产品的服务属性非常简单，很难产生投诉，市场空间广阔，未来将成为主导型旅游批发产品之一。

另外，重要的旅游度假地，如海南省，也已经出现了针对白领阶层的“机票+饭店”小包价度假旅游产品的批发业务。现在，小包价度假旅游产品的开发和分销商，做得最好的，是以饭店分销为主业的携程旅行网。这已经成为携程的一个利润增长点之一，在不久的将来，随着人们生活水平的提高，外出度假需求会越来越大，这种“机票+饭店”度假产品的批发和分销业务，必将成为地接社一种主要的批发产品形态。

3.常规观光旅游产品批发型

常规旅游产品的批发，是目前旅游产品批发中的主导形态。它的主要推动力量，是地接旅行社的驻外派出机构。大的旅游产品供应商，现在一年的接待量已经

超过了10万人,驻外机构已经超过了10个。其产品整合,主要是成熟的旅游目的地接待产品和大交通要素的有机整合。旅游批发商将产品以统一的价格分销给各组团社。

(1)要素批发商散客成团模式。旅游要素批发商从大交通提供部门,如航空公司和铁路运输部门,定期拿到定量的交通要素,然后结合自己接待基地的产品,组合成统一的客源地成团式观光旅游产品,使各地组团社变成了自己的批发代理商。组团社将同日期出发到该目的地旅游的散客集中起来交给要素批发商。要素批发商再将来自不同组团社的散客组织成一个团队,然后统一交给目的地的旅行社接待。这就是最典型的观光旅游产品批发商运作手法。

(2)组团社独立成团模式。组团社进行市场销售时,如果有企事业单位客户单独成团,在这种情况下,组团社为了减少工作环节,一般都是借助批发商而获得稳定可靠的交通要素,还可以在当地获得竞价招标式采购。所谓竞价招标式采购,是指组团社拿到单独成团客户后通常是选定与自己常年合作的批发商进行合作。其他批发商为了获得这单生意而进行的报价竞标,就成了组团社向批发商讨价还价的砝码。

4. 主题旅游产品批发型

随着旅游市场竞争的不断加剧,很多旅行社同行认识到,没有新产品的创新,仅凭价格战是很难获得更高利润的,也就无法实现企业的可持续发展。因此,产品创新也成了一种潮流。一般而言,这种创新主要是由地接旅行社和独立的策划机构推动的。但现在,越来越多的组团社为了摆脱自己在旅游市场竞争中的被动局面,也逐渐加入了主题旅游产品的创新和开发行列。主题旅游产品的开发完成之后,随即便可进入分销体系的建设上来。主题旅游产品主要采取以下几种批发运作分销模式:

(1)地区总代理特许经营模式。该模式是指产品供应商和策划机构,为了保证产品促销的有效性,以省域为单位,分别选择一个总代理,准予特许经营,并向省级总代理收取一定的特许经营费用的经营方式。然后产品供应商和策划机构协助省级总代理进行地级市的产品批发运作,通常也是采取地区独家代理运作体系,省级总代理和地市级代理享有其所在地区的独家销售权。地市级代理做广告收客后,交给省级总代理成团,再统一交给产品供应商接待。这种模式已经成为主题旅游产品的主要分销模式。

(2)集中批发分销模式。该分销模式,是指在一个主要客源地,由批发商联合自己在当地的主导客户,共同对新开发的主题旅游产品进行广告营销,广告费用由大家共同分摊的模式。批发商对参与该主题旅游产品的分销商则给予较高幅度的让利促销。这种模式一般被实力较强的产品提供商采用。

四、同业批发业务流程及管理技巧

(一)同业批发旅游产品的开发

同业批发旅游产品的开发,是指在接待社开发的产品基础之上,结合自己在客源地建立的大交通供给体系而组成的旅游产品。同业批发旅游产品的开发,主要包括接待产品的采购、大交通供给体系的建立、批发产品的整合、产品手册的编制四个环节。

1. 批发产品的采购——建立接待产品基地

目前,中国的旅游批发商均是以批发观光旅游产品为主要业务。由接待社派出的批发商会责无旁贷地批发自己总公司的产品,所以不涉及批发产品的采购问题。而由大型组团社自己设计的批发产品,则要在旅游目的地进行招标,选择接待质量可靠、价格比较便宜的接待社作为自己的合作伙伴。为了保证系列团队的服务质量,一般情况下,大型组团社会提出一些垫资的要求。如,第一个包机(包专列)支付给地接社部分团款,待下一个再付全部团款,将第一个包机(或包专列)的垫资也最后结清。这样做,一方面可以帮助组团社筹集到更多的市场开发资金,另一方面,也可有效地管理地接社的接待质量,如果万一出现接待质量问题,可以从接待社的垫资中直接扣除。

而在客源地已经营多年的旅游批发商,将自己的旅游专线做好之后,一般又会考虑进行多线路产品的批发,新线路开辟时,需要有针对性地将选择产品与自己的核心产品进行有效组合。选择产品一般应该遵守以下原则:

(1)大交通优势互补。选择旅游目的地和客源地之间的大交通与自己已经建立起来的交通优势要互补,最好是与核心产品采用同一家航空公司,或者采用专列方式进行运作,以求有效保证新产品大交通要素的供给优势。

(2)潜力大。所选旅游目的地,应该具有成为下一阶段旅游热线的潜力,或者已经成为当地旅游市场的热点,这样可以从容地搭上组团社进行市场开发的列车,快速取得市场开发的成果。

(3)易于建立竞争优势。通过市场调研,发现并选择某一批发商数量虽然不少,但却实力均衡,任何一家都未能在市场上形成明显竞争优势的旅游目的地,以作为自己建立接待产品的基地。这样的产品可以凭借该地原有的业务基础和资金力量,在这个市场上迅速形成自己的优势。

(4)质量稳定的接待合作伙伴。选择开辟新线路产品时,应该对旅游目的地的接待社进行调研评估。一般情况下,某地排列前三名的接待社,在重要的客源市场上都已经建立了自己的批发机构,所以应该选择市场排名靠前、接待质量稳定、有开拓精神的旅行社作为自己的接待产品提供商。

(5)能提供一定的资金支持。批发商在进行新产品推广时,需要进行新一轮的市场促销和客户拜访,还会面临同一线路其他批发商的价格竞争。这就要求接待社具有一定的资金支持能力,牺牲一些前期的利润要求,与批发商一起来开发市场,待市场地位稳固之后,才是批发商和接待社共同收获的季节。

2. 大交通要素公关——建立稳定的大交通供给体系

机票、车船票的采购能力,是一个以地接业务为主导的旅行社的核心能力之一。一般情况下,大型组团旅行社和实力强大的批发商,在旺季的时候普遍采用包机或包专列的形式进行机票、车票等资源的采购。这样,一方面可以充分保证资源的供应;另一方面,可以使自己获得和其他旅行社不同的比较优势。除大规模的包机、包专列业务外,还要进行相应的客户网络建设工作,一旦出现紧急情况,可以保证拿到机票和车票,或者采用加挂车厢的形式解决用票紧张的问题。建立稳定的资源供应渠道,是一个以地接业务为主导的旅行社的立足之本。建立稳固的大交通供给体系应该注意以下几点:

(1)业绩为基础。任何一个交通供应商,都是根据销售商的业绩而给予相应的政策。因此,在旅游批发领域,一般情况下具有"强者恒强"的规律。航空公司一般都是根据批发商上一年度的拿票量来决定给予其什么样的支持政策,有时也会制定一个随销售量而不断递增的返点政策。刚刚进入一个区域市场的批发商,往往是通过自己的公关能力和资金实力,从当地大社抢下几个大团,再通过这个几个大团奠定自己在航空公司销售系统的地位。

(2)人脉是关键。建立大交通的供应体系,即建立自己在航空、铁路等方面的人脉关系。在旺季的时候拿到机票和专列,就意味着拿到了客源,在我国目前航空、铁路系统还属于国家半管制状态的时候,建立人际关系,无疑已成为批发商在当地市场存在的基础。

(3)利益是永恒。目前,各航空公司、铁路部门都有自己的旅行社。铁路部门附属的旅行社往往在火车票的取得方面拥有不可争辩的优势;航空公司的旅行社则没有这样幸运。国内某著名航空公司的旅行社,不能从母公司得到任何的政策支持,成立了很长时间,业务也没有什么进展。同时,航空公司也会不断调整在不同城市的销售主管,每次销售主管调整的时候,都是新的批发商进入市场的最佳机会。因为,航空公司有时也会根据销售状况有意识地扶持一部分新的批发商,以防止同一条线路的批发商继续做大,难以控制。

综上所述,如果一个新兴的批发商想要建立稳定的资源供应网络,就要采用相应的公关手段"一跑、二请、三送、四联盟"的方式,迅速建立供应渠道。

3. 批发产品的整合

接待产品和大交通采购完成之后,就要根据当地市场的情况进行批发产品的整合。进行产品整合需遵循以下几项基本原则:

(1)接待质量是基础。批发商在游客市场立足的关键，就是要求自己的接待产品提供商有一个稳定的接待质量，只有这样，才能逐步建立自己在同业批发市场中的地位和客户网络。如果接待质量得不到保证，则任何销售技巧都没有任何用处。例如，某旅行社营销人员在刚进入上海时，利用自己娴熟的销售技巧和对产品包装的能力，迅速拿到了一些团队，但由于接待社不能保证质量，每个团队的接待或多或少地都出现了问题，导致客户纷纷投诉，没有多长时间，该营销人员就把自己的业务重点转移到了上海周边的城市。这是因为，由于质量问题他已经很难在上海市场拿到团队了。

(2)价格是关键。接待社提供的产品一般都是标准型的产品，批发商往往根据客源市场的调研结果(组团社的需求)选择价格最低的产品进行有机组合，提供给组团社。对于组团社而言，只要质量有一定的保证，价格就是他们最关心的因素。批发商提供的产品价格越低，他们的利润才会越高。目前旅游市场上的产品严重同质化，已经出现了劣质产品驱逐优质产品的局面。如果批发商开发出新的主题旅游产品，就需要对组团社从销售渠道到营销选择等进行全套培训，才能保证产品销售的成功。因此，对于批发商组合的旅游产品而言，价格是最重要的考量因素。

(3)产品多样化是趋势。目前，中国旅行社界已经普遍认识到了同业批发业务的重要性。有一定实力的组团社纷纷介入同业批发市场，使接待社派驻的营销机构普遍遇到了生存和发展危机。在这种情况下，单一的标准产品批发商就很难在市场上生存了。这也给批发商和接待社提出了一个新的课题——如何开发出新的符合市场需求的产品，借助产品差异化的优势开辟利润丰厚的市场？针对细分人群开发新的主题产品，彻底走出价格战的误区，真正实现批发商的多产品批发，这才是旅游要素批发商和接待社的最终的发展出路。

4. 产品手册的编制

产品整合完成之后，根据对区域市场的调研，编制具有个性特色的产品手册(具体详见本丛书《旅游产品设计与操作手册》)。

(二)区域客户网络的建设与管理

旅游批发商区域客户网络的建设与管理，共分为客户资料的获取与分析、旅游产品的区域营销覆盖、区域客户的摆放销售、客户网络的管理与维护四个环节。

1. 客户资料的获取与分析

对于旅游批发商来说，建立目标市场的区域客户网络是业务进展的关键。建立客户网络的第一步，就是要获得区域旅行社同业客户的资料。获得同业客户资料的方法，通常有以下几种：

(1)通过收集各种二手资料来获取客户的公开信息。

- 旅游主管单位发布的各种统计资料。主要有旅游局或旅游协会网站发表的关于当地旅行社的统计调查资料。

• 名录类资料。目前,可以在新华书店买到《中国旅行社名录》国内卷、国际卷。其中收录了旅行社的名称、地址、电话、传真、电子邮件、法人及总经理等一些公开信息;另外还可以从互联网上收集到一些旅行社同业联谊会的联系名单。这些都是很实用的名录资料。

• 报章类资料。区域市场的旅行社,尤其是以组团业务为主的旅行社,大都通过各种途径来发布自己的产品信息,以吸引当地旅游者的注意。因此,收集当地销售量最大的晚报或晨报,以及消费指南的旅游专版等,通过分析广告的发布量和发布频率,可以得出区域市场的组团社排名。

(2)通过别人的介绍获取区域客户的资料。进入区域市场之前,可以通过同业联谊酒会等方式,结识区域市场上已经经营较长时间的批发商(与自己主营的产品没有竞争关系)。此类批发商已经形成了自己的客户群体,对于当地的组团业务有着清醒的认识,如果能够获得他们的信任,可以得到他们开发当地市场的经验,以及有价值的客户名单和办公地址,对于后来者,这些是非常珍贵的客户信息。

2. 旅游产品的区域覆盖

获取客户资料之后,选择自己特色鲜明的主打旅游产品进行区域市场的覆盖,为下一阶段的客户拜访,达成合作意向和实质性业务操作奠定坚实的基础。产品区域覆盖的常用手段主要有:

(1)传真覆盖。选择本年度特色鲜明、准备作为主打产品的"产品手册",通过传真发送给区域内组团社的客户。使用市场上流行的传真软件实现传真的群发,可以大大节省人力、物力。传真发送结束之后一定要进行电话跟踪,询问客户是否收到了传真,如果没有收到,可进行二次发送,以保证第一次产品传真覆盖的范围。

(2)电子邮件发送。可把详细的"产品手册"(电子版),通过电子邮件形式发送到区域内组团客户的电子信箱。国内一部分运营规范的旅行社企业都已经建立了自己的产品手册(详见本丛书《旅游产品设计与操作手册》)。这些产品手册会深受组团社总经理和计调人员的欢迎。

(3)旅游同业 DM 媒体广告的发布。目前,主要的旅游市场上,如昆明、上海等地,都已经出现了以批发商为广告客户、以当地组团社为投送对象的旅游 DM 媒体。虽然这些媒体形式还都局限于一般的线路信息的传送上,但的确起到了批发商向组团社客户有效传送信息的作用,受到了批发商的欢迎。在这样的媒体上定期发布自己的产品信息和价格信息,可有效降低批发商对于客户的拜访频率和传真发送频率,大大节约批发商对人力、物力的开支。

3. 区域客户的拜访销售

旅游批发商尤其重视对于区域内新客户的开发。开发新客户(组团社),是开发、耕耘旅游同业市场的重要手段,是批发商客户经理的一项重要日常工作。怎样才能正确、有效地开发新顾客呢？按照旅游批发商通常的经验，开发组团社新客户，可参考“MAN”原则：

M：MONEY，代表“金钱”。所选择的组团社必须有一定的组团量，而且自身财务状况良好。

A：AUTHORITY，代表“购买决定权”。拜访销售的对象对购买行为有决定、建议或否决的权力。组团社中对团队或散客流向具有决定、建议或否决权的人员，主要有组团计调员、组团部经理、旅行社总经理等。一般企业的规模越小，业务决定权的职级就会越高。

N：NEED，代表“需求”。该组团社有在市场上推广这一产品的计划，也就是说，它对该产品有一定的采购需求。

区域客户的拜访销售，须注意以下几种操作技巧：

(1)如果是批发商第一次进行整个区域市场的拜访，需要根据从各方面收集整理的目录按图索骥，如果在区域中有熟悉的组团社客户，可以让他帮助介绍当地组团市场的情况，也可以让他帮助联系当地的主要客户，以尽量保证首次拜访的覆盖面。

(2)拜访之前进行一轮电话促销，进行电话预约，以核实客户的地址，避免跑冤枉路，编制拜访线路图，将办公地址相近的客户安排在一起，尽量提高拜访的效率。

(3)进行客户拜访之前，应该做好相应的准备。如产品手册、名片和记事纸、笔等；熟练掌握产品手册中关于推广产品的主打卖点，如主打产品与目前市场上已有产品的异同点、合作接待社的基本情况与接待优势、批发商自身的服务范围和服务体系等内容，以便于同客户进行相应的交流。精心的准备，可以给客户留下“素质高、专业强”的良好印象，为下一步的业务合作奠定扎实的基础。

(4)对客户的拜访要做好相应的拜访日记，记录每天拜访的客户数量、拜访时间、效果评价，及哪些客户提出了无法解决的问题，客户有无合作意向，客户目前选定的合作者主要有哪些，与这些竞争者相比自身拥有怎样的优势等。对于销售记录进行有效的管理和分析，可以大大提高拜访的工作效果。

4. 客户网络的管理与维护

(1)第一轮拜访后的客户整理。第一轮拜访结束之后，要对客户进行有针对性的资料整理，将客户分为：准客户（具有合作意向，能掌握下一步业务具体时间的客户）、潜在客户（具有合作意向，无明确合作时间的客户）、无意向客户（短时间内没有合作意向）三种类型。在这三类客户中，准客户最重要，它是批发商打开当地旅游市场的关键。如果批发商在第一轮拜访之后就能有几个准客户，通过准确的信息传递和优质服务，将拜访得到的准客户成功地转化为自己的客户，批发商就成功地打开了当地市场。在以后的业务活动中，可以以此为突破口，继续争取潜在客户的业务，进而建立自己的核心客户群体。

(2)客户拜访取得初步成功之后，一定要注意提高自己的服务质量，以获得客户的充分信任，将第一批客户转化为自己的终生客户。这时需要继续加大对当地市场的拜访力度，通过开发新的产品和建立完善的服务体系，提高自己在当地旅游同业客户中的美誉度，确立20%的VIP客户，重点做好对他们的服务。因为这20%的客户会给批发商带来80%的业务和利润。千万不要以个人喜好为判断标准，在一些没有价值的客户身上浪费太多的时间和精力。如果发现组团社客户有“赖账”的嫌疑，应该加大催款力度，并进行相应的市场调查，如果确系名誉不佳的客户，可以直接将该客户从名单中删除，以防陷入对方“以欠账相要挟”的陷阱。

(三)批发业务的操作流程

批发业务的具体操作流程，可以分为业务询价电话、报价及确认、业务操作、后续服务与改进四个环节。

1. 业务询价电话

批发商业务实际操作的第一步，就是接待组团社客户的业务来电询价。由于批发商事先已经进行了产品的铺设和上门拜访，所以接待电话询价应该更加专业高效。首先要分清业务类型，如果是批发商向市场推出的“散客成团”产品，应该坚持公司的价格政策，问清楚游客的人数、姓名、身份证号码(如需要)、具体出行时间等，并告知组团社机位(车票)畅销，请尽量确认。

团队的电话询价对于批发商来说非常重要，有些批发商由于进行了大量的市场开发工作，接到了很多团队的询价电话，但是由于报价和服务方面的原因，导致最后成交的业务量却很少。接听团队业务询价电话应该注意：

(1)接听客户的团队询价电话应该注意报价准确，并向客户告之自身大交通的优势和接待社的接待质量优势，可告知请示总经理后还可以优惠，给对方一个可以还价的预期，因为组团社客户一般在向批发商询价时都是采取“一团多询”，根据报价的情况及对批发商的印象或合作的评价等综合因素，考虑将该团队交给哪一家批发商。在其决策过程中，价格是最重要的考虑因素之一。

(2)接听组团社的团队业务咨询来电，应注意询问客户的需求。如，团队人数、团队特征(商务团、奖励旅游团、老年团还是成年团等)，尤其应注意询问客户有无特殊需求，可根据这些特殊需求进行特殊服务细节的设计，除保证一定的价格优势之外，还要以服务产品的卖点和独到的服务细节设计来打动对方。

(3)接听组团社团队业务咨询来电时，应该认真填写接待登记表，详细记录上述事项，并特别注明进度情况，与组团社确定“产品内容、发团日期、什么时候出票、首付款比例、什么地方接团、多少人、男女比例、有无儿童、有无特殊要求(少数民族饮食生活习惯、孕妇、残疾人、病人)、返程方式(火车还是汽车、飞机)等”，并注意将该团队相关信息及时用传真和电子邮件等形式发送给接待社，让接待社做好接待准备。

2. 报价及确认

接听组团社的团队询价电话后，应该根据客户要求打印产品行程及报价单，并做好产品的分解报价，同时做好与客户进行二次价格谈判的准备。报价结束后，应该在1小时内进行客户跟踪服务，询问客户的团队是否已经确定，并再次表示自己愿为组团社提供服务的真诚愿望，如果客户的团队业务还没有确定，可以表示愿意全力以赴帮助客户拿下这单业务。如果客户已经将业务交给另外一家批发商，也不要因此烦恼，因为你的周到服务已经给客户留下了深刻印象，要尽量设法弄清楚对方的报价及客户与竞争对手合作的原因，并再次表示与其合作的愿望，用自己的真诚打动客户。跟踪电话往往可以大大提高业务的确认率。

经过与客户的沟通，如能达成合作意向，双方可以传真确认，格式如团队确认书。确认内容，主要有价格、行程、时间、人数、住宿标准、餐饮标准、用餐人/次数（有无少数民族特殊饮食安排）、车型、区间交通票、返程交通票、全陪姓名、联系电话等。

3. 业务操作

(1)接待产品确认。业务确认完成后，首先将确认单发送给接待社，由接待社开始进行产品要素的相关确认工作。某些接待社已经推出了让组团社选择导游的服务，根据客户的特殊需求和团队特征，选择合适的导游是提高游客旅游体验的重要措施。

(2)送票及帮助客户召开行前说明会。按照与组团社的约定，在收到组团社的大交通款项后进行出票，然后与组团社约定送票时间和送团时间。如果组团社有召开出行前说明会的习惯，应该配合组团社客户完成行前说明会。

(3)送团。批发商需要在旅游团出发时，安排自己的管理人员到机场和火车站去送团，完成业务操作的全部环节。

(4)行程跟踪。旅游过程中要与接待社的计调人员、组团社的全陪人员保持密切联系，了解接待的质量和客户满意度。如果出现客户投诉的情况，应及时与接待社的领导取得联系，尽早采取补救措施，力求在旅游目的地解决问题，以保证组团社的满意度，提高组团社的忠诚度。

(5)接团结账。旅游结束后，批发商可以安排专人到机场和火车站接团，以体现批发商服务体系的完整性。如果接待过程中出现质量问题，接团就是一个进行补救的最好时机。可以对客户进行抚慰，在出现投诉时如能得到很好的解决，往往可以给批发商带来更多的客户。接团后，可以根据与组团社达成的结账协议，把没有结清的团款结清，如果在旅游目的地发生了投诉，应该根据游客反映和接待社的处理意见，对组团社作出合理的赔偿。这时可以减免一部分团款，并对接待质量问题作出合理的解释，取得组团社客户的谅解。

4. 后续服务与改进

(1)团队结账。旅游团队业务结束后，核算团队的收入和成本(即批发商的批零差价)，如果出现质量问题，则需要进行赔偿，只要不是批发商自身的责任(如大交通环节等)，就需要根据组团社的要求向接待社提出赔偿要求。

(2)客户回访。旅游团完全结束后，应该在一周之内对组团社客户进行回访。一方面对客户给予的服务机会表示感谢，另外，可以向客户推荐批发商新开发的产品，询问客户最近的业务动向，有无达成新的业务合作的可能性等。客户回访的方式有很多，常见的，有登门拜访、电话联系、同行酒会等。

(3)客户档案管理与维护。认真整理已有业务记录的组团社客户档案，包括企业名称、联系电话、传真、电子邮件、总经理姓名、联系方式、全陪姓名、联系方式、企业规模、组团流向等信息，并就业务达成决定人的一些信息等，在适当的时机通过向业务决定人寄送贺卡、打电话祝贺生日等各种方式提升客户的忠诚度。

(4)产品改进和新产品研发。业务打开局面后，可以根据客户的反馈意见，和接待社一起对产品的方案进行调整改进，避免在后来的业务推广中再出现类似的接待问题。另外，还可以根据对当地旅游市场的调研和当地组团社的需求，开发设计一些独具特色的旅游产品，并就产品的分销与当地组团大社达成一致，在产品严重同质化的今天，通过"产品差异化"获取组团社客户的认同。

案例：

他山之石——汤姆森假日旅游公司同业分销实际操作案例

莫斯科浓郁的俄罗斯情调是令人向往的，但漫长而寒冷的冬季似乎让游人们裹足不前。每到冬季前往莫斯科度周末的人都很少，汤姆森假日旅游项目的经办人，决定打破莫斯科的坚冰。他带了一批报界人士去莫斯科度了个示范性的周末，赢得了各大刊物连篇累牍的报道。以此为契机，他们在隆冬季节成功地发起了去莫斯科度一个开销不大的周末旅游项目。

负责汤姆森假日旅游项目的只有3个人，为首的是道格拉斯·古德曼。10年来他坚持不懈地使用公共关系战术，为公司成长为该行业首屈一指的大企业作出了卓越的贡献。经营旅游业成功的关键，在于不断推出新的度假活动，对市场开发部门而言，这就意味着今年的活动还在进行，下一年的详细工作计划就要准备妥当。

1983年，他们推出的夏季旅游项目，有"夏日阳光"、"湖光山色"、"亲密友好"、"马车"、"别墅和公寓"等。为了让尽可能多的人了解这些项目，公司决定，在9月1日发放500万份关于5种不同度假活动的便览。

3个月前，他们就进行了周密的筹划和准备，安排好了各项活动的日期，包括耗资100万英镑的广告活动，在伯明翰召开3天的推销大会，全体工作人员的集中培训，查看16个城市的游览线路，以及印刷和发售"旅游便览"等。

整个8月份的公关工作,包括选择10个记者招待会场所并预订宴席,准备邀请名单,检查发函清单,决定新闻和特写文章的要点,准备记者招待会用的稿件和10种不同的幻灯片,选写全国性和地方性的新闻稿,收集关于新旅游项目的材料,适当安排外语新闻稿,办理录像、彩排节目,用一辆大拖车和一队客车沿途查看16个城市的风光,为5000家旅游代理商提供详细的录像介绍等。

公共关系部在推出旅游活动几周后,要随车队去赢得当地公众。

大多数度假者都很清楚自己出国休假的时间。工厂的休假日是早已排定的,去哪儿度假也是早做打算的。因此经营旅游业务,尽早销售是非常重要的。越是在你的竞争对手推出他们的活动之前尽早落实你的活动就越有利。汤姆森公司就习惯于抢先发售"旅游便览",比如1981年9月,他们发售"旅游便览"刚一周,就订出了6万张票,一些代理处甚至排上了队。

当然,率先推出也有其弊,别的公司可以根据汤姆森的定价制定出竞争性价格。利用便宜的价格来抢夺顾客。对于这一问题,汤姆森公司暗藏了一条锦囊妙计。

9月1日开始发行1983年的夏季"旅游便览"。第二天,5家全国性的报纸、BBC广播电台、省级报纸和电台,以及旅游出版物,都大张旗鼓地为汤姆森公司进行宣传,博得了度假者的注意。9月下旬,当其他旅游公司开始推出他们的"旅游便览"时,汤姆森公司的旅游价格已经出台了,比竞争对手低得出乎人们的意料。公司的应变计划生效了。

收取附加费可能会使消费者稍有不快,但多年来在包价旅游中收取附加费的做法已被人们所接受。英镑疲软引起的海外项目成本上升,迫使旅游公司以最高10%的附加费让旅客承担。为了加强竞争力,10月份时,一家主要的旅游公司在推出旅游项目时,保证"不收附加费"。汤姆森公司在几小时内立即作出反应,也承诺不收附加费。

到了11月份,旅游业开始不安起来。9月、10月、11月,通常是订票稳定的时期,但当年形势不妙,营业额仅达到上年度同期70%的公司把希望寄托在圣诞节后的几周,往年这是订票的高峰时节,大约有半数的旅游预售票在此期间卖出。但秋季售票的不良业绩,颇让旅游业吃不准圣诞后的售票,是否能逃脱经济衰退的影响。

等待、猜测,报界在鼓励人们沉住气,等待最后的讨价还价。为了保证最后的成功,汤姆森公司决定主动采取行动,鼓励人们订票,重新争取价格的主动权。

汤姆森公司的主要应变计划,是在必要的情况下,重新印刷和发售"旅游便览",提供更低的价格。这将使公司的假日旅游价格非常有竞争力,会让其他旅游公司措手不及。

在严格保密的情况下,设在意大利的印刷公司重印了320页的彩色"便览",至少有50个假日旅游项目减价10~50英镑,几乎在"便览"的每一页上都有新的标价，封面也予以重印，添上了“不收附加费”的保证和减价的声明。“便览”悄悄地运到伦敦的仓库，只有几个关键的职员了解情况。他们小心翼翼地守护着这个秘密，不让竞争对手有丝毫察觉。

让人们了解重新推出旅游项目的时机终于到来了。他们计划在12月6日一鸣惊人，以全面覆盖式的新闻报道连续报道3天，然后才刊出广告。

道格拉斯·古德曼在沙伏伊酒店私下订了套间，以备12月6日的记者招待会之用。舰队街的主要选稿人在上周五就接到了参加本周末上午8:30的香槟早餐的邀请。旅游出版物的编辑们也应邀参加了类似的活动。沙伏伊招待会开得极其成功，受邀请的人无一缺席。

为了确保第二天全国性和地方性报刊上的报道，他们必须保证在当晚的晚报、电台和电视新闻节目中刊登这一消息。为此，对投递稿件、打电话、发送新闻的时间顺序制定了严密的计划，以确保新闻界在视听上给人们造成最大限度的冲击。

公司的新任董事长约翰·麦克奈尔决定，接受所有电台和电视台的采访。伦敦广播公司抢先播出了对麦克奈尔的采访，接着是IRN报业辛迪加的报道和地方电台对当地汤姆森公司发言人的采访。在隆重推出的时刻，国际电视网做了长篇新闻报道。至此，事情的发展的确是有声有色了！BBC电视台光临总部办公室，拍摄了供晚上9:00新闻播放的采访。全国性的报纸想要更多的评论，不同的报纸需要不同角度的评论。《标准晚报》用通栏标题，宣布了这次的隆重推出。

令公关部难以忘怀的是12月7日，星期二。这天，汤姆森公司取得了前所未有的报纸覆盖率。每家全国性的报纸都刊登了消息，有些甚至还在头版。报道的质量更是令人惊喜，9家全国性报纸提到汤姆森公司72次，若干种省级报纸在头版头条予以报道，报纸和电台的持续报道整整一周。《星期日时报》居然用了一整版来介绍这次旅游项目的重新推出。电台、电视台在全国假日节目中也发布了消息。竞争对手面对汤姆森公司这手铺天盖地的“杀手锏”，毫无反击之力。一家主要的旅游公司在圣诞节前没有相应降价。电台采访了该公司的发言人，开门见山地问他们是否被汤姆森公司这招棋弄得狼狈不堪！

报刊上连篇累牍的报道，使汤姆森公司的名声大振，结果大大削减了在全国性报纸上的广告。在12月11日，也就是重新推出的那一周的周末，公关人员作了专门的调查，测试公司的知名度，发现人们首先想到的就是汤姆森的假日旅游，具有强烈的参加该公司假日旅游项目的意向。旅游刊物用大量的篇幅介绍这次重新推出，旅游代理人热烈欢迎并予以很高的评价。

报刊的报道从12月份持续到1月份，的确重振了市场。对传播媒介覆盖率的分析表明，从9月份的首次推出到圣诞节，汤姆森公司赢得了4家全国性电视台的电视报道，13家全国广播电台的广播报道，45家全国性报纸的专题报道，66个地区性电台的采访或新闻广播，在省级报纸上共刊发了350条新闻，旅游出版物更是连篇累牍,在杂志和国外的报纸上也刊登了不少消息。以广告的费用计算,新闻覆盖总值达到11.5万英镑。但无论是剪报的数字还是计算的理论价值,都不足以反映这次新闻覆盖的质量。

许多旅游专栏作家都赞赏汤姆森的行动,开始鼓励游客早订票,以利用早订票的价格折扣。声望极高的旅游期刊《旅游代理》1月号载文说:"汤姆森公司瞅准了时机,不给竞争对手在圣诞节前作出反应的时间……实际上汤姆森这一招最大限度地发挥了它的公共关系优势,发起行动的时刻恰到好处。"

1月份创造了新的订票记录,到1月底,旅游业务急剧上升。汤姆森公司推动了旅游活动,1983年的夏季旅游呈现良好前景。

【本章小结】

本章阐述了同业批发业务是中国旅行社界近几年兴起的一种新型旅游业务。所谓同业批发业务,是指一系列针对旅游同业客户的旅游产品的批发业务。其中包括产品要素采购、产品开发、产品批发、售后服务四个阶段。

中国的旅游批发商,按照产生机制划分,主要有以地接社派出人员在客源地设立联络处和办事处为主导的批发商形态、以大型组团社包机(或包专列)为主导的区域批发商形态、组团社和地接社密切合作的客源地总代理批发商形态三种类型。中国旅游批发商的业务类型,按产品形态可以分为单一旅游产品批发、"机票+饭店"商务、度假产品批发、常规观光旅游产品批发、主题旅游产品批发五种类型。

同业批发业务的操作流程,包括同业旅游产品的设计开发、区域客户网络的建设与管理、旅游同业批发业务具体操作三大阶段。

同业批发旅游产品开发阶段,是在接待社产品基础上结合自己在客源地建立的大交通供给体系而组成的旅游产品,所以,同业批发旅游产品的开发,主要包括接待产品的采购、大交通供给体系的建立、批发产品的整合、产品手册的编制四个环节。

旅游批发商区域客户网络的建设与管理,共分为客户资料的获取与分析、旅游产品的区域营销覆盖、区域客户的摆放销售、客户网络的管理与维护四个环节。

批发业务的具体操作流程,可以分为业务询价电话、报价及确认、业务操作、后续服务与改进四个环节。

最后本章给出了旅游界经典的同业批发营销案例。

第八章

旅行社电话营销管理技巧

本章导读

本章将从旅游业务实战角度出发，对电话营销这个旅行社最重要的营销工具进行详细的阐述和分析，首先说明电话沟通的特点及电话营销前应该做什么样的准备工作；其次重点介绍呼出电话（主动营销）操作流程和运作技巧，以及接听电话的十大原则；再次说明如何处理电话沟通中的异议；最后向读者介绍电话沟通中常用的语言技巧及如何对电话营销进行总结和提高。

通过本章的学习，您应该能够：

（1）了解电话沟通的基本特点及其与面对面沟通的区别。

（2）学会如何做电话营销的规划和准备工作并加以应用。

（3）掌握呼出电话操作流程和运作技巧并在实际操作中提高自己的电话营销能力。

（4）牢记接听电话的十大原则。

（5）掌握如何处理电话沟通中的异议。

（6）学会运用电话沟通中常用的语言技巧。

（7）了解如何进行电话营销的总结与提高。

作为典型的服务性企业，旅行社的电话营销是非常重要的，事实上，离开了电话，没有一家旅行社可以生存。每天旅行社都会接到数以百计甚至更多的来自旅游同行、个人客户、公司客户的咨询电话。这些电话为旅行社带来了大量的商机。如何更好地利用电话进行营销、为客户服务，获得更多的商机，是每个旅行社总经理所关心的话题之一。但是根据不完全调查，旅行社界的电话营销状况并不理想，90%以上的旅行社员工没有接受过正规的电话沟通技巧培训，95%以上的旅行社没有建立本企业的电话沟通样本，50%以上的旅行社总经理对员工的电话沟通不满意。因此，迅速提高旅行社服务人员的电话沟通技巧，已经成为业界亟待解决的一个重要问题。

有效提升电话沟通的技巧，可以大大提高员工的劳动效率，进而提升旅行社的经济效益。电话已经成为旅行社专业销售的有力工具，它可以帮助旅行社大大提升市场细分的准确性，节省大量时间，展现最专业的旅行顾问风采！据统计，透过合理有效的电话开发，工作效率比单纯的陌生拜访效果要好百倍以上。

一、电话营销的特点

（一）电话沟通与面对面沟通的区别

人与人之间面对面的沟通，主要由三个因素组成，即“谈话内容”、“语调”和“肢体语言”。其中使用频率最高的是“肢体语言”。在面对面沟通的三个因素中，按其所起作用的重要程度划分，肢体语言占到70%左右，其次是语调，约占23%，而谈话内容才只占到7%左右。这充分说明了“不在意你说什么，而在意你怎么说”的重要性。与之相对应的是电话沟通，几乎完全相反。由于双方无法见面，只是通过语音交流，所以它不重视，或者说无法重视肢体语言，维系双方联系的只是声音。因此，电话沟通更强调“语调”。据不完全调查，在电话沟通的两个因素（谈话内容和语调）中，谈话内容的作用只占25%，而谈话语调的作用则占到了75%。综上可知，电话沟通技巧应着重于“语调变化”和“咬字清晰”。

表 8－1　　电话营销面临的挑战及其对策

挑　战	对　策
客户容易： • 挂电话 • 说“不” • 态度粗鲁	• 不要认为客户的否定和异议是针对个人的 • 花点时间与之建立良好的关系 • 让客户看到好处 • 对异议做好心理准备，运用“异议解决模式”
• 时间有限	• 做好沟通内容的组织和准备 • 询问客户目前是否有时间接电话
• 没有目光接触和肢体语言	• 运用你的语言、语调来体现对客户的兴趣和关心，将你的热情传达给客户 • 核查—得到反馈
• 容易分心	• 倾听　• 专注　• 做笔记
• 不容易建立信任度	• 准备好实例　• 证明你所说的话 • 准确/精确

（二）旅游从业人员电话沟通能力培养的内容

- 消除旅游业务电话销售的心理障碍。
- 提升员工对旅行社和旅游产品的信心。
- 提升员工与同业客户、企业客户、个人客户等各阶层人士沟通的能力。
- 提升员工在电话沟通中的倾听能力、处理反对意见的能力、组织能力、迅速反应能力、快速满足客户需求的能力等。

- 掌握主动营销呼出电话的流程及相关技巧。
- 掌握被动营销接听电话的基本原则及相关技巧。
- 掌握电话沟通的总结提升技巧。
- 通过系统训练养成电话沟通的良好习惯。

（三）电话沟通的特性

1. 电话营销过程是靠声音传递信息

旅游服务人员在与客户的电话沟通中，只能靠"听觉"去感知客户的所有反应并判断沟通方向是否正确；客户在电话中同样也无法看到销售员的肢体语言、面部表情，只能凭借其所听到的声音及所传递的信息，来判断自己是否喜欢这个服务人员，是否可以信赖这个人，并决定是否继续这个通话过程。

2. 旅游服务人员必须在极短的时间内使客户对你的话题感兴趣

在电话拜访的过程中，旅游服务人员必须在尽量短的时间内描述清楚本次通话带给客户的收益，如果没有办法让客户在 20～30 秒内对话题产生兴趣，客户可能随时终止通话。因为他们不喜欢浪费时间去听一些与自己无关的事情，除非这次通话能对他们产生某种好处。

3. 电话营销是一种你来我往的交互过程

在电话营销沟通过程中，销售员讲话所占用的时间，最好能够把握在此次通话时间总量的 1/3 左右，甚至更少，而将更多讲话的时间留给客户。我们只有把话语权交给客户，才能从客户的话语中找到其真正的需求。一般情况，旅游服务人员只在初次沟通中说的多一些，随着与客户沟通的逐步深入，客户的参与程度会愈来愈高。所以，第一次沟通，服务人员所占时间比例多一些还勉强可以维持，但若销售员说话时间超过 3/4 以上，一般而言可以断定这次沟通是无效的，或者说效果会很差。除非是客户一直在问问题，他用 1/4 时间提问，销售员用 3/4 时间回答，而客户又在不断地用声音表示"嗯"、"对"、"哦"、"很好"、"是呀"等。

4. 电话营销是感性而非理性的销售过程

电话营销是感性销售的过程，旅游营销人员必须在"感性层面"多下工夫。因为，与客户沟通无论时间长短，均需先打动客户的心，使客户迅速建立起对你的信任，其次，再向客户提供需要让其了解理性的和知晓的有关资料性内容，以强化感性销售层面。那么，在旅游服务人员与客户沟通过程中，哪些属于感性层面，哪些又属于理性层面呢？请看下例。

案例：

旅游销售人员说服某企业总经理将企业奖励旅游的业务交给旅行社

电话中销售员对客户说："李总，我们为您量身订制了这次贵公司的奖励旅游，特意为您安排了一个别出心裁的欢迎仪式，假如我有机会为您服务的话，您会感受到我们优质的专业服务（感性），而我们的价格是业界最合理的（理性）。"

二、电话营销前的规划和准备

办任何事情都要事先做好准备和计划，电话营销需要进行下列准备工作。

(一)心理准备

1. 不愿给顾客打电话的心理障碍

(1)太忙了，没有时间。

(2)还有其他更重要的事情要做。

(3)今天心情不好，现在不是时候。

(4)刚打了个很失败的电话，无法继续打下一个电话。

……

2. 造成打电话心理障碍的原因

(1)怕遭到拒绝。

(2)不良后果的预测。

(3)担心对方会有被打扰的感觉。

(4)缺乏成功的经验。

(5)沮丧的心理。

3. 怎样克服打电话的心理障碍

(1)认识不愿意打电话的真正问题是一种消极的心态。

(2)提高个人的电话沟通技巧和对电话流程的熟悉程度。

(3)把积极的态度看做是个人进步的一种表现。

(4)采用逐渐增加的方法(一个/二个……)。

(5)把打出一个电话视为一种挑战，要让客户感觉你的电话对他而言是有价值的。

4. 成功电话营销人员所应必备的信念

(1)一定要同任何与我通过电话或自认为需要见面的、有趣的人会面。

(2)所接听到的每一个电话，都可能是一次宝贵的交易机会。

(3)所拨出的每一个电话，都可能成为自己的客户。

(4)每一次电话沟通，不仅是为了交流，而是为了获得与客户见面的机会。

上述信念，有机会你就默念它们、牢记它们，重复的次数越多，这些积极正确的信念就越能深入到你的潜意识中去。

(二)客户资料准备

1. 掌握以往沟通情况和客户特征，做好客户资料的收集、整理和分类

对老客户进行有效的电话回访和产品信息的及时送达，能使电话营销收到意想不到的好效果。在打电话给新老客户之前，要研究一下手边所有的与客户相关的资料，定期对收集到的客户资料进行整理，并将其分为同业客户、企业客户、个人客户三大类，建立详细的客户档案，掌握每一个客户的喜好及消费特点，逐步建立客户数据库，以提高电话沟通的效率。

根据不同的产品特点和客户需求，确定最佳的电话拜访对象，只有在仔细研究客户资料的基础上，才能确定拜访的重点，否则，仅凭自己想象去猜测客户的喜好，就一定不会收到理想的电话营销效果。

2. 分析目标客户的真正需求

不同类型的客户，由于其行业性质、职位、年龄、所在城市，甚至当时的心情及其习惯性处事态度等，都会影响到其需求。因此，电话营销人员就需要对客户进行比较深入的分析，从行业、地域、年龄、性别等多方面去考虑不同客户的不同需求。只有了解了客户的需求，才能知道如何用"感性"的方式去满足他们的需求，然后通过"理性"的方式告知他们，如何使他们用最少的付出，获得最大的回报。

电话营销的沟通内容，主要是强调购买本企业旅游产品和服务的必要性，一些非必要的功能/利益，仅是为了用以加强营销的效果（如，参加这次旅游就可以自动成为我们旅游俱乐部的会员，赠送若干个免费景点及地方特产、小礼品等），应在客户认可企业的主要销售产品，但因某些原因而犹豫不决的时候才告诉他，以起到推动作用。这一点千万不可本末倒置。在客户对企业基本产品尚未认可的前提下，这些增值服务不会产生好的效果，反之还可能会有画蛇添足的嫌疑。

一般情况下客户购买旅游产品的时候，都会进行多次询价、比较，最终选择哪家旅行社为其提供服务，主要是由以下因素决定的：

（1）旅游服务人员的态度和沟通能力。旅行社服务人员的态度，是决定游客是否购买旅游产品的首要因素。游客喜欢接受服务热情、专业水平高的员工提供的服务。

（2）旅游服务人员的反应速度。如某企业进行票务需求的采购，旅行社出票、送票的速度就成了决定性的因素。

（3）旅游企业的口碑。旅行社通过长期对客户提供服务，在社会上树立的口碑往往比任何直接广告的力量都大。据不完全调查，有超过50%的游客选择了自己亲朋好友推荐的旅行社为其提供旅游服务。

（4）旅游服务产品的价格。在旅游产品严重同质化的今天，旅游者希望通过多家询价，获得质优价廉的服务，当然，能获得免费服务是最好的。客户希望花最少的钱，得到最多的利益。这也无可厚非。

（5）旅游产品的售前服务是否方便。人们在选择旅游服务提供商的时候，总是希望别人能够主动送上门来，提供他们所需要的服务。因此完善客户购买旅游产品的方式和通路，简化付款方式和购买流程，开发销售网点和销售代理，方便客户购买等，都会影响到客户的选择。因此，旅行社网点的多少、报名的便捷程度、是否提供上门合同确认和收款服务,就成了能否成交的重要因素之一。

除上述因素之外,同业客户还往往比较关心服务产品的可靠性、安全性、持续性等关键性因素。

(三)产品知识和相关文件准备

熟悉产品和服务,寻觅与客户需求的契合点,准备好相应的文件。

在详细分析了解客户需求的前提下,销售人员一定要熟悉自己所要销售的旅游服务产品。对于产品知识的掌握,主要包括:

(1)产品的基本行程。

(2)景点的数量。

(3)产品的特色(与众不同)。

(4)产品的潜在缺陷(价格偏高、晚上出发、购物店偏多、有自费项目等)。

(5)市场中有无竞争对手的同类产品。

(6)本企业产品在市场和客户心中的地位。

(7)如何弥补和提升企业品牌的美誉度。

……

综上所述,要想取得良好的电话营销效果,就要对营销人员有关每个市场或每个电话进行产品介绍的培训。使其在分析客户需求和充分掌握产品知识的基础上,在客户需求与企业产品之间找到一个最佳的契合点,并熟知提炼哪些内容可以吸引客户。同时,在进行电话沟通时,一旦客户需要,即可为其提供相应的文件。为此,需要提前准备好以往与客户沟通的详细记录,以及旅游产品的标准行程、标准合同、确认信函等,以便于在客户有需求时可以即刻提供。若与有可能进行合作或代理的客户电话沟通,须准备好代理协议样本、合作模式建议书等样稿,以便在需要的时候及时提供给客户参考和查阅。

(四)确定电话营销目标

旅游从业人员在打电话给客户之前,一定要预先确定希望达成的目标,否则,电话沟通将很容易偏离主题,完全失去方向,浪费许多宝贵的时间和机会。当然由于在不同情况下,面对不同客户,所确定的目标也会有所不同。因此,对于目标的确定和把握,可以采用不同的处理方式。比如,电话沟通的目标,只是为了同已经建立业务关系的客户确定一下邮寄地址,以便于寄送发票和产品资料,我们就只需要在头脑中保留一个记忆,打电话向客户问清楚并记录下来即可。但如果需要确定的事项比较多,就要事先列出来,并电话沟通中按照记录询问,以免漏项。如果需要时还要再次打电话给客户,应就浪费了客户的时间深表歉意。否则,客户会觉得你做事情没有条理。

一般情况下,采用电话与客户沟通,往往不是一个单一的目标,这就需要对多项目标进行类别划分,分清哪些是主要目标,要重点解决、最先沟通,哪些是次要目标，可在完成重要目标后完成，或者穿插在主要目标实现过程中完成。若遇见客户突然有事，要立即挂断电话。主要目标已经完成，即便沟通中断，也不会太多地影响电话沟通的目标。有时次要目标是在主要目标实现的基础上，才去沟通和实现的。

那么，什么是主要目标呢？所谓主要目标，通常是指你最希望在这次通电话中达成的事情。而次要目标，则是在你没有办法通过这次电话沟通达成主要目标时，你所最希望达成的事情，或者说在主要目标达成后需进一步达成的目标。

许多旅游从业人员在与客户的沟通中，往往因为只准备了一项目标，在遇到客户的拒绝或者主要目标没有实现的情况时，就没了准备，不知道下一步该如何沟通，或者在主要目标实现后，发现客户还有兴趣继续听下去，而销售员则因为没有准备而草草收场，不知道该如何利用本次大好的机会进一步跟进，完成后续的目标。上面这两种情况，销售员准备不充分，其结果一般都会是失望地挂断电话，使自己感觉后续的沟通很困难，对于老是被拒绝而感到很失望；或者是开心地挂断电话，但对下一步沟通是否还会有这样的机会而忧虑。

无论打电话或接电话，明确目标是最重要的，它决定着你的工作角色。例如，你的首要目标可能是要得到一个面谈签约的机会，成功地完成一个旅游团队的签约，或收集客户特定的资料。无论你的首要目标是什么，都应该有完善的计划。假如你的首要目标是完成一次成功的交易，计划应包括：

(1)送出旅游相关资讯，然后追踪联络。

(2)请对方提供另一个对旅游产品感兴趣的人(公司内外人选皆可)。

(3)收集公司的背景资料(如，公司的结构、政策和目标等)。

(4)谈论新旅游产品与旅游趋势。

(5)提供特别的旅游优惠办法等。

有时，最后两项目标会将你又带回到最初的目标。至于通话时间的长短，则取决于你的目的。目的达成与否，决定着通话时间的长短，一旦达到目的，即可挂断电话，完全以业务需求为导向。一个电话该花多少时间，并没有标准答案。假如你的客户很高兴继续谈下去，那么，时间稍长的电话也仍然符合业务所需。然而，务必要控制好通话的时间，使质与量应保持平衡，尤其不可因追求量而忽视质。

下面，我们进一步讨论哪些是电话沟通的主要目标，哪些是次要目标。

1. 旅游服务人员电话沟通的主要目标

据不完全调查，常见的主要目标有下列几种：

(1) 了解客户需求，确认目标客户。

(2) 让客户接受旅游服务方案。

(3) 确定客户是否有购买某项旅游产品的意愿。

(4) 确认客户外出旅游的时间及最后决定的时间。

(5) 确定下次电话或者拜访时间(就某些议而未决事宜进行再次沟通)。

2. 次要目标

常见的次要目标有下列几种:

(1) 取得客户的相关资料。

(2) 引起客户的兴趣,并让客户同意了解产品和服务情况。

(3) 确定未来再和客户联络的时间。

(4) 得到客户负责人信息或获取其他客户的信息。

3. 电话销售目标表

对于一些批量沟通或者重点沟通的客户,要进行沟通前的准备工作,拟订一份目标表,将主要目标和次要目标分列出来,以便能够在与客户沟通中理顺思路,并且可以在电话沟通后确定哪些目标已经实现,哪些尚未实现,根据目标的实现情况,整理出下次沟通的时间、对象、方式,及沟通的主要目标和次要目标。

(五)其他准备事项

与客户沟通时,由于客户的特殊情况,可能需要进行一些特殊的准备。如,上次沟通时客户提到他们五月份有到韩国考察的商务旅行计划。这时,你就需要准备赴韩商务考察的相关行程及为客户量身定制的考察计划等。

还有一些涉及旅游从业人员本身的问题,就是在电话沟通中需要注意的一些事项。例如:

(1)在声音中体现笑容。声音可以反映出温暖或冷漠、有兴趣或漠不关心、关怀或挫折、耐心或急促、接受或抗拒等。因此,要让客户透过声音感受到你的关心及笑容。

(2)深呼吸。在打电话前深呼吸几次,可以使自己的心平静下来,并使自己的声音变得比较沉稳有力。

(3)一杯水。在桌上放一杯温开水或自己喜欢喝的饮料,当说话太久时,喝几口温开水可改善沙哑的声音,因为在你拿起电话的时候,可能无法预料到这次电话会沟通多长时间。

(4)放慢语速。电话沟通务必要让谈话内容简短、明晰,使对方听得清楚、理解准确。放慢语速可强化这种效果。

(5)避免"行话"。旅游行业中有很多公司内部或同业朋友中常用的"行话",在保证对方能听懂的前提下,和同业客户电话沟通时可以使用行话,但与企业客户或个人客户沟通时却不能使用"行话",更不能用代号代替旅游线路。因为,这会引起客户的反感或疑惑。

(6)注意语调的变化。语调与音量的高低变化,称为"语调变化"。客户通过语调变化确认我们对他们的态度。他们总是信任那些听起来对自己提供的服务有信心,且态度热忱、表述明确的服务人员。

三、呼出电话(主动营销)的流程与技巧

呼出电话,一般是在前述准备工作的基础上,确定了沟通目标的前提下进行的。其主要分为以下九个步骤:

(一)开场白

电话营销的关键是能否在短时间内吸引客户,这就在客观上提出了对开场白的要求。开场白就像一本书的书名或报纸的大标题一样,使用得当,便可立刻使人产生好奇心并想一探究竟。反之,则会让人感到索然无味,全然丧失了继续倾听下去的欲望。

1. 开场白正误案例分析

(1)错误的实例:

案例:

销售员:"您好,陈总,我是×××旅行社的××。我们是专业做华东地接业务的,请问贵公司现在到华东的客人都是同哪家旅行社合作?"

错误点:

- 旅行社工作人员没有说明为何打电话给陈总,以及这个电话对客户有何好处。
- 在尚未介绍对客户有何好处之前,就迫不及待地提出问题,让人立即产生防范之心。

案例:

销售员:"您好,陈总,我是×××旅行社的××。几天前,我寄了一些我们旅行社今年地接线路的资料给您,不晓得您收到没有?"

错误点:

- 同样的问题,是没有说明为何打电话过来,以及对客户有何好处。
- 平常大家都很忙,即使收到资料也不见得会看,而且同业客户的产品资料很多。如此提问,恰好给了让客户回答"没收到"的机会。

(沟通电话技巧提示:资料、产品要说明白,一定要强调资料的价值。如,价格低、服务好等。)

案例:

销售员:"您好,陈总,我是×××旅行社的××。我们是专业提供企业商旅服务的专业机构,不晓得您现在是否有空,我想花点时间向您介绍一下我们的商旅服务。"

错误点:

- 仅提到商品本身,而没有谈及对客户有何好处。

- 不必问客户是否有空,也不可"强占"客户的时间。

由以上案例可以看出,在初次打电话给客户时,必须在20秒内进行公司及自我介绍,引起客户的兴趣,让客户愿意继续谈下去。要让客户放下手边的工作,倾听你的谈话,销售员须在20秒钟内让客户清楚地了解下列三件事:

- 我是谁/我代表哪家旅行社。
- 我打电话给客户的目的是什么。
- 我公司的服务对客户有什么好处。

(2)正确范例:

案例:

"喂,陈总吗?我是×××旅行社的××。我们有非常丰富的旅游线路体系,其中包括美国和欧洲的专业商务考察,今天我打电话过来的原因,是我们刚刚为×××公司的王总安排了一次到美国的商务考察。这次考察为王总联系了3个美国大客户。王总说您最近也有到美国考察的打算,为了能促进相互了解,我们是否也能替您服务?我想请教一下,您目前是否有赴美考察的计划?"

重点技巧:

- 提及自己旅行社的名称,专长。
- 告知对方为何打电话过来。
- 告知对方这个电话可能产生什么好处。
- 询问客户相关问题,使客户参与。

2.吸引客户注意力的开场白方式

能够吸引客户的常用开场白方式很多,下面介绍常用的几种:

(1)相同背景法

案例:

"王主任,我是×××旅行社的××。我社最近推出了一项为公司客户解决差旅费用的商旅综合服务方案。我打电话给您的原因,是许多像贵公司一样的大客户已经成为我们商旅俱乐部的会员。我们为他们节省了大量的差旅费,而且提供的票务咨询、送票、差旅费用统计及分析服务等都是业界领先的,能够满足广大公司客户控制管理公司差旅费的要求。我想请问贵公司,现在是哪一家旅行社为您提供差旅费管理服务的?"

(2)缘故推荐法

案例:

"王总,您好,我是×××旅行社奖励旅游部的××。您的好友张辉先生是我们的高级会员。他介绍我打电话给您。他认为我们的奖励旅游服务方案设计新颖,比较符合公司客户奖励旅游的需求,也想请您了解一下。请问您目前有没有公司奖励旅游的计划?能否给我们一个为您服务的机会?"

(3)孤儿客户法

案例:

王××先生,您好!我是×××旅行网客户服务部的××。您于半年前在我们旅行网注册了一个金卡会员,我们为您提供的服务包括票务预订、会议服务、企业奖励旅游服务等。很久没有和您联系了,也没有多征求您的意见,这是我们的疏忽。今天打电话给您,是想询问您对我们是否有什么宝贵的意见和建议?刚好我们网站新改版,为金卡会员增加了很多新的服务内容,欢迎您登录浏览。一些问题,由于像您一样的客户的反馈,我们在新版中已经得到了解决,希望您也能给我们提出宝贵的意见和建议。

(4)故交巩固法

案例:

“王总,我是×××旅行社的××,最近可好?上次您交给我们的团队已经返回上海了。客户对我们的服务都很满意,最近还有没有到昆明的团队?”

老客户:“最近太忙,我和几个朋友最近有一个到云南的包机,门市报名的趋势很好,如果你能保证服务质量,我可以考虑放一部分客人给你。”

(二)找到目标客户的关键人物——接待秘书

这个步骤,在与公司客户进行电话沟通中是必不可少的,但在与同业客户和个人客户电话沟通时一般不会遇到。在实际沟通中,该步骤可能会因沟通状况而有所不同,如果是沟通多次的客户就可以直接联系。

旅游销售人员在电话营销中,因秘书等接待人员的阻拦而受到的挫折太大了。接待人员总是挡在我们和决策者进行实质性接触的大门之外。这里介绍一些诀窍,使你利用人性和心理学,排除各种障碍,以获得同关键人物见面的机会,还可以根据个人风格,或对方的反应随机应变。具体方法如下:

(1)在电话中不要谈到购买,而应强调服务对客户的利益(等客户问到时再说价格,并要强调性价比)。

(2)表明自己很忙,而不是随时有空(让客户觉得你的电话有价值,直接拒绝有损失)。

(3)一定要留有后路。因为,即使通过秘书找到了负责人,也还有可能负责人又将事情的处理权交还给秘书。因此,要客气地感谢秘书的帮助,有可能的话还应在负责人面前美言秘书几句。

(4)克服心理障碍。设想一下自己这个电话将为对方带来愉快的旅游感受,为客户的生活增光添彩。不妨分析一下自己无法取得突破性进展的原因:是否因为过去的失败造成了自己的心理障碍,必须突破这种心理障碍;是否从小就被教导:“跟陌生人通电话要客气”;是否觉得买方公司是你的衣食父母,不敢轻易冒犯等。你如果是站在接电话人的角度想象他将如何拒绝你,那就变成了两个人在拒绝你。其中占主导地位的，就是你自己的心理障碍。

(5)注意你的语气。讲话时要充满自信地清楚表述公司旅游服务和产品的优势，先不谈产品的价格，而是强调公司服务的性价比，以取得秘书对产品的信任。“早上好，请问张先生在吗?”不要说：“我是××”，而要报出公司的名称，说“我是××(单位)的××”。如果接电话的人说出其自己的名字，就要说：“嗨，李小姐(先生)，请问张先生在吗?”

(6)将接待人员看成自己的朋友，客气地请求秘书帮忙。以平常的开场白说：“早安！我是××，想找张先生谈一谈，请问您尊姓大名?”接电话的人说：“我是他的秘书，李小姐。”你就说：“假如您是我，必须跟张先生谈谈，您将怎么办呢?”

(7)避免直接回答对方的盘问。接电话的人通常会盘问你三个问题：你是谁?你是哪家公司？有什么事情？如果你不直接回答这些问题，他们就不知道该怎么办。你或许该这样回答：“我很想告诉您，但是这件事情很重要，我必须直接跟他说。”“我也不确定。”“您觉得还要讲很久吗？对不起！我是在打长途电话呢。”“喂！您那边在下雨吗?”等。

(8)使出怪招，打叉战术，迂回推进。让接电话的人措手不及，不要让自己听起来就像销售人员，使对方失去戒心。例如，对方：“这是某某公司，您好!”你：“嗨！张先生在吗?”对方：“请问你是哪家公司?”你：“我也不知道，所以才打电话找她。”对方：“你要推销什么?”你很迷惑地说：“我实在搞不懂。”对方提高声音再问一次：“你要推销什么吗?”你还是很迷惑地说：“有没有可能是张先生要卖东西给我?”

(9) 摆高姿态，强度难关，让对方觉得如果直接拒绝你的电话，将会给自己带来损失。“你跟陌生人讲电话都是这样的吗？你老板交代你要这样吗?”“你帮我转电话之前，还想知道关于我个人什么事?”“你为什么不让我跟你的老板说话?”“你不转这通电话，公司将会因此而失去赚钱的机会，你愿意冒这个风险吗?”“既然你不愿意接电话，能不能告诉我你的名字？如果贵公司还有人打电话来询问，我就可以告诉他，我曾经跟谁谈过了。”

(10)别把自己的名字和电话号码留给接电话的人。如果买方不在或是没空，再找机会试试。“如果你是我，你会再打电话来吗?”“我想我再打电话过来，什么时间比较恰当?”

(11)对于语音信箱，通常不必留下任何信息。不过要仔细听他的声音，想象以后如何沟通比较好。如果在语音信箱留话，务必令人印象深刻。你可以这么说：“有三个理由你一定要打电话给我：其一，将这则留言消去，并不能消去你的问题；其二，将这则留言消去，你可能付出很高的代价……”你还可以，先留下自己的姓名和电话号码，然后在重要事项讲到一半时切断电话，好像是电话线突然中断一样。

（三）有效询问

这是很关键的步骤之一，在询问中才能真正了解自己目标实现的可能性。

（1）确定谈话对象或转接后的对象，是有决定权的人。如果他没有决定权，谈的再多也是没有用的，有时还会起到反作用。

（2）了解相关信息。如，客户对什么类型的景点有兴趣，目前需求是什么，接受的价格是多少，客户何时能作出最后决定等。

（3）与客户双向沟通，提出开放性的问题，尽量鼓励客户多说话，建立良好的合作气氛。

（4）确认谈话过程没有偏离预定目标，特别是主要目标。

案例：

向客户推介旅行社的综合商旅服务解决方案

- “我们希望为贵公司量身打造一套能够解决差旅费管理需求的服务方案，我能否向您请教一下贵公司的基本需求和相关情况？”
- “您公司的规模如何，经常出差的员工有多少？一年的差旅费大概有多少？”
- “您公司有没有具体的差旅费报销标准？”
- “您公司的人员出差是自己订票还是由行政部门统一订票？哪家旅行社在为你们提供订票服务？您对他们的服务满意吗？您认为他们的服务还有什么需要改进的地方？”
- “我们的差旅费管理方案，可在现有基础上为客户节约15%左右的差旅费，您对此感兴趣吗？”
- “您认为我们的差旅费管理服务应该怎样与贵公司的差旅费制度对接？您认为如果接受我们的服务，什么样的结算方式比较符合贵公司的财务管理制度？”

（四）重新整理客户回答的问题

对于客户所回答的问题，很多时候需要在沟通中再重复或者确认一次，并在得到客户确认的同时，整理自己的思路，对询问中尚未得到确认或者还不甚清楚的地方进行再次确认沟通，以求确定。

（五）介绍旅游产品服务的功能及利益点

在明确了解了客户的需求和意见后，就要根据客户的实际情况重点出击了，要侧重介绍能够满足客户需求的旅游线路或旅游服务方案，并说服客户接受。这时是向客户进行比较详细和重点介绍的阶段，需要服务人员对于产品有比较深入的了解和掌握，最重要的，是对于产品和客户需求之间的契合点有准确的把握，并明确告知客户，吸引客户。

（六）尝试性成交

试探性地询问客户的旅游需求及何时出行等信息，确定其购买意向。

（七）正式成交

如果对方旅游意向强烈，且对我们的服务方案非常感兴趣，便可以带着相关文件登门拜访或用传真等形式与对方进行最终确认，并办理付款等相关手续。

（八）有效结束电话

当电话沟通进入最后成交阶段时，其结果仍存在着两种可能性，一种是生意未成交，一种是生意成交。

如果生意未成交，销售人员在结束电话时，一定要使用正面语言来结束这次通话，千万不可因生意不成而气急败坏。因为虽然此次未能成交，但如果客户对你留下了良好的印象，将来，当他们有了旅游需求时，做成生意的机会可能仍然会留给你。其次，如果因为客户此次未同意购买就产生负面情绪，将可能会把这种负面情绪带到下一次电话营销中，从而影响自己的心情及客户的心情。

如果生意能成交，销售员同样必须采用正面的积极方式来结束对话。结束对话应注意两点：一是不要讲太久，如果针对服务及利益讲得太久，反而可能会引发一些新的负面问题；二是不要太快结束电话，否则，又可能会忘了和准客户确认某些重要事项。

因此，要有效地结束与客户的销售谈话，建议使用如下方法：

(1)首先要感谢客户选择本社的旅游服务及产品。“×先生，谢谢您对我们的支持，让我们有机会为贵公司提供这次旅游服务。”

(2)确认客户的基本信息和他们的基本需求。

(3)肯定并强化客户作出的决定。

（九）后续追踪电话

当销售过程进入成交阶段，可能因为客户需求不明确等某些原因而无法在这次通话中成交，必须再安排下一次通话。销售人员在决定是否要继续追踪这个客户前，首先应确定对方真的是目标客户，还是随便敷衍你，特别是在与同业客户沟通时，尤其需要注意这一点，否则，即使打了许多后续电话给他，也是徒劳无功的。后续追踪电话需要注意以下几点：

(1)确认对方是一个值得继续开发的客户。

- 对你的服务/产品有兴趣；
- 对你的服务/产品有需求；
- 有资金实力；
- 有权作出购买决定，或者能够传达决定信息。

(2)后续电话追踪前必须完成的准备工作。

- 寄相关资料给客户（或者发传真、E－mail）；
- 预想客户可能提出的问题，并备好应对之词。

(3)告知客户，当你再次打电话给他之前，他需要做些什么。

案例：

“×总，我把您要的旅游线路亲自送过去/马上传真/电邮给您，麻烦您先看一遍，两个小时后我会再打电话过来，和你讨论价格和付款方式问题，不知您是今天下午2:00方便，还是明天上午9:00方便？”

四、接听电话的原则与技巧

每个人都有七情六欲，心情也有时好时差，但身为旅游销售人员必须能够克服自己心理上的情绪不定，随时以最适宜的语言和语气接听电话。因为，每一个电话都是“成本”、都是“商机”，不可不慎。

1. 在三次铃响之内接听电话

电话等待会让人不愉快，甚至是一件令人讨厌的事。当你拿着听筒，听着呼叫的铃声响个不停，总会怀疑对方的公司是否已经倒闭，抑或是人手不足或懒散成性，进而使人要与其合作的兴致消失殆尽。接电话同样如此，不必在第一声铃响就接电话，对于多数人而言，这样的速度太快了，而在第二声或第三声铃响时接听电话就比较从容。

接听电话应掌握下列原则：

(1)拿起话筒，先报出本旅行社或单位名称以及自己的姓名(如果有总机，则不必再报单位名称)。

(2)对方报名就立刻打招呼。

(3)如对方指名要某人接听电话，而被找者又恰好正在打另外一个电话，就要礼貌地请对方稍候。如果等待时间较长，须请对方再多等一会儿。如果时间拖得很久，便可告知对方“等会儿让他给您回电话，好吗？”如果对方同意，就请对方留下电话号码。

(4)被指名接电话的人回复电话时，首先应该说：“对不起，让您久等了，我是×××。”

(5)接电话的时候应随时准备记录，所以要备好纸笔。

(6)所听到的事或与客户谈话的重点，最好复述一次，确认之后记录下来。

(7)如果代理别人接听电话，就说：“我是×××，某某人不在，我可以为您效劳吗？”

(8)寒暄的言辞可作为开场白。

无论接听电话还是拨出电话，都必须用寒暄的言辞来问候客户，或可能的潜在客户。在面对面沟通的情况下，每个人都把握手视为问候与信任的象征。在电话中，用什么来代替握手呢？简单地说声“早安”或“午安”，会增加交谈时的亲切感，有欢迎之意，应经常使用。在自报姓名时，在声音上应表现出亲切感。这样，会使客户认为你肯说出自己的姓名，是一种负责任的态度，进而把你看成是值得信任的人。

2. 尽快说出对方的姓名

每个人对自己的姓名都有一份特殊的感情，如果别人叫出自己的名字，可使我们觉得自己很重要，同理，称呼对方的姓名也可拉近双方的距离。

3. 电话中辍，等待不宜超过 17 秒

电话中辍，通常在等待 17 秒之后，人就很难控制自己的情绪，会不自觉地开始乱写、乱画、转笔、撕纸等，表现烦躁，甚至骂人。因此，要赶快接打电话或是回话给对方。记得自己在等 17 秒时的感受，将心比心，就不会在中辍电话后让对方等待太久了。假如你需要对方等待，要先征询对方是否愿意。

4. 使用正面的词语

电话中应避免使用令人生气的字眼，否则，将破坏彼此的关系。回应中辍的电话，在情绪烦躁之下，往往会使用一些负面语言，使对方受到伤害。如："您还在等吗?"虽然也满含歉意，却不如换一种说法。如："谢谢您，让您久等了"尽管这两句话一样是表示歉意，但后者的作用却远比前者更有效。它引发的一般心理反应是"不用客气，没关系"。彼此都有台阶下，感觉也好多了。

假如你不知道该如何回答，最好使用"了解"，要比"知道"好得多。千万不可回答"我不知道"，因为这反映出专业能力不强、漠不关心或不想做生意的样子。若说"我不是很了解，但我将马上去查……"这样回答给人以态度积极的印象，是主动想去解决或弄清问题。应避免使用含糊或推诿的字眼，例如，"只是"、"可能"、"或许"、"不一定"等概念模糊且不负责任的说法；另一种回答是"没问题"，或更糟的"我来办，您放心"。这些言辞风险太大，除非有 200% 的把握，否则千万不可承诺"说到做到"，特别是订机位候补、送签证，办理护照赶件、补件等。可以试着用"我乐意为您尽一切努力来办理，但……"来规避风险。

5. 准确记录留言

接听电话留言，最重要的是要准确无误地记录下对方的"姓名"、"电话号码"、"公司名称"、"留言摘要"与"何时打来"。当然，最后的代记留言者姓名也是不可少的，如此，当有疑问时便可以立刻问清楚。因此，不可太草率，字迹要清晰、工整，易于辨认。此外，在记下留言后的一项重要责任，就是敦促被留言者回电。

6. 转接电话不可偷工减料

在旅行社的工作环境中，销售部门的员工大都有机会转接电话，应该有礼貌，且要在确定对方已拿起话筒后，自己才可以挂断电话。专职转接总机必须轮值代职总机的工作，同时，要熟知各部门员工的姓名及分机号码。

7. 善于利用每个机会

客户来电，就是一项"成本"，公司为此花了可观的广告费用。但是，每个客户电话，相对也是一次成交的机会，或许您今天身体不适、心情不好、刚跟人吵过架，或许今日您所买的股票跌停板等，但所有的来电都是"成本"与"商机"。

8. 接听所有的电话

或许有的电话不是找你的，但却是你的责任。不要不接电话，若是客户打电话进来，因无人接听而造成业绩的衰退，那就是你的错了。你永远不可以说"我不负责这一块"、"那不是我们部门的事"。无论是不是你的电话，只要打到公司，就应去接。

9. 等对方先挂断电话

"咔嚓"一声，很快地挂断电话所产生的尖锐刺耳的声音，是非常糟糕的一件事。我们不需要重重地把电话挂断，让人产生不愉快的感觉，应试着等对方先挂断电话，特别是对"长辈"、"客户"及"长官"更要如此。

五、如何处理电话沟通中的异议

旅游服务人员在进行电话沟通时，客户会产生很多异议。在处理这些异议时，许多工作人员急于证明客户的想法是不对的，或者进行相关的解释，以证明自己没有错，结果造成双方你来我往，谁也不肯相让，最后，自然也就无法使生意成交。其实，站在客户的立场思考问题，才是促成生意的关键环节。对于服务人员来说，不要期待沟通中没有一点异议发生，"褒贬是买卖"这句老话是很有道理的，如果客户对你的产品一点兴趣都没有，他们就不会有任何异议，你也就失去了获得生意的机会。

（一）客户异议产生的原因

一般来说，异议产生的原因不外乎如下几点：

（1）客户不太需要你所提供的旅游服务或产品。这种客户要及早放弃，以免浪费时间。

（2）旅游服务人员的销售技巧不高，对自身产品把握不好，无法有效地回答客户所提出的问题。此时可告知客户，对不起，这个问题需要由领导决策，可请我们王总回答您的问题，请稍候。

（3）旅游服务人员把自己的服务方案说得太完美，让人生疑。不要满篇都是赞美之词，世界上没有完美的东西。客户知道天上不会掉馅饼。

（4）产品价格太高。应告知客户，我们的价格是业内最合理的，或者说我们的产品如何超值，而不要过多地去贬低竞争对手的产品。只要将自费景点、购物商店数量、饭店住宿标准等大家关心的问题加以简单解释即可。

（5）客户不愿很快作出决定。客户总是希望对一系列信息进行对比之后再作决定。此时，服务人员可根据现行的价格定位，在取得主管同意的前提下给以适当的优惠,以吸引游客报名,或者告诉游客过了某个时间优惠就会取消。

(6)客户不想在电话上过多地浪费时间,尤其是当客户正忙的时候。此时,服务人员可请他转给别人接听,或者告知联系电话传真号码,并发送邮件等资料,请他有时间时看一看,或者约定下次沟通时间。

(7)销售员提供的资料不够充分。资料的缺失无法帮助客户作出是否购买的判断。此时,可询问客户还需要哪些必要的资料,并根据客户的需求进一步补充资料。

(8)客户担心被骗。对此,可通过向权威机构求证的方式,或用企业获得的荣誉、主管机关的认可,及本企业有法律效力的质量保证等措施消除客户的担心,并告知他们求证的方式。

(二)客户异议经典范例及应对脚本

处理客户异议,首先要确定对方异议的真实意图,然后对症下药,提出建议性意见或建议。

案例1:

我已向很多旅行社咨询过价格了,现在仍未作出最后决定

(看来贵公司对这次旅游很重视啊!只有比较才能享受最好的服务。如果方便请告诉我,您都和哪些旅行社接触了吗?看看我能不能给您更好的建议?)

实际操作技巧提示:提出开放性的问题,让客户充分说明他们现在已掌握的情况,你才有机会找到他们的真正需求,为他们提供旅游服务。

案例2:

我们外出旅游,一直都与××旅行社合作

(××旅行社是个不错的旅行社,您在跟他们去旅游的时候,有没有什么不满意的地方呢?)

操作技巧提示:从客户的不满入手,强调自己的服务优势。

案例3:

我们公司以往都是从国旅那儿拿票,合作很长时间了

(我明白,每个公司都有自己长期的服务提供商。我想知道,贵公司选择票台的标准是什么?您觉得还有哪些方面需要改进?)

案例4:

我现在很忙,没时间和您讨论

(您的业务看来一定很多,那您看,我明天下午3:00再给您打电话好吗?)

案例5:

我对你们的方案不感兴趣

(我理解,您现在对这个产品还不感兴趣,但听了我的介绍,您肯定会很感兴趣。现在已经有多家公司，如××计算机公司等都已经成为我们的会员了，他们对我们的服务很满意。）

案例6：

给我传真一份价格单，邮寄一些资料就行了

（好的，我先把传真发给您，您看我明天上午9:00再给您通个电话，对您不清楚的地方再沟通一下，怎样？）

案例7：

你们的价格比别的旅行社贵100多元呢，太贵了

（我理解您是想花尽可能少的钱享受到最好的服务，您是在和什么旅行社相比，为什么觉得我们的产品价格高呀？）

案例8：

去年五一我参加过你们的旅游团，服务不好

（我理解，您跟我们旅游团的时候有过不愉快的经历？您也知道，哪个旅行社也不能保证他们的团队在旺季的时候不出一点问题，但是我们一直在努力提高自己的服务质量，您看，自从您上次跟我们旅游团至今，我们已得过旅游局颁发的×××奖，所以您不必再为我们的服务质量担心了。您提到的这个问题很好，我会马上反映给公司领导。）

（三）客户异议处理的基本原则与禁忌

（1）勿将反对意见个人化。

（2）勿期待每次都销售成功。

（3）永不放弃，努力再努力，务必不屈不挠。

（4）务必对本企业的旅游产品充满信心。

（5）务必认真练习电话沟通技巧。

（6）务必保持正面的销售态度。

（7）务必牢记首要目标——使客户感到愉快。

六、电话沟通的语言技巧

表8-2　　电话沟通中的常用语言技巧

不要说	要说
你必须，不得不，应该	我建议，你所需要做的只是，请您
我要你做……	很感谢您
我告诉你	我跟您解释/建议

续表

不要说	要说
这就是我为什么这么说	像我刚提到的
我不能……除非	如果你……我会
我会尽力试一下	我会尽力去做
它的价格是	它只要￥￥￥
不行,不可能	我能做的是……
你是谁?	请问是哪位,贵姓
我试试	我会做
我尽快答复你	我会在(具体时间)前答复您
抱歉,让您久等了	谢谢您的耐心
便宜	有竞争力,优惠价格,玩得起,性价比好
贵	品牌好,优质服务,质量有保障
卖	提供
收费	额外费用
花	投资
我猜想	我建议,我提议
处理	解决
当然	肯定,确定,没问题
我知道	我明白,是事实
如果您坚持	如果您要求/喜欢
产品	系统,解决方案
短缺	供不应求
政策	标准,惯例

七、电话营销的总结与提高

(一)建立具有企业特色的电话沟通准备表

通过长期的总结探索,我们可以根据客户的类型,总结出规范化的电话沟通准备表,以指导工作。

表8-3　　电话沟通准备表

电话沟通的目的	为什么打这个电话？
明确目标 从客户出发 多个目标 具体时间	电话进行中和电话结束后，希望客户采取的行动
两个需要重视的问题 目的 目标	客户为什么和我交谈？客户的目标是什么？
开场白 自我介绍 引出目的 电话目的 询问时间 提问问题	
我要问的问题 提问技巧 逻辑性	明确需求 挖掘需求 寻找机会
可能出现的异议 1. 2. 3. ……	自己的对策 1. 2. 3. ……
客户可能问到的问题 1. 2. 3. ……	自己的回答 1. 2. 3. ……

（二）建立规范化的电话销售样本

电话沟通后，可能需要给客户提供一些报价或者资料等，将涉及传真、宣传材料寄送、电子邮件、网站宣传等。为了在与客户沟通中保持语言的连贯性和信息无遗漏，可将沟通的目标和沟通方式整理好，作为电话销售的样本。该样本也可经整理后成为传真、E-mail、邮寄等的信函。

案例：

企业客户综合商务旅行服务产品电话销售样本

尊敬的王××先生（总、经理、主任等）您好：

我是××旅行社的×××。我社曾经替许多像您一样的××提供××××服务，就像您的旅行助理一样，为您提供细心周到的旅游及商务考察、会议安排等服务。我们的服务在让客户满意的同时，还为他们节省了不少的时间和费用，得到了广大客户的广泛认可。

我社的专长，是依据每个客户的不同需求，为其量身打造适合的综合商务旅行产品和服务。这也是我们和许多其他旅行社的不同之处。

目前，市场上有很多旅行社及票务代理点都提供××××服务，相信您有时真的无法确定应该购买哪家的为好。可能，您已经选择了某票务公司为您提供票务预订服务，但是他们提供的票务预订和差旅费管理服务并不能满足您的需求，而且价格也很高，可能会给您带来不必要的浪费。××旅行社可以协助您消除以上的顾虑，因为我们为企业客户量身订制了一套综合商旅服务解决方案，能结合贵公司的差旅费管理制度，优先为客户预订满足客户要求的最低价格的机票和饭店，可以提供全套的会议、考察方案，并为您提供全方位的专业商务旅行服务。兹附上一份本服务的简介以供参考。我会在2~3天内打电话给您，以便进一步向您征求对该项服务的意见和建议。

祝您万事如意！

×××公司商务会展部经理

××× 敬上

（三）电话营销的总结统计表

电话营销需要长期的积累才能看到它的效果，每一天电话营销工作结束，对其进行有效的总结是必要的，长期坚持将进一步促进电话营销工作的规范和提高，从而带来企业运营效益的大幅度提升。

电话营销的表格主要包括：每日电话销售统计表、每周电话销售统计、电话销售评估表。

案例：

电话销售统计表样本

序号	客户	时间	访问目的	沟通结果	客户类别	预订再访时间	访问后跟进	备注
			1 开发 2 询价 3 报价 4 服务 5 购买 6 其他	1 决定购买 2 继续跟进 3 未定 4 失败	1 开发 2 转移 3 原有 4 会员		1 邮件 2 传真 3 邮寄 4 电话	

续表

序号	客户	时间	访问目的	沟通结果	客户类别	预订再访时间	访问后跟进	备注

【本章小结】

作为典型的服务性企业，旅行社的电话营销是非常重要的。事实上，离开了电话，没有一家旅行社可以生存。每天旅行社都会接到数以百计甚至更多来自旅游同行、个人客户、公司客户的咨询电话，如何更好地利用电话进行营销，为客户提供服务，获得更多的生意机会，这是每个旅行社总经理所关心的话题。

与面对面沟通不同的是，在电话沟通中，谈话内容的作用只占25%，而谈话语调的作用则占到了75%。综上可知，电话沟通技巧应着重于“语调的变化”和“字词的清晰表达”。

本章分别介绍了电话沟通的四个特性及五项准备工作，并重点阐述了呼出电话营销的九个步骤和操作技巧，以及接听电话的十大原则。

最后，以实际操作案例的方式介绍了客户异议的处理技巧、电话沟通语言技巧，以及如何进行电话营销的沟通和总结。

第九章

旅行社的投诉处理流程及管理技巧

本章导读

本章首先介绍处理好旅游投诉对旅行社经营的重要意义，归纳出旅游投诉的七种类型；从旅游产品设计和旅游接待流程角度分析旅游投诉产生的原因；其次，阐述旅游投诉处理的原则和流程，以及旅游投诉处理时的语言技巧和情绪控制技巧；最后，给出与旅游服务质量管理和投诉处理密切相关的三个行业法规，以供旅行社同业人员学习参考。

通过本章的学习，您应该能够：

(1)了解处理好旅游投诉的重大意义；

(2)掌握旅游投诉的七种类型和旅游投诉产生的原因；

(3)熟悉旅游投诉处理的原则和流程；

(4)掌握旅游投诉处理的语言技巧和情绪控制技巧并能在业务实践中加以应用。

由于我国目前的旅游产品结构，主要以全包价团队旅游产品为主，旅行社为游客提供的，是一个包含了“食、住、行、游、购、娱”六大服务要素的综合旅游产品，游客通过购买旅行社的旅游产品来满足自己的旅游需求。当游客认为所付出的费用和得到的旅游服务质量不成正比时，即游客得到的旅游体验和他原来的旅游期望值出现较大差异时，就会产生投诉。由于全包价旅游产品涉及的环节众多，在旅游服务过程中只要任何一个环节的服务出现问题，都会导致游客的投诉，旅游投诉也就成为旅行社界最头疼的问题之一了。

一、处理好旅游投诉的重要意义

游客的投诉不仅意味着自己的某些旅游需求没有得到满足，而且投诉也是游客对旅行社服务产品质量和管理工作质量的一种劣质评价。作为一个旅行社企业的从业者，任何员工都不希望自己的工作被客人投诉，这是人之常情。有时游客投诉的并不是旅行社的直接服务，而是旅行社代为采购的旅游要素。虽然旅行社对此没有直接责任，但却是对旅行社采购管理体系提出的更高的要求。“没有不被游客投诉的旅行社”，即使中国乃至世界上最著名的旅行社也都遭遇过游客的投诉。成功的旅行社善于把投诉的消极影响转换成积极作用，通过处理投诉来改善企业的服务质量控制体系，防止投诉的再次发生。因此，正确认识游客的投诉行为，采用积极的心态来看待这个让业界同人头疼的问题，不仅要看到投诉对企业的消极影响和由此带来的损失，更重要的是把握投诉对旅行社隐含的积极的一面，变被动为主动，变消极应付为主动预防。

（一）投诉是反映旅游全过程中一线服务人员工作质量和效果的晴雨表，是提高旅行社服务质量控制体系的推动力

旅游投诉，简而言之就是对“人或物”的投诉，对人的投诉，主要体现在对直接提供旅游服务的工作人员服务态度和服务能力的投诉；对物的投诉，则主要体现在旅行社所采购的旅游要素未达到承诺的规格或者存在着功能性的缺失，如饭店标准和旅游产品中承诺的规格不符、卫生状况不达标、餐饮质量不好、旅游车空调不能启动等，都属于典型的对物的投诉。从旅游产品销售人员、接受游客报名的接待人员、组团社全陪或领队、接待社导游等旅行社工作人员，到旅游要素的饭店服务人员、餐馆服务人员、景点讲解人员、旅游交通用车的司机、旅游购物商店的服务员、旅游娱乐场所的服务人员等，在游客旅游全过程中为游客提供直接服务的工作人员的工作态度、工作效率、服务质量和效果等，都可能直接引发游客投诉行为的产生。

游客投诉，客观上是旅行社服务质量控制体系的晴雨表。通过投诉，旅行社可以及时发现自己不易发现的工作漏洞。如果投诉集中在本企业服务人员身上，则说明需要对旅游销售人员、接待人员和导游人员等进行服务意识的培训；如果投诉集中在合作伙伴或采购服务要素服务人员的服务态度上，则需要考虑是否应该更换合作伙伴；如果投诉集中在饭店、餐馆、旅游购物商店等旅游要素的功能性不足上，则需要反思企业采购体系的控制过程。总而言之，通过对投诉的处理，可以鞭策旅行社及时堵塞漏洞、对症下药，解决可能是长期以来一直存在着的严重影响企业声誉的工作质量问题。即使是碰到了部分游客的有意挑剔、无理取闹，旅行社仍可以从中吸取教训，为提高经营管理质量积累经验，使质量控制体系不断完善，服务接待工作日臻完美。

（二）游客直接向旅行社投诉，给旅行社提供了挽回自身声誉的机会

游客在旅游过程中对享受到的服务不满、抱怨、遗憾、生气、动怒时，可能会投诉，也可能不愿投诉。不愿投诉的客人可能是不习惯以投诉方式表达自己的意见，他们宁愿忍受当前的境况；另一种可能是认为投诉方式并不能帮助他们解除、摆脱当前不满的状况，得到自己应该得到的利益。还有一种可能是怕麻烦，认为投诉将浪费自己的时间，使自己损失更大。这些客人尽管没有去投诉，但他们会通过其他

途径发泄不满，例如，游客可能自我告诫，以后出游时再也不找这家旅行社，或向亲朋好友诉说这次令人不快的旅游经历。这就意味着旅行社不但永远失去了这个客人，而且可能会造成一系列负面的连带效应。

在以投诉方式表达自己意见的游客中，也存在着几种不同的具体类型：

1. 向全陪或者地接社的导游投诉

这类客人认为，自己受到了不公正的待遇，旅行社未能满足自己的要求和愿望，希望得到某种程度的补偿或者希望在未完成的旅游服务过程中能有所改进，以挽回自己的损失。如某北方旅行社成人团在桂林旅游时，向导游投诉说饭菜质量较差，根本吃不饱。导游及时向接待旅行社反映了游客的意见，在后面的行程中增加了面食品种，菜肴的质量也有所提高，而且由部门经理出面向游客敬酒。游客对旅行社的快速反应非常满意。

2. 向组团社投诉

选择这种投诉渠道，往往是因为客人在旅游过程中向导游或全陪反映的问题没有得到有效的答复，投诉内容往往与饭店、餐馆、购物商店及用车等旅游要素的功能性缺失有关。在这些游客看来，既然问题在旅游途中没有得到解决，旅游结束之后组团社一定要给以恰当的说法和合适的补偿。例如，上述案例中，如果接待社没有采取及时的补救措施，旅游结束后游客一定会向组团社投诉，请求给以餐费补偿。那么，组团社肯定要追究接待社的责任，从应该支付给接待社的团款中扣除相关款项，作为给游客的赔偿金，而且从改进旅游服质量的角度出发，组团社会考虑更换合作伙伴。

3. 向消费者协会一类的社团组织投诉

此类客人具有较强的维权意识，在向接待社、组团社投诉后，没有得到有效的答复，或者旅行社给予的赔付标准低于自己的心理预期，便向消费者协会投诉，有时还利用新闻媒体的力量向旅行社施加压力，希望利用社会舆论的作用促使旅行社以积极的态度去解决当前的问题，以求得到自己预期的补偿。

4. 向旅游质检所等主管机关投诉

游客向旅行社投诉得不到理想的答复，绝大多数游客便会向旅游质检所投诉，希望质检所根据自己的投诉请求，从旅行社质量保证金中获得自己理想的补偿。旅游质检所接到投诉后会进行相应的调查，确认游客投诉是否属实，并有权根据《旅行社质量保证金赔偿试行标准》给予游客相应的补偿。

5. 运用法律诉讼方式起诉旅行社

据不完全统计，游客很少采用法律诉讼的方式进行投诉，只有在发生了严重的服务质量事故，并在通过上述四种途径进行投诉均得不到自己预期的赔偿标准时，才会运用法律诉讼的方式起诉旅行社。例如，某旅行团在我国南方某景点旅游时，由于雨天路滑，发生了交通事故，造成几十位游客受伤，由于旅行社和旅游汽车公司提出的补偿方案不能满足游客的要求，游客便聘请律师将旅行社和旅游汽车公司送上法庭，通过法律途径获得了自己预期的赔偿标准。

综上所述，站在维护旅行社声誉的角度去看待游客的投诉方式，便不难发现，游客直接向旅行社投诉是对旅行社声誉影响最小的一种方式。此时，旅行社若能接受游客投诉，则能抑制有损旅行社声誉的信息在社会上传播，以免使政府主管部门和公众对旅行社产生不良印象。从保证旅行社长远经营的角度出发，旅行社（尤其是接待社）接受游客投诉，能防止因个别客人投诉而影响到旅行社与重要组团社客户的业务关系，防止因不良信息传播而造成对旅行社行业客户及游客的误导。直接向旅行社投诉的客人不管其投诉的原因、动机如何，都给旅行社提供了及时做出补救、保全声誉的机会和做出周全应对准备的余地。正确认识游客投诉对旅行社经营管理的积极作用，可为正确处理客人投诉奠定基础。总之，"闻过则喜"应成为旅行社接待游客投诉的基本态度。

二、投诉的基本类型

在具体的旅游投诉处理过程中，客人一般首先是向接待社的导游和组团社的全陪或领队投诉，如果投诉得不到解决，才会向旅行社的管理人员投诉。因此，接待社和组团社的导游或领队，对以往处理各种游客投诉的案例进行及时总结、合理分类，尤其需要了解投诉客人的心理活动，以便运用投诉处理技巧妥善处理投诉，尽量为旅行社减少损失。根据游客投诉的不同内容，一般可以分为如下几种类型：

（一）对旅行社工作人员服务态度的投诉

不同消费经验、不同个性、不同心境的游客对旅行社服务人员（销售人员、接待人员、导游人员等）服务态度优劣的敏感度和甄别评价虽然不尽相同，但评价标准不会有太大差异。对受尊重需要比较强烈的客人往往以服务态度欠佳作为投诉内容。一般情况下，旅游接待人员待客不主动，会使游客产生被冷落和怠慢的感受。游客往往选择换另外一家旅行社报名参团旅游，只有少数客人会向旅行社投诉。对旅行社工作人员服务态度的投诉，主要集中体现在对导游的投诉上。例如，表现一，导游带领游客进入景点之后，让客人自行游览，不作讲解或讲解简单，不能让客人满意；表现二，当游客向导游提出改进服务的要求时，导游的态度粗暴无礼，或辱骂客人；表现三，导游在游客游览途中无故甩团等。

（二）对旅游过程中服务效率低下的投诉

在旅游旺季，尤其是旅游黄金周期间，游客很容易对旅游过程中的服务效率进行投诉。例如，由于接待工作压力大，游客在餐厅不能准时用餐；游客抵达饭店后迟迟不能入住；游客在旅游目的地或景点游览结束后，等候旅游用车的时间太长；

航班延误导致游客不能按时启程等，都属于对旅游服务效率的投诉。

（三）对旅游要素货不对路、或出现硬件功能性故障的投诉

由于黄金周等旺季旅游期间，饭店、旅游车等旅游要素供应紧张，有时旅行社没有征得游客的同意，便擅自降低饭店星级或旅游用车标准，游客发现货不对路即提起投诉，或者因饭店设施设备使用不正常、不配套，如客房空调控制、排水系统失灵，旅游车的空调系统不能正常工作或在赶往景点的途中抛锚等，影响了游客旅游体验的实现，也是游客投诉的主要内容。

（四）对服务方法欠妥的投诉

因服务方法欠妥，而对游客造成伤害或使游客蒙受损失。如，旅游团住宿的饭店夜间大堂地面打蜡时，不设护栏或标志，致使游客摔倒；导游为了取悦游客，讲了一些低级趣味的笑话导致游客反感；导游为了让游客购买纪念品，在旅游购物商店停留时间过长等。

（五）对旅行社违约行为的投诉

当游客发现自己的旅游行程和签约时的旅游行程不同，旅游目的地的著名景点未安排游览，却安排了不少自费游览项目或更换了住宿饭店等，游客就会产生被欺骗、被愚弄、不公平的愤怒心情，而导致投诉。

（六）对旅游商品质量的投诉

游客到异地旅游，一般都要购买部分具有当地特色的商品，作为纪念品珍藏，或作为礼品馈赠亲友。因此旅游购物是游客非常重要的一项活动。旅行社为游客安排的大多是出售当地特色商品的商店，部分旅游购物商店为了获得稳定的游客来源，给导游以巨额回扣，这就使出售的商品无法得到相应的质量保证，往往会出售一些假冒伪劣商品。例如，东南亚一些国家的旅游购物商店所出售的名表、珠宝等，质量就得不到保证。游客回国后，经过鉴定知道了自己购买了假冒伪劣的旅游商品，必然会心生怨气，对旅行社进行投诉。

（七）旅行社原因导致的其他类型的投诉

由于旅行社没有及时提醒，导致旅游过程中游客物品丢失；导游员或旅游接待人员不熟悉业务，一问三不知；散客拼团时，由于批发商对各零售商（组团社）缺乏价格控制力，导致零售价格差异很大，游客对同一旅游产品的价格差异不满；对旅行社管理人员对投诉的处理有异议等。

三、投诉产生的原因分析

游客的投诉往往是旅行社工作上的过失或旅行社与游客之间的误解、不可抗力或某些客人别有用心等原因造成的。旅行社方面的原因主要包括：

（1）旅行社管理方面的原因。例如，旅行社内部管理混乱，员工业务水平低，

工作不称职，不负责任，岗位责任混乱，经常出现工作过失；部门之间缺乏沟通和协作精神，管理人员督导不力；对游客不够尊重等。

(2)由于不可抗力或航空、铁路、巴士公司等大交通单位临时毁约，或者由于不可抗力因素，致使航班取消，导致游客无法出行。

(3)接待社在旅游旺季时接客人数超过了自己的接待能力，导致接待质量下降。

(4)饭店、餐馆、旅游汽车公司、景区等旅游要素单位，履约合同不够严谨，造成旅游产品手册中的旅游内容不能实现等。

游客方面的原因，表现为对旅游的期望值较高，一旦现实与期望相去较远时，则会产生失望感；对旅行社产品宣传内容的理解与旅行社有分歧；游客未听从导游人员的劝告，由于擅自行动而掉队，导致旅游行程未能如期完成；当然也不排除个别客人别有用心，对旅行社工作过于挑剔等。

从旅游产品设计和旅游接待服务的流程出发，可以将投诉产生的原因归纳为如下三类：

(一)组团社的原因

(1)组团社销售人员的产品说明夸大其词，不负责任地许诺，使客人想象的与实际感受到的服务有差距。

(2)组团社销售人员粗心大意，不按地接社确认的服务标准和内容介绍给客人。

(3)除合同规定的服务内容外，组团社临时要求增加额外的无偿服务。

(4)组团社财务状况不好，恶意拖欠款，引起地接社扣团之类的恶性纠纷发生等。

(5)组团社的全陪不能正常维护游客利益，或与地接社导游的沟通出现问题，导致服务质量下降。

(6)组团社工作失误，出现机票差错，造成误机，导致客人无法出游。

(7)组团社将机、船、车的到达时间弄错，造成地接社发生漏接、错接事故。

(8)组团社没有听从地接社无法接待或出现不可抗力的劝阻、警告，强行出团。

(二)地接社的原因

地接社承担着游客在旅游目的地的所有旅游接待任务，涉及旅游的六大要素，主要的投诉一般都是发生在地接社身上。因此，地接社的质量控制问题就显得非常重要。因地接社工作失误或上下衔接不畅而导致的投诉，主要有以下情况：

1. 接送团队时

(1)漏接、漏送及错接团队。

(2)由于旅游车在途中发生突然故障,或出乎预料的严重堵车等交通状况。

(3)导游迟到或提前送团,造成客人没人管。

2. 入住饭店

(1)饭店标准与计划不符,客人拒绝入住。

(2)无房、漏订饭店,或饭店无故取消房间,客人不能入住饭店。

3. 团队用车

(1)无车。　　(2)接待用车与计划不符。

(3)车况不好、冷气不够、音响效果差。　　(4)意外事故,如车祸、抛锚等。

(5)司机态度不好,不负责任。　　(6)司机套车。

(7)合资、进口、国产、豪华、新旧程度等概念产生的歧义冲突。

4. 用餐

(1)不能按时用餐。　　(2)数量不足,质量差。　　(3)不合客人口味。

(4)风味餐价格过高,尤其是海鲜餐变成"冰鲜餐"(集中在沿海客人)。

5. 参观游览

(1)漏景点。　　(2)导游不讲解或客人对导游的讲解不满意。

(3)游览时间不够。(4)客人走失。

(5)客人受伤。

6. 旅游购物

(1)购物时间过长。　　(2)客人不愿意购物而强行购物。

(3)增加计划外购物点。

(4)导游不按公司的规定擅自增加购物点。退房后离送团时间尚早,就擅自增加购物点。

7. 接待回访——"意见表"

(1)导游向客人回收"意见表"不足整团人数的30%。

(2)客人对导游有意见时,导游只收回与其关系好的客人的"意见表"。

(3)有的客人填写"意见表"全都是满意,但是回家后就找组团社的麻烦,投诉接待服务质量。

8. 借用外社导游时

(1) 外社导游不了解本社的制度和操作程序。

(2) 不负责任,急功近利。(3) 抢客户。

9. 接待连线团时

由于上段地接社的原因造成游客不满,而未引起本社足够的重视,没有提供更好的服务和安慰工作,使客人将怨气发泄给本社,引起投诉。

10. 意外事故发生后

(1) 导游没有及时处理和报告。

（2）公司领导不重视，未及时、妥善地处理事故。

11. 投诉发生时

（1）导游不及时报告或隐瞒真相。

（2）地接社推诿责任、不重视、不处理。

12. 对可能出现的事故，没有事先提示和警告

（1）景区的气候、下海游泳、高原反应、用餐特点、接待服务、航班搭配等。

（2）娱乐场所（桑拿和歌舞厅）的设施安全保障出问题。

（三）外部合作引起的投诉

1. 航空公司

（1）航班时刻随意调整。　　（2）错订、漏订机位。

（3）预订机位不及时确认。　　（4）随意取消机位。

2. 游船公司

（1）未经旅行社同意随意更换客人的舱位。

（2）提前抵达目的地后，驱赶客人下船。

3. 火车票

（1）预订的车票，临时取消。

（2）铺位的分配引起纠纷，一个团队全是上铺。

4. 景区景点

（1）节日期间不开放。　　（2）提前关闭。

（3）门票临时涨价。　　（4）强行出售套票。

5. 接待用车

同"（二）地接社的原因"中，"3. 团队用车"。

6. 旅游购物

购物商店出售质次价高的旅游纪念品。

7. 饭店

（1）取消预订房间。（2）临时上涨房价。（3）随意调换不同等级的客房。（4）不按时供应热水。（5）物品损坏没有及时维修和更换。（6）卫生条件差，有蚂蚁、蟑螂等现象。（7）客人遗失物品和物品被盗。

8. 社会治安

（1）客人被抢劫。（2）客人斗殴。（3）客人违纪或违法。

9. 不可抗力因素

（1）因遇恶劣的气候，如台风、暴雨、大雾，影响飞机、船舶的抵离，进而影响团队的行程，或提前、或推迟、或滞留。

（2）运输单位罢工或破产。

四、旅游投诉处理的原则和流程

(一)旅游投诉处理的原则

1. 游客至上原则

处理投诉的时候应该秉承"游客至上"的原则,对游客的投诉持欢迎态度,迅速接受游客的投诉。游客对旅行社的服务不满意,产生投诉是正常的。他们来投诉,就是希望旅行社管理人员能够帮助他们解决问题。此时,旅行社接受投诉的工作人员,应该认真听取游客的意见,表现出愿意为游客排忧解难的诚意,对他们的失望和痛心好言安慰、深表同情;对他们的失控言行豁达礼让、充分理解,争取完满解决问题。对于绝大多数投诉的游客来说,投诉的目的,并不一定就是要获得物质上的补偿。在处理投诉过程中,旅行社工作人员能以最佳的服务态度对待投诉人,这对通情达理的游客而言,某种程度上应该说也是一种补偿。

2. 双赢原则

旅行社工作人员在处理投诉时,身兼两种角色。首先,他们是旅行社的代表,代表旅行社受理投诉,因此不可能不考虑本企业的利益。但是,只要他们受理了游客的投诉,也就同时成了投诉人的代表。他们既代表旅行社,同时也代表投诉人去调查客人投诉事件的真相,给客人以合理的解释,为客人追讨损失赔偿。客人直接向旅行社投诉,这种行为反映了客人相信旅行社能公正、妥善地解决当前问题。为回报客人的信任,以实际行动鼓励游客这种到企业投诉的行为,旅行社工作人员必须以不偏不倚的态度,公正地处理投诉。很多旅行社企业往往认为,游客投诉就是要获得经济上的补偿,往往以消极的态度处理投诉,能拖就拖,希望让游客的投诉不了了之。这样的做法往往会激怒游客,促使投诉升级,一部分游客可能会采取向旅游质监所或消费者协会投诉的方式来发泄自己的不满,这种投诉一旦生效,旅行社的经济损失可能会更大;而且这部分游客以后再也不会购买被投诉旅行社的产品,还会劝告其亲朋好友也不要购买,导致旅行社的"口碑"受损。因此,旅行社在处理投诉时应该坚持企业和客人双赢的原则。

3. 投诉有效原则

旅行社工作人员接受游客投诉后,要认真听取客户的投诉情况,并立刻调查核实,坚持以事实为基础,以《旅行社质量保证金赔偿试行标准》为依据,把投诉处理的结果尽快通知游客。如果属于游客和旅行社之间的误会,应该向游客作出详细的说明;如果是旅行社的工作失误,就需要给予游客一定的经济补偿,要和游客达成赔付协议,赔理、赔笑、赔钱,让游客因不满而来,因满意而归,不把投诉问题带回到客源地。这是对地接社处理投诉的基本要求。只有这样,才能稳固地接社与组团社之间的合作关系。

（二）投诉处理的流程

（1）感谢客户的投诉，迅速受理，绝不拖延，尽量缩短投诉人等待的时间。

（2）要倾听客户的投诉，对客户的遭遇表示同情，绝不争辩。

游客在投诉时多带有强烈的感情色彩，具有发泄性质。因此，要平息游客的怨气，在其盛怒之下，需要好言安抚，采取低姿态稳定游客情绪，尽量劝其理智地分析问题。如果是投诉人的理解错误，应该耐心解释，给客户一个台阶下，切勿冷嘲热讽。

（3）澄清问题，用开放式的思维模式引导游客讲述事实，提供材料。游客讲述中，应善于理顺问题的脉络，准确把握问题的关键；游客讲完后甚至可以要求客户写出书面材料，以证实客户提出的问题，绝不可回避问题。

（4）调查核实，收集资料，搞清事实，分析定责，以事实为依据，以《旅行社质量保证金赔偿试行标准》为准绳；如果在自己权限内无法与客户就投诉处理结果达成一致，应让投诉人与主管接触。

（5）征求投诉人意见，提出补偿措施，达成补偿协议，由双方签字确认，再次感谢客户给予旅行社一个改进服务的机会。

（6）迅速采取补偿行动，如有必要时可以主动送款上门。

（7）建立游客投诉记录，分析存在的不足，并立即改善。

（8）投诉处理结束后，应在一个月内上门回访，消除客户不良的心理影响。

五、旅游投诉处理时的语言技巧和情绪控制技巧

处理投诉时，由于面对的是游客情绪化的反应，所以投诉处理人员应时刻注意保持冷静和理智，尤其是面对一些具有特殊背景（法律、媒体从业者）的顽固型游客的无理要求时，更应该控制自己的情绪，适当运用一定的语言技巧，尽量争取使投诉得到圆满解决。

（一）说话不触及个人，不进行人身攻击，即使游客说了难听话，也应保持冷静

游客投诉并非是对投诉处理人员有意见，而是对旅行社提供的旅游服务不满意。但在投诉人情绪不稳定的情况下，有时会把矛头指向投诉处理人员。如果旅行社工作人员进行还击，往往会演变成相互之间的人身攻击，不利于投诉的有效解决。

案例：

游客："你怎么这样，我头一回碰见你这样的导游！"

导游："我也没见过你这样的游客，其他游客什么事都没有，怎么就你这么多事呀？"

（二）对事不对人，目的是为了解决问题

旅行社工作人员作为投诉问题的解决者，要永远提醒自己，我的工作是处理投

诉,目标是要妥善解决问题。当你把问题解决好了的时候,投诉自然就被化解了。

(三)征求游客的意见——“您看怎样做能让您满意?”

征求意见,是为了让游客感到自己的人格受到了尊重,意见得到了重视。征询意见的目的是要了解游客的实际想法,为妥善处理投诉问题营造良好的协商氛围。

案例:

旅行社工作人员:“您看,怎么做才会让您满意呀?”

或者:“您看,除刚才您提到的两点意见外,还有没有我们双方都能够接受的建议呢?”

(四)礼貌的重复

当顽固型游客坚持其无理的赔付要求时,旅行社投诉处理人员应该告诉游客,我能做什么,而不是我不能做什么。要不断地重复这一点。

案例:

一名游客参加了某旅行社组织的成都九寨沟旅游,由于不听导游劝阻,擅自行动,导致走丢,结果未能随团队一起游览九寨沟,回到客源地后要求赔付全部团款。

游客:“我这一次去参团旅游,就是要去游览九寨沟,结果却没能去成,你们必须赔偿我的全部损失。”

旅行社工作人员:“别做梦了!你自己不听导游的安排,自己走丢了,我们不可能赔您全款。”

在上述案例中,游客会被激怒,并将导致更高级别的投诉。在这种情况下,不应直接回绝他,而应不断重复告之旅行社能够赔偿他什么,而不是不能做什么。如果客户放弃了,投诉处理就结束了。如果投诉人依然不放弃,那就可能会牵扯到企业高层管理人员来予以解决。

(五)处理投诉时自我情绪的控制

在接受游客投诉时,尤其是碰到顽固型游客的投诉时,投诉处理人员容易出现疲劳、烦躁、沮丧的心理状况,这时应该及时地调整自己的情绪,进行如下自我对话:

“我是问题的解决者,我要控制住局面。”

“游客的投诉不是针对我,而是针对接待社合作伙伴的服务。”

“我应保持冷静,做深呼吸。”

“游客不满意,不是我不满意,我不能受他的影响。”

“我需要冷静地听游客诉说,虽然他的措辞很激烈。”

“我需要知道事情的经过和真相,所以不能激动。”

“我要用良好的情绪影响他,使他放松,缓和他的激动心情。”

【本章小结】

本章重点阐述了旅游投诉产生的原因、主要类型及处理投诉的三大原则。

当游客认为其所付出的费用和得到的旅游服务质量不成正比时，即游客得到的旅游体验与其原来的旅游期望值出现较大差异时，就会产生投诉。成功的旅行社善于把投诉的消极层面转换成积极层面，通过处理投诉来改善企业的服务质量控制体系，防止投诉的再次发生。处理好旅游投诉对于旅行社的经营具有重要意义。

根据游客投诉的不同内容，投诉可以分为多种类型。游客的投诉，往往是由于旅行社工作人员工作上的过失或旅行社与游客之间的误解、不可抗力或某些客人别有用心等原因造成的。从旅游产品设计和旅游服务接待的流程出发，可以将投诉产生的原因归纳为三类，即组团社的原因、地接社的原因、外部合作单位的原因。

处理旅游投诉的三大原则，是游客至上原则、双赢原则、投诉有效原则。处理投诉时语言技巧主要有：说话不触及个人，不进行人身攻击，即使游客说了难听话，也应保持冷静；对事不对人，目的是为了解决问题；征求游客的意见，营造良好的协商氛围等。

第四篇

管理发展篇

第十章

旅行社战略管理

本章导读

本章将从咨询业和旅行社业结合的角度，对旅行社的战略管理进行阐述，首先，介绍旅行社发展战略的三个基本问题，制定发展战略的三个假设，以及旅行社战略的三条出路；其次，详细分析中国旅行社企业战略管理的现状；最后，从咨询业的角度介绍旅行社战略规划的制定流程和常用的分析方法。

通过本章的学习，您应该能够：

(1)深入了解旅行社发展战略的三个问题、战略制定的三个假设及旅行社战略的三条出路，并在实际企业管理实践中认真进行企业战略管理的思考。

(2)了解旅行社战略管理方面存在的问题和表现。

(3)清楚了解旅行社战略规划制定的流程和常用的分析方法。

一、旅行社发展战略与战略思想

(一)旅行社发展战略的三个基本问题

战略管理，对于中国旅行社业的绝大多数从业者来说，是一个非常陌生的名词。从业者之间讨论企业的问题，也很少涉及企业战略管理层面的事情。进入21世纪，中国加入WTO以后，国外的跨国旅游集团携业务运营优势、管理优势、资金优势进入中国市场，与中国旅游企业直接进行竞争。这时很多的旅行社企业负责人开始从战略层面考虑企业的生存和发展问题，关于企业发展战略方面的讨论也多起来，笔者在与很多旅行社总经理交流时，曾经就各自企业的发展战略问题进行比较深入的探讨。在讨论旅行社发展战略之前，必须首先明确关于“战略”的三个基本问题。

在高级汉语大词典中，对“战略”的解释，是“泛指指导或决定全局的策略”。“战略”在理论学界不无争议，但是对于旅行社企业的管理者来说，旅行社企业的战略是非常清楚的。它至少涉及“做什么，如何做，由谁做”这三个层面，由此构成了“旅行社企业战略管理”的互为补充与加强的完整体系。如果忽视了其中任何一个层面，都会使企业的战略成为“纸上作画，墙上挂幔”的花架子，很难对旅行社的发展产生任何实际的指导作用。

如果将“做什么、如何做，由谁做”作为旅行社企业战略管理的中心议题，那么，“做什么”就涉及旅行社经营方向的抉择；“如何做”就是选择适当的运作方式；“由谁做”即为选择运作行为的主体。简而言之，战略管理，就是解决旅行社经营中所遇到的最根本的“方向正确、运作高效、主体投入”的有机结合问题。

因此，如果将“战略”看成是旅行社企业整体运行的指导思想，看成是在动态的内外部环境之中，对企业当前及未来将如何行动的一种总体表述，在制定并实施旅行社发展战略的时候就应该首先弄懂三个问题：旅行社企业的业务是什么？即旅行社的现状；旅行社企业应该为旅游者提供什么？即旅行社的发展目标；为什么要开办旅行社？即企业存在和发展的理由。回答了这三个战略基本问题，不只是阐明理由，还要为这些理由的实现提供方法、途径和指导，从根本上阐明企业的经营现状、未来目标与存在意义。

（二）旅行社发展战略的三个假设

在回答“战略”的三个问题时，一定会涉及“外部环境、内部实力、使命目标”三个假设，也就是旅行社企业进行战略决策的三个前提。

1. 旅行社企业进行战略决策对外部环境的分析

旅行社企业进行战略决策的外部环境，主要涉及社会环境、任务环境、外部战略要素三个方面。

（1）对社会环境的分析，主要是认清社会环境给企业带来的间接影响。主要包括技术、经济、文化、政治、法律等方面。例如，政府制定的政策、社会通货膨胀、能源供应、经济形势、外来竞争、政治是否稳定等。

（2）对任务环境的分析，主要是分析对旅行社行业有直接影响的因素。主要包括行业、市场、资源、权利要求者等。例如，旅行社企业间竞争状况、旅行社企业的生产率水平和盈利水平、旅游者的旅游偏好、技术变革、资源可供性及人口统计等。

（3）对外部战略要素的分析，主要是分析能对旅行社企业经营产生显著影响的外部事件及趋势。其中对有利的趋势称之为机会，有碍的趋势称之为威胁。外部环境分析的关键，是要把握机会，避免威胁。

综上所述，对社会宏观大势的研究判断可以清楚地了解社会经济发展趋势；对旅游行业发展前景的中观考察，可以清晰地知道行业发展的未来态势；对旅行社企业经营环境的微观分析，可以使企业认清竞争与合作关系，透视企业市场需求，掌握旅游者的行为规律，有助于企业制定与外部环境相协调的经营发展战略。

2. 旅行社进行战略决策对企业实力的分析

旅行社进行战略决策对企业实力的分析，主要包括对游客服务流程的分析、对企业组织结构的分析，以及对企业资源的分析三个方面。

(1)对游客的服务流程，是指旅行社企业为游客创造满意旅游体验，实现旅游价值的全过程。对游客服务流程的分析，即从游客产生旅游需求、寻求旅游服务供应商、购买相应的旅游产品、外出旅游得到旅游体验入手，考察整个旅游服务全过程中，旅游者需要企业为其提供什么样的服务，从中发现如何才能更好地满足游客旅游体验的最佳服务模式(图 10－1)。

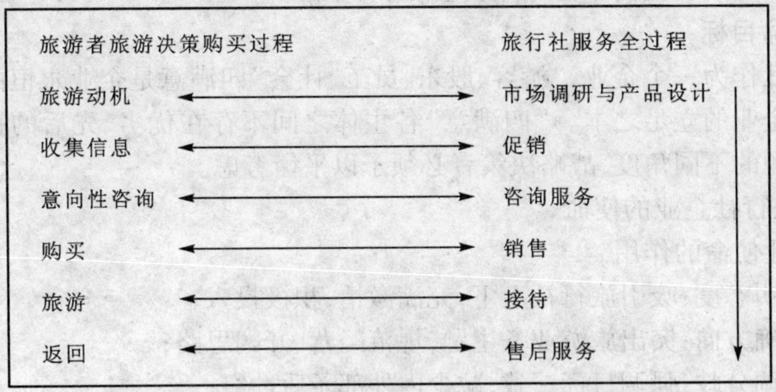

图 10－1 旅游者决策过程与旅行社业务的关系示意图

对旅游者服务流程的分析，阐明了旅行社的工作任务，分析旅行社企业的内部组织结构，可以明确对这些工作任务的支持框架。

(2)旅行社企业的内部组织结构，主要包括看得见的有形机构、物流等硬结构和看不见的无形权力、信息等软结构。对旅行社内部组织结构的分析，关键是了解软硬结构之间的匹配情况。通过剖析旅行社企业内部指令传递、信息流转、投入产出流的环节、过程及所设机构与人员，可以弄清组织内部的信息沟通、权力分配与产品或服务流这三者之间的关系。中国旅行社大多数是根据职能来进行组织结构设计的。如，企业内部设有外联部、计调部、票务部、导游管理部、办公室、人力资源部等；也有的是根据客源市场来进行划分，下设日本部、欧洲部、美大部、国内部等；大中型旅行社企业实行的是一种矩阵式的组织结构，既保留了"办公室、人力资源部"等职能部门，又根据客源市场进行部门设置；对于旅行社企业来讲，没有最好的组织结构，只有最合适的组织结构。从实用的角度看，一个有效的组织结构，必须体现"简洁、高效、愉快"的思想，满足实现战略使命与目标的要求。

(3)对旅行社企业资源能力的分析

资源能力为组织结构注入了生命和活力，资源能力具有不可流动性、不可模仿性、潜移默化性、顾客价值性四个特点，主要表现在旅行社企业找准顾客、接近顾客、服务顾客、满足顾客、留住顾客的能力上。旅行社企业的资源能力,可以进一步细分为“外显静态”的人财物等有形资源和“内隐动态”的以知识与技能形式表现的无形能力。在旅行社这种人力资源密集型服务性行业,在资源与能力的关系上,往往能力起着主导作用,有时甚至是资源所无法替代的作用。例如给游客提供的旅游产品中,即使所有的硬件服务设施都很好,满足甚至超过了产品说明书中的标准,但是如果导游服务不好,同样不能带给游客满意的旅游体验。所以,很多旅行社把导游管理放在提高旅游服务质量的第一位。

3. 使命目标

旅行社作为一个企业,“游客、股东、员工、社会”四满意是企业永恒的追求,也是旅行社企业的立足之本。“四满意”各主体之间不存在优劣、先后的排序,只反映同一问题的不同角度,战略决策者必须予以平衡考虑。

(1)旅行社企业的使命

①企业使命的作用

- 表明态度:吸引旅行社上下,充满激情,积极投入;
- 明确方向:突出旅游业务主题,规范经营、开阔思路;
- 协调分歧:强调目标一致,减少内外部矛盾冲突;
- 顾客导向:由内而外与由外而内两种思路的融合;
- 社会责任:阐明企业遵循的伦理与经济责任原则。

②企业使命的构成要素

- 职工; • 公众形象; • 自我意识; • 经营宗旨;
- 生存、发展和盈利; • 技术; • 市场;
- 产品或服务; • 企业的最终顾客——旅游者。

(2)旅行社企业的目标

①目标确定的原则

- S:明确 Specific,可拓展 Stretching;
- M:可衡量 Measurable;
- A:能达到 Attainable,可接受 Accepted;
- R:有关联 Relevant,能记录 Recorded;
- T:可追踪 Traceable,有时限 Time-bound。

②目标的分类

企业的目标可以分为“战略目标”和“财务目标”。

• 战略目标:特点是长期、相对,同行横向比较。如,较高的市场占有率、行业排名、产品质量、成本效率、顾客忠诚度、增长机会等。

• 财务目标:特点是短期、绝对,自我纵向比较。如,较高的销售增长率、投资分红、边际利润、投资回报、股价上升率、收入增长等。

（三）旅行社战略的三条出路

1. 产品特色——以独特性确立企业地位

产品同质化，是中国旅行社界需要突破的一个困局。10 000 多家旅行社没有形成有效的分工体系，全部以经营"观光团队"为主打产品，形成了一种"大社不大，小社不小"的局面。在这种情况下，如果能够针对细分市场的特殊要求大胆创新，设计出与竞争对手不同的活动或以不同于对手的方式完成类似的活动，就可以取得意想不到的效果。旅行社企业也可发挥特别的活动能力，创造独特的有价值的产品。例如，上海春秋通过"包机 + 网络"建立了全国联网运作的散客接待体系，全国各地的春秋分社成为当地的旅游批发商，向当地的组团社批发"散客成团"产品，在全国发展了2000 多家代理社，占领了散客旅游市场很大的份额，从而一举确立了上海春秋全国最大国内旅游批发商的地位。

2. 市场定位——权衡利弊得失，作出抉择

（1）有所为，有所不为。管理者及企业的资源、能力、时间有限，必须权衡得失，结合产品特色建设作出选择。例如，××一家旅行社将企业定位为"××短线旅游产品经营商"，即放弃传统的长线产品，专业经营××至周边地区的短线旅游，对××周边的旅游景点、度假村进行了深入的调查和研究，将市场重点定位在商务会议市场和××市民的周末度假旅游上，由于市场范围明确，产品适销对路，取得了很好的经营业绩，被业界称为"××短线产品专家"。

（2）创立品牌，使竞争对手欲学不能。有所得必有所失（形象与商誉，内部管理与协调等存在不相容性）。例如，"我到××上大学"夏令营产品取得成功之后，很多旅行社都想对该产品进行复制，但到目前为止没有出现一个比"我到××上大学"更有影响力的同类产品。出现这种局面的原因是多方面的。一方面"我到××上大学"的开发者——蓝图伟业公司对产品进行了不断的更新；另一方面，"我到××上大学"已经在全国形成了有效的批发运营网络，即使某一市场开发不够成功，"东方不亮西方亮"，对该产品的市场开发也不会有太大的影响。另外，"我到××上大学"连续运营近 10 年，已经取得了一定的品牌效应。"我到××上大学"品牌战略的成功，给旅行社的启示，就是要有明确的定位，建立自己在细分市场中的系统优势。

（3）和谐共荣，为他人留有生机。让人活，自己才能活，只顾一己私利，害人终害己。此外，全面封杀，还会引起民怨及政府干预，从而带来企业公众形象的损失。例如，某地旅游批发商由于起步早，建立了稳固的航空资源供给体系和遍布全国的联络处批发体系，从而在该地旅游接待企业中，已经确立了不可撼动的优势地位。但该企业的领导人还不满足，继续以价格优势对同行进行打压，结果导致该地区的旅行社联合向航空管理部门和旅游管理部门投诉，最后政府进行了干预，使该企业的包机批发业务受到了很大影响，从此大伤元气，一直没有恢复往日的市场霸主地位。

3. 优势组合——多个环节默契配合

在产品特色和市场定位较困难时，采取将各个优势不够突出的局部有机组合的做法，实现顾客、本企业和供应环节的配套，以此创造整体战略优势。优势组合，主要体现为管理群体协同、市场网络协同和资源竞合协同。有效地进行业务组合，是旅行社发展过程中经常碰到的问题，如果处理得当，可以让企业的优势得到充分发挥，有效规避自己的竞争劣势，从而取得企业运营的成功。例如，某旅游批发商在浙江地区取得市场优势地位之后，充分利用自己已经确立的航空资源优势，收购了一个旅游票台，进入了机票的零售领域，开始向潜力巨大的"企业差旅费管理市场"进军。同时，充分利用已经建立的客户网络，和其他旅游热线地区有实力的旅游接待社联系，开始进行第二、第三个旅游产品的批发，取得了很好的效果，充分实现了企业管理、市场网络和资源的协同效应。

二、中国旅行社业战略管理现状分析

(一)中国旅行社业目前面临的主要发展和管理问题

目前，中国旅行社业对于战略管理的重要性尚缺乏足够的认识，对于企业管理中出现的问题，往往是"头疼医头，脚疼医脚"，缺乏对问题产生的根源进行认真系统的分析。笔者在与旅游企业总经理们交流时，听到很多对于企业发展和管理问题的见解。总结一下，主要有如下几个方面：

(1)如何实现"×××旅游综合运营商"的战略定位，实现企业健康、快速的发展？

(2)如何凭借已经形成的竞争优势迅速扩大市场份额，尽快构筑规模经济效应，防止××、××、××等强力竞争对手凭借资源优势进行疯狂打压？

(3)如何提升主题旅游产品的创新和包装能力，尽快走出目前价格竞争的怪圈，树立××品质旅游第一品牌？

(4)如何建立旅行社统一、高效的质量管理体系和售后服务体系？

(5)如何迅速提升各地分支机构对总社的向心力，防止关键分支机构脱离的风险；提高总社和各分支机构、各分支机构之间整合营销、统一行动的能力？

(6)如何改善目前企业的组织结构和管理体系，使之与将要实施的产品创新、质量管理相吻合，化个人竞争力为企业组织结构和流程的竞争力？

(7)如何改善企业目前缺乏核心竞争力的局面，化有形竞争力为无形竞争力？

(8)如何解决高速发展中的人力资源建设问题？

综上所述，很多旅行社总经理普遍感觉企业发展战略不清晰，不知道企业应该向哪个方向发展，在管理上碰到很多需要解决的问题，觉得千头万绪，一时也找不到很好的解决思路和方法。一段时间集中解决了 A 问题,没想到 B 问题又出来了,总经理成了救火队员。造成这种局面的主要原因,是中国旅行社业的高级管理人员,把主要的精力都放在了具体的业务上,没有时间和精力来认真考虑企业发展的战略问题。企业发展战略的缺失,是上述这些问题在中国旅行社界普遍存在的重要原因。

（二）中国旅行社业在战略管理方面存在的问题

目前,中国旅行社业绝大多数企业是中小旅行社企业。这些企业的高层管理人员同时又是企业最重要的销售人员和计调人员。在旺季到来的时候,他们的主要精力都放在具体的业务上,只有在旅游淡季对一年的经营成果进行盘点,发现自己并没有因为旅游市场的火暴而获得更高的利润时,才开始考虑自己的企业到底出现了哪些方面的问题。对于中小旅行社企业来说主要是战略意识缺失的问题。对于大型旅行社来说,除体制等方面的原因外,也有战略意识方面的问题,以及把战略虚化,战略与执行脱节等方面的问题。综合分析中国旅行社界在战略管理方面普遍存在的问题主要有:

1. 将企业的发展战略与发展远景混淆,缺少真正意义上的战略管理

很多旅行社企业的总经理把企业的发展战略简化为企业的发展目标,而且将目标只限定在财务目标上,还有的旅行社总经理意识到了企业发展战略的重要性,到处收集其他企业有关发展战略的资料,认为拿到了其他企业发展战略的目标和规划,学习一下,将其中关于使命、宗旨、发展目标之类的陈述稍加修改,就变成了自己企业的战略。无疑,这些举动都是基于对企业发展战略的片面认识。

企业的战略体系框架应该包括:“在哪里竞争,如何竞争,以及时间进度的安排”三个部分(图 10－2)。

(1)在哪里竞争

- 企业主要目标领域是什么?

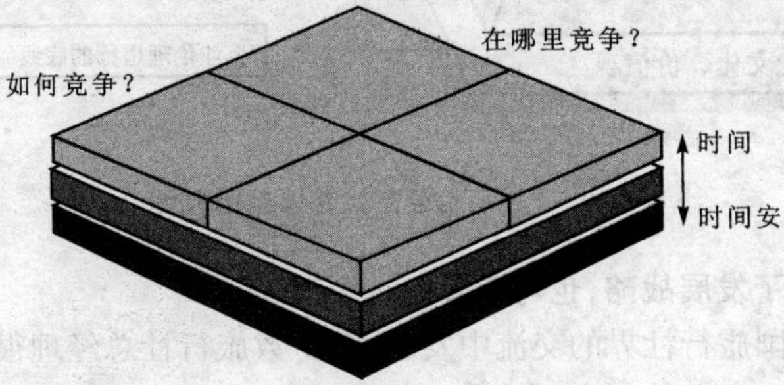

图 10－2　战略体系三维模型图

• 企业的主要客户是谁?

• 企业提供什么样的产品和服务? 几大类产品和服务中,哪个是需要重点发展的?

• 各部分的发展比例如何?

(2)如何竞争

• 企业的核心能力是什么?

• 企业的核心业务单元是什么?

• 企业各业务单元的发展步骤是什么?

• 企业将向客户提供哪些增值服务和产品?

(3)时间进度

• 5~10年发展规划;

• 发展的阶梯;

• 年度发展重点及连贯性。

在企业战略的编制实践中,完整的企业战略体系应该包括远景、使命、战略体系、目标体系、实施方案和策略、企业文化、价值观6个部分(图10-3)。

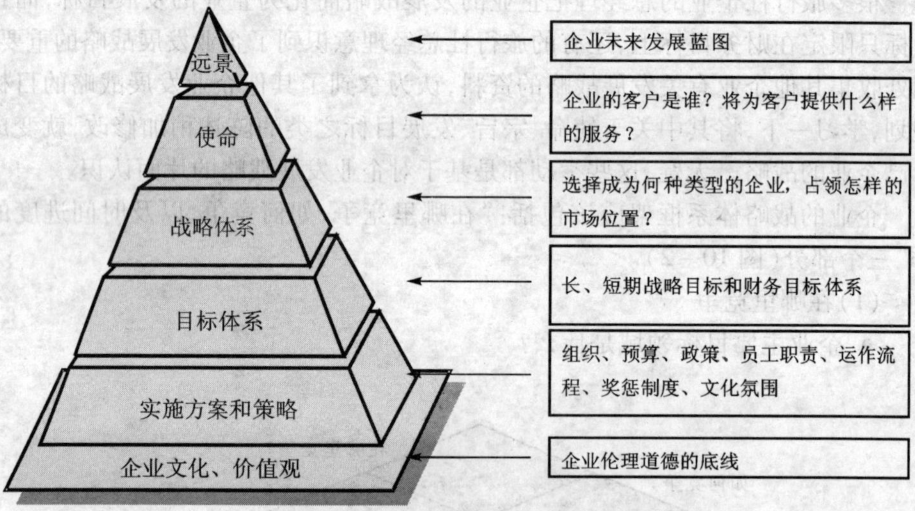

图10-3 企业经营战略体系示意图

2. 即使制定了发展战略,也与实际执行脱节

笔者在与中国旅行社界的交流中发现,有少数旅行社总经理很有远见,聘请了专业的咨询公司为企业编制发展战略,同时根据发展战略编制了年度的经营计划,还引进了时间管理的方法来管理自己和主要领导干部的时间。后来发现,由于未对企业的组织结构和业务流程进行变革，导致所制定的经营计划和工作计划根本无法实施，这就直接导致了企业战略和执行的脱节。因为企业的战略需要分解为业务战略，而业务战略的实现，又需要与之配套的管理风格、组织结构、人力资源、核心能力、管理制度、共同价值观支持系统，才能顺利地执行。

3. 未形成可持续发展的业务能力

目前，中国旅行社界存在的很多问题，都可以归结为企业没有形成可持续发展的业务能力。笔者在进行旅行社管理时间调研的过程中经常发现，在一些重要的旅游城市经常出现"各领风骚三五年"的英雄现象。有些旅行社总经理抓住了一两次做大型产品（包机、专列）或主题旅游产品的机会，迅速地占领了当地散客旅游市场，由于尚未形成真正的业务持续发展能力，没有建成有效的市场销售网络，没有进行科学的市场调研，不能准确地预测旅游市场的风险，便将几次成功的业务活动经验进行盲目移植，以致造成后来的失败，在红火一阵子之后又归于平静。这就充分说明了靠抓机会或机遇取得一时的成功，并不代表可以取得一世的成功，只有在企业发展战略的指导下，认真进行市场吸引力和企业竞争力的分析（图 10－4），在产品创新、质量管理、市场营销、人才培育、管理变革等各方面，努力提升企业的素质，培育出可持续发展的业务能力，才能确保企业的成长。

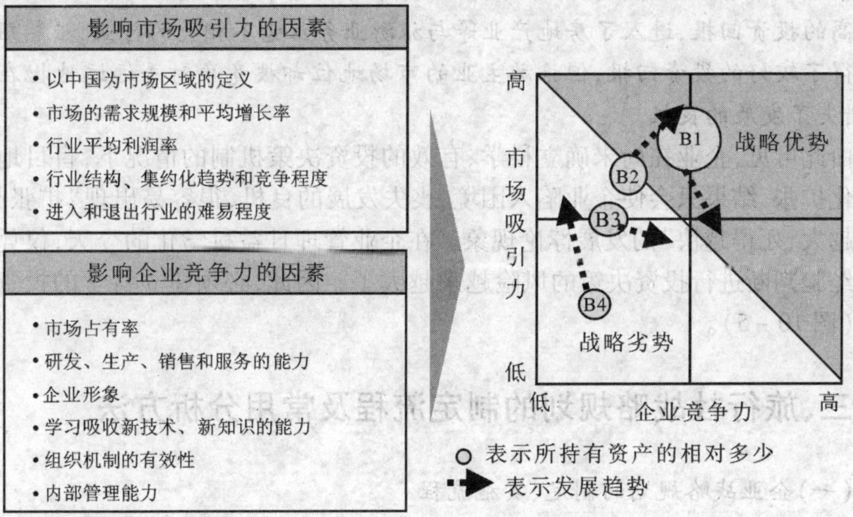

图 10－4　企业业务组合分析二维矩阵模型图

4. 未形成科学有效的投资决策机制，存在多元化的风险

现在很多旅行社都认识到了单一经营的风险，在旅行社领域取得一定的成功之后，都想通过各种途径进行多元化经营来规避风险。殊不知，未进行认真调研的多元化经营,又会导致资源的分散,有的企业因盲目投资其他业务领域而导致企业的现金流断裂,反而影响了旅游主业的拓展。

案例1:

海外某著名旅行社充分利用旅游业务现金流丰富的特点,将旅游业务过程沉淀下来的资金拿到金融市场上去做理财,并在证券市场大牛市的时候取得了丰厚的投资收益,从此就确定了"旅游沉淀资金——金融理财获取收益"的业务运营模式。然而,天有不测风云,亚洲金融风暴的来临,证券市场大跌,该企业不但没有获得预想的投资理财收益,反而背负了大量的应偿债务,导致企业经营出现危机。

案例2:

××旅行社的管理层经过分析,认识到旅行社常规业务竞争越来越激烈,毛利率越来越低。他们不是设法进行市场细分和产品创新,而是选择了进入培训和咨询行业来拓展业务,由于业务基础不稳固,在新业务尚未取得进展的时候,原有主业的常规业务量和利润率已经出现了大幅度的下滑,最后不得不暂时放弃了对新业务的开拓,重新回归主业。

案例3:

某市一个著名旅行社实力雄厚,在旅游市场利润率越来越低的情况下,为了获得更高的投资回报,进入了房地产业等与旅游业务丝毫不相关的行业,虽然短时间内获得了较好的投资回报,但旅游主业的市场地位却被竞争对手远远地抛在了后面,错失了发展的良机。

由此可见,企业在尚未确立科学、有效的投资决策机制的情况下,盲目地进行多元化扩张,结果只会使企业陷入困境,丧失发展的良机,很容易出现"扩张越快、摊子越大、死得越快"的发展悖论现象。在企业管理日益科学化的今天,仅凭管理者的经验判断进行投资决策的风险越来越大了。因此,必须建立科学的投资决策机制(图10-5)。

三、旅行社战略规划的制定流程及常用分析方法

(一)企业战略规划的制定、实施流程

企业战略规划的制定,必须建立在对外部环境和企业自身进行实事求是的分析基础之上。首先,由企业决策层提出指导性的意见,并在此基础上编制起草企业发展战略;其次,由管理层对战略进行评价,决策层根据战略给出资源分配的指导性意见,再由管理层将资源分配具体化;再次,通过起草预算、评价预算、调整预算、核定预算四个步骤,将战略的实施与企业预算融为一体;最后,进行战略的实施、评价和控制(图10-6)。

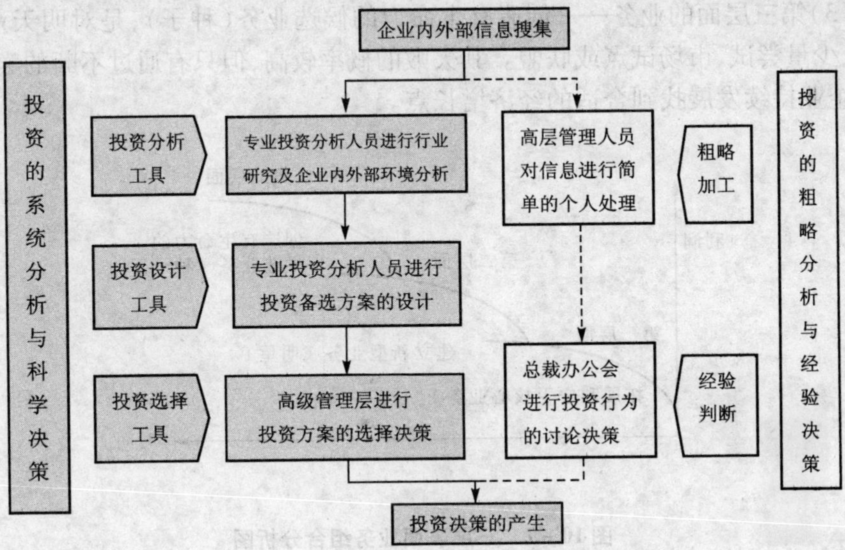

图 10－5　科学投资决策与经验投资决策对比流程图

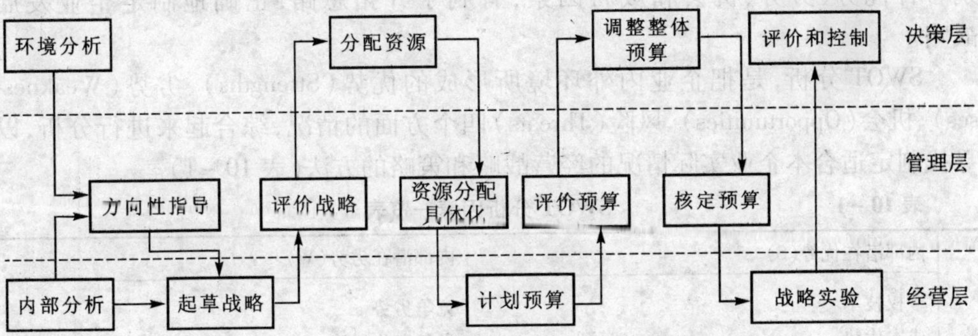

图 10－6　企业战略规划及实施流程图

(二)战略规划编制过程中常用的分析方法和技巧

1. 三层面业务组合分析法

三层面业务组合分析法，是咨询公司进行战略咨询常用的方法(图 10－7)。

(1)第一层面的业务——拓展和守卫核心业务，对企业近期业绩影响重大，但其增长潜能将逐步衰退，应努力维持其竞争地位，发掘出核心业务中的所有潜能。

(2)第二层面的业务——建立新型业务(明星)，带有快速发展和创业性特质，表现为追求增加收入和市场份额，需要不断追加投资以推动其发展，并逐步成为核心业务。

(3)第三层面的业务——创造有生命力的候选业务(种子),是对明天业务的研究、少量尝试、市场试点或联盟。其失败的概率较高,但只有通过不断的尝试,才能为企业持续发展找到合适的经济增长点。

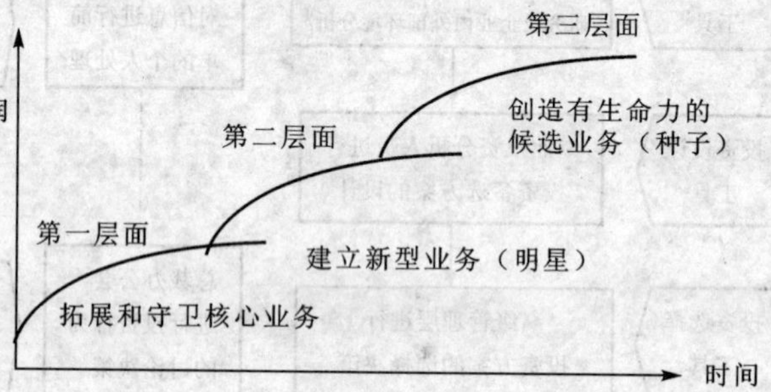

图 10-7　三层表面业务组合分析图

2. SWOT 分析法

SWOT 分析的主要目的,在于对企业的综合情况进行客观公正的评价,以识别各种优势、劣势、机会和威胁因素,有利于开拓思路,正确地制定企业发展战略。

SWOT 分析,是把企业内外环境所形成的优势(Strengths)、劣势(Weaknesses)、机会(Opportunities)、风险(Threats)四个方面的情况,综合起来进行分析,以寻找制定适合本企业实际情况的经营战略和策略的方法(表 10-1)。

表 10-1　SWOT 分析因素一览表

	内部潜在优势(S)	内部潜在劣势(W)
内部条件	产权技术 成本优势 竞争优势 特殊能力 产品创新 具有规模经济 良好的财务资源 高素质的管理人员 公认的行业领先者 买主的良好印象 适应力强的经营战略 其他	竞争劣势 设备老化 战略方向不同 竞争地位恶化 产品线范围太窄 技术开发滞后 营销水平低于同行业其他企业 管理不善 战略实施的历史记录不佳 不明原因导致的利润率下降 资金拮据 相对于竞争对手的高成本及其他

续表

	外部潜在机会(O)	外部潜在威胁(T)
外部环境	纵向一体化 市场增长迅速 可以增加互补产品 能争取到新的用户群 有进入新市场或市场面的可能 有能力进入更好的企业集团 在同行业中竞争业绩优良 扩展产品线满足用户需要及其他	市场增长较慢 竞争压力增大 不利的政府政策 新的竞争者进入行业 替代产品销售额正在逐步上升 用户讨价还价能力增强 用户需要与爱好逐步转变 通货膨胀递增及其他

SWOT 分析还可以作为选择和制定战略的一种方法。因为,它提供了四种战略,即 SO 战略、WO 战略、ST 战略和 WT 战略(图 10－8)。

	内部优势(S) 1. …… 2. …… 3. ……	内部劣势(W) 1. …… 2. …… 3. ……
外部机会(O) 1. …… 2. …… 3. ……	SO 战略 依靠内部优势 利用外部机会	WO 战略 利用外部机会 克服内部劣势
外部威胁(T) 1. …… 2. …… 3. ……	ST 战略 依靠内部优势 回避外部威胁	WT 战略 减少内部劣势 回避外部威胁

图 10－8　SWOT 分析四种战略选择示意图

- SO 战略,是指依靠内部优势去抓住外部机会的战略。如,一个资源雄厚(内在优势)的企业发现某国际旅游市场尚未饱和(外在机会),那就应该采取 SO 战略,去开拓这一国际市场。
- WO 战略,是指利用外部机会来改进内部弱点的战略。如,一个面对计算机服务需求增长的企业(外在机会),却十分缺乏计算机技术专家(内在劣势),那就应该采用 WO 战略,培养、招聘技术专家,或购入一个高技术的计算机公司。
- ST 战略,是指利用企业的优势,去避免或减轻外部威胁的打击。如,一个企业的销售渠道(内在优势)很多,但是由于各种限制,又不允许其经营其他商品(外在威胁),那就应该采取 ST 战略,走集中型、多样化的道路。
- WT 战略,是指直接克服内部弱点和避免外部威胁的战略。如,一个产品质量差(内在劣势),供应渠道不可靠(外在威胁)的企业,应该采取 WT 战略,强化企业管理、提高产品质量、稳定供应渠道,或走联合、合并之路,以谋求生存和发展的空间。

SWOT 方法的基本点,就是企业战略的制定必须使其内部能力(优势和弱点)与外部环境(机遇和威胁)相适应,以获取经营的成功。

3. 波特五力分析法(图 10－9)

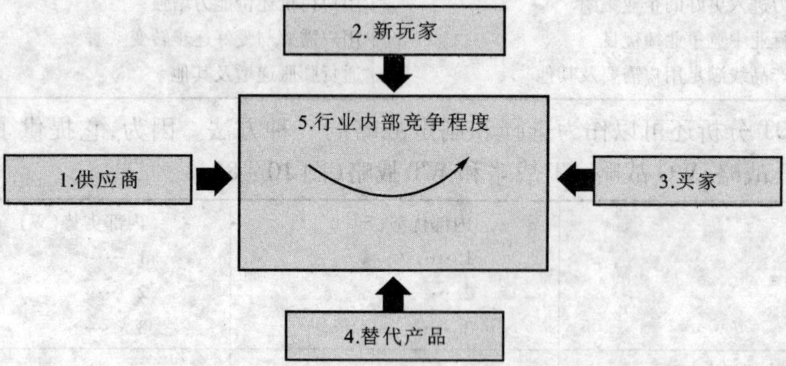

图 10－9　波特五力分析示意图

(1)决定供应商力量大小的主要因素

- 所供应产品/服务的差别程度；
- 供应商变更成本；
- 是否存在替代品；
- 供应商的市场份额；
- 采购量对于供应商是否重要；
- 该供应产品/服务占总成本的比例；
- 该供应产品/服务对下游产品区别性的影响；
- 行业供应链上纵向一体化的趋势。

(2)决定进入壁垒强弱的主要因素

- 规模经济；
- 技术专长的多少；
- 品牌的强弱；
- 顾客转变成本；
- 是否资本密集；
- 获得分销渠道的难易；
- 成本优势的坚固程度；
- 现有厂家的行为特点。

(3)决定买方力量大小的主要因素

①讨价还价能力

- 相对市场份额；
- 数量；
- 转换成本；
- 信息；
- 纵向一体化的能力；
- 替代产品。

②价格敏感性

- 采购总量；
- 产品差异性；
- 品牌；
- 对质量感受的影响；
- 买方的利润；
- 决策者的动机。

(4)决定替代品威胁性的主要因素

- 替代品的价格；
- 转换成本；
- 买家对替代品的接受程度。

(5)决定行业内部竞争程度的主要因素

- 行业增长速度；
- 固定成本/附加价值；
- 能力利用率；
- 产品差异程度；
- 品牌认知度；
- 转换成本；
- 市场份额的集中与平衡；
- 信息复杂度；
- 竞争者的背景；
- 退出成本。

4.7S 要素分析法(图 10－10)

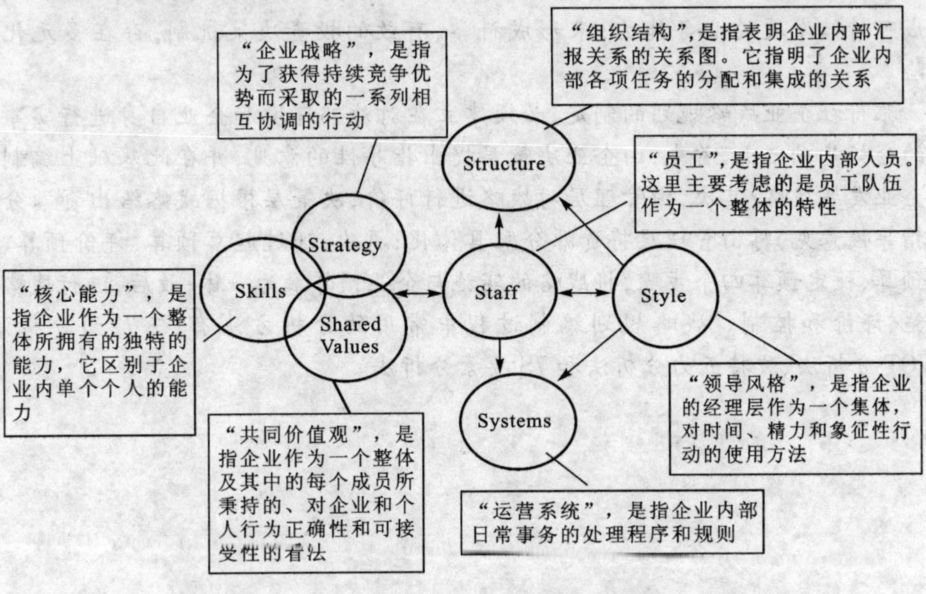

图 10－10　麦肯锡 7S 管理模型图

【本章小结】

本章阐述了战略管理对于中国旅行社业的绝大多数从业者来说，是个非常陌生的名词，但随着时代的发展，战略管理日益引起了旅行社界有识之士的重视。对于旅行社企业管理者而言，旅行社企业的战略是非常清楚的。它至少涉及"做什么，如何做，由谁做"这三个层面，并由此构成了"旅行社企业战略管理"的互为补充、互为加强的完整体系。"做什么"涉及旅行社经营方向的抉择；"如何做"是选择适当的运作方式；"由谁做"则是选择运作行为的主体。简而言之，战略管理就是解决旅行社经营中所遇到的最根本的方向正确、运作高效、主体投入的有机结合问题。

在制定并实施旅行社战略的时候，应该首先弄懂三个问题：旅行社企业的业务是什么？即旅行社的现状；旅行社企业应该为旅游者提供什么？即旅行社的发展目标；为什么要开办旅行社？即企业存在和发展的理由。要回答这三个问题，一定会涉及"外部环境、内部实力、使命目标"这三个假设。综合分析中国旅行社业的现状，可以归纳出旅行社战略的三条出路，即产品特色——以独特性确立企业地位；市场定位——权衡利弊得失，作出抉择；优势组合——多个环节默契配合。

中国旅行社业在战略管理方面存在的主要问题有：将企业发展战略与发展远景混淆，缺少真正意义上的战略管理；即使制定了发展战略，也与实际执行脱节；未形成可持续发展的业务能力；未形成科学、有效的投资决策机制，存在多元化的风险。

旅行社企业战略规划的制定，必须建立在对外部环境和企业自身进行实事求是的分析基础之上，首先，由企业决策层提出指导性的意见，并在此基础上编制起草企业发展战略；其次，由管理层对战略进行评价，决策层根据战略给出资源分配的指导性意见，再由管理层将资源分配具体化；再次，通过起草预算、评价预算、调整预算、核定预算四个步骤，将战略的实施与企业预算融为一体；最后，进行战略的实施、评价和控制。战略规划编制过程中常用的分析方法有：三层面分析法、SWOT分析法、波特五力分析法和7S要素分析法。

第十一章

旅行社的人力资源管理

本章导读

本章将从旅行社人力资源实战管理和企业管理咨询相结合的角度,采用理论和案例相结合的方式,诠释旅行社人力资源管理。首先,介绍旅行社组织结构设计的基本原则、旅行社的组织结构类型及旅行社组织管理模式;其次,说明旅行社职务分析、员工招聘培训的流程;再次,重点阐述如何管理旅行社的经理人员、导游人员和计调人员;最后,介绍如何建立旅行社企业的激励体系。

通过本章的学习,您应该能够:

(1)了解旅行社组织结构设计的基本原则和组织管理模式。

(2)了解职务分析的重要性,并结合企业实际情况进行实践。

(3)熟悉旅行社员工招聘、培训的流程和关键环节。

(4)掌握对旅行社经理人员、导游人员、计调人员的管理方法。

(5)学会如何构建有竞争力的企业激励体系,并在企业管理实践中发挥作用。

一、旅行社组织结构设计及组织管理

(一)旅行社组织结构设计的原则

旅行社组织结构设计,首先应该服从企业发展战略的要求,旅行社组织机构的设置、调整、裁并等,应以有利于企业发展战略目标的实现为宗旨。旅行社的发展战略决定着企业的管理模式和业务趋向,管理模式和业务趋向决定着组织结构设计和功能的设置。在企业发展战略的指导下进行旅行社组织结构设置时,应该遵循以下八大原则(图 11-1):

1. 管理明确原则

管理明确,可以简单理解为旅行社的各级组织机构和个人,必须服从一个上级的命令和指挥,消除政出多门、多头指挥和相互推诿、无人负责的现象,保证旅行社

图 11－1　组织机构设计须遵循的八大原则

最高管理层的决策得以顺利执行。在旅行社的实际业务运营过程中，经常会遇到一些麻烦。如，缺乏必要的灵活性，导致出现更大的问题。因此，在实际应用中往往规定主管人员有一定的临时处置和事后汇报的权力。如，很多旅行社为了提高服务质量，在旅游旺季往往授予全陪一定金额的游客不满补偿权，旅游过程中在服务出现瑕疵，有可能导致游客投诉时，全陪可以通过与接待导游协商通过提高餐饮质量和赠送礼物等方式化解游客心中的不满，改善游客的旅游体验。另外，在投诉处理过程中，主管人员一般拥有一定金额范围内客户补偿金的审批权。这都是在管理明确的原则基础上，涉及具体旅游业务时灵活应对的案例。

2. 责权利对等原则

该原则要求企业内每一管理层次、部门、岗位的责任、权力和利益都要对等，在进行组织结构设计时，既要明确规定每个管理层和每个部门、岗位的职责范围，又要赋予其完成职责所必需的一定的管理权限，同时确保其获得合理的利益。三者的协调一致，是组织有效性得以充分发挥的前提。例如，在以接待业务为主导业务的旅行社，经常出现市场销售部门与接待部门之间的协调问题，市场销售部门的考核指标，是销售量、毛利额，因此，要求接待部门不管大团小团、利润薄厚，都要接待下来，任何客户都是销售人员努力进行市场促销的结果。而对接待部门的考核，则往往是毛利率、接待质量等多方面的指标。接待部门的计调人员把市场销售部门的要求和企业的要求结合起来，于是矛盾就出现了。对此，往往是由企业的高层领导出面才能协调解决。据不完全调查，很多旅行社高层领导，在旅游旺季时的主要任务，就是此类的协调。出现上述现象的主要原因，一方面是企业的市场定位不清楚，另一方面是销售部门和接待部门的责、权、利不对等。

3. 有效管理幅度原则

该原则要求管理人员直接管理的下属人数应设定在一个合理的范围内。一般情况下，管理跨度越大，管理的层次就会越少。在旅行社日益追求“扁平化”组织结构的今天，采用信息技术手段管理的跨度已经大大提高，但也不能无限制地盲目扩大管理幅度，导致管理人员精力分散，影响管理的效率。

4. 灵活性原则

该原则要求旅行社的组织结构必须保证对外部环境的变化能够作出及时、充分的反应。在旅游市场竞争白热化的今天，旅行社能否根据市场的变化及时推出自己的产品和有特色的服务，已经成为一个决定企业命运的关键因素。这一方面要求旅行社的从业人员，尤其是管理人员，对市场等外部环境的变化保持高度的敏感；另一方面要求组织结构的设置，要给予充分的保证。例如，当上海春秋旅行社推出全国范围内的“散客成团业务”时，一部分旅行社及时地意识到这是一个商机，于是成立“门市部”或“散客部”，加入了春秋网络。由于春秋旅行社的散客产品质量有保证，市场反响很好，其加盟社都不同程度地得到收益，有些甚至还进入了当地散客市场的前三名。反之，有些旅行社则死守“团队第一”的原则，不重视散客成团业务的市场变化，部门设置也没有进行相应的调整，因此，就失去了商机，等看到散客旅游市场风起云涌的时候再想介入，不但要花费比原来大很多的费用，同时要承受坐视他人迅速做大，自己却心急如焚的煎熬。

5. 客户导向原则

该原则要求组织设计应保证公司以统一的形象面对顾客，满足顾客需求。在旅游市场需求日益多元化的今天，客户导向原则要求旅行社的组织结构设计，必须满足不同客户的要求，不但要满足集团客户、散客客户的要求，还要满足同业客户的要求。例如，在中国旅行社分工体系调整过程中，同业批发业务已经成为旅行社的利润增长点之一。因此，很多旅行社纷纷设立同业批发中心，根据自身的优势开发不同类型的同业批发产品，拓展自己的收客渠道。尤其是一些出境口岸的出境社，已经把中国公民出境旅游的批发业务延伸到了很多省市。

6. 执行和监督分设原则

该原则可以保证监督机构发挥其应有的作用。对于一些超大型旅行社，经营网络遍布全国，有的甚至还进入了房地产等与旅游业毫不相干的领域。这就需要有一个独立的监督机构，采用定期审计等各种手段来监督各个控股公司的经营管理层，有无挪用公款、中饱私囊等违法乱纪行为。例如，国内某大型旅行社通过审计等有效手段，查处某分支机构负责人通过非法手段获取收入几十万元。该旅行社立即采取法律手段将该管理人员送上法庭，不但追回了经济损失，而且还抓到了一个反面典型,对于有效管理其他控股公司起到了很好的警示作用。

7. 专业分工和协作原则

分工协作是社会化大生产的要求,分工是按照提高管理专业化程度和工作效率的要求,把组织的目标分解到各级、各部门,甚至个人的目标和任务,并使之了解各自的职责和职权。有分工就要有协作,包括部门之间和部门内部的协作。尤其是在旅游旺季,只有旅行社各部门有效协作,才能完成繁重的接待任务。目前,中国旅行社界存在着分工不细、专业化程度不高的小作坊现象,这和我国旅行社的发展阶段是分不开的。很多大型旅行社都根据新的旅游市场要求进行业务流程的重组,希望实现专业分工和协作的有效平衡,达到有效制约目前旅行社界"过度个人主义"的目的。

8. 精干高效原则

该原则要求在保证公司任务完成的前提下,应该做到机构简练、人员精干、管理效率高。目前,中国旅行社界的中小旅行社,尤其是市场开放之后成立的民营旅行社,较好地贯彻了这一原则。在计划经济体制下成长起来的大型国有旅行社企业,还存在着人浮于事、管理效率不高、因人设岗的现象。随着体制改革和中国旅行社界对外开放程度的不断提高,大型国有旅行社将会越来越好地贯彻精干高效原则,丢掉沉重的包袱,重新走向辉煌。

(二)旅行社组织结构的类型

影响旅行社组织结构设计和组织结构模式的因素很多。这些因素,可以大致分为外部因素和内部因素。主要的外部因素有行业性质、企业发展阶段、企业发展战略、产权形式、经营范围、经营特点等。但在旅行社组织结构设计的实践中起主导作用的,是管理模式的选择和集分权的设计这两个关键环节。

1. 管理模式和集分权设计

管理模式一般可以分为三种,即操作型管理模式、战略型管理模式、财务型管理模式(图 11-2)。

目前,在中国旅行社界采用较多的是操作型管理模式,只有经营网络遍布全国乃至全世界、经营领域已经延伸到饭店、景点、旅游汽车、旅游房地产、航空运输等领域的超大型旅行社,才有可能采用战略管理型模式和财务管理型模式。

一般情况下,企业采取了什么样的管理模式,集分权的设计也就随之确定了,操作型管理模式,一般要求总部要有较强的业务管理能力,同时建立分职能的纵向考核体系。例如,国内某著名旅行社,各分支机构的财务由总部控制,大型产品的运作计划由总部主导、分支机构协调。这样可以有效地实现全国网络的统一运作,并在实际业务运营中取得较好的效果。集分权的有效设计,有助于消除企业上下权责不清的现象,在保持下属公司灵活经营的同时,保证公司总部的有效控制。

	财务管理型	战略管理型	操作管理型
	分权		集权
管理内容	•以财务指标进行管理和考核，总部无业务管理部门	•以战略规划进行管理和考核，总部一般无具体业务管理部门	•通过总部业务管理部门对下属企业的日常经营运作进行管理
关注重点	•投资回报 •通过投资业务组合的结构优化，追求企业价值最大化	•公司组合的协调发展 •投资业务的战略优化和协调 •战略协同效应的培育	•各子公司经营行为的统一与优化 •公司整体协调成长 •对行业成功因素的集中控制与管理
控制手段	•财务指标控制 •资本运作 •企业并购	•战略规划 •战略管理控制	•营销 •销售 •网络/技术 •新业务开发 •人力资源
适用性	•多种不相关产业的投资运作	•相关型或单一产业领域内的发展	•单一产业领域内的运作，但有地域局限性

图 11－2　三种不同管理模式对比图

2. 中国旅行社界常见的组织结构类型

(1)职能式组织结构

职能式组织结构,是我国旅行社比较典型的设置模式。在总经理下,平行设立“一室六部”,直属总经理管辖,彼此之间职责分明,互相配合,共同完成企业经营管理的目标。其中,总经理办公室、人事部、财务部为执行某种专门管理职能的参谋机构。外联部、计调部、接待部、综合业务部为业务部门。其基本特点是权力高度集中,上下级之间实行直线管理,各部门按事务集中方式划分。

在职能或组织结构模式下,各业务部门的职责划分大体为:

•外联部,主要负责对外组织和招徕客源,该部门的主要工作为市场调研和预测、产品开发与设计、促销与销售等。

•计调部,主要负责按照外联部招徕的旅游团(自联团)或其他组团社发来的旅游团的接待要求,制定和落实旅游团在当地的旅游接待计划。该部门的主要工作包括:接待计划的编制、调度及变更工作,与当地旅游要素企业联系落实房、餐、交通等要素的采购工作;另外,还要和各地的组团社保持密切联系,开展横向招徕客源(地联)的工作。近几年来,该部门的业务发生了较大的变化,旅行社逐渐认识到了集中采购,在利润实现和竞争优势确立中的重要性。因此计调部的主要工作转变成了采购。采购,一般由旅行社总经理亲自参与。旅游团队接待计划编制与变更等工作并入接待部,地联业务并入外联部。

- 接待部,主要负责旅游团队的接待工作。
- 综合业务部,负责散客接待业务和整个旅行社的票务(有的旅行社将票务直接放在计调部)、行李包裹及其他业务。

(2)事业部制组织结构

事业部制,是一种适合经营规模较大或跨地区经营的旅行社组织结构形式。从法律地位上看,事业部制可以是子公司以外的非法人机构,但它们对外发生的债务关系,旅行社总社要承担责任。事业部制是一种适当分权制,各事业部有自己独立的产品与市场,独立经营、独立核算,对外有经营权,但没有法人权。旅行社的事业部通常按照产品或者经营区域划分,形成不同的事业部。每个事业部都是旅行社独立的利润中心,在旅行社的统一指导下分散经营。目前,旅行社事业部制的典型模式,是按照市场集中方式,与总经理办公室、人事部(人力资源部)、财务部并列设立市场部,如,出境游总部、国内游总部、入境游总部等(图 11－3)。入境游总部,可以按照入境客人的国别,再细分为日本部、亚太部、美洲部、欧洲一部、欧洲二部等。有的旅行社则把出境游和国内游合并为×××部,再在各市场部下设置销

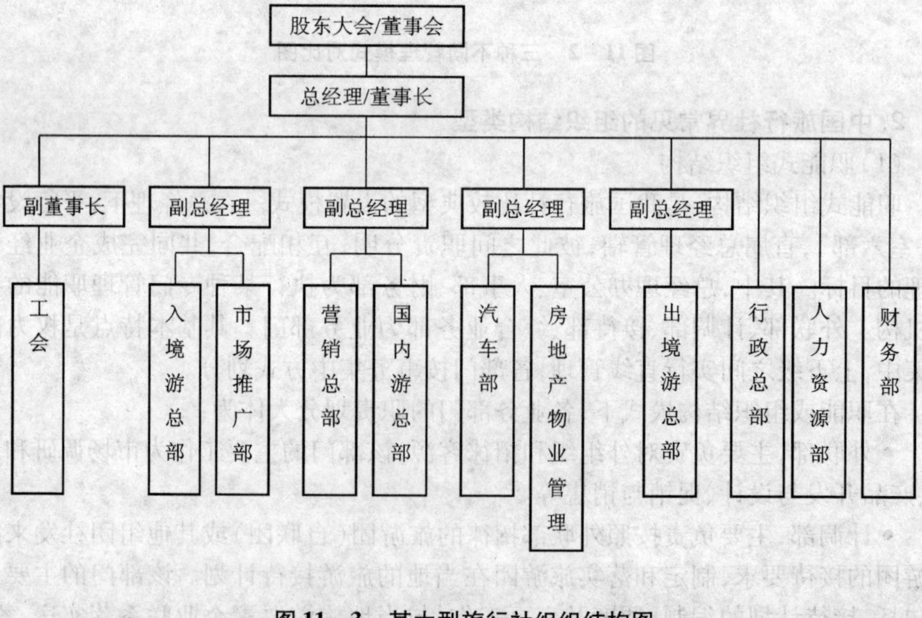

图 11－3　某大型旅行社组织结构图

售、采购、接待等二级部门。这种模式较好地解决了职能式组织结构存在的部门之间、员工之间利益分配不均的问题,并且有利于业务的开展。近年来,随着旅游市

场需求的多元化和旅行社分工体系在市场经济条件下调整的深化，有些旅行社还专门设置了商务会展部和同业批发中心，来促进商务旅游业务和同业批发业务的发展。

事业部制虽然具备上述优点，但它也造成了采购业务的分散，导致旅行社各部门都分别到要素企业去采购，一方面对企业形象产生一定的不良影响，同时因为采购量小，无法获得更大的批量采购优惠。有些旅行社由于没有强有力的总部，管理手段单一，对事业部的管理失控。事业部拥有自己独立的人事权和财务管理人员，总部难以对事业部的人和财进行有效制约。由于旅行社业务的利润来源于多个环节，总部也很难把握事业部的利润率。实际上事业部已经成为一个独立的经营单位。这也是目前中国旅游界"承包有理"现象的原因之一。针对这一现象，一些旅行社总部采取了部分权力回收的做法，有的旅行社成立了采购部，统一管理和协调各事业部的采购工作，既为各事业部提供了服务，又提高了业务的透明度。

3. 控股公司制组织结构

控股公司制，又称母子公司制，是指依靠拥有其他公司，而达到控制具有决定性表决权股份的公司。而行使控制权的公司或从事经营管理的控股公司，不但拥有对子公司在财政上的控制权，而且拥有经营上的控制权，并对重要人员的任命和大政方针的确定有决策权，甚至直接派人去经营管理。与事业部制相比，控股公司制是更深层次的分权。其主要特点，是大量节约集团化所必需的资金。假设拥有其他公司51%的股份即能达到支配目的，则与收买或合并（建立事业部）相比，只需要一半的资金；子公司都是市场竞争中的独立法人实体，都是利润管理的彻底分权化单位，具有独立的经营管理机构，并独自负有利润责任，拥有独立的筹资能力。母公司无须承担子公司的债务责任。目前，我国的"国旅总社、中旅总社、青旅控股"等大型旅行社企业，都采用了控股公司制。它们的组织结构，包括核心旅行社企业、控股成员企业、参股成员企业和协作成员企业。相比较而言，控股公司制更适合于旅行社集团化、多元化的发展。

（三）旅行社的组织管理

旅行社的组织结构确定之后，组织功能的发挥便取决于旅行社企业的内部管理。组织管理的根本问题在于如何充分调动员工的积极性、主动性和创造性，使企业实现最佳的经济效益和社会效益。其关键在于如何处理组织内部员工责、权、利统一的问题。我国旅行社的组织管理模式主要分为三种：岗位责任制、目标责任制和承包责任制。

1. 岗位责任制

岗位责任制，主要适用于职能式组织结构的旅行社。其优点是有助于旅行社运用科学的方法确定各部门和员工的工作数量和质量。但同时也存在着不可克服的缺点：管理是管理者的事情，岗位责任制容易导致管理者和被管理者之间的隔阂，使管理者陷入孤立和矛盾；另外，岗位责任制明确了各部门的责任，但责任与分配制度的相对脱节，难以调动员工的积极性、主动性和创造性。

由于旅游需求的脆弱性和旅游产品的不可储存性，旅行社难以准确地确定业务量和员工的工作负荷，服务的个性化又很难以确定统一的质量标准，导致岗位责任制在我国推行的总体效果不够理想。

2. 目标责任制

目标责任制，适用于以市场进行部门划分的事业部制的组织结构。目标责任制是旅行社把经济指标，尤其是利润指标分解落实到各市场部门，各市场部拥有独立的市场开发、产品设计、销售、服务采购等方面的经营管理权，并且对部门的经营效果进行二级核算，然后按照部门对企业作出的贡献和利润完成情况实施分配。这就使奖勤罚懒有了客观依据。目标责任制在责、权、利统一的问题上，与岗位责任制相比有了较大程度的改进，提高了员工的工作积极性和企业活力。但是，目标责任制也造成了新的问题：首先，部门之间的利益关系日趋复杂，尤其是业务部门和职能部门之间的利益不平衡，反而有所加强，导致员工都愿意去做业务；其次，由于各部门市场竞争程度不同，导致利润率有明显的差别。例如，出境游的利润率明显超过国内游，导致部门的经济指标无法准确反映各部门的工作努力程度。其他部门也想拥有出境游的经营权，导致部门市场分工出现矛盾和混乱；最后，旅行社实行目标责任制，很难对下放给部门的权力进行有效的约束和控制。放权和控制成为企业的主要矛盾，如果处理不好，目标责任制就变成了"承包责任制"。

案例示范

××旅行社目标任务考核书

为了加强企业管理，合理评价每个部门的任务绩效和管理绩效，提高部门员工工作积极性，特订立该目标考核书。

A. 全年目标

- ××部人员编制：××人；其中：经理×人，业务经理：×人；
- 200×年营业额：××××万元；
- 毛利额：×××万元；
- 营业费用：×××万元（含营业税金及附加12万元）；
- 部门净利润：××万元。

B. 考核办法及保障措施

根据旅游行业的特殊状况和企业的具体情况，对于上述目标的考核采取月度考核、季度总结、半年兑现的办法来实施，加强督促和管理。具体考核办法如下：

a. 考核办法

- 指标：每月应完成管理费和部门利润××万元，考虑到旅游行业的季节性，每月的平均最低毛利指标为××万元，每月最低毛利指标不能低于当月该部门费用。上述指标中管理费和部门利润为营业税金及附加税后指标，所有分成奖励须按照国家规定缴纳个人所得税后发放。

● 实际到账的收入超出应交管理费和部门利润的分配办法：××万元以上超出部分按以下比例在部门和公司之间进行分配，部门内部分配方案由部门经理制定报公司批准后执行。提成按月度进行核算，累计半年兑现，半年兑现70%，年底全部兑现。如果收入内有应收账款未到账，必须等应收账款到账后，才能兑现。并且按分成比例各自负担33%的所得税。

×～××万元：部门50%，公司50%；

××～××万元：部门60%，公司40%；

××万元以上：部门70%，公司30%；

● 考核期限：部门经理制定指标完成计划，公司根据计划进行考核。

b. 营业费用管理办法

● 原则上每月必须完成××万元的毛利指标，完成指标，工资按100%发放；如果季度考核不能完成最低利润指标，则该部门员工第三个月的工资按季度完成利润额度的百分比进行发放，下季度执行上季度第三月份的工资标准，直至效益好转。

● 通信费、交通费由各部门自行控制，客户招待费和相关公关费用由部门从提成中解决，原则上按照"多完成多报，少完成少报，不完成不报"的原则进行。部门营业费用月度最高限额××万元，如果当月费用超过最高限额，多出部分下月报销。考虑到淡旺季的情况，由公司财务部根据部门需年底兑现的留存数目决定这部分费用的报销额度。

● 租房和办公设备购置由公司相关部门在征求部门意见的前提下统一办理，费用由公司预先垫付，计入部门营业费用。

● 招待公关费用，采用个人先垫付，月底根据考核结果由公司统一报销入账，计入部门营业费用。

● 按国家财务制度规定，部门工资总额计提17.5%的职工福利费、工会经费、职工培训费，列入部门费用。

● 部门员工若参加各项社会保障，按财务制度规定，个人负担的部分，从本人工资中代扣除，企业负担的部分，列入部门费用，由财务部交付国家有关管理部门。

c. 收入、成本、营业税及附加等管理办法

● 所有组团、散客的收入和成本，应事先向财务部报价，经批准后才能操作。若有变更，则应变更报价。

● 收入、成本经财务部审核后记账。按单团核算，采取一团一清的办法核算单团毛利；应按会计制度规定计入成本；按毛利计算营业税及附加。

● 旅行社责任险摊入部门当年成本，客人要求代付的人身意外险列入单团

成本。

● 团队散客应先收款后接待，个别单位需要延期付款或临时代垫押金、定金的，应由部门与债务单位认签文字材料，确定金额，承诺还款日期，报财务部审核后，经总经理批准后生效。此类协议或其他资料，期限不能超过一个月。因垫付资金较多部门周转困难由部门筹资或承担融资利息。因应收账款不能足额收回造成的损失或追账发生的费用由部门承担。

● 应付、未付成本，部门应将应付单位的账单或凭证交财务部挂账。

● 部门按月将单团收入、成本、营业税及附加和当月的营业费用与财务部对账，并签字确认，以便据此考核完成指标情况。

● 每季度按月份相互确认的数字，计算实际完成部门经营利润数，若超过利润指标，可补报应报而未报的营业费；若未完成利润指标，下月停报一部分费用；若超额完成利润指标，以丰补歉，留待半年结算。

● 上半年结账。半年结算××万元，若未完成部门经营利润指标，则由部门向财务部交现金补齐。

● 部门与财务部年终对账，确定全年实际完成收入、成本、营业税及附加、部门经营费用、部门经营利润等各项指标。需要明确的，是在此指标内，有一部分是属于部门应该负担的企业对部门的管理费用、财务费用，而非全都是净利润。

部门每季度未分配的部分累计，是部门的年终奖，扣除个人所得税后发放给员工。

d. 保障措施

● 在不违反国家法律的前提下，企业为部门业务的开展提供一切便利条件。

● 企业为提高管理水平和工作效率，开发了相应的管理平台和业务分销平台。部门应根据企业信息化办公的需求填写相关表单。部门应积极使用该分销平台，实现以××为出境口岸旅游批发商的发展目标，年底实现出境旅游批发位居××前×名的指标。

● 企业将在市场促销、产品研发、人力资源建设、资源配置等各方面，进行一系列统一筹划，为部门的业务开展提供大力支持。

● 部门所有员工应该努力工作，争创一流，在相应的细分市场上扩大自己的市场份额，努力成为该细分市场的批发商。

● 部门负责人应该对属下员工加强管理，严格遵守国家相关法律规定和企业规章制度。

● 部门工作人员违规作业造成的损失，由部门负责人和责任人承担。对利用工作职务之便牟取私利的，一经查实则应按规定严肃处理。

● 此任务书有效期至200×年年底，200×年按最低部门经营利润指标考核。

200×年部门业绩指标另议。

3. 承包责任制

国家管理部门一再强调，旅行社不能在企业内部实行承包责任制，而且很多旅行社同行对承包责任制也普遍持反对意见。因此，本书便不再对承包责任制作任何理论说明和案例展示。

二、旅行社人力资源的配置

（一）旅行社职务分析

1. 职务与职务分析

虽然职务（Job）与职位（Position）这两个术语经常被交替使用，但两者之间的侧重仍略有不同。职务，是某些任务、职责和责任组合的统称；而职位，则是指由一个人来从事的工作。如，旅行社有三个员工做计调工作，那么就有三个职位（一人一个）但职务却都是计调员。

在职务分析中，一般，是要求一个熟悉情况的人来介绍某项职务应该做些什么，或者判断该职务应从事哪些具体工作。可以提供此类信息的人员，包括在该职务上任职的职工、有关方面的负责人、训练有素的职务分析员等。职务分析，首先须获得必要的信息，然后，根据这些信息来起草职务说明和职务要求细则。在大多数情况下，职务说明和职务要求细则的具体内容，将被纳入一份综合性的文件材料。

（1）职务说明。"职务说明"，是描述某一职务的任务、职责和责任。它表明在这个职务上要做些什么，为什么要做这些，在什么地方做，以及怎样做。"职务说明"还应包括工作标准。工作标准告诉人们，对"职务说明"所确定的各项工作来说，什么样的工作效果才是符合要求的。遗憾的是，许多企业的"职务说明"常常省略了工作标准。另外，有些企业虽然制定了工作标准，并且在职务说明中也包括了这些标准，却只提供给企业管理层和人力资源部门，而不是下发到所有职工。许多职工因此对这些工作标准所知甚少，甚至一无所知。这就使得"职务说明"的作用未能得到充分的体现。

（2）职务要求细则。"职务说明"的作用，是指出某一职务所须从事的各种工作；而"职务要求细则"的内容，则是详细列出合乎要求的每项职务的任职者，所须具备的知识、技能和能力。如，受教育水平、工作经历、工作技能、个人能力、智力和体质等。但须特别注意，某一准确的"职务要求细则"所要求的标准，应根据该职务到底需要任职者具有什么样的知识、技能和能力来确定，而不应根据该职务上的现任者本人所实际具有的知识、技能和能力来确定。

2. 如何进行职务分析

获取职务分析信息的方法有多种。常用的办法有观察、现场访谈、问卷调查和利用计算机职务分析系统。

职务分析,应仿效有效的心理测试方法,并以合乎逻辑的方式来进行。因此,不论采用何种方法,职务分析一般都遵循一个多步骤的程序。其基本程序,应该包括确定职务种类和审查现有文件资料——向经理和员工说明职务分析过程——采用现场访谈、问卷调查或观察的方法进行职务分析——准备“职务说明”和“职务要求细则”——保持和更新“职务说明”与“工作细则要求”五个步骤。各企业实际采用何种步骤,应根据所使用的方法和所包括的职务种类来确定。目前,中国的旅行社企业进行职务分析的很少,下面将职务分析的基本顺序简单介绍一下,以供旅行社企业根据自身的实际情况进行职务分析,并进行人力资源的规划和配制,提高人力资源管理的系统性和科学性。

(1)确认职务种类和审查现有文件资料。职务分析的第一步,是确认被考察的各种职务的特点和属性。例如,这些职务是否属于职员性的职务、是一个部门内的全部职务还是整个企业的全部职务等。确认阶段的另一部分工作,是对现有文件资料进行审查。如现存的各种“职务说明”、组织系统图、已往的职务分析信息,以及其他与职务有关的资料。在这一阶段,应选定参与职务分析的人员和所要使用的方法。另外,还须确定在职员工和管理人员将以什么方式参与这一过程,以及须将哪些雇员的职务列入职务分析范围。

(2)向经理和员工说明职务分析过程。职务分析的基本步骤之一,是向管理人员、将受到影响的员工,以及其他有关的人员说明职务分析的过程。由于员工在工作中被人面对面地仔细考察时,往往产生一种本能的关注和不安,因此,在进行有关解释时,应注意有针对性地消除员工的戒备情绪。需要解释和说明的事项,一般包括职务分析的目的、采取的步骤、时间安排、管理人员和员工如何参与、谁来进行职务分析、有问题时应与谁联系等。

(3)进行职务分析。进行职务分析的步骤,首先就是采取行动去获取职务分析信息,即分发问卷、安排面谈和到现场进行观察。如果采用了问卷和面谈的调查方法,那么,在此之后,分析人员还须与有关人员保持随后的联系,以提醒管理人员和员工归还问卷,或按时参加面谈。在取得了职务分析信息后,分析人员应进行仔细审阅,分析其是否完整。如果需要,分析人员可安排进一步的面谈,以澄清或获取某些问题所需的补充信息。

(4)准备“职务说明”和“职务要求细则”。在获取了所需的信息资料之后,首先应对其进行分类和筛选,然后,据此起草“职务说明”和“职务要求细则”。起草工作一般由人力资源管理部门负责。在完成第一稿后,应分发给有关的经理和员工进行审阅。然后根据审阅意见,再进行各种必要的修改,直到形成最终的“职务说明”和“职务要求细则”。“职务说明”和“职务要求细则”的初稿,应主要发给那些担任这些职务的员工,特别是那些在职务分析中给予了协助的员工。但不必将所有职务的“职务说明”和“职务要求细则”发给每个员工。一般只需发给一个员工关于该员工自身职务的“说明”和“细则”。让这些在职员工有机会参与审阅和修改、提出需要澄清的问题并与管理人员及负责人进行讨论,可以加强管理者与员工间的相互交流和沟通。在审阅和修改时,人们可能提出各种问题。例如,应以什么方式来承担某项职务,为什么要采用这种方式,可以在哪些方面加以改进等。此外,除让员工参与审阅和修改工作外,在设置工会的企业,还应邀请工会代表参与审阅和修订工作。这样做,可以加强沟通,进而减少今后劳资双方发生矛盾冲突的可能性。

(5)保持和更新“职务说明”与“职务要求细则”。在形成了正式版本的“职务说明”和“职务要求细则”之后,还必须建立一套制度,保证其能够根据新情况不断得以更新。否则,整个职务分析过程就可能不得不每隔几年就重复一次。企业是动态的和不断演化的实体,所有职务在多年内始终保持不变的情况并不多见。

3.“职务说明”模板

“职务说明”与“职务要求细则”

职称:人力资源助理　　职务编号:

部门:人力资源部　　职务分类:办公室职员

呈报人:人力资源部经理

起草人:×××

概要:

协助人力资源部经理管理和促进员工福利;起草企业安全计划、政府规定的健康和保健计划;协助经理招聘员工,并帮助新员工熟悉情况,保存员工档案。

基本工作职责:

• 办理人力资源方面的各种工作事项,包括准备工作安排、发布招聘广告、进行招聘面试、安排对企业的现场参观、核实推荐材料,使新员工和实习生熟悉情况(25%)。

• 根据人力资源部经理的要求,撰写内部和外部来往信函,包括备忘录、员工通知和书信等(20%)。

知识、技能和能力:

• 关于企业政策、程序、产品和服务方面的知识。

• 关于人力资源实践工作、活动和办事惯例方面的知识。

• 关于就业法律方面的知识。

教育程度与工作经历要求:

管理专业或相关领域大专毕业或同等学力,两年以上人力资源管理工作实践或同等经历。

4. 案例示范

我国一些管理领先的旅行社，在职务分析方面做了很多有益的尝试，在企业管理中取得了一定的效果，下面介绍一份某国际旅行社职务描述的模板和职务工作职责说明材料，以供旅行社广大同人研究借鉴。

案例：

某国际旅行社职务描述模板

部门：产品研发和营销策划部

岗位名称：市场营销策划部产品研发中心项目主管

直接上级：总经理

人员构成：部门经理、项目主管

本职工作：负责企业所有产品研发和相关营销策划

直接责任：

- 认真执行企业各项规章制度，服从上级指挥，保质、保量按时完成工作任务。
- 完成企业系统所有产品（常规线路除外）的研发和营销策划工作，并协助各控股公司和国内部销售产品。
- 相关媒体投放工作。
- 企业旅游资源资料数据库的建设和整理工作。

主要权力：

- 对产品咨询调查权。
- 对控股公司和国内部有关旅游资源的查询权和共享权。
- 在产品方面与相关媒体的合作权。
- 奖励提出优秀建议的人员的建议权。

管辖范围：

- 产品研发和营销策划部的所有员工。
- 相关旅游资源资料和线路、产品的保管使用。

（二）旅行社员工招聘与培训

1. 旅行社员工招聘

招聘，是为企业的职务空缺找到一批有资格的申请人。如果有资格的申请人和职务空缺的数量相等，则不涉及选择的问题。但目前中国旅行社界出现了一种“企业缺乏足够的人才，而大批旅游专业毕业生却找不到工作”的怪现象，这不得不让我们深思。

（1）招聘的策略

旅行社企业无论规模大小，在招聘工作之前，都必须作出下列决定：

- 需要招聘多少人员？

- 涉足哪些劳动力市场?
- 采用全职、兼职其他灵活的雇用方式?
- 内部招聘和外部招聘同时使用时,应在多大的程度上侧重从内部聘任?
- 什么样的知识、技能、能力和经历是真正必需的?
- 在招聘中应注意哪些法律因素的影响?
- 应怎样向劳动力市场传递关于职务空缺的信息?
- 企业招聘工作的力度如何?

(2)招聘的程序

企业的招聘计划,应该从人力资源规划开始,经过8个环节完成企业招聘,招聘程序包括:人力资源规划 — 企业当前招聘需求调查 — 各部门经理通过报告通知人力资源部门职位空缺情况 — 人力资源招聘人员和经理审阅职务和资格要求 —检查内部来源情况(提升、职务委派等) — 发现可雇用的外部人员 — 选拔过程 — 后续措施和评价及时反馈到人力资源部。

(3)选拔录用程序

国内大型旅行社的人员选拔录用程序,涉及应聘接待、事前谈话和兴趣甄别、招聘测试、选拔面试、背景考察、决定是否录用、签订劳动合同等环节。例如,国内某大型旅行社的选拔录用程序包括9个环节:接待应聘求职者 — 填写申请书及初次谈话 — 招聘测验 — 用人部门第二次面试,并在申请书上予以评分 — 调查应聘者的履历 — 人力资源部初步甄选 — 用人部门批准录用 — 体检 —正式录用。

根据旅行社的规模和管理规范程度不同,企业的选拔录用程序有很大的区别。一般情况下,中小型旅行社的选拔录用程序简单明了,容易操作,大型旅行社关键岗位的选拔录用程序则较为复杂。下面介绍国内某大型旅行社人员选拔录用程序图,以供旅行社经营管理者参考借鉴(图11-4)。

2.旅行社员工培训

培训,需要投入。企业投入的是财力,而员工投入的是时间(有时也投入财力)。一个员工"跳槽"的可能性越小,企业为该员工培训所作的投入回报率也就越高。企业对员工进行培训的主要目的,是克服员工的低效率。一般说来,有效的培训所产生的生产性收益,要大于培训所花费的成本。目前,中国绝大多数旅行社企业没有形成自己的培训体系。旅行社员工的成长还处于原始的"学徒"阶段。旅行社界频繁的人才流动,更成为一些企业不愿意建立培训体系的理由。很多旅行社担心,自己费尽千辛万苦形成的企业核心竞争力的构成部分(接待资源库或客户库)被员工很快的学到,然后离开企业,为竞争对手效力,这是一个人力资源开发的误区。完善的培训体系,可以帮助员工迅速提高操作技巧、丰富旅游知识。

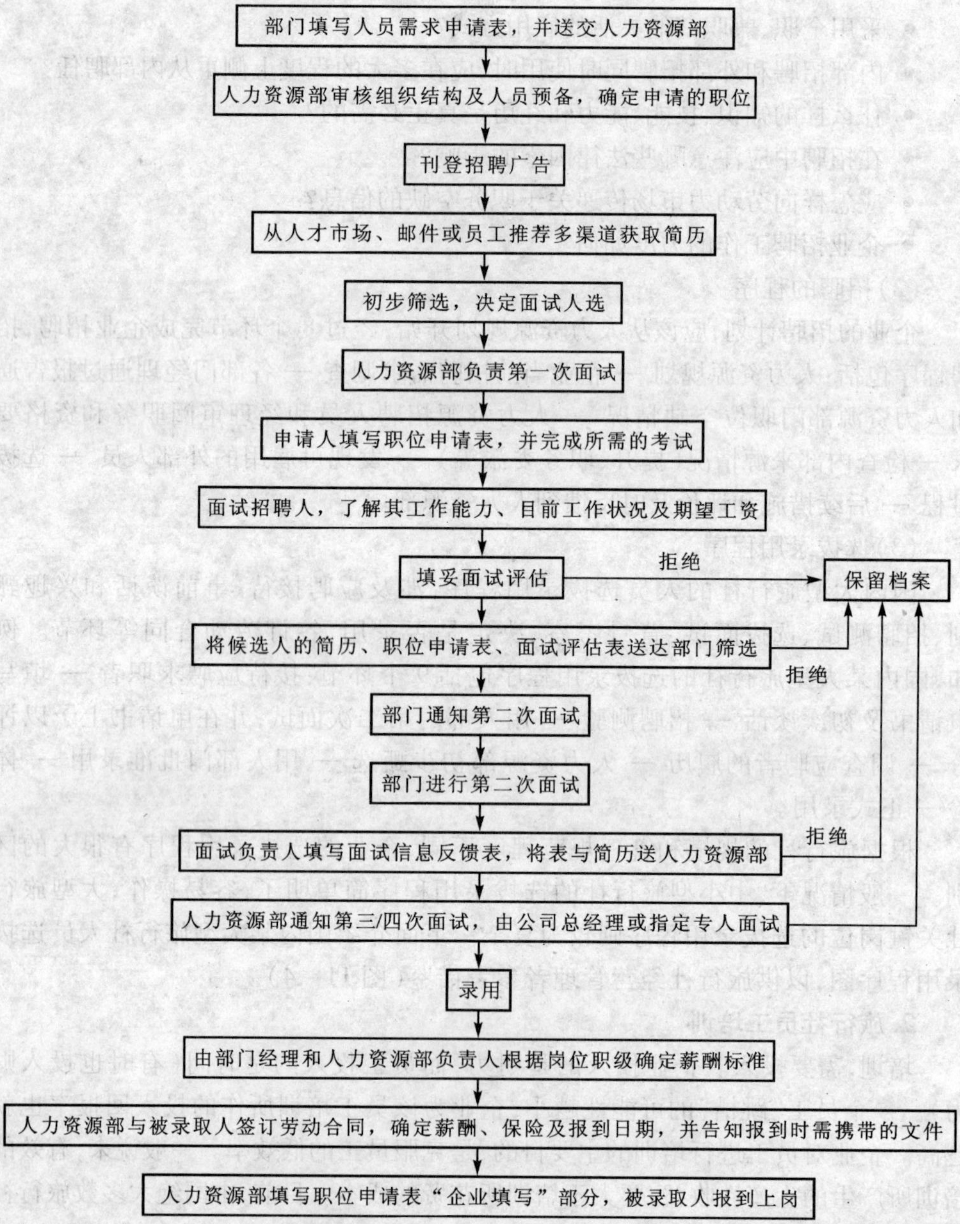

图 11－4　旅行社选拔录用程序图

员工的高效率可以提高企业的经济效益。企业效益的提升可以为员工带来更好的福利。员工对企业的忠诚度也就相应提高。

(1)培训的内容

旅行社员工的培训内容,主要包括员工工作态度培训、工作技能和技巧培训、工作所需相关知识的培训三个方面,可以简单概括为"ASK"即 Attitude(态度)、Skill(技巧)、Knowledge(知识)。

● 思想素质和职业道德培训。旅行社的员工经常是分散、独立地开展工作,如果没有过硬的思想素质和较高的职业道德水准,则很难胜任工作。近几年来,旅游界的极端个人主义盛行,旅行社出现了"穷庙富和尚"的怪现象。很多旅行社提出,要加强员工敬业精神和职业道德的教育,各种敬业精神和职业道德培训方面的书籍持续热销,说明了思想素质和职业道德培训已经得到了旅行社界管理者的高度重视。通过这方面的培训,可以使员工了解企业的经营目标和经营理念,帮助员工树立主人翁意识、职业的自豪感和荣誉感。进一步强化员工的团队精神和合作意识,自觉做好本职工作,维护企业形象。

● 技能培训。技能培训,是迅速提升员工工作能力的手段之一。主要包括为游客服务的技巧培训(如翻译、导游、接待客户等)、开发市场的技巧培训(如与客户谈判签约、客户售后服务等)、处理旅游投诉的技巧培训、应付突发事件的能力和技巧培训,以及中层管理干部的管理技能培训等。技能培训可以通过在企业内部建立以老带新的"导师"制度来执行;另外,还要为员工建立进行工作经验交流的渠道,如"网上论坛、经验交流会"等。

● 知识培训。旅行社是知识密集型企业,为游客服务的全过程中,每一刻都需要专业知识作支撑。一般情况下,旅游学校毕业的学生在学校已经学了很多专业知识。从社会招聘的员工旅游专业知识储备相对较少,因此,需要针对招聘人才的来源不同,为其量身订制不同类型的知识培训计划。知识培训内容,主要有政治、经济、社会、文化、自然、科技、历史、地理、民俗等。另外,还应该让员工了解中国旅行社界和世界旅行社业发展的最新趋势和竞争动态,从而增强员工的危机意识和爱岗意识。最后,如果企业已经制定了发展战略规划,应该让员工清楚地了解企业的发展方向、发展目标,进一步提升员工的主人翁意识。

(2)培训类型

旅行社的培训方式很多,主要有岗前培训、岗位认证培训、学历教育培训、专题性培训等。

①岗前培训。岗前培训主要针对新招聘的员工,是有计划地向新员工介绍他们的工作,及同事和企业的各种情况。岗前培训必须敏锐关注新员工的顾虑、不确定感和各种需要问题。岗前培训的内容,主要有企业介绍、敬业精神、服务观念、操作规范、旅游业务知识、导游知识、旅行社各项规章制度等。迎新介绍的目的,是帮助新员工了解他们所处的工作环境,以使他们的工作表现尽可能早日达到所要求的标准。卓有成效的迎新介绍,至少可以获得如下收益:

- 可增强新员工对企业的责任心。
- 可使新员工对企业的价值观和目标具有更高程度的认同。
- 可以降低缺勤率。
- 可提高对工作的满意度。
- 可减少人员流失。

②岗位认证培训。我国已经对旅行社从业人员实行了持证上岗的认证制度，导游必须取得国家统一颁发的“导游资格证”才能上岗，旅行社经理人员必须接受相关专业培训，参加国家统一组织的考试，并取得相应的资格证书。岗位认证培训的对象一般是有一定业务知识和操作实践经验的职工，岗位认证培训可以提高员工的业务素质，不断提高现有水平。各地旅游主管机构的培训中心每年不定期地进行岗位认证的培训。

③学历教育培训。学历反映了一个人受教育的程度，由于我国旅行社界有相当多的员工是从社会上招聘的，学历不高，因此积极动员企业员工参加各旅游院校和旅游培训中心组织的函授、电大、夜大、自学考试等相关专业，取得大专或本科学历。有的大型旅行社和旅游院校联合办学，为员工提高系统的学历教育培训，有效地提高了员工的整体学历水平和知识水平。

④专题培训。专题培训主要是强调应用性和迫切性，例如，某些旅游培训中心和咨询机构推出的“旅行社总经理培训班”、“旅行社部门经理培训班”、“导游培训班”等，聘请了一些旅游界的专家，就领导艺术、管理技巧、导游知识等各种专题进行有针对性的培训，收到了很好的效果。专题培训的方式很多，既可以是专题讲座，也可以是实地考察，由于针对性强，效果明显受到了旅行社界的欢迎。

(3)案例示范

目前，中国旅行社界绝大多数企业，没有给予培训应有的重视，也没有形成自己的培训体系。但也有一部分管理规范的企业建立了自己的培训制度，有计划地安排了企业内部的培训，虽然不太完善，但对继续提高培训管理意识、建立培训体系的中国旅行社界来说，却有很大的借鉴参考意义。

案例1：

某旅行社培训制度节选

- 企业员工培训分为岗前培训和在岗培训两类。
- 由人力资源部负责企业员工培训工作，其他部门和人员予以积极协助。
- 新员工招录报到后，按照总经理批准的培训计划，人力资源部负责安排培训内容、培训方式、讲授人员、培训时间、培训地点等事宜。
- 岗前培训主要内容：企业整体介绍、企业文化讲解、企业发展战略介绍、企业规章制度、员工守则的说明与解释、岗位责任说明、专业知识培训及其他工作要求等。
- 新员工的岗前培训分别由总经理、人力资源部、相关部门主管及专业技术人员等负责讲解和授课。

● 新员工岗前培训的目的，是使新来人员在短时间内了解和掌握企业各方面的基本情况和本职工作的基本要求，使之尽快适应工作环境，快速进入工作状态。

● 岗前集中培训结束后，围绕培训内容进行实操知识的书面考试，合格者予以留用，不合格者辞退。

● 新员工上岗后，第一个月为在岗培训阶段，主要由部门主管负责其培训工作，排除新员工在工作中遇到的困难，及时纠正其不符合企业要求的工作行为。

● 人力资源部和部门主管负责对新员工在岗培训进行双重考核，合格者继续留用，不合格者及时解除试用合同。

● 企业根据企业发展和工作需要定期或不定期地对老员工进行在职培训，培训内容视情况需要而定，培训方式可采用企业内部培训、送到专业院校或科研机构进修学习、请专业人士来本社进行培训等多种方式。

● 老员工每次在职培训后，也要进行考试、考核，以了解其培训状况，凡考试不合格者均要予以相应的处罚。

案例2：

某旅行社培训课程安排节选

新员工培训课程

内　容	主讲人	课　时
• ×××旅行社发展战略	×××	4
• 企业员工心态调整及自我定位	×××	2~3
• 中国旅行社业网络建设模式分析与发展趋势	×××	2
• ×××旅行社产品研发流程及员工建议制度	×××	4
• 关于××地接市场的分析与地接知识	××	2
• 关于××地区组团市场的分析	××	2
• ×××旅行社信息化管理平台的应用	××	4
• 企业文化建设与自我调控	××	2
• ×××旅行社管理制度	××	4

×××旅行社人力资源部

三、旅行社员工的管理

（一）旅行社经理人员的管理

1. 旅行社经理人员的概念

旅行社经理人员，是指旅行社经营管理人员，也就是社会上流行的“职业经理人”的范围。旅行社经理人员可分为高级职业经理人和职业经理人。旅行社高级职业经理人，是指据有较高理论知识和实践能力，以自己的管理才能为投资者服务，能在企业股东的授权下从事高层次战略管理和企业整体运作的经营管理人员。主要包括旅行社总经理、副总经理，以及旅行社企业的总监级管理人员。旅行社职业经理人，是指具有一定理论知识和实践能力，以自己的管理才能协助高级职业经理人为企业股东资产的保值、增值服务，能够从事旅行社某一部门或某一职能管理工作的经营管理人员。主要包括旅行社部门经理、副经理、经理助理，以及大型旅行社主管级管理岗位。

目前，我国旅行社经理人的现状不太乐观，非常缺乏具有战略管理能力、意识领先、与国际旅行社业发展接轨的高级管理人才。随着外资旅行社企业在中国业务的展开，外资企业将以优厚的薪酬和福利待遇、先进的企业运营管理体制吸引中国的旅行社经理人员加盟，中国本土的旅行社企业将面临严重的人才危机。

中国的旅行社经理人大体分为如下4类：

(1)改革开放前就从事旅行社业的工作人员。此类人员目前普遍面临年龄偏大、知识老化的问题，很难适应21世纪中国旅行社业蓬勃发展的需要。

(2)国有旅行社的经营管理人员。这一批人是中国旅行社界的中坚力量，但目前，却被经营体制问题所困扰。他们的工作热情和经营管理能力未能得到最大限度的发挥。

(3)旅游高等院校和培训机构培养出来的经营管理人员。这批人已经充实到中国旅行社业的各个岗位。他们有朝气、有热情，同时具有较强的学习能力，但却面临着经营管理实践经验不足、就业压力大，以及其他行业吸引的多重压力。

(4)中小旅行社作为投资主体同时兼任经营管理人员的投资人。这是中国旅行社界最具活力的部分。他们基本上都是国家放开旅行社业的审批之后，投资开办旅行社的。困扰他们的，是没有相应的旅游专业知识和经营管理知识，只能凭借其他行业的管理经验来管理企业。

2. 对旅行社经理人的管理原则

随着中国旅游市场的开放，中国旅行社界的投资主体也越来越趋于多元化。投资人聘请旅行社职业经理人管理企业的需求会越来越大。对于高级职业经理人，可以采用市场流行的总经理向董事会负责的办法，为以总经理为首的经营管理层设立完善的考核目标体系，由董事会定期对高级职业经理人进行考核。然后由高级职业经理人对企业的中层管理人员进行考核。一般情况下，对旅行社经理人的管理应该遵循以下原则：

(1)认真挑选、大胆使用。目前，中国旅行社经理人市场鱼龙混杂，经营管理水平高、职业道德水准高的管理人才并不多见。因此，在聘用旅行社职业经理人管理企业时，应该制定明确的考核目标和监控体系，然后根据企业规模、目前效益、发展目标等，认真挑选合适的经理人来管理企业。一旦选定合适的经理人后，就应该对其充分信任，赋予与其职务相应的职权，支持他们开展工作。不要人为设限，使下属欲退不能、欲进不能。只有给予他们充分的信任，才能建立一支强有力的职业经理人队伍，企业才能发展壮大、生机勃发。

(2)集权、分权两相宜。对旅行社职业经理人的管理，表现在企业的具体管理实践中就是集分权的设计。作为授权者，一定要清楚什么权可以放，放到什么程度，放权之后有没有相应的监控手段，没有监控手段的放权，只能导致绝对权力的出现，最终导致企业管理的失控。这又涉及企业董事会、总经理、中级管理人员之间层层授权及监控的问题。一般情况下，董事会对企业聘请的总经理的管理，主要表现在"预算管理、年度经营指标管理"，由总经理制定企业的财务预算和经营指标及年度经营计划，董事会对财务预算、经营指标进行定期考核，以此来决定总经理及其他高级管理人员的去留。总经理对中层管理人员的管理，主要体现在业务经营管理权限的授权与监控上。例如，目前很多企业都实行了企业统一采购的原则，由总经理和各部门负责人共同组成采购团队，统一对旅行社业务环节中的"航空、铁路、旅游汽车公司、饭店、景点、餐厅、旅游购物商店"签订合同。这一方面提高了企业对产品品质的管理，另一方面也规避了很多分散采购导致无法获得好的折扣，以及暗箱操作导致的利润黑洞等问题。这种集中采购的做法正在被越来越多的旅行社采用，值得中国旅行社界认真研究。大量的经营实践证明，职责明确、大胆放权、合理监控既有利于下属独立自主地开展业务经营活动，又有利于企业高层管理者，将主要精力放在全局性的重大问题上。

(3)以职定人、用人所长。目前，中国旅行社业基本上都是根据经营管理者的经验，来判断企业的人力资源建设是否能够满足企业的需要，没有进行完善的职务分析，也没有相应的人才储备开发计划。因此，中国旅行社界急需进行一场职务分析革命，在专业咨询机构的帮助下，根据企业的具体情况和发展目标进行认真的职务分析，以确定合适的职务晋升体系和职位数量，按照"职务说明"选择合适的人才，彻底摆脱过去那种以经营管理者的喜好来选择人才的坏习惯。选择合适的人才，充分发挥其长处，而非一味地求全责备。这是进行旅行社经理人管理必须遵循的一项基本原则。

(4)合理激励、赏罚分明。没有一套合理的激励体系，就很难调动旅行社经理人的工作积极性；没有奖罚体系，便不能对有过失者给予合适的惩罚，达不到"惩前毖后"的目的。因此，旅行社企业应该根据目标先行(无论是奖励还是惩罚，都要对照事前确定的目标和计划)、实事求是(奖罚的依据是具体的实施，而非抽象的不能确定的内容)、坚决贯彻(制定奖惩制度应该充分调研，一旦确定，就应坚决贯彻,不能与下属争利)的原则,把合理激励、奖罚分明的原则落到实处。

3. 平衡计分卡在旅行社经理人管理中的应用

(1)以财务数据为主体的管理考核体系的弱点。目前,中国旅行社界对于旅行社经理人的管理和绩效考评,主要体现在企业财务指标和企业年度运营计划上,而对非财务指标没有给予充分的重视;企业的财务指标没有具体的落实措施;对财务型指标实现与否的原因分析不彻底。因此,以财务指标为主体的管理考核体系,对企业的健康发展会有一些不利的影响。其主要体现在:

• 以收益为基础的财务数字,仅能衡量过去决策的结果,却无法评估未来的绩效表现,容易误导旅行社企业未来发展方向。

• 当以财务指标作为企业绩效评估的唯一指标时,容易使旅行社经理人过分注重短期财务结果。在相当程度上,也使得经营者变得急功近利,对操纵报表上的数字具有强烈动机,而不愿就企业长期策略目标进行合理投资。例如,有些入境旅游部门的负责人,以拉长应收账款周期的方法来扩大自己的业务额和利润额。这将造成企业现金流的断裂等财务危机。

• 由于不重视非财务性指标(如服务质量和人力资源建设)的评估,致使企业竞争力下降,原本强劲的财务数字,有可能逐渐恶化。

• 片面的指标收集,难以推动整体绩效的改善,不利于企业核心竞争力的建设。

(2)平衡计分卡简介。平衡记分卡,是哈佛大学财会学教授罗伯特·卡普兰与复兴方案公司总裁戴维·诺顿,在积累了大量实践经验的基础上,建立的一套革命性管理系统。平衡计分卡共包含财务、客户、内部运营和学习成长四个层面的考核指标(图11－5)。

• 财务性指标。财务性指标,是一般企业常用于绩效评估的传统指标。财务性绩效指标可显示出旅行社企业战略的实施和执行过程,是否正在为最终经营结果(如利润)的改善而作出贡献。然而,并非所有的长期策略都能很快产生短期的财务盈利。非财务性绩效指标(如服务质量、服务效率、旅游新产品研发能力等)的改善和提高,是实现目的的手段,而不是目的的本身,但财务性指标衡量的主要内容,却是旅游业务收入的增长、业务收入的结构、降低成本率、资产的利用和投资战略等。

• 客户指标。平衡记分卡要求旅行社企业将使命和策略诠释为具体的与客户相关的目标和要点。企业应以目标顾客和目标市场为方向,关注于是否满足了核心顾客的需求,而不是企图满足所有客户的偏好。客户最关心的不外乎服务效率、服务质量、服务价格三个方面。企业必须为这三个方面树立清晰的目标,然后将这些目标细化为具体的指标。客户指标衡量的主要内容,包括旅游市场份额、同业及团体老客户挽留率、新客户获得率、顾客满意度、从客户处获得的

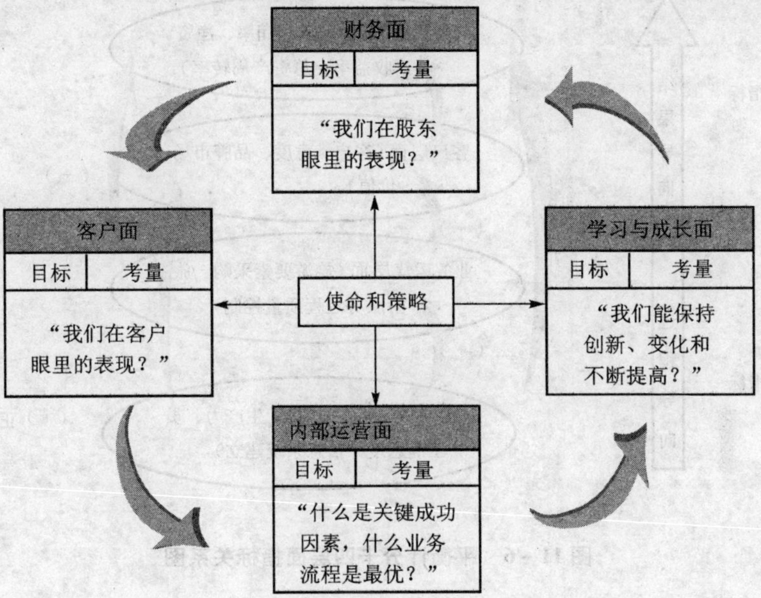

图 11－5　平衡计分卡示意图

利润率等。

● 内部营运指标。建立平衡记分卡的顺序，通常是首先制定财务和客户层面的目标与指标，然后才制定企业内部流程层面的目标与指标。这个顺序使企业能够抓住重点，专心衡量那些与股东和客户目标息息相关的流程。内部运营绩效考核，应以对客户满意度和实现财务目标影响最大的业务流程为核心。内部运营指标，既包括短期的现有业务的改善，又涉及长远的产品和服务的革新。内部运营指标涉及企业的新产品研发、旅游服务过程、售后服务过程等。

● 学习和成长指标。学习与成长的目标，为其他三个方面的宏大目标提供了基础架构，是驱使上述记分卡三个方面获得卓越成果的动力。面对激烈的旅游市场竞争，旅行社目前的技术和能力，已无法确保其实现未来的业务目标。削减对企业学习和成长能力的投资，虽然能在短期内增加财务收入，但由此造成的不利影响将在未来对旅行社的发展带来沉重打击。学习和成长指标涉及员工的能力，信息系统的能力，激励、授权与相互配合等。

总之，平衡记分卡的发展过程中特别强调描述策略背后的因果关系，借助客户层面、内部营运层面、学习与成长层面评估指标的完成，而达到最终的财务目标(11－6)。

(3)平衡计分卡的应用。

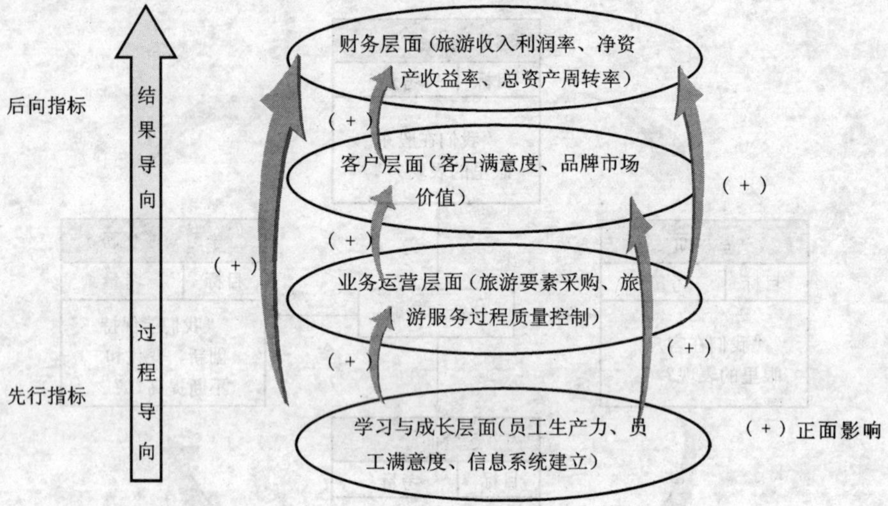

图 11－6　平衡计分卡四层面指标关系图

案例：

某旅行社对经理人的考核指标体系

中国旅行社界对于如何管理旅行社经理人做了很多有益的尝试，许多企业根据自己的具体情况，确立了具有企业特色的经理人管理考核目标体系。现介绍一例如下，虽然还很不完善，但目前，与单纯的财务指标考核比较起来，仍然有了很大的进步，供广大旅行社界从业者参考借鉴（表 11－1）。

表 11－1　　某旅行社对控股公司及业务部门的考核指标体系

业绩指标	A1	同业批发人数/营业额		
	A2	同业批发毛利总额		
	A3	直客收客人数/营业额		
	A4	直客业务毛利总额		
	A5	地接人数/营业额		
	A6	地接业务毛利总额		
	A7	实现利润总额		
费用指标	B1	人员工资		
	B2	通讯费		
	B3	房租及水电		
	B4	差旅费		
	B5	市场营销费		

续表

费用指标	B6	公关招待费		
	B7	办公费用		
	B8	其他费用		
	B9	费用总额		
客户指标	C1	客户满意度		
	C2	客户投诉率/解决率		
	C3	有无重大服务质量事故		
市场营销指标	D1	广告费用		
	D2	企业客户拜访数量		
	D3	电话拜访总数		
分销网络建设指标	E1	分销商数量		
	E2	VIP 分销商数量		
	E3	地理分布		
旅游专线批发指标	F1	旅游专线数量		
	F2	批发人数/销售额		
	F3	专线毛利总额		
专题旅游产品指标	G1	专题旅游产品数量		
	G2	收客人数/营业额		
	G3	专题旅游毛利总额		
学习与成长指标		员工数量及素质		
		员工能力结构		
		培训科目、时数、人员		
		信息系统应用情况		

4. 案例示范

随着旅游市场的开放，中国旅行社界的业务网络扩张会越来越快，如何对控股分支机构及总公司各重点业务部门进行管理、考核，是一个亟待解决的难题。一些旅行社在这方面做了很多有益的探索，下面介绍某旅行社对下属公司总经理及总部业务部门负责人的管理、考核制度节选，供旅行社界同人参考研究，能尽快制定出具有企业自身特色的管理考核体系。

案例：

某旅行社对下属公司总经理及总部业务部门负责人考核制度节选

控股公司、业务部门负责人绩效考核办法

第一条　为促进控股公司、业务部门营业目标的完成，提高控股公司、业务部门的经营管理水平，加强控股公司、业务部门负责人的自信心与责任感，特制定本考核办法。

第二条 本办法适用于各控股公司、业务部门负责人，由投资管理部负责组织相关职能部门进行考核。

第三条 控股公司、业务部门负责人的××××元以上的部分，作为绩效工资，绩效工资的实际发放数额与绩效考核的分数挂钩。

计算公式：绩效工资的实际发放数额=绩效工资×考核分数%

第四条 经营考核指标分为项，考核满分为100分，具体如下：

(1)月营业额目标完成情况(满分30分)

其中，地接10分、同业批发10分、直客10分。将上述三项分别考核，综合计算得分。

①地接营业收入：(10分)　　控股公司

- 60%以下　　(0分)
- 60%(含)~80%　　(5分)
- 80%(含)~90%　　(7分)
- 90%(含)~100%　　(9分)
- 100%(含)以上　　(10分)

②同业批发收入：(10分)

- 60%以下　　(0分)
- 60%(含)~80%　　(5分)
- 80%(含)~90%　　(7分)
- 90%(含)~100%　　(9分)
- 100%(含)以上　　(10分)

③直客收入：(10分)

- 60%以下　　(0分)
- 60%(含)~80%　　(5分)
- 80%(含)~90%　　(7分)
- 90%(含)~100%　　(9分)
- 100%(含)以上　　(10分)

(2)月毛利额目标完成情况(满分30分)

- 60%以下　　(0分)
- 60%(含)~70%　　(5分)
- 70%(含)~80%　　(10分)
- 80%(含)~85%　　(15分)
- 85%(含)~90%　　(20分)

- 90%(含)~98%　(25分)
- 98%(含)以上　(30分)

(3)营业收入回款指标(满分15分)

- 当月回款率75%及以下　(0分)
- 当月回款率75%~80%　(0~3分)
- 当月回款率80%~85%　(3~6分)
- 当月回款率85%~90%(含)　(6~9分)
- 当月回款率90%~99%　(9~14分)
- 当月回款率100%　(15分)

当月回款率:当月7日内回款的团款总额/当月应收团款总额。

(4)管理平台及客户档案管理(满分10分)

- 非常完整并准时填写　(10分)
- 比较完整并及时填写　(8分)
- 不完整且填写不及时　(5分)
- 很不完整且拖拖拉拉　(0分)

说明:主要指管理平台中相关内容及客户档案的管理。

(5)投诉发生率及处理情况(满分5分)

- 投诉率3%及以下,在规定时间处理完,客户满意　(5分)
- 投诉率3%~5%,在规定时间处理完,客户无反应　(2分)
- 投诉率5%以上,在规定时间处理完,没有造成不良影响　(0分)

说明:投诉发生后规定处理时间为客户旅游结束前,即投诉不带回客源地原则。

(6)计划、报表上报情况(满分5分)

按是否准时上报和是否清楚完整程度来考核。

- 很好　(5分)
- 较好　(3分)
- 一般　(1分)
- 差　(0分)

说明:计划指年度工作计划、月度工作计划、周工作计划;报表指月度财务报表和业务分析报表。

(7)销售人员的培训及管理(满分5分)

- 很好　(5分)
- 较好　(3分)
- 一般　(1分)
- 差　(0分)

第五条 每月末由投资管理部负责统计考核七项指标的得分情况,并作为绩效工资发放的依据。

控股公司、业务部门负责人连续三个月绩效考核得分在60分以下者,给予撤职处理。连续三个月每月绩效考核得分都在75分以上,且三个月的平均分达到85分以上者,下三个月绩效工资额度翻一倍。

计算公式:下三个月每月的实发绩效工资=2×绩效工资×当月考核分数%

第六条 年末汇总控股公司、业务部门负责人各月得分,除以12个月之后的得分作为考核控股公司、业务部门负责人年终奖金、晋职的一个重要依据。

(二)旅行社导游人员的管理

在旅行社接待旅游者,完成旅游服务过程中,导游员是接待工作的主体。在旅游活动中,导游员处于中心地位。一名好的导游员可以为游客带来一次愉快的旅游。反之,则是不成功的旅游。

1. 导游员的含义与分类

(1)导游员的含义

导游员,也称导游人员,是导游服务工作的从业人员。《导游人员管理条例》明确规定,导游人员是依照《导游人员管理条例》规定取得导游证,接受旅行社委派,为旅游者提供向导、讲解及相关旅游服务的人员。由此可见,导游员之称包含三层含义:

①导游人员,是依照《导游人员管理条例》规定取得导游证的从业人员。也就是说,要想从事导游工作,必须取得国家认可的导游资格证书,否则将按照相关规定予以处罚。

②导游人员,是指接受旅行社委派的从业人员。导游员无论是全职还是兼职,必须接受旅行社的委派才能带团。

③导游人员,是指那些为旅游者提供向导、讲解服务及相关服务的从业人员。

(2)导游员的分类

①按业务范围划分:导游人员可分为国际导游员(业内简称为"领队")、全程陪同导游员(业内简称"全陪")、地方陪同导游员(业内简称"地陪")和定点陪同导游员四类。

②按职业性质划分:导游人员可分为全职导游员、兼职导游员。

③按导游证件性质划分:导游人员可分为正式导游员和临时导游员。

④按使用的语言划分:导游员可分为中文导游员和外语导游员。

⑤按技术等级划分:导游人员可分为初级导游员、中级导游员、高级导游员和特级导游员。

2. 导游人员的工作纪律

根据《导游人员管理条例》等法规的要求,导游人员必须遵守以下工作纪律:

(1)必须持证上岗带团,持有导游证是导游员合法职业的标志,也是保证导游接待服务质量的基础。因此,在导游实际工作中,上岗带团必须把导游证佩戴在胸前,一方面方便旅游者识别导游员,及时得到导游员的服务和帮助;另一方面也便于旅游行政管理部门的监督检查。

(2)导游员必须经旅行社委派。我国旅行社行业是特许经营行业,招徕接待旅游者,为旅游者安排食宿等有偿服务的经营活动,均属于旅行社的经营范围。导游人员只能经过旅行社委派为旅游者提供向导、讲解及相关服务,导游人员不得私自承揽或以其他任何方式直接承揽导游业务。

(3)导游人员不得有损害国家利益和民族尊严的言行。

(4)导游人员不得在讲解、介绍中掺杂庸俗下流的内容。

(5)导游人员不得擅自增减旅游项目或中止导游活动。

(6)导游人员不得向旅游者买卖物品。

(7)导游人员不得以明示或暗示的方式,向旅游者索要合同约定之外的费用(如小费等)。

(8)导游人员不得胁迫、欺骗旅游者消费购物。

尽管我国的相关法律对导游人员规定了比较严格的工作纪律,但是在旅游实践中,"永续下流"的笑话、导游因为游客购物能力不强硬性甩团、擅自增加自费景点、胁迫购物等现象仍屡屡发生。虽然这只是少数导游人员不负责任的行为,但却使旅游者深受其害,中国旅行社界导游员的管理问题已经成为治理整顿旅游市场的重点之一。

3. 导游服务质量的七大标准

从质量角度来讲,影响导游服务的因素很多,虽然导游服务质量难以量化,但满足旅游者需求的程度决定了导游服务质量的标准。综合分析一下,主要包括七个方面:

(1)服务态度。热情、主动的导游服务态度,是导游员满足游客的基本需求。

(2)导游知识。导游知识一般分为景点知识和综合知识。知识面广的导游员可以在较大程度上满足游客的需求。

(3)讲解技能。语言艺术的运用是导游讲解技能的重要体现。讲解技能的高低同时也表现在讲解内容的选择、语音技巧和讲解手法的运用上。

(4)带团技能。带团技能,主要体现在导游员与游客相处的关系上,要点是导游员对旅游团要有影响力和调控能力。

(5)带团购物。带团购物,本来是旅游服务中一项必不可少的内容,但少数导游人员及旅游购物商店"以次充好、强买强卖"的不良行为却成为服务者投诉的焦点之一。

(6)应急技能。在旅游过程中,导游员不可避免地会遇到"旅游者走失等人为事故、旅游汽车出故障等技术性事故、恶劣天气等自然不可抗力"各种特殊情况,如果导游员不能及时处理,就会使旅游行程受损或中断,影响游客旅游体验的满意度。

(7)仪表仪态。仪表仪态,也是导游服务质量的重要因素,没有哪个游客喜欢一个"衣着不整、萎靡不振"的导游员。

4. 导游人员的管理

导游人员的管理,根据管理主体的不同,可以分为外部管理和内部管理。

(1)外部管理。外部管理方式,主要有旅行社行政主管机关、导游服务公司、社会舆论监督三种方式。

①旅游行政主管机关。旅游行政主管机关对导游人员的管理,主要体现在制定了导游人员管理的有关法规、政策,可以依据法律法规对违法的导游员进行处罚。其具体表现为:导游人员资格考试制度、导游人员登记考核制度、导游人员计分管理制度、导游人员年度审核制度等。

②导游服务公司。近几年来,我国导游职业出现了自由化的趋势。即旅行社不再长期聘用专职导游,而是与导游人员建立松散的业务联系,根据业务需要临时聘请导游人员。在这种趋势下,导游服务公司便应运而生,专门负责向旅行社提供导游服务。对于未被旅行社聘请期间的导游员的管理自然就落在了导游服务公司的肩上。

③社会舆论的监督。目前,社会舆论监督已经成为对导游人员管理的一种重要手段,违法导游的种种不法伎俩屡屡见诸报端,提高了旅游者的防范意识和维权意识。但社会舆论也应该对那些操作规范、不辞辛苦、认真为旅游者服务的优秀导游员的事迹予以报道,以此达到"奖优罚劣"的目的,以社会舆论的强大力量来约束广大导游人员执行操作规范,监督其行为,提高导游服务质量,而不是一味地揭露导游队伍中少数不法人员的不良行为,导致社会对导游人员产生片面看法和歧视性倾向。

(2)内部管理。所谓内部管理,主要是指旅行社自身对导游人员的管理。内部管理方式主要包括:

①严把招聘关,建立一支素质高、服务质量过硬的导游队伍。为了保证服务质量,旅行社需要建立一支稳定的导游队伍,应该根据服务规范的要求选聘优秀的导游人员,而不是简单地看重"年龄、身高、容貌"等外在标准,应该重视导游人员的服务意识、服务态度、敬业精神,选拔那些愿意通过不断学习,提高自已的服务技能、以服务质量获得游客和企业认可、愿意为企业长期服务的优秀导游人员加入企业的导游队伍。

②加强培训,不断提高导游人员的服务能力和服务意识。旅行社应该制定明确的培训政策,建立鼓励员工积极参与培训的机制,让员工了解培训的意义,鼓励

导游人员积极参加培训和自我学习,从而尽快提高自身素质和服务技能,为保证企业的旅游服务质量打下坚实的基础。培训的内容,通常包括职业道德的培训、导游相关知识的培训、旅游服务技能的培训等。培训的方式,包括岗前培训、岗上培训、业务集训、脱产深造等方式。

③科学考评,建立完善的导游服务质量评定体系。企业对导游队伍的管理,关键在于是否拥有一套完善的服务质量评定体系。由于导游人员的工作强调实践性,所以考评不是考试,而应将笔试、口试和服务实践中游客的评价结合起来,"金奖、银奖、不如游客的夸奖",游客的评价是评定导游员服务质量的实践标准。同时,由于旅游业是一个知识密集型行业,所以要强调考评的周期性,以确保导游人员知识结构和服务技能的更新。

④待遇保证,建立合理的导游人员激励机制。目前,中国导游员队伍面临的最大问题,就是没有可靠的待遇保证,建立一套合理的激励机制,对于导游人员队伍素质的提高和稳定具有重要的作用。激励机制主要体现在:

- 情感激励。"没有满意的员工,就没有满意的游客",导游员作为旅行社接待服务的一线员工,应该得到更多的重视,给予导游员适当的尊重,才能充分调动其工作的积极性和创造性。

- 薪金激励。导游员的收入,主要包括基本工资、带团津贴及回扣佣金。一般情况下,导游人员的基本工资很低,大约在300~500元之间,有些导游员甚至没有基本工资。带团津贴,不同的地区有不同的标准。上海春秋旅行社的带团津贴,最高可到300元/天,一般旅行社的带团津贴在几十元/天。小费,只有外宾和广东地区的游客有给导游员小费的习惯,绝大多数国内游客没有给小费的意识。而且旅行社业又存在着明显的淡旺季,导游员没有合适的薪金保证,所以,他们把购物返佣作为自己收入的主要来源就不足为奇了。目前,旅行社业有"高薪养导"的呼声,只有给导游员以可靠的薪金待遇,才能保证导游人员的基本利益,然后,再按照带团贡献的大小按劳计酬。这个问题的关键,是旅行社要妥善处理好与旅游要素单位的返佣结算关系,建立公开合法的企业与企业之间的佣金收受制度,并纳入税务和财务管理,依法明确导游人员的劳动报酬和佣金比例,让困扰业内很长时间的返佣问题,走出一条合法、公正、财务管理严格的路子。

- 事业激励。对导游人员的激励,除情感激励和薪金激励之外,还应该有事业激励,根据导游人员的不同特点安排不同的旅游团,充分发挥其长处;还可以从导游队伍中选拔部分有领导能力的人员进入企业的管理层,满足员工的成就感。另外,还可以实行企业内部的轮岗制度,根据各人的意愿,选择一部分导游人员从事计调和外联工作,使其工作内容丰富化。这一方面可以防止人才流失,另一方面,可以使导游队伍通过正面的方式吐故纳新,保持活力。

⑤合同管理。对导游人员实行合同管理,以合同方式保证其依法为客人提供

导游服务。这样可以促使导游人员增强责任心和使命感，自觉地为旅游者服务。合同管理也是提高导游服务质量的重要措施。

(三)旅行社计调人员的管理

1. 旅行社计调业务的定义和计调人员的分类

旅行社计调业务有广义和狭义之分。从广义上讲，计调业务，既包括计调部门为业务决策而进行的信息提供、调查研究、统计分析、计划编制等参谋性工作，又包括为实现计划目标而进行的统筹安排、协调联络、组织落实、业务签约、监督检查等业务性工作。从狭义上讲，计调业务，主要指在接待工作中，旅行社为旅游团安排各种旅游活动所提供的间接服务，包括安排行、游、住、食、购、娱等事宜，选择旅游合作伙伴和导游，编制和下发旅游接待计划、旅游预算单等，以及为确保这些服务而与其他旅游企业、有关行业和部门建立合作关系等。

目前，中国旅行社界通常采用广义的计调业务，并根据业务类型，把计调人员分为组团计调、地接计调、同业批发计调等。还可以根据客源市场，分为国内游计调、出境旅游计调、入境旅游计调等。

2. 对计调人员的素质要求

(1)具有高度的责任心和严谨的工作作风，认真负责、吃苦耐劳的工作态度。

(2)认真研究业务，熟悉旅行社各方面的业务基础知识，有很强的信息观念和竞争意识，可以及时掌握旅游要素市场的最新动态。

(3)工作中遇到重大问题一定要及时向领导请示汇报，批准后再进行处理，切忌擅自决定。

(4)有较强的交际能力，与旅游要素及协作部门保持良好关系，广交朋友，注意维护企业声誉。

(5)严格遵守财务制度和合作单位的各项规定，自觉维护企业利益，不利用职务之便谋取个人私利。

3. 对计调人员的管理

目前，中国旅行社没有形成统一的计调工作模式。各家企业根据自身业务的情况制定了不同的模式。目前，业内常用的模式有两种：一种，是流程制。将旅游要素的预订工作分开，订房、订车、订票、安排导游，分别由不同的计调人员负责，多数接待量较大的旅行社采用这种模式；另一种，是个人负责制。一个计调人员从一单业务的确认到各项要素的确认，再到结算收款，一直跟踪到底。中小旅行社往往采取这种计调工作模式。上述两种计调模式都有一定的弱点，流程制强调了专业化，但容易出现协调上的问题，尤其是在产品价格缺乏竞争力的时候，就很难分清是哪个计调的责任，而且每个环节都不能产生一人掌控的局面，否则会出现管理失控和利润黑洞。个人负责制便于考核，但是不能保证较高的工作效率，而且全部信息由一个计调员掌握，这也是导致能力强的计调人员跳槽的诱因。

对于计调人员应该如何管理，业内各大旅行社根据自己的业务情况进行了探索。有的旅行社强化了统一采购，但由于旅游业务的不确定性，对计调人员的管理还不能从根本上解决问题。也有的旅行社根据自身的业务状况制定了不同的考核指标，有的，重点强调要素采购环节，有的，则把收款、售后服务等工作也列为对计调的考核指标。

四、旅行社激励体系的建立

（一）旅行社建立激励体系的意义

中国旅行社业发展到今天，与世界发达国家相比，毕竟还是一个非常年轻的行业，无论是服务理念、产品更新、服务规范、人力资源培养等各方面均存在很大的差距。针对目前旅行社界普遍存在的“企业寻租”、“员工跳槽”现象，越来越多的旅游企业管理者认识到建立一套“有效激励体系”的必要性，很多同行为从制度上遏制这种不正常的现象，做出了有益的探索。激励体系的建立与旅游企业的发展阶段具有密切的联系。在拜金主义影响颇盛的今天，旅游企业尤其需要建立一套符合企业现状的激励体系。

1. 有效的激励体系，可以激发员工对企业的认同感和荣誉感，形成企业核心竞争力

作为旅游企业的负责人，如果你没有树立明确的企业目标和价值取向，没有鼓励和引导那些能够重视、履行这个目标的员工去尽心完成，就不可能真正地领导和把握他们的内心和灵魂。如果你想确保客户对你的旅游服务满意，让你的生意顺利发展，就必须让自己的员工满意，赏识他们的成绩，鼓励他们再接再厉。根据不完全调查，真正认识到这一点的旅行社总经理还不到1%。很多旅行社总经理抱怨自己的员工没有忠诚度，辜负了自己的期望。企业不敢在培训方面投入精力，员工一旦掌握了客户资源，就纷纷以此为条件寻求更好的收入或者另立门户。因此，很多旅行社总经理得出一个结论，在激励体系尚不完善的情况下，企业要想做大、做强只能“承包”。其实，他们都忽略了一个事实，就是在很多跳槽员工对企业不满意的因素中，收入只是其中很小的一个部分。很多旅行社总经理没有充分重视员工的价值，把员工当成自己挣钱的工具，没有为员工创造一个发展的良好环境，有的甚至不尊重员工的人格，认为员工可以很容易从社会上招聘到。在倡导员工对企业敬业的同时，自己却用行为告知员工，把客户掌握在自己手中是最大的财富。企业负责人的言行不一，会导致员工离心力的增强，以至每个人的出发点都以自我为中心。

很多旅行社总经理百思不得其解，有的甚至放弃了努力，继而随波逐流，认为“承包有理”，“承包是企业发展过程中不可逾越的一个阶段”。其实，正确答案就在你的眼前——正确地对待员工,员工就会正确地对待工作;善待你的员工,你的员工就能善待你的顾客。尽管在改善员工、管理者及企业三者关系的过程中,企业的管理流程起着关键作用,但相比之下,赏识和激励机制更为重要得多。在建立了有效的赏识和激励机制后,我们会看到在旅行社管理者、员工和游客之间就形成了一条牢固、可靠和高效的“价值链”。受到激励的旅行社员工会让客户享受到至高无上的服务;至高无上的服务为企业建立了良好的口碑;良好的口碑又为企业带来更好的效益;进而,使员工得到更好的奖励和培训。企业建立了良好的企业文化,形成了相互促进的良性循环。企业建立的人性化的员工培训管理机制,核心是通过褒奖和赞誉,提升员工对企业的认同感和荣誉感,提高员工的创造力和对企业的忠诚度。对于旅行社这种服务性行业,有一支素质高、业务熟练的员工队伍是企业发展壮大的保证。在旅游人才严重匮乏的今天,只有掌握了熟练技能的员工才能找到自己的饭碗;只有真诚对待自己员工的企业,才能在激烈的市场竞争中立于不败之地。

在企业的发展中,我们经常可以看到,由于没有建立有效的激励体系,旅行社负责人根据自己的好恶对员工进行激励,真正为企业作出贡献的员工反而得不到应得的赏识和激励。不公平的待遇使多数员工感到压抑,其中部分员工会把自己的不满私下传播,有的则会选择跳槽,这就大大降低了企业员工的士气,于是骨干员工离职,一般员工犹豫。客户的流失、服务质量的下降随之而来。至此,旅行社即将进入一个恶性循环期。如果旅行社管理者不能清楚地认识到这一点,一个蓬勃向上、大有前途的旅行社企业便可能就此消亡。这就是旅行社界经常看到的“三年一个英雄”、“各自风骚三五年”的现象。

有鉴于此,如何建立一个有效的激励体系并加以实施,如何建立一种良好的企业文化,更好地鼓舞员工的士气,成了很多管理者头疼的问题。然而,具有远见卓识的管理者却能认识到,一个充满智慧的赏识和激励机制,是保障员工热情、提升忠诚度、为企业带来良好经济效益的最有效的方法。它可以帮助企业留住卓越的人才,进而使企业在激烈的商场中处于不败之地。对于旅行社总经理而言,改变已经形成的企业管理观念可能不是件很容易的事情,但是只要尝试着去做了,相信丰厚的业绩回报,最终会让你体会到赏识和激励机制带来的奇迹般的变化。你也将因此成为更加卓越和智慧的领导者。

2. 激励体系可以保证优质服务队伍的相对稳定,减少人员流动给企业带来的损失

企业的领导者和管理者必须清醒地意识到,包括我们自己在内的每个员工,都有情绪低落、意志消沉的时候。在这个时候,作为领导应该体恤员工的苦衷,善意地看待他们的言行,善于调动他们的热情和干劲。管理者无疑是职场中的主宰,掌控着权力和利益的分配,如能运用合理的激励机制,就可以改变职场的氛围,最大程度地调动员工的创造能力。每个员工都渴望得到上司的赏识。寻找他们能够得到承认和赏识的更好的职场环境,是他们最大的心愿。所以,为了留住卓越的员工,保持企业中坚力量的稳定,管理者必须在企业内部营造"胡萝卜"文化——正确的赏识和奖励机制,不断地从外界吸引杰出的人才,并努力使团队更好地活跃在乐观和愉悦的工作环境中。

可是,很多旅行社总经理并没有认识到这一点。在他们看来,旅行社的兴衰取决于客户的多少和决策者的智慧等,员工只是企业发展过程中的一个执行者。企业没有建立正确有效的激励机制,大多数旅行社的部门经理都在揣摩高层的心思,基层员工都在揣摩部门经理的心思,大家的眼睛都往上看,就不可能把主要精力放在如何开发更好的服务产品,如何更好地保证服务质量,如何让客户更满意等上面。于是企业就成了一个大家为获取各自利益而存在的平台,除决策者之外,没有一个人关心企业的成长。在职场中,从未得到过上司赞许的人,很难体会到被赏识和激励带给人的快感和活力,很容易陷于消沉、低效和无序的状态中。

激励机制、企业文化的缺失使得员工跳槽率升高。虽然有的管理者辩解说,有序的吐故纳新可以提升企业的活力,可以提高企业的劳动效率。但是,现在的旅行社界几乎没有一个总经理可以说自己企业的人才流动是正常的。甚至旅游企业的员工流失率,有的已经超过了100%,有的已经达到了200%以上。这样的员工流失率使得旅游企业很难建立起稳定的、业务熟练的员工队伍。他们为客户提供的旅游服务出现各种各样的纰漏也就在所难免了。

作为旅行社的总经理,很多人从来没有认真考虑员工流失给企业带来的实际损失,一般只会计算员工流失带走了多少客户,损失了多少业务收入和毛利。其实,因员工流失给企业带来的损失要远远大于那些可以计算的财务收入。

(1)员工流失是企业智力资本的流失。对于旅行社这种进入门槛低,业务运作资金需求量小的企业,智力资本的流失尤其明显。旅行社为了弥补员工流失的空缺,需要重新招募人才,需要服务猎头费用、培训费用,而且这些新员工在三个月之内,甚至更长时间之内很难拥有离职者所具有的同样技能,因此,也就不可能给企业带来同等价值的效益。

(2)一个卓越人才的流失,将会使企业失去一面旗帜。一个有价值的、可以起榜样作用的员工的跳槽,会不可避免地带来整个团队的动摇和涣散,员工们会对企业发展的前景丧失信心。

随着国家对旅行社行业管制措施的松动,旅行社行业的新进入者越来越多。民营经济大举进军旅游业,国外的巨头也开始抢滩中国各大旅游城市。他们将不可避免地加入到争夺中国旅游人才的战役中来,以更灵活的机制、更高的待遇,吸引中国旅游界的人才加盟。因此,如何应对这场已经到来的"旅游人才争夺战",

是很多旅行社总经理需要面对的问题。面对这样激烈的人才竞争,应对的方法只有一个,即在企业内部建立有效的激励赏识体系。

"领导者不仅要懂得鼓动、激励和褒奖那些员工中20%的佼佼者的成绩,也必须善于调动其余80%员工的积极性,还要保持引导着整个团队持续向前的动力。"世界管理大师前通用电气总裁韦尔奇这样精辟地概括了领导者的作用。目前,也有一部分旅游经理人认识到了激励机制的有效性。他们承认对员工能力的认可和赏识,比工作环境、薪金标准和其他员工福利更能促进企业的发展。在被问及什么是提高员工忠诚满意度的最重要的因素时,全美(国)最大的1000家公司管理者的答卷上,排名之首的就是"得到表扬和赏识"。在1990年一次员工最希望得到的回报的调查中,排名第一位的是"能够得到感激",第二位的是"有融入团队的感觉"。权威的美国心理协会在2000年7月的《生产力》杂志上发表了一篇论文,认为"公正的评价和赏识,是企业健康发展的最基本的成功因素"。这就意味着要保持企业高效、健康的发展,使企业能够在激烈的人才争夺战中立于不败之地,建立正确的赏识激励机制是最有效的方法。

(二)旅行社报酬体系的建立

报酬,是激励员工卓有成效地工作、实现企业经营目标的主要物质手段,同时,报酬也构成了企业运营的主要成本。因此,建立合理的报酬体系,是旅行社人力资源管理中的重要工作。

1. 报酬体系的构成

报酬是以工作的吸引力和薪资数量为基础在企业之间进行人员配置的一种机制。为了雇用和保持所需要的员工,旅行社企业的报酬体系应该具备一定的竞争力。报酬,可以是有形的,也可以是无形的。有形的(财物的)报酬分为两大类,即直接报酬和间接报酬。在直接报酬制下,企业为员工提供实际的有形利益,最通常的表现形式是工薪和奖励。工薪是员工所得到的最基本的报酬,通常分为工资和薪水,奖励则用以报答员工在常规工作以外所付出的努力。奖励的方式通常包括奖金、佣金和利润分享等。在间接报酬下,员工得到非现金形式的有形奖励。福利就是一种间接奖励,一般包括健康保险、带薪假期或退休金等形式。这些奖励作为旅行社企业成员福利的一部分,奖给职工个人或者部门。例如,某国际旅行社为了奖励某入境旅游部门的业绩连年上升,在旅游淡季时奖励该部门所有员工海南度假一周。

2. 报酬体系建立的依据

在目前的中国旅行社界,"业绩薪酬观"已经深入人心,在不同的岗位,业绩薪酬可以得到不同的体现。如外联人员的薪酬,一般直接与业绩挂钩;计调人员的报酬则相对稳定。建立旅行社的报酬体系一般遵循以下依据:

(1)绩效考评。目前,各大旅行社都建立了自己的绩效考评体系。员工绩效成了确定报酬的基本依据。在绩效考评方面,对后勤工作人员,一般考评出勤率及为一线员工服务的及时率、满意度等;对计调人员则着重考评采购能力的强弱、预订旅游要素完成的数量,以及有无工作过失等;对外联人员,一般都直接与外联人数、毛利额等财务指标直接挂钩。

(2)职位的相对价值。旅行社不同类型的岗位具有不同的价值,依照每一职位对旅行社的相对重要性,以及工作性质、工作环境,是否需要特殊技能或经验、是否担负着履行职责的风险等,评价职位的排列顺序。职位的相对价值评定,目前,在中国旅行社界尚未形成统一的认识。各旅行社都是根据本企业的情况,确定企业的职位系统和价值系统。

(3)劳动力市场的供求状况。在市场经济条件下,劳动力市场的供求状况直接影响着人们对报酬水平的期望。随着我国出境旅游管制的放开,可以经营出境游的旅行社剧增到600多家,导致一段时间出现了"出境旅游人才争夺战"。目前,中国旅行社界普遍缺乏业务能力强的销售人员和操作熟练的计调人员。因此,这一类业务熟练的员工可以得到较高的薪酬。刚刚从大学毕业的旅游专业学生,业界普遍评价为"眼高手低",很难获得较高的薪酬水平。

(4)其他行业的薪酬水平和社会居民整体生活水平。旅行社在确定薪酬制度的时候,还应参考其他行业,尤其是服务行业的薪酬水平,以及社会居民的整体生活水平,保证使企业的薪酬体系具有一定的竞争力,才能吸引更好的人才加入企业,保持企业员工队伍的稳定性。

(5)旅行社企业的效益状况。旅行社的效益状况将直接影响到企业的报酬水平,一个亏损旅行社很难支付给员工优厚的报酬,尤其是那些非固定收入,如奖金、福利等。

3 报酬体系确立应该遵循的基本原则

(1)公平原则。公平原则,是确立企业报酬体系的首要原则。公平原则又分为内部公平和外部公平。大量的实践经验表明,内部公平是旅行社企业员工最关心的,如果旅行社企业的报酬体系没有实现内部公平,将导致企业员工态度消极、人际关系紧张、人才外流,从而阻碍企业的稳定和发展。

(2)激励有效原则。旅行社企业的报酬体系,由于行业性质所决定,应该着重贯彻效率优先和按劳取酬的原则,以确保报酬体系激励能产生相应的效果,"奖勤罚懒、鼓励优秀员工取得更好的工作业绩"是报酬体系的首要目的。

(3)经济可行原则。在中国旅行社业竞争越来越激烈的今天,员工报酬的上涨势必会加大企业运营的成本。这种情况下,一定要保证报酬是企业可以负担并且有效的花费,考虑企业的实际承受能力,使报酬增长率低于利润增长率。

(4)全面平衡原则。报酬制度所涉及的各个方面要保持平衡,不能只注重直接报酬,而忽视间接报酬,也不能只注重金钱报酬而忽视非金钱的精神鼓励等。建立全面平衡的报酬体系，才是最有效的激励体系。

(5)竞争优势原则。旅行社要想吸引到好的人才，必须保证自己在同行业和社会人才市场中的吸引力。这就要求旅行社企业的报酬体系应该具备一定的竞争优势，以确保优秀人才可以加盟企业。

(6)遵纪守法原则。旅行社企业在确立报酬体系时，应该严格遵守国家已经颁布的相关法律法规的规定，牢记各种法律法规的限制。例如，有的旅行社不给员工缴纳各种养老保险，而把相应的金额巧立名目发放给员工。短时间内员工的收入提高了，但这种做法一方面违反了国家相关法律，另一方面随着员工维权意识的逐渐增强，这种做法给企业留下了很多不可预知的法律诉讼陷阱。

4. 旅行社报酬体系的构成

(1)工资。工资，是劳动报酬的基本形式。目前，旅行社根据按劳分配的原则，通过一定的工资制度来支付员工的工资。常见的工资制度，有等级工资制、浮动工资制、承包工资制、结构工资制、岗位技能工资制等。上述工资制度在我国旅行社企业中都有不同程度的体现。国有旅行社企业实行等级工资制的较多，民营旅行社企业多实行浮动工资制和承包工资制。

(2)奖金。奖金，是对超额劳动所支付的报酬。它和工资相比具有灵活性和针对性特点。目前，中国旅行社企业的奖金发放，采取与企业利润和员工贡献紧密挂钩的做法，同时结合一定的精神激励，来保证员工队伍的稳定和团结。

(3)津贴。津贴，也是工资的一种必要补充形式。它是为了补偿员工额外和特殊的劳动消耗，以及为了保证员工工资水平不受特殊条件影响而支付给职工的劳动报酬。目前，津贴的项目和种类因各旅行社的劳动条件和生产性质而不同。

(4)福利。职工福利，是通过劳动保险和生活福利两种形式来实现的。

(5)社会保障。我国现行社会保障制度的内容，有养老、失业、医疗、工伤、救灾扶贫、福利救济、为残疾人和无生活自理能力者提供物质帮助等。但社会保障的主体，是养老、失业和医疗。目前，业内普遍实行的"三险一金"中的"三险"，就是指上述三项保障。"一金"是指"住房公积金"，一金的缴纳情况不一而足，北京、上海等发达城市的旅行社，一般都给员工缴纳。

5. 案例示范

中国的旅行社企业，由于企业性质不同、企业发展阶段不同，因此，报酬体系均有各自企业鲜明的特色。没有任何一个报酬制度是最佳的，只有适合不适合企业的问题。下面介绍国内某旅行社的工资管理制度。该企业实行薪酬宽带化，结合了结构工资和浮动工资制的特点，供旅行社界同人及本书读者参考学习。

案例：

某旅行社工资管理制度

薪酬管理规定

第一章　总　则

第一条　为建立科学，完善有竞争力的分配机制，依据《中华人民共和国劳动法》和有关法律法规，结合公司具体情况，特制定本规定。

第二条　薪酬管理的基本原则：

（1）坚持基本保障、按效分配、按岗取酬的原则。

（2）优化薪酬结构，实行公平、透明、灵活的分配办法。

（3）强化分配制度的激励、约束功能，体现员工个人价值，增强岗位责任意识，建立可调控、有竞争力的分配机制。

（4）完善以业绩考核员工、以制度约束员工、以企业文化凝聚员工的现代管理体系。

第三条　本规定适用于公司在册员工。

第二章　薪酬构成及标准

第四条　公司实行薪酬宽带制，薪酬收入由基本工资、岗位工资、考核工资构成。

薪酬收入计算公式为：工资收入＝基本工资＋岗位工资＋考核工资。

第五条　基本工资，是公司支付给员工在岗工作、生活保障的基本报酬。基本工资由基础工资、工龄及其他工资、全勤工资构成。其计算公式为：基本工资＝基础工资＋工龄级其他工资＋全勤工资。

基本工资标准，按岗位职级设立8级，由高至低依次为：1级：董事长、总经理；2级：副总经理；3级：部门经理；4级：部门副经理；5级：业务主管；6级：业务员；7级：待岗人员；8级：实习生。其中2级、3级由高至低各分A、B、C三档；4级分A、B、C、D四档；5级分A、B、C、D、E五档；6级分A、B、C、D、E、F、G、H八档。全勤工资为200元；工龄及其他工资为100元。

第六条　岗位工资同基本工资职级划分设立8级。其中2级、3级由高至低各分A、B、C三档；4级分A、B、C、D四档；5级分A、B、C、D、E五档；6级分A、B、C、D、E、F、G、H八档。

第七条　考核工资是公司对各员工考核工资标准按月度考核体系评分后，给予员工的奖励性工资。公式为：考核工资＝考核工资标准×考评分的百分比。

第八条 基本工资最低标准高于××市当年公布的最低工资标准。在本工资制度执行期内,如××市调整最低工资标准,且该标准高于我公司最低工资标准时,则予以相应调整。

第九条 待岗、休产假超过三个月的员工工资,按待岗工资标准执行。

第三章 薪酬的发放及审批

第十条 薪酬的发放实行下发制,由公司按月存入员工工资卡内。

第十一条 薪酬的具体发放,按《×××旅行社薪酬管理规定实施细则》执行。

第十二条 员工工资收入,按国家有关法律法规的规定缴纳个人所得税,由公司代扣代缴。员工工资收入为税后发放。

第十三条 薪酬支付按《×××旅行社薪酬管理规定实施细则》执行。

第十四条 工资发放审批人为旅行社总经理。

第四章 薪酬管理

第十五条 公司严格控制各部门管理人员职数和岗位工资总额。

第十六条 人力资源部负责公司工资计划的制定、控制及组织实施。财务部负责部门考核工资的预算和审核。

第十七条 人力资源部负责工资的发放、调整及台账编制等日常管理工作。

第十八条 人力资源部、财务部分别负责员工个人所得税的代扣代缴工作。

第五章 附 则

第十九条 本规定自200×年×月×日起执行。

第二十条 本规定由人力资源部负责解释。

(三)如何建立有效的旅行社激励体系

如何建立有效的旅行社激励体系是一个很难回答的问题,对于旅行社企业而言,可以说不可能找到一个包治百病的灵丹妙药(激励体系)。但是,如何将物质激励和精神激励相结合,建立一个复合型的、具有企业特色的激励体系,还是有一些基本原则应该遵循的。笔者浏览了很多关于如何激励员工之类的书籍,发现《24支胡萝卜》这本书阐明了一些如何建立激励体系的基本道理。在此,简单节选部分章节,与广大读者和旅行社界同人共享。

1. 聆听员工的心声,嘉奖员工的成绩,激发他们的潜能

要想成为真正有效的企业管理者,就必须认真思考,真诚地对待员工,切实去聆听员工的心声,鼓励员工,激发他们的潜能,让你的鼓励成为员工工作经历中一个重要的组成部分。

2. 深入了解员工,找到有价值的奖励点,使之和企业的整体价值观相吻合

(1)用员工的成功案例来激发他们的热情可以取得很好的效果。例如,可以借企业收到的某位游客的表扬信或感谢信,表彰某位导游的优质服务。

(2)走出办公室,问问员工的工作情况,了解他们希望得到什么样的回报?记下一些有价值的事情,把员工的想法记在本子上或电脑里。这些资料将成为今后赏识和褒奖员工的最佳素材。

(3)了解员工时,发现员工一些值得鼓励的行为,应该立即表扬,对于具有一定在企业内部推广价值的,应该立刻进行推广。这种及时的表扬,比日后言之无物的空洞表扬将更加有效。例如,发现某位员工的电话促销特别有效,而这又是通过整理电话脚本和持之以恒与客户保持长期联系所获得的成功,就可以马上把这个经验在企业内部进行推广,以提高其他员工的电话促销成功率,同时给予该员工相应的奖励。

(4)观察员工办公室及私人空间的物品摆放,这些能反映他们的个性。可以根据他们的个性给予适当的嘉奖。

未确定有价值的奖励点,或者确定了错误的嘉奖对象,是一种不恰当的激励文化,它永远也不能成功地调动员工的最佳状态和效能。当赏识和激励机制运用在正确人选和价值点上时,就会给旅行社企业带来巨大的收获。员工会因领导的正确抉择和判断受到鼓舞,激发出广泛的工作积极性。激励的管理战略能否成功,完全取决于决策是否正确,取决于真正的善待员工。领导对员工越好,员工对客户就会越好。激励体系的核心,就是要引导员工把个人的价值观和个性发展的小目标与团体的价值观和企业发展的大目标联系起来,把个人的发展融入企业发展的大背景之中。

3. 根据员工的需要和兴趣,因人而异地确定员工想要的恰当的激励方式

(1)要想达到激励的预期效果,奖品的价值应与员工的努力,及其所带来的效益成正比,要真正体现出对员工价值的激励作用。

(2)让员工选择回报方式的奖励制度,将使员工对企业的忠诚度有增无减。

(3)找到合适的回报方式作为有效的嘉奖,可以让企业所有者和高级管理者赢得更多的时间,时间就是金钱。激励体系的精髓,在于提升员工的忠诚度、奉献心和士气,产生明确的工作动机,发挥出比金钱本身更有价值的激励效果。

(4)每周一次,要想使你的员工保持积极的态度,需要每周一次给予他们具有营养价值的褒奖。其中赏识和激励往往比物质奖励的效果来得更加及时,可以使团队持续处于巅峰的工作状态。

案例：

一些可以选择的奖励方式

- “谢”字不离口；
- 向员工的配偶或家人寄一封表扬信，这是最有效的嘉奖方法之一；
- 自愿为他做些他不愿意做的工作；
- 记住员工的特殊日子，如生日、周年纪念日，送一张卡片或一个蛋糕；
- 召集员工高唱鼓舞人心的歌曲；
- 因一人获得了荣誉而让整个部门休假；
- 召集整个团队，为其所作出的突出成绩而欢呼喝彩；
- 为他们洗车；
- 奖赏听交响乐或歌剧的门票；
- 奖赏球赛的门票；
- 送一本他最喜爱的作家所写的书；
- 把你的专用车位借给他停车一周；
- 奖励他一些有趣的旅行机会，尽情玩耍；
- 在停车场组织一场部门员工参加的水枪大战，随意就好；
- 请喝咖啡或其所喜欢的其他早餐饮料；
- 共进午餐，并让他带上三四个由其挑选的同事；
- 给他几个小时的休息时间，让他参加学校家长会；
- 去附近商店为新员工购物，或给予一个个性化的办公空间，举行欢迎仪式；
- 让他参加一期高尔夫培训；
- 给他一张电影票；
- 给他一本与其职业相关的最新书籍；
- 送一盒他爱吃的巧克力或其他糕点；
- 给他一天的假期去洗温泉浴；
- 张贴一封表扬信，不要面面俱到，注明表彰的具体事例；
- 订阅一份他所喜欢的杂志（和工作无关的休闲类杂志）；
- 为他安排一顿夫妻餐；
- 批准带薪假日，让他去做想做的社团工作以学习新的技能，或做非营利组织的志愿者等；
- 在你的办公室放置一个奖赏盒，当某位员工业绩出色时，让他从奖赏盒中选择想要的形式，形式可以多种多样，从免费午餐到汽车油票等；
- 为你的团队做一份年报，里面附有员工的成就图片和事迹；
- 做一个员工成绩剪贴纪念册，给团队中的每一个员工留出空白页，在空白页中填上员工经历，一旦受到褒奖，便在册中记录下具体内容，而且还要附加上其他员工对其受奖的感受；

● 让他成为新员工的师傅；

● 每月在企业外举行一次早餐会，邀请全体员工共同分享团队中某个人受奖的喜悦；

● 为勤勤恳恳工作，从不迟到早退的员工颁发年终奖，并给予切实的表扬；

● 在周五下午带领全体员工观看一场鼓舞人心的电影，或者早点放他们回家；

● 在你的部门中挂一个布告牌，张贴来自同事与顾客的感谢信；

● 在每周的某一个特定的日子，带一些甜点或其他零食到办公室与员工们一起分享，借此机会了解员工所做的工作，并赞赏他们的好建议；

● 与员工面对面交流，留意他们的智慧，把好的睿言和妙语编写在一个小册子中，介绍给新来的员工；

● 制定部门自己的标准，诸如绩效、考勤等，在员工达到了目标时，给予与公司文化和宗旨相吻合的褒奖；

● 尽可能使你在表彰日有良好的表现，销售方面的奖赏要搞得有意义一些，奖赏演说应该是你的员工生活中最难忘的经历，做得恰当，将会凝聚员工与企业的关系；

● 在员工评估总结时，邀请上司参加，让你的员工和上司共同谈论公司的前景，以树立主人翁的态度。

精神红包与物质奖赏要结合运用，单纯的物质奖励会引发员工的奖金通货膨胀，不仅永远满足不了员工的期望，甚至还会产生"鼓励"员工以不正当方式获取回报的负面影响，如"回扣"等。

4. 建立一套有意义的激励方案，正确地奖励员工

(1) 正确嘉奖的要素。对于旅行社管理者来说，一定要牢记，空洞的表扬没有任何激励的效应。有效的嘉奖决定于一些重要因素，忽略其中任何一个，都不会有好的效果。CIA 和 SAIL 概念，可以清楚地描述正确嘉奖的主要因素，其中 CIA，C 代表团队（company）、I 代表个人（Individual）、A 代表奖赏（Award）。

● C 团队。首先，要准备讲述企业和团队的目标，要反复重申这个工作的重要性和对企业发展所具有的意义，可以从企业的成功、发展史、转折点、领导品行、客户服务等方面阐明。

● I 个人。接下来要具体针对每个人所作出的成绩，弘扬这种成绩对产品或团队的意义所在，为了取得最好的效果，对于一个害羞的员工来说，要邀请他（她）的同事来谈论这个人的品行、创造力、贡献或具体工作成绩。为了便于记忆，描述个人有一个 SAIL 概念。

SAIL 分别代表企业形势（Situation）、行动（Action）、效果（Impact）和意义（Link

to Company Values)。

- 形势:企业面临的问题或机会;
- 行动:做了什么具体的事情;
- 效果:行动的结果;
- 意义:这个行动为企业作出了什么样的贡献。
- 奖赏。最后,还要讲到拿什么来奖励员工,是开一个正式的颁奖晚会,还是采取非正式的奖励方式,或是经别出心裁想出的方式。如果是一个正式的颁奖仪式,那就要讲出这个奖品的象征意义,如企业徽章等。

(2)选择适当的嘉奖时间和方式。要向员工表达衷心的谢意,花一点时间,思考一下。企业奖赏员工要在适当的时间,不可过早,也不可过晚,合适的时间再加上有效的鼓励,会让你的团队士气高涨。物质奖励在企业处于困境时就失去了它的魅力。精神奖励则可以使员工团结一心、共同努力,展望美好的未来。通过公众演说,不仅能让员工感到被嘉奖,而且能够鼓舞所有在场员工的士气。

嘉奖大会的成功要素,主要包括:

- 了解你的员工,不能走马观花地浮在表面,要想给予员工切实的奖赏,就要去留意观察,了解他们。
- 让别的员工讲几句关于受奖员工的贡献,你可以向他的同事问几个问题,应该邀请他的同事讲几句话。因为他们天天与受奖员工在一起工作,彼此了解更深,更有发言权,也更有说服力。
- 提前几天告诉与会者。
- 准备、准备、再准备,准备工作多花点时间,因为这意味着可以了解到更多相关的信息。
- 对人负责。傲慢的失误经常让管理者手忙脚乱,而每个人都期待着赏识和激励,要保证经理在百忙中仍有意识和能力,不让企业任何一位有价值的人才受到冷落。

(3)嘉奖的时间间隔及人数比例建议:

- 口头表扬。每周只向一位员工表示一次表扬和感谢即可,且不一定要在公众场合,但被其他员工听到也没关系。切记,一定要拿出具体的实例来表扬,忌用空洞、冷淡的语言。
- 非正式奖赏。从感谢卡到电影票,从公费旅行到请客……至少一个月嘉奖一次那些为你创造了很大价值的员工,被奖赏者人数约占核心员工总数的1/4。
- 正式奖赏。如果某位员工的成绩为企业开创了新的里程,那么对于这样的员工,企业应该一年至少奖赏一次。大多数的企业都保证40%的员工会受到奖赏,且一年至少一次。

5. 正确确立企业的发展目标,为员工指明前进的方向

在你的团队或部门内确定清晰、具体的奋斗目标,要充分保证这个目标是与团队的现实和可行性密切相连的,最切实可行而且行之有效的方法,就是通过管理者本人设定团队的目标,然后再交给员工充分讨论目标的合理性及可行性。对于企业或者一个团队,树立目标和确定方向过程中都有很多精细的工作要完成。下面介绍一些设定团队目标的简单技巧。

(1)领会企业宏大的目标。在设定团队目标之前,必须理解和领会整个企业发展的宏大目标,要在头脑中清晰地复制和映射出企业既定的前景,将企业发展的远景蓝图作为航标,导引着自己团队的目标和方向,并适时调整自己的方向,力求与企业的巨轮保持同一个航向。

(2)调动员工积极参与。通过让员工参与团队未来目标的设定,不仅能让他们感到自己被重视,还可以最大限度地吸取他们的智慧。员工想到的,领导未必就一定能想到。当然,许多时候你会想"如果我与员工整日在一起,统一相同的思维体系,每天就必须按照共同认可的价值观念生活"。没错,如果员工看到他们的经理言行不一致,就会对经理失去信心。你也许宣称团队精神,却只嘉奖团队中表现突出的个体,对于团队的价值只字不提。你也许真是个具有冒险精神和开创意识的人,但却总是提升那些从不犯错的员工。这种言行不一的做法都会挫伤员工的积极性。

(3)明确指出你想实现的目标。你所想到的目标,应该是你对未来前景的理想状态。当你开始制定目标时,首先应回答一个简单的问题——我们想要实现什么?然后再考虑其他具体的问题:

- 我们的顾客重视什么?
- 企业看重什么?
- 我们的员工重视什么?
- 我们基本的目的是什么?
- 我们的竞争环境是怎样的?怎样做才可使我们创造出更大的效益,实现更大的价值,使企业处于不败之地,更有效地去实现我们的目标?

(4)简化目标。使命和理想会使你集中全力朝特定的目标奋进,目标不需要太过复杂。实际上,最好先去建立一个简单明了、令人奋进的战略性目标,然后衡量整个战略结构中的每一个目标,为每一个目标策划具体实施步骤。这个战略目标要告诉员工必须做什么,并且要表明时间框架。一个很宏大、富有建设性的目标可以激励员工,对于许多员工来说,它可能太模糊、太空洞。因此,团队需要建立一些很具体且容易实现的目标。这类目标有利于直接面对客户的一线员工开展工作。

(5)张贴企业的目标。确定企业团队的战略目标,把它贴在醒目易见的位置,确保每一位员工都有一份复印件。

(6)雇用符合企业文化要求的人才。当你雇用新员工加入团队时,要肯定他们能够为企业目标发挥自己的潜能,要确信培训他们时,他们能够领会企业发展目标中的精华和要旨。如果你要雇用高层领导和管理者,更要确信他们知道赏识和激励机制的管理价值,知道怎样合适的运用这个机制去领导团队完成企业的目标,知道如何真正地短期高效地持续创造佳绩。

企业目标确定之后,就要沿着企业既定的战略目标去实现成功。企业管理模式的真正转化是需要时间的,成功需要一个过程。但成功的诱惑对任何管理者而言都是巨大的。这也是管理者必须运用"胡萝卜"来嘉奖做得出色的员工,产生向最终目标奋进的原动力。如果个人表现突出,为企业目标的实现创造了成绩,那就举办庆功会,并给予灵活的奖赏。许多企业建立奖励制度,奖品如证书、工作制服或金胸针等。员工会因这些奖励所带来的刺激而感到快乐。你也会欣喜于正式场合中那鼓舞人心的赞誉的力量,诧异这种力量的强大,但需要注意的是,当你嘉奖一个人时,要讲出奖励他的原因及意义,要讲出具体的内容,切勿夸夸其谈,空洞无物。当一个团队干得出色,以至于达到企业规定的目标时,许多企业也注重团队奖赏。这是激励士气的好方法。我们前面说过,嘉奖个人应该是一周至少一次,团队奖赏应该是一月一次。

精神红包——"胡萝卜",为你所带来的价值要比你用肉眼看到的多。它还能提高管理者的信誉。因为如果你想得到好的效果,员工的信任是必要的。企业目标的实现不是用嘴说出来的,而是需要实际行动。"胡萝卜"就是证明你的迫切愿望和成就事业的手段。正确的运用它,员工就会知道,你在随时关注着他们的工作状态,并且随时会用奖励的方法来赞誉他们的卓越表现或特殊表现。

值得信赖,是员工对领导的首选期望值,信誉是领导为官之本。这也意味着管理者不仅在信誉的基础上,首先要建立有价值的目标,还要有能力激活它们,努力实现它们。而且你要嘉奖你的团队成员自身拥有的价值,还应赏识他们通过努力而创造出来的附加价值。总之,把"胡萝卜"送对口,不要把目标挂在嘴上,而要投入切实的行动,并对员工的行为给予嘉奖。一旦管理者熟练掌握了实施奖励的方法,他们就会发现空前未有的人才竞争优势,从而在激烈的人才争夺战中占得先机。

当你的团队真正实现了团队目标,进入一个新的里程碑时,那你便可坐下来,规划制定下一年的明确目标了,然后,计划举办庆功大会。

6.举办盛大的嘉奖盛典

员工渴望得到"胡萝卜",但他们更渴望留下曾被重视的回忆,生命中被众星捧月般景仰的瞬间给人留下的回忆是永恒的。参加一个像优质服务、突出表现、销售业绩卓越等正式奖赏大会,并不是一个负担,而是一次机会——一次员工与你和团队建立感情联系的机会。所有这些，只需要你出席，拿出诚意和具体事例来表扬他们。正式奖赏必须在持之以恒的日常鼓励的前提下才会发挥效能。如果你的员工整年都处于饥渴待食的状态，怎么会对突然降临的一顿丰盛大餐有好胃口呢？同人力资源部一起查找下一位需要嘉奖的员工，在一个星期前准备好演讲词，并要求同事讲话，让他感到嘉奖的日子的特殊，及时地嘉奖，将回报给你十倍的价值。

【本章小结】

本章阐述了旅行社组织结构设计首先应该服从企业发展战略的要求，旅行社组织机构的设置、调整、裁并等，应以有利于企业发展战略目标的实现为宗旨。旅行社的发展战略决定了企业的管理模式和业务趋向，管理模式和业务趋向决定了组织结构设计和功能的设置。在企业发展战略的指导下进行旅行社组织结构设置时，应该遵循“管理明确”、“权、责、利对等”等八大原则。旅行社的组织管理主要分为岗位责任制、目标责任制和承包责任制三种模式。

旅行社的职务分析，是人力资源管理的基础工作，职务分析首先应获得必要的信息，然后，这些信息将用来起草“职务说明”和“职务要求细则”。获取职务分析信息的方法有多种，职务分析也有基本的程序。

招聘，是为企业的职务空缺找到一批有资格的申请人，具有一定的程序。旅行社员工的培训内容主要包括员工工作态度培训、工作技能和技巧培训、工作所需相关知识的培训三个方面。

旅行社经理人员，是指旅行社经营管理人员，也就是社会上流行的“职业经理人”的范围。旅行社经理人员可分为高级职业经理人和职业经理人。导游人员的管理，根据主体的不同，可以分为外部管理和内部管理。本章对旅行社经理和导游人员的管理，也提出了建设性的模式。

中国旅行社计调人员根据业务类型和客源市场，有不同的分类。业内常用的计调工作模式有两种。一种，是流程制，另一种，是个人负责制。中小旅行社往往采取一个计调人员从一单业务的确认到各项要素的确认，再到收款，直至跟踪到底的计调工作模式。对于计调人员应该如何管理和考核，业内各大旅行社根据自己的业务情况进行了探索。

旅行社的激励体系，是人力资源管理的最终体现，有效的激励体系可以提高员工对企业的认同感和荣誉感，从而间接提高旅游服务质量。因此，建立合理的报酬体系是旅行社人力资源管理中的重要工作。另外，建立一个复合型的、将物质激励和精神激励相结合的、具有企业特色的激励体系，也具有重要的意义。

第十二章 旅行社的财务管理

本章导读

本章首先介绍旅行社财务管理的概念与方法，说明如何进行旅行社的经营核算；其次，重点阐述旅行社成本费用和收入利润管理等内容；然后，介绍旅行社的资产管理，尤其重点说明如何进行旅行社应收账款的管理；最后，介绍旅行社的财务报表和财务分析基本方法。

通过本章的学习，您应该能够：

(1)了解旅行社财务管理的概念及其方法。

(2)熟悉旅行社经营核算业务的主要内容和结算方法。

(3)掌握成本管理、利润管理的方法，并能在实际业务中加以应用。

(4)明确旅行社应收账款管理的重要性和管理方法。

(5)能够通过财务报表对旅行社经营状况进行财务分析。

一、旅行社财务管理概述

(一) 旅行社财务管理的概念

旅行社财务管理，是指旅行社利用货币形式，通过预测、计划、核算、分析、监督与控制，对旅行社的资金运转和业务收支进行综合管理，促使旅行社遵守国家法律与规章制度，改善经营管理，加强经济核算，提高旅行社的经济效益。财务管理是随着旅行社企业规模不断扩大而出现的一种管理职能。目前，我国中小型旅行社的这项管理职能基本缺失，企业高级管理人员的主要精力全部放在旅游业务的扩大与管理上，财务管理则采取外包或简单处理的模式。由于旅行社行业的特殊性决定了旅行社的财务管理具有复杂性和实效性的特点。复杂性主要体现在旅行社业务涉及旅游六大要素及金融、通信等多个行业。旅行社与旅游者、旅行社之间、旅行社与各类旅游产品要素供应商之间都有相应的财务往来，业务活动较为繁琐、复杂。财务管理的实效性体现在旅游活动具有季节性和一定的时间限制上，因此，旅行社必须在一定的时间段内完成各种财务结算。例如，某国内旅行社因加强了财务管理职能，结果年终分析发现，企业每年的合作伙伴很多有忘记结算的情况，汇总一下金额，竟然有几万元之巨，如果企业不主动归还给客户这些资金，就可以作为企业的收益入账。这充分说明了旅行社财务管理的时效性和复杂性。所以，坚持旅行社企业的财务管理，不但有助于提高企业经营管理的水平，而且还可以直接提高企业的经营管理效益。

(二) 旅行社财务管理的目标

旅行社财务管理的目标，是旅行社企业财务管理活动所希望实现的结果，不同的旅行社有着不同的财务管理目标，主要表现形式有以下三种：

1. 利润最大化

旅行社作为一个旅游市场的竞争主体，只有加强资金、运营成本、利润的有效管理，降低各项消耗，并且通过恰当的市场营销策略取得经营利润的最大化。因此，利润最大化是衡量一个旅行社企业经营管理是否成功的主要指标。但是，如果单纯地追求利润的最大化，则会给企业带来以下风险：

(1) 没有考虑利润实现的时间，没有考虑资金的时间价值。

(2) 没有考虑风险问题，如为了追求利润最大化，应收账款数量和账龄则会相应增大和延长。

(3) 造成短期行为倾向，忽视企业核心竞争力的构建。

另外，利润是指旅行社在一定时期内经营收入和经营费用的差额。它是一个绝对数，并不能反映出利润额和投入资本的关系，所以无法说明企业经营效益的高低。

2. 资本利润最大化或每股利润最大化

由于利润最大化的局限性，人们又提出了资本利润或每股利润作为考察财务效果的指标，非股份制企业往往使用资本利润最大化指标，股份制企业则往往同时使用资本利润最大化和每股利润最大化两个指标。这两个指标能较全面地反映企业的盈利水平。因此，其在财务分析和财务预测中有着重要的作用。但这两个指标还是不能避免“不考虑风险、资金的时间价值以及经营行为短期化”等弊端。

3. 企业价值最大化

企业价值最大化，也就是人们常说的股东财务或所有者权益的最大化。“企业价值 = 权益价值 + 债务价值”这一目标，规避了上述目标中无法体现的风险因素和资金的时间价值，同时体现了对资产保值增值的要求。企业价值最大化能否受投资报酬率、风险、投资项目、资本结构、股利政策，以及企业应负的社会责任等因素的影响，反映到旅行社的经营活动中，就是一项经营计划。例如，一项新的旅游产品的研发，收购另一家旅行社，或者重新制定一项市场促销计划，只有在其预期产生的未来净现金收益超出实施这项计划的初始现金支出时，才会增加公司的价值。

（三）旅行社财务管理的方法

旅行社财务管理的方法，是指旅行社用来组织、指挥、监督和控制财务活动，以完成财务管理任务的手段。根据财务管理的环节，常用的管理方法可以分为：

1. 财务预测

财务预测，是指旅行社根据财务活动的历史资料，考虑现实的要求和条件，对旅行社未来的财务活动和财务成果进行预计和测算。财务预测的目的，是为旅行社的计划管理提供信息，为财务决策提供依据。常见的财务预测方法，有时间序列法、回归直线法、量本利分析法、投资回收期预测法、现金流量法等。

2. 财务决策

财务决策，是指旅行社财务人员在财务管理目标的总体要求下，从多个可以选择的财务活动方案中选择最优方案的过程。财务决策是现代企业经营管理决策的核心内容，财务决策的成功与否，将直接关系到旅行社的财务活动，甚至直接影响到企业的经济效益。

3. 财务计划

财务计划，是在一定时期内以货币形式反映旅行社经营活动所需要的资金及其来源、财务收入和支出、财务成果及其分配的计划。财务计划是企业财务预测和财务决策的具体化，是控制财务活动的依据。制定财务计划的方法很多，最常用的是固定计划法。它是由一定的财务指标体系组成的，确定财务指标的方法主要有平衡法、因素法、比例法、定额法等。财务计划法在旅行社的经营活动中，主要体现在年度财务预算的制定、执行和管理上。

4. 财务控制

财务控制，是指企业在进行财务管理过程中，对财务活动施加影响或进行调节，以实现预定的目标。企业财务控制最常见的方法，是防护性控制和反馈控制。防护性控制，是指财务活动进行前，为使其按预定的目标进行，事先制定一系列制度、规定，以防止出现差异或偏离。例如，旅行社为了加强对企业运营成本和费用的管理，制定了成本和费用管理办法，明确规定了企业的成本和费用范围、费用的开支标准等。反馈控制，是指在企业对财务活动的实际实施情况进行分析的基础上，找出计划与实际情况的差异及产生差异的原因，并采取相应的措施，调整预算或财务活动，以消除或避免差异的一种控制方法。

5. 财务分析

财务分析，是指根据会计核算和有关信息资料，运用特定的方法，对企业财务活动的过程和结果进行评价和分析。财务分析的方法，主要有对比分析法、比率分析法、因素分析法等。在财务分析的实践活动中，必须综合运用各种方法，才能分析问题产生的原因，找到问题的本质，提出改进措施，最终达到改善企业财务状况、提高企业经济效益的目的。

二、旅行社会计核算

旅行社会计核算，是以货币为计量单位，利用专门的方法，全面、系统、连续地反映经营业务过程和经营成果。旅行社的会计核算包括业务核算和业务结算两项内容。

（一）旅行社业务核算

1. 组团业务核算

组团业务核算，主要包括审核报价、核算组团收入和核算组团成本等内容。

（1）审核报价

审核旅行社销售人员对外报价，是组团业务核算的一个重要步骤，财务部门根据旅游团（者）的旅游行程、旅游团队登记，以及旅游时间等对销售人员填报的报价单进行审核。审核的内容，主要包括报价的淡季、旺季价格是否准确；报价单上的各项价格是否准确、全面；报价在时间、空间上是否一致等。目前，很多旅行社审核报价的权力已经下放给部门负责人，由部门经理对业务人员的对外组团报价进行审核。这就大大减轻了财务部门的工作量，同时提高了对客户的响应速度，但同时也增加了旅行社对组团业务的管理难度。

（2）核算组团收入

组团社通过招徕旅游团（者）和组织旅游团（者）进行旅游所获得的收入，称为组团营业收入。这种营业收入，主要由综合服务费、房费、餐费、城市间交通费和专项附加费组成。为了避免不必要的收款障碍，旅行社一定要坚持“先收费、后接待”的原则，要求旅游者在出游前的规定的时间内，必须缴付全部旅行费用，否则取消其参加旅游团的资格。旅行社在核算组团收入时，应根据与旅游者或地接社达成的旅游协议，审核其所支付的旅游费用和付款承诺。

（3）核算组团成本

组团成本核算，是考核旅行社在经营中的成本开支是否合理，对于不合理的开支，要采取有效的措施予以纠正，以达到降低成本和增加企业经济效益的目的。组团成本中，最主要的是旅行社从旅游要素供应部门采购旅游服务的费用，也称之为营业成本或直接成本。旅行社在核算组团成本时，主要是检查所采购的旅游服务是否按照合同上双方约定的价格进行结算。在具体旅游操作实践中，旅行社往往采用“营业成本＝营业收入－毛利”和“毛利＝旅游团（者）人数×停留天数×人天计划营业收入”等方法来计算营业成本。同时，旅行社还应该根据接待计划和全陪填写的各地支出情况，预先逐团列支，等各地接社的结算单寄到后，再分别列入各地核算单位的结算账户。

旅行社的组团成本，主要由组团外联成本、小包价成本、劳务成本和其他服务成本构成。在组团成本核算实践中，中介费等佣金费用的管理，成为旅行社组团成本核算的一个值得重视的问题。由于它属于灰色地带的支出，管理难度大，而且涉及金额往往不菲，如果管理不善将成为组团利润管理的黑洞。

2. 接待收入核算

(1)审核结算通知单

结算通知单时，接待旅行社向组团社收取接待费用的凭证，由旅游团的全陪填写并由地陪签字。如果没有配备全陪，则由接待旅行社的地陪负责填写结算通知单。结算通知单转交给财务部门后，财务部门根据接待计划、变更通知等有关文件，对结算通知单的内容进行逐项审核。审核的重点，是组团社名称，计划号码，旅游者人数，等级，抵、离时间，活动项目，计价项目等，与接待计划和变更通知是否一致；各项费用计算是否正确；填写项目是否齐全；有无地陪的签字确认等。目前，审核结算通知单多见于以入境旅游为主要业务的部门或旅行社。以接待国内游客为主要业务的旅行社，已经把审核结算通知单的工作下放到部门，而且目前国内旅游接待，绝大多数贯彻"团走款清"的基本原则，只有与企业建立了长期合作伙伴关系的组团社才有一定的信用额度。

(2)核算接待收入

核算接待收入，是接待旅行社业务审核的一个重要内容。旅行社的接待业务收入，主要由综合服务费、房费、餐费、城市间交通费和专项附加费组成。接待旅行社在计算接待收入时，要采用同组团社事先确定的结算方法，计算出旅行社因提供接待服务，而应该得到的综合服务费收入及其他各项收入。接待旅行社计算各项费用时，应该注意旅游团的等级和接待的季节，避免出现诸如少收款项，错算旅游者接待标准、等级和季节差价，以及金额计算等差错。

(3)核算成本费用

接待旅行社在审核营业成本时，应该按照收入和支出配比的原则进行成本核算，严格审核应付给饭店、景点、旅游汽车公司、餐馆等旅游要素服务部门的款项，做到"分团核算，一团一清"，对盈利少的团队要严格审核，查出亏损团的原因。目前，在中国旅行社界根据自已的业务规模及管理流程的不同，分别采用单团成本核算、批量成本核算等方法。随着市场竞争的日益白热化，很多旅行社的团队主要利润来源于客人的小费(外团)、客人的自费旅游项目和旅游购物的返佣。因此，旅行社财务部门核算成本费用的工作难度进一步增大。很多旅行社为了强化成本核算，便采取事先确定毛利率的做法，如果成本费用超支，就用上述灰色收入予以弥补的办法加以控制，虽然收到了一定的效果，但旅游团成本费用核算的问题仍未能从根本上得到解决。

（二）旅行社业务结算

通常，旅行社在具体的业务实践中都是采用信用结算。因此，旅行社之间（中国旅行社企业之间、中国旅行社和国外旅行社企业之间）经常会出现大量的因赊销或赊购而出现的应付账款和应收账款现象。旅行社业务结算，主要是指对应收账款和应付账款的结算。我国旅行社界已经出现过多次因国外旅行社破产清算而导致国内旅行社巨额经济损失的事件。因此，中国旅行社界非常重视业务结算环节的管理。关于应收账款的管理，将在后面的章节中进行详细阐述，下面介绍一下旅行社之间的费用结算。

1. 正常情况下的结算业务

旅行社之间的费用结算，通常包括综合服务费用、房费、餐费及其他费用。

（1）综合服务费用结算。综合服务费用，是地接旅行社最主要的利润来源之一。综合服务费用的结算，主要包括审核结算内容、确定结算标准。

①审核结算内容。财务部门工作人员在审核综合服务费结算内容时，应对照旅游计划和导游员填写的结算通知单，对所需结算的各项费用进行认真审查。旅行社之间结算所涉及的综合服务费用，一般包括市内交通费、杂费、领队减免费、地方导游费、接待手续费和接待宣传费等。

结算公式为：综合服务费＝实际接待旅游者人数×实际接待天数×人天综合服务费。

旅游团内成年旅游者达到16人时，应免收1人的综合服务费；旅游者携带的2～12周岁儿童（不含12周岁）按成年旅游者50%的标准收取综合服务费；12周岁及以上的儿童和少年旅游者，按成年旅游者的标准收取综合服务费；2周岁以下的儿童，在未发生费用的情况下，不收取综合服务费，如发生费用由携带者现付。

②确定结算标准。旅游者在一地的停留时间满24小时的，按一天的综合服务费结算；超过24小时未满48小时的或停留时间未满24小时的，按旅行社相关标准结算。目前，我国旅行社采用的结算标准，主要有国旅标准——按用餐地点划分综合服务费结算比例、中旅标准——按抵、离时间分段划分综合服务费结算比例、青旅标准——按旅游者停留小时划分结算比例（表12－1）。

表12－1　　综合服务费国、中、青结算标准

	用餐地点	综合服务费（扣除餐费）
国旅标准	用早餐（7:00）地点	33%
	用午餐（12:00）地点	34%
	用晚餐（18:00）地点	33%

续表

	抵达当地时间	百分数	离开当地时间	百分数
中旅标准	0:01～9:00	100%	0:01～9:00	20%
	9:01～11:00	85%	9:01～11:00	30%
	11:01～13:00	70%	11:01～13:30	60%
	13:01～17:00	45%	13:31～17:00	80%
	17:01～19:30	35%	17:01～24:00	100%
	19:31～24:00	15%	—	—
青旅标准	停留小时数		综合服务费(扣除餐费)	
	4小时内		按10小时结算	
	4～10小时内		按15小时结算	
	11～18小时内		按18小时结算	
	18小时以上		按实际停留小时结算	
	去外地一日游当天返回驻地的外地接待旅行社		按16小时结算	

(2)房费结算。房费结算,分为自订房和代订房两种情况。自订房的房费,由订房单位或旅游者本人直接向饭店结算;代订房的房费,由订房单位或旅游者把房费交给接待社,由接待社向饭店结算。结算公式为:房费=使用房间数×实际过夜数×房价。

在团队接待过程中,旅行社一般安排双人房间,有时因人数或性别原因可能出现自然单间。由此产生的房费差额,一般根据事先达成的协议结算。在实际运作中,单间差一般由住在单间的客人支付。旅行社按照饭店的规定,在旅游团离开本地当天12小时以前办理退房手续。因接待旅行社退房延误造成的损失,由接待旅行社承担;如果旅游者要求延迟退房,则由旅游者直接向饭店现付房差费用。

(3)餐费结算。餐费结算,一般也有两种方式。一种,是将餐费(午餐、晚餐)纳入综合服务费一起结算;另一种,是将餐费单列,根据用餐人数和次数结算。

计算公式为:餐费=用餐人数×用餐次数×用餐标准。

(4)其他费用结算。其他费用,是指时间交通费、门票费和专项附加费。在结算这些费用时,应根据双方事先达成的有关收费标准处理。

(5)价格优惠。价格优惠,主要体现在旅游界通行的"16免1"和"儿童优惠"。

①"16免1",是指旅游团队每16人减免1人的综合服务费、饭店房费、专项附加费(不含交通费),减免优惠费用由接待旅行社承担。

②对随父母来华旅游的外国儿童,综合服务费标准一般是2～11岁按成人标

准的50%收费，12岁以上按成人标准收费。

2. 特殊情况的结算业务

业务结算的特殊情况，主要有跨季节的结算、团队登记变化的结算、晚间抵达或清晨离开的旅游团队结算。

(1)跨季节的结算

中国旅行社界多以每年的12月初至次年的3月底作为旅游淡季，其余的月份作为旅游旺季或平季。旅游者在一地停留时间如果恰逢淡季与旺季交替时，旅行社应按旅游者在该地实际停留期间的季节价格标准分段结算。

(2)等级变化的结算

①因分团活动导致等级变化的结算

旅游团在成行后，因某种原因要求分团行动并导致旅游团等级发生变化时，应按照分团后登记的等级收费和结算。结算的方式有两种：一种，是旅游者现付分团后的新等级费用标准和原等级费用标准的差额；另一种，是由接待旅行社征得组团旅行社同意后按新等级标准向组团旅行社结算。

②因部分旅游者中途退团造成等级变化的结算

参加报价旅游团的旅游者，在旅游途中因特殊原因退团，造成旅游团队因退团后不足10人而发生等级变化时，原则上仍然按照旅游团的人数和等级标准收费和结算。退团旅游者离团后的费用由旅游者自理。

(3)晚间抵达或清晨离开的旅游团队的结算

包价旅游团队，在晚餐后抵达或清晨前离开某地时，接待旅行社按照人数和等级标准向组团旅行社结算接送费用。

计算公式为：接送费用 = 人数 × 计价标准

3. 结算汇款方式

旅行社之间的结算汇款方式，多采用汇付方式，共分为电汇、信汇和票汇三种类型。

(1)电汇。电汇，是指组团旅行社要求其开户银行，拍发加押电报或电传给接待旅行社所在地的开户银行，指示解付一定金额给接待旅行社的汇款方式。目前，电汇是我国旅行社使用最多的一种汇款方式。

(2)信汇。信汇，是指组团社要求其开户银行，将信汇委托书寄入接待旅行社的开户银行，授权解付一定金额给接待旅行社的汇款方式。目前，这种方式我国旅行社已经很少应用。

(3)票汇。票汇，是指组团旅行社要求其开户银行代其开立以接待旅行社所在地开户银行为解付行的银行即期汇票，支付一定金额给接待旅行社的汇款方式。

三、旅行社成本费用管理

成本费用管理,是旅行社财务管理的重要内容之一。旅行社管理者通过对成本费用的分析、核算和控制,可以达到不断降低经营成本,提高经济效益的目的。

(一)旅行社成本费用的构成及核算方法

1. 旅行社成本费用的构成

(1)营业成本。营业成本,是指旅行社在经营过程中所发生的各项直接支出。其主要包括房费、餐费、交通费、文娱费、行李托运费、票务费、门票费、陪同费、劳务费、宣传费、保险费(现已改为旅行社建议旅游者自愿购买)、机场建设费、专项活动费等代收代付的费用。

(2)营业费用。营业费用,是指旅行社各营业部门在经营过程中所发生的各项费用。其主要包括运输费、装卸费、包装费、保管费、保险费(指营业部负担的财产保险费)、燃料费、水电费、展览费、广告宣传费、邮电费、差旅费、洗涤费、清洁卫生费、低值易耗品摊销、物料消耗、经营人员的工资(含奖金、津贴和补贴)、职工福利费、工作餐费、服装费及其他营业费用。凡属营业部门发生,且不易记入营业成本的费用,均列入营业费用。

(3)管理费用。管理费用,是指旅行社组织和管理经营活动而发生的费用,以及由旅行社统一负担的费用。其主要包括行政经费(指旅行社行政管理人员的工资、福利费、工作餐费、服装费、办公费、差旅费、会议费、物资消耗及其他行政费用)、工会经费、职工教育经费、旅行社责任保险费、劳动保险费、待业保险费、劳动保护费、董事会费、外事费、租赁费、咨询费、审计费、诉讼费、排污费、绿化费、土地使用费、土地损失补偿费、技术转让费、研究开发费、税金、燃料费、水电费、折旧费、修理费、无形资产摊销、低值易耗品摊销、开办费摊销、交易应酬费、坏账损失、上级管理费及其他管理费用。凡属管理职能部门发生或不宜分摊的费用,均列入管理费用。

(4)财务费用。财务费用,是指旅行社为筹集资金而发生的费用,包括旅行社在经营期间发生的利息净支出(指旅行社经营期间支付给银行的、贷款利息抵减存款利息收入后的净支出)、汇兑净损失(指外汇业务结算中,由于汇率的变动而发生的汇兑损失,扣除汇兑收益后的净损失)、金融机构手续费、加息及筹资发生的其他费用。

另外,需要特别指出的是,有些支出不能计入营业成本和营业费用。其主要有为购置和建造固定资产、购入无形资产和其他资产产生的支出;对外投资支出和分配给投资者的利润;被没收财物的损失;支付的各项赔偿金、违约金、滞纳金、罚款,以及赞助、捐赠支出,以及国家规定不得列入成本费用的其他开支,均列入财务费用。

2. 旅行社成本费用的核算方法

(1)单团核算法。单团核算法,是以旅行社的每个旅游团队作为成本核算的对象,按团队进行费用归集和分配的一种核算方法。采用这种方法,应对不同的支出采用不同的归集和分摊方法。对于房费、餐费、车费等直接支出应逐项核对,按项登记;对于订票手续费、行李搬运费等按人数分摊;对营业费用、管理费用等间接费用,按人天数分摊。单团核算法采用一团一价,有利于旅行社之间的款项结算,能如实、直观地反映某个旅游团的经营成果,有利于旅行社进行正确的财务决策。但单团核算法工作量较大,一般适用于业务量不大的旅行社。

(2)等级核算法。等级核算法,是以接待不同等级的旅游团作为核算对象,按等级进行费用的归集与分配,并结合营业收入计算出各等级的总成本、单位成本和盈亏情况的一种核算方法。旅行社按照接待人数,通常将10人以上旅游团称之为团队,10人以下旅游团则称之为其他等级。等级核算法能综合反映旅行社的经营成果,工作量较单团核算法小,但不能说明成本的升降原因,不利于同等级团队之间的经营成果的比较。旅行社业务实践中,通常是等级核算与单团核算结合使用。

(3)部门核算法。部门核算法,是以旅行社内部直接创造利润的业务部门作为成本核算对象,按部门归集和分配费用,计算出各部门盈亏情况的一种核算办法。采用部门核算法有利于提高各部门的工作积极性,增强职工的竞争意识,从而提高旅行社的经济效益。但部门核算法不利于单位成本的横向比较。为了加强管理,实行部门核算法的旅行社往往结合单团核算或等级核算法使用。

(4)总成本核算法。总成本核算法,是将整个旅行社作为成本核算对象,进行费用归集,只计算总成本和盈亏,不计算单位成本。它是对旅行社经营成果的总括和反映,只对计算企业的盈亏情况起作用,而对考核成本上升或下降作用不大。

(二)成本费用的管理和控制

旅行社对于成本费用的管理和控制,主要是通过制定成本费用标准、建立日常控制制度、进行定期检查与考核挂钩等办法来实现。

1. 制定成本费用标准

根据本企业的实际情况和经营目标,参照其他旅行社的成本费用标准,制定本旅行社的成本费用标准,是成本费用管理的第一步。常用的方法,有分解法、定额法、预算法。

(1)分解法。分解法,是指将目标成本费用和成本费用降低,按照成本费用项目进行分解,明确各成本费用项目应达到的目标和降低的幅度。在此基础上,于企业内部按部门对各成本费用项目指标进行归口分解;各部门再把成本费用指标分解落实到各岗位或个人,然后由个人或各个岗位分别制定各项费用支出目标和控制措施，对分解指标进行修订。各项修订后的指标，要以实现目标成本费用为标准进行综合平衡，即形成了各项成本费用开支的标准。

(2)定额法。定额法，是指旅行社首先确定各种经营成本或费用的合理定额，并以此为依据，制定成本费用标准。能直接确定定额的成本或费用，都应制定标准成本费用。不能直接确定定额的成本费用，也要比照旅行社行业平均水平确定成本费用开支标准限额。

(3)预算法。预算法，是指把企业的经营成本和各项费用，划分为固定成本费用(与经营收入增减无关)、半固定成本费用(与经营收入不成比例的增加)、变动成本费用(与经营收入成比例增加)，然后按照业务量来分别制定预算，作为成本控制的标准，业务量不同，成本费用的预算也不同。

综上所述，三种方法在中国旅行社企业中都有不同程度的应用。其中，定额法是应用比较多的一种。近几年来，预算法管理也开始在一些大型旅行社企业中广泛应用。这充分说明了中国旅行社企业成本费用管理意识的提高。

2.旅行社成本费用的日常管理和控制

(1)建立成本费用管理信息系统。目前，一些管理意识领先的旅行社，已经建立了自己的成本费用管理信息系统，利用信息系统来对旅行社经营活动过程中的成本费用进行控制。该信息系统主要包括：指标、标准、定额输入系统；成本费用核算、控制、反馈系统；成本费用统计分析、预测系统。这样企业高层管理者就可以随时了解按业务量进行划分、按部门进行划分的成本费用开支情况，如果发现重大偏差，可以及时纠正，有效防止成本费用开支失控的情况。

(2)实行责任成本费用制度。为了加强企业的成本费用控制，很多旅行社还实行了责任成本费用制度，把负有成本费用责任的部门作为成本费用责任的中心，使其对可控成本费用负完全责任。通过责任成本费用制度，把经济责任落实到旅行社的各个部门，推动部门成本费用管理的有效实施。

(3)对重点部门或岗位进行重点控制。旅行社通过统计分析，对那些占企业成本费用比重较大的部门或岗位，以及那些目标成本费用实现困难的部门进行重点监控，严格执行已制定的成本费用标准，对这些部门或岗位的成本费用进行认真检查和监督，以达到降低成本费用，提高经营利润的管理目标。

3.进行定期检查与考核挂钩

在进行检查与考核的过程中，旅行社管理者应该重点做好下列工作：

(1)检查成本费用计划的完成情况，分析确认成本差异的原因。

(2)评价各部门和个人在执行成本费用控制方面取得的成绩和不足，相应的给予奖励和惩罚。

(3)进行认真的分析总结，将一些先进的经验进行标准化，同时在企业内部大力推广，实现成本费用管理制度的科学化和标准化。

（三）案例示范

在成本费用的管理实践中，很多旅行社都建立了有企业特色的管理制度，下面将某旅行社的日常费用管理制度与旅行社同人分享，供大家借鉴参考。

案例：

××旅行社关于日常费用开支的管理规定

1. 概述

（1）本规定宗旨，主要是督促大家养成自我管理的习惯，实现本企业所倡导的“人人是管事的管理者”的目标，使企业实现增收节支的目的。

（2）以下所有费用，除有特殊规定外，都将计入个人或部门的绩效考核中去。具体的实施细则见本企业的其他管理制度。

（3）各级管理人员应该按本规定要求，严格履行审核控制职责。

（4）原则上，以下费用首先由各部门负责人审核签字通过后，交总经理审核，并通过财务审核后方可报销。

（5）原则上，各项费用开支报销，按照“由当事人垫款，事后审核报销”的原则执行。市内交通费，在每月的25～28日统一报销。其他费用回到单位后三天内报销。

2. 通讯费用管理

（1）特别要求

①每个员工自费配备手机。

②企业只负责补贴手机费用。

③要求本企业所有员工手机应全天处于足费足电状态，发现关机1次将停发员工手机补贴总费用的1/15，当月发现关机4次以上（含4次），停发当月手机费用补贴。

（2）手机费用管理

①一般情况下，根据不同级别和不同工作性质，手机补贴凭话费单据报销。

②如果遇到出差公干，可报销外出期间手机费用的80%。

③手机费用额度暂定为：

总经理和副总经理级实报实销；

部门经理及分公司总经理240元/月；

部门副经理级180元/月；

助理经理和业务主管120元/月；

助理主管和业务代表80元/月；

其中财务和行政人事部门手机费减半。

3. 交通费用管理

(1)日常交通费用管理

①原则上,市内交通费用每月报销交通费用60元。

②其他地区按实际交通使用情况,须在"客户访问日报表"和"管理人员外出工作日志"上填写清楚,公交和地铁车票需留存报销凭证,交主管经理审核后,该凭证经财务审核后实报实销。

(2)外事办公交通费用管理

工作需要企业派车或"打的"的,可以最大绩效为原则,由自己决定。填写派车单由所在部门经理签字后,具体情况应在"行政管理人员外出工作记录"上填写清楚,并妥善保管出租车票,事后交企业主管经理审核后可以报销。所发生的费用计入个人和所在部门费用。

4. 出差公干费用管理

(1)住宿费用管理

①副总经理级以上人员按三星级标准,费用幅度在200元/间天以内,由公司相关业务部门代订,以方便工作为原则。

②其他级别人员按照二星级标准,费用幅度在120元/间天以内,由公司代订。

③距离北京市区100公里范围内,原则上不予报销住宿费用,应该当日返回。

④二级城市参照上述标准的80%执行(北京、上海、广州、深圳除外)。

(2)市内交通

公共交通费用和的士费用的管理与报销原则,遵照本规定第三条"交通费用管理"的相关条款执行。

(3)长途交通费用管理

①距离在600公里范围内出差公干,所有人员长途交通费用按照长途大巴或火车硬座标准核报。

②在上条规定以外地区公干或出差,副总经理级以上管理人员可乘飞机,其他人员乘坐火车硬卧。具体票务预订工作由公司相关部门负责。

(4)出差餐费补贴管理

①出差期间,出差补贴发放25元/天(包括餐费补贴)。

②出差餐费补贴纳入个人或部门的绩效考核。

(5)出差手机费用管理

本条内容参照本规定第二条"通讯费用管理"中的相关条款执行。

5. 应酬费用管理

(1)原则上,应酬费用的申请资格,限定在企业副经理级以上管理人员。在日常工作中,不提倡以“请客吃饭、送礼”的方式与客户进行工作交往。

(2)一次应酬费用在150元以上的,部门经理及以下人员,事先应电话向部门经理请示并获同意后方可执行;总经理级管理人员应事先向总经理请示并获同意后方可施行。

(3)一次应酬费用在300元以上的,所有人员都必须事先向总经理请示并获同意后方可施行。

(4)一次应酬费用在3000元以上的,需经总经理和企业监事或董事双方签字后方可报销。

(5)一次费用在150元以下的临时性应酬,相关人员可本着“最优绩效”原则灵活掌握。部门经理级管理人员每月所有临时性应酬费用,最高限额为500元。部门经理级以下管理人员每月所有临时性应酬费用,最高限额为200元。

6. 办公用品与办公设备管理

(1)统一采购原则

公司所有办公用品,由综合管理部根据企业业务需要负责统一采购。月初(5~8日)由各部门上报综合管理部并统一批准。

(2)办公用品采购金额审批权限

①办公文具、传真纸、墨盒、复印纸、名片、信封、电脑软盘等,由综合管理部按需求采购,事后由总经理签字报销。

②办公家具、电话机、电脑、传真机等办公设备,需经总经理批准后方可购买。

③一件价值在5000元以上的办公设备,需经总经理签字后方可报销。

(3)易耗品管理

①办公文具、电脑软盘由综合管理部定期向员工派发。传真纸由使用人员按需向综合管理部申领。

②复印纸和打印机墨盒,由各部门按需向综合管理部统一申领,再根据需要派发给具体使用人。

③为节约开支,不需存档的文件,必须双面使用后方可作为废品处理。

7. 其他

跟团外出踩线或参加相关会议,长途交通和住宿标准,按照团队标准要求或会议组织方要求执行;跟团外出踩线,不发放任何误餐补贴。其他因公费用报销标准，参照本规定相关条款执行。

8. 适用范围

该费用管理办法适用于公司所有部门，解释权归财务部。

××××旅行社有限责任公司

四、旅行社收入、利润管理

(一)旅行社收入管理

旅行社通过向旅游者提供各种旅游服务，获得其预期的营业收入和利润。旅行社的利润来源于营业收入，它是一定时期的经营成果，利润的高低反映旅行社经营水平的高低。

1. 旅行社营业收入的构成

旅行社的营业收入，是指旅行社在一定时期内，由于向旅游者提供服务而获得的全部收入，主要包括：

(1)综合服务费收入。是指为旅游团(者)提供综合服务所收取的综合服务收入。它包括导游费、餐饮费、市内交通费、全程陪同费、组团费和接团手续费等。

(2)房费收入。是指旅行社为旅游者代订饭店的住房，并按照旅游者实际住房等级和过夜天数收取的住宿费用。

(3)城市间交通收入。是指旅游者为旅游期间在旅游客源地与旅游目的地之间，以及在旅游目的地各城市或地区之间，乘坐各种交通工具所付出的费用而形成的收入。

(4)专项附加费收入。主要是指旅行社向旅游者收取的汽车超公里费、风味餐费、游江费、特殊游览门票费、文娱费、专业活动费、保险费、不可预见费等收入。

(5)单项服务收入。主要是指旅行社接待零散旅游者和委托代办事项所收取的服务费、代理代售国际联运客票和国内客票的手续费，以及代办签证费等收入。

2. 旅行社营业收入的管理

在旅行社的营业收入中，代收代支的款项占了很大比重。根据这一特点，旅行社应该加强管理，准确地对其进行确认和时间上的界定。

(1)确认营业收入的原则

按照国家的有关规定，旅行社在确认营业收入时，应实行权责发生制。根据权责发生制，旅行社在符合以下两个条件时，可确认其获得了营业收入。

①旅行社已经向旅游者提供了合同上所规定的服务。

②旅行社已经从旅游者或组团旅行社处收到价款，或取得收取价款权利的凭据。

(2)界定营业收入时间的原则

①入境旅游。旅行社接待境外旅游者到境内旅游,以旅游者离境或离开本地时,作为确认其营业收入实现的时间。

②国内旅游。旅行社组织国内旅游者在国内旅游,接团旅行社应以旅游者离开本地时;组团旅行社应以旅游者旅行结束返回原出发地时,作为确认其营业收入实现的时间。

③出境旅游。旅行社组织中国公民到境外旅游,以旅游者旅游结束返回原出发地时,作为确认其营业收入实现的时间。

(二)旅行社利润管理

1. 利润的构成

旅行社的利润由营业利润、投资净收益和营业外收支净额所构成,是旅行社一定时期内经营的最终成果。

(1)旅行社营业利润。旅行社营业利润,是指营业收入扣除营业成本、营业费用、营业税金、管理费用和财务费用后的净额。

(2)旅行社投资净收益。旅行社投资净收益,是指投资收益扣除投资损失后的数额。投资收益,包括对外投资分得的利润、取得股利、债券利息、投资到期收回或中途转让取得的款项,高于投出资产账面净值的差额。投资损失,是指投资不当而产生的投资亏损额,或指投资到期收回或中途转让取得的款项,低于投出资产的账面净值的差额。

(3)旅行社营业外收支净额。旅行社营业外收支,是指旅行社兼营与旅游业务无直接关系的其他各项业务的收入或支出。旅行社营业外收支净额,是指营业外收入减营业外支出后的差额。营业外收入,包括固定资产盘盈和变卖的净收益。确实无法支付而按规定程序批准后,转作营业外收入的应付账款、礼品折价和其他收入等。营业外支出包括固定资产盘亏和毁损、报废后的净损失、非常损失、赔偿费、违约金、罚息和公益性捐赠等。

2. 利润管理

利润管理,是旅行社财务管理的一项重要任务,主要内容是确定目标利润和进行利润分配。

(1)确定目标利润。旅行社应在每个营业之初确定其将在这个营业期内获得多少利润,即确定其目标利润。以便采用各种方便、可能的方法来实现这一目标。计算这一目标的公式为:

- 目标利润 = 预计营业收入 - 目标营业成本 - 预计营业税金 - 营业费用。

旅行社在确定了目标利润之后,可以用“量、本、利分析法”测算需要多少业务量,需要降低多少成本和期间费用,才能实现目标利润。其计算公式为:

- 保本销售量 = 固定成本费用总额 ÷ [单位销售价格 ×(1 - 税率) - 单位变

动成本]

• 实现目标利润销售量 =(固定成本费用总额 + 目标利润)÷[单位销售价格 ×(1 - 税率) - 单位变动成本]

目前,我国的绝大多数旅行社都同时经营多个旅游产品,受市场供求关系、旅游市场竞争激烈程度,以及产品的等级规格、内容档次等影响较大。因此,应用“量、本、利分析法”有一定的难度,所以很多旅行社都是参考以前经营年度的平均成本和营业收入,按上述公式进行计算。

(2)进行利润分配。进行利润分配,是旅行社利润管理的另一重要内容,由于旅行社的体制不同,利润分配方式也存在一定的差异。目前,我国的旅行社主要分为股份制旅行社和非股份制旅行社两种类型。

①股份制旅行社。按照国家的有关规定,股份制旅行社在依法向国家缴纳所得税后,应首先提取公益金。然后按下列顺序分配剩余的利润。

• 支付优先股股利;

• 按公司章程或股东会决议提取任意盈余公积金;

• 支付普通股股利。

②非股份制旅行社

非股份制旅行社应该依法向国家缴纳所得税后,按照下列顺序分配税后利润。

• 支付被没收财物损失和各项税收的滞纳金、罚款;

• 弥补旅行社以前年度亏损(根据国家有关规定,旅行社发生亏损,可用下一年度的税后利润弥补延续 5 年未弥补的亏损);

• 提取法定盈余公积金(根据国家有关规定,旅行社提取的法定盈余公积金,应为税后利润的 10%;法定盈余公积金已达旅行社注册资本金的 50% 后,可不再提取。旅行社提取的盈余公积金用于弥补亏损或按规定转增资本金);

• 提取公益金(旅行社提取的公益金,主要用于职工集体福利设施支出);

• 向投资者分配利润(旅行社以前年度未分配的利润,可并入本年度利润一并分配)。

五、旅行社资产管理

资产,是旅行社所拥有的全部资产的具体化形式,包括流动资产、固定资产、无形资产和递延资产等。

(一)旅行社流动资产的管理

流动资产,是旅行社可以在一个营业周期内将其转化为现金或者耗用掉的资产。流动资产又可划分为货币资产和债款资产。旅行社的行业性质决定了它和其他行业相比,流动资产比重较大,在保证企业现金流正常的情况下,如何能加速企业流动资产的流动速度，让流动资产为企业创造更大的价值，是旅行社资产管理的一项重要内容。

1. 货币资产管理

旅行社的货币资产，主要包括现金和银行存款。对于货币资产的管理，也就是业内人士常说的旅行社对现金的管理。旅行社企业具有现金流丰富的特点，而且旅游旺季的现金需求量很大。因此，很多业内人士都对企业的现金管理非常重视。旅行社的现金管理，主要包括完善现金收支的内部控制，加速现金回收和控制现金支出三个方面。

(1)完善现金收支的内部控制。建立完善的内部现金收支控制制度，是旅行社避免不合理的资金开支和防止资金被挪用和侵占的重要举措，应严格做到：

- 建立处理现金业务的合理分工和内部监督制度，使各种错误可以得到有效避免和纠正，对于资金的侵占和挪用，只有在财务相关人员合谋的情况下才有可能；
- 建立现金事项的会计日常处理规程；
- 实行"收支两条线"管理，将现金收入和现金支出的业务分开；
- 将经营现金和记账的业务分开，即"管钱的不记账，记账的不管钱"，不能采取会计、出纳由一人兼任的情况；
- 营业收入的现金，必须当天或次日存入银行；
- 所有的支出超过一定额度的，必须使用支票，尽量减少现金的使用量；
- 对库存现金和银行存款，由内部稽核人员实施经常性和突击性的检查。

(2)加速现金的回收。由于旅游市场的激烈竞争，掌握客源的旅行社根本不愁找不到接待社。因此，中国旅行社界"先收款、后接待"的原则不可能得到有效执行。在入境游接待上更是体现了这一点，有些市场的结算周期竟然长达三个月或者半年。这对旅行社的资金周转是个很大的挑战。目前，入境旅游接待的某些市场延期结算，已经成为行业惯例，如何加快现金的回收和尽量减少坏账的损失就变得非常重要。旅行社界经常采用的方法，是鼓励组团社先付款。例如，如果组团社先付或现付，可以给予旅行社一定比例的折扣；如果延期支付则享受不到这样的优惠。另外，旅行社还采取尽快寄出发票的办法，督促组团社尽快付款。

(3)控制现金支出。旅行社希望加速收款，从而可以更早地使用现金。同时，旅行社还应尽量控制资金支出，争取资金在自己账户上的滞留时间，获得更多的资金沉淀。旅行社界控制现金支出的方法主要有：

①加强采购管理，与旅游要素服务单位尽量达成"月结"或"季度结账"的协议。一方面，根据企业的资金量争取最大限度的现金结算折扣；另一方面，可以寻求滞留现金的理财收益。

②在保证自己信用的前提下，把对外支出的结算周期拉开，不要集中在一个时

间点上,避免出现现金流断裂的危机;同时,可以利用组团、接待量大的优势从合作伙伴处获得一定的资金支持。

③运用“浮游量”,旅行社账簿上的现金数字,很少能反映企业在银行的实际可用现金量,一般情况下,旅行社在银行的可用现金大于账簿上的现金余额,其差额即浮游量。它主要产生于旅行社从支票开出到最终被银行结算的时间差。

2. 债权资产的管理

债权资产的管理,主要是指对旅行社应收账款的管理。应收账款,很久以来就是一个困扰中国旅行社界的老大难问题,至今仍不断听到业内人士议论××旅行社因应收账款过大,造成呆坏账过多而被拖死的消息。

(1)应收账款产生的原因分析

①市场竞争的原因。激烈的市场竞争导致垫款接团,成为旅行社一个重要的开发旅游市场的手段。其对扩大旅行社的产品销售虽然起到了积极的作用,但也埋下了应收账款的隐患。

②地接社的原因。地接社想提高其在地接旅游市场中的份额,其销售人员为了提高自己的业绩,也经不起组团社的威逼利诱。

③组团社的原因。可能是组团社财务紧张,资金不足;即使有钱也不愿意马上付给接待社,用别人的钱为自己赚钱是最好的;出于质量保障的原因,如果有一部分应付账款,可以起到控制接待社保证服务质量的作用;当然也不排除少量的组团社业务人员心理扭曲,以欠款、赖账为荣。

(2)应收账款管理不力导致的后果分析

如果旅行社对于应收账款管理不力,将会对企业的经营带来很多不良后果。其主要包括:

①大量的应收账款将导致接待旅行社背上沉重的财务负担,资金周转变慢,随时都可能面临旅游产品要素供应商和银行等金融机构联合逼债,导致资金流断裂,使企业面临倒闭的危险。

②如果应收账款集中在几个组团社,那么将会导致组团社的胃口大增,随时以拒付应收账款为理由“挟天子以令诸侯”,提出各种对地接社不利的条件和无理要求,使地接社面临进退两难的窘境。

③如果企业制定了严格的应收账款责任管理制度,便会出现开发市场力度大,客户越多,营销人员的催账压力越大的问题。一旦对客户的信用程度把握不住,营销人员将会面临“赔了夫人又折兵”的不利局面,不但得不到相应的业务提成和奖励,而且还可能会因产生大量的呆坏账而被罚款。

④如果企业没有很好的应收账款政策,那么拖欠款项的组团社有可能会以破产倒闭的方式让企业的应收账款变成呆坏账,给企业带来巨额损失。

(3)应收账款政策的制定

应收账款政策又称信用政策。其主要包括信用标准、信用条件和收账政策。旅行社要想管理好应收账款,就必须制定合理的信用政策。

①信用标准。信用标准,是旅行社同意为客户提供商业信用而提出的基本要求,通常以预期的坏账损失率为判别标准。旅行社的信用标准严格,只对长期合作、信誉好的优质客户提供垫款接待,则会减少呆坏账的损失,但可能会不利于扩大销售;反之,如果信用标准宽松,虽然会增加市场销售收入,但也会相应的增加坏账损失和应收账款的机会成本。在具体的旅游业务实践中,旅行社可以重点考察客户的资本、品行、能力、担保和外部环境五个要素,以此判断为客户提供信用的风险。

- 资本的多少,代表客户的财务实力,即客户的股东权益大小。资本实力强大,代表着企业承担风险和债务的能力强。
- 品行,是指客户承诺责任、履行偿债的一种诚意,即客户的信誉和形象。如果该客户在旅行社圈内经常赖账、劣迹斑斑,那么业内人士对其品行的评价肯定很差,与这样的客户合作,一定要注意尽量不给与信用。
- 能力,是指客户对债务的偿还能力,可以根据历史纪录和业内的评价进行推断。
- 担保,是指客户能够提供的作为偿债保障的资产。
- 外部环境,是指外部的经济发展趋势对企业的影响,也可以是某项政策对客户履行债务的影响。

②信用条件。信用条件,是指旅行社要求客户支付赊销款项的条件。其主要包括信用期限、折扣期限和现金折扣等。信用期限,是指旅行社为客户规定的最长付款时间;折扣期限,是指为客户规定的可享受现金折扣的付款时间;现金折扣,是指客户提前付款时给予的优惠。

③收账政策。收账政策,是指信用条件被违反时,旅行社采取的收账策略。如果采取积极的收账策略,则应收账款会减少,坏账损失的可能性也会大大降低,但却会增加收账的成本,如通信费开支等;如果采取消极的收账策略,应收账款和随之形成的坏账损失则会增加,但收账费用却会相应降低。

(4)应收账款的日常管理和控制。应收账款管理的主要目的,是保证制定合理的信用政策,并且保证信用政策在企业的经营实践中得到有效的贯彻执行。具体包括以下五个方面:

①提高旅游服务质量,使自己的产品成为畅销产品。这是解决应收账款的根本出路,只有大力加强对旅游服务质量的管理,提高自己的服务口碑,才能掌握市场的主动权,成为强势旅游品牌,旅游者才会更加主动地选择旅游企业的产品。

②将给予组团社的利益放在明处。目前,很多旅行社并不在乎是现付或者延期支付。他们关心的,是接待社能否保证服务质量,提高组团社在游客中的形象。

因此,可以制定联合开发旅游市场、给予广告支持、给予一定幅度的现金折扣等政策,鼓励组团社与本企业建立战略合作关系。这样,以公开的利益诉求来换取组团社的合作诚意,打消组团社通过应收账款保证服务质量的忧虑和赖账的可能性。

③提高对组团社的服务质量。如果接待社的产品质量不稳定,经常有质量投诉,销售人员业务素质差,售后服务不到位等,都会导致组团社客户的不满。因此,接待社应该提高对组团社的服务质量,主要包括加强旅游产品质量的管理,制作内容丰富、形式新颖的产品手册,经常举办针对组团社产品的说明会,对组团社计调人员和市场销售人员进行产品知识和市场营销知识的培训等,以求达到"顾问式营销"的效果。

④重视组团社客户的资信调查和分析。收集客户的信用资料,收集途径包括直接调查、客户财务报表、信用评估机构、银行、旅行社的经验等。拥有信用资料后,可以对应收账款进行分析,考察组团社客户的信用变动情况。应有账款的账龄分析法和比较应收账款的回收期法,在日常业务实践中经常使用。这样,可以将产生呆坏账的损失控制在一个可知的范围内。如果客户出现一些异常变动,如突然要求延期付款、企业资金紧张,或说银行系统故障、或有意找碴不付款,组团社的员工大量流失、组团社涉足其他领域的投资等,都有可能是恶意赖账的前兆。

⑤应收账款管理制度化、程序化。应收账款管理的制度化、程序化,要求地接社将应收账款的管理同产品开发、市场营销、服务质量管理等旅行社日常管理工作融为一体,有效进行目标的分解和设定。同时,制定激励员工积极催款的奖励制度,对员工进行各种催款技能的培训,制定合理的收账程序(一般是信函通知、电话催收、派员面谈、法律诉讼等四个步骤)。

(5)应收账款的常用收账技巧

①理直气壮。收账时若能信心满怀,遇事有主见,往往能出奇制胜,把本来已经没有希望的欠款追回。反之,则会被对方牵着鼻子走,本来能够收回的货款也有可能收不回来。不要认为催收太紧会使组团社不愉快,影响以后的交易。恰恰相反,组团社客户欠款越多,支付越困难,越容易转向购买其他接待社的产品,就越不能稳住这个客户。所以,还是加紧催收才是上策。

②额小为妙。在设定组团社客户信用额度的时候,一般不宜过大,宁肯多结几次账,也不能任由应收账款越来越大,款项越大越难收回。如果客户一开口就要很大的信用额度,而且不太关心服务质量和价格,同这样的组团社合作,往往具有很大的潜在风险。

③条件明确。与组团社合作,要清楚地规定交易条件,尤其是对收款日期,要作出没有任何弹性的规定。例如,"团队行程结束 1 周后付款"。这样的规定非常容易扯皮。另外,双方合作的交易条件不能由双方口头约定,必须使用书面形式(合同、契约、收据等),并加盖组团社客户单位的合同专用章。若仅盖上经手人的

私章，几个月或半年之后再去结账时，对方有可能说，这个人早已调走了，其所签的合同不能代表我们单位；有的甚至说我们单位根本没有这个人。如果加盖的是单位的合同专用章，无论经手人如何变动，对方都无法推脱或抵赖。

④事前催收。对于支付账款不干脆的组团社客户，如果只是在合同规定的收款日期前往，很有可能收不到款，必须在事前就催收。事前上门催收时，要确认对方所欠金额，并告诉他下次收款日一定准时前来，请他事先准备好这些款项。这样做，一定比收款日当天来催讨要有效得多。

⑤提早上门。到了合同规定的收款日，上门的时间一定要提早，否则组团社有时还会反咬一口，说我等了你好久，你没来，我要去做其他更要紧的事，你就无话好说。

⑥直切主题。对于付款情况不佳的组团社，一碰面不必跟他寒暄太久，应直截了当地告诉他你来的目的就是专程收款。如果收款人员拐弯抹角、吞吞吐吐、羞羞答答的，反而会使对方在精神上处于主动地位，在时间上做好如何对付你的思想准备。

⑦耐心守候。看到组团社客户有另外的客人时，不要走开，一定要说明来意，专门在旁边等候。因为组团社不希望他的客人看到债主登门，这样做会搞砸他别的生意，或者在亲朋好友面前没有面子。在这种情况下，只要所欠不多，一般会赶快还款，打发你了事 。在等候的时候，还可听听该组团社与其他客人交谈的内容，并观察对方内部的情况，也可找机会从对方员工口中了解到对方现在的经营状况到底如何，说不定你会有所收获。

⑧以牙还牙。若对方摆出千般解释、万般苦衷，你就以同样的方式回敬，摆出比他更多的苦衷。

⑨不为所动。如果客户一见面就开始讨好你，或请你稍等一下，他马上去某处取钱还你（对方说去某处取钱，这个钱十有八九是取不回来的，并且对方还会有“最充分”的理由，满嘴的“对不住”），这时，一定要揭穿对方的“把戏”，根据当时的具体情况，采取实质性的措施，迫其还款。

⑩缠缠缠。如果经过多次催讨，对方还是拖拖拉拉不肯还款，一定要表现出相当的缠劲功夫，或者在侦知对方手头有现金时，或对方账户上刚好打入一笔款项时，就即刻赶去，逮个正着。

⑪求全责备。如果只收到部分款项，且与应收金额有出入时，你要马上提出纠正，而不要等待对方说明。

⑫辞旧迎新。在收款到位后再谈新的旅游产品开发和合作计划，这样，新生意谈起来也会比较顺利。

⑬无款无合作。如果收不到应收款，应该明确告知对方将断绝合作关系，并且将采取包括法律诉讼在内的一切手段收回款项。

⑭诉诸法律。如果撕破脸后仍无法奏效,即诉诸法律,并可申请强制执行。

⑮功成即退。收回款后要及早离开,以免对方觉得心疼。

(6)案例示范

案例:

××旅行社应收账款管理办法

第一条 本公司为处理经营业务中发生的应收账款,确保销售收入与现金流入尽可能同步、同量增长,减少流动资金积压,加速资金周转,以满足企业扩展业务的资金需求,将经营风险降到最低限度,为必要时能动用法律手段以保护公司的合法权益,特制定本办法。

第二条 本公司执行"先收款、后接待"的基本原则,各业务部门经办的旅游业务接待,应向客户或合作伙伴收取现金、支票、银行汇款或票据。对业务量大及价格优惠的客户或合作伙伴,也可以给予一定优惠,以求达成现收团款的协议。

第三条 根据市场实际情况,分公司确有大量大宗客户或业务合作伙伴而提出延期付款的,应根据客户信用情况及业务量确定信用额度;建立"客户信用卡"。

"客户信用卡"建立的手续是:各分公司应根据自有资金的承受能力,与客户签订合同协议,规定最长垫款期限、最高垫款额度、还款日期及延付罚则,并规定结算应收账款所用原始凭证的名称,各服务项目、金额及双方签字确认的办法。

所有记入会计账簿的应收账款,都必须取得合法的原始凭证,必须经债务单位加盖单位公章,经法人代表或业务负责人签字确认,明确规定偿付日期,同时由分公司的单位负责人,业务主管、业务经办人(即债务收缴人)签字,承担债务的催收清算任务。

第四条 公司各业务部门及各分公司经营业务所发生的应收账款,按会计制度规定应计提坏账准备,为收缴应收账款而发生的诉讼费、差旅费、交通费、劳务费等所有费用,均由债权单位全部承担,并列入该部门或各分公司费用。因应收账款过多而造成,或因分公司资金周转困难而产生的借款或贷款利息等费用,也由用款单位承担,并记入其费用。

第五条 应收账款是未到账的营业收入,收入能否实现存在一定风险。因此各业务部门及各分公司年终奖金和年终分红的兑现,应以实际到账营业收入为准。当年应收账款何时全部到账,何时全部兑现年终奖金和年终分红。

第六条 各分公司应按第一至五条的规定,为客户"建立信用卡",办理应收账款的记账、结算、收回。凡违反规定经办"客房信用卡"以外的垫款、超信用限度垫款、不按规定手续垫款的,会计人员均应提出意见,分公司负责人不予采纳的,则应向本公司书面报告。否则,应由分公司负责人、业务主管、业务经办人、会计人员共同负责追回垫款,如发生坏账,则共同承担赔偿责任。

第七条 为适应市场发展的变化情况,根据客户业务量的消长,客户信用情况，各分公司每年分两次调整客户信用额度。第一次为6月30日，第二次为12月31日。信用限度核定办法同第三至五条。

对合同协议未到期，中途需要增减变动的信用限度，应按原程序签订变更补充协议。双方同意中止合作的，应达成中止合同协议清算办法，账务结清后，合同协议终止。除此之外，任何一方、任何个人都无权擅自不执行已签订的、尚未到期的合同协议。

第八条　分公司业务经办并收回的应收账款支票，与要求开具的发票上付款单位名称或付款人姓名不符的，一般应拒绝开出此类发票；除非原付款单位出具自愿将其付款应收的发票更换单位名称，并出具因此而引发的经济纠纷与出票单位无关的书面文件，方可经分公司负责人，批准办理。

第九条　收回应收账款的项目名称及票据开出的日期，均应以收付实际发生的日期为准。如果客户交结的是延后付款日期的支票，只能开给临时收据，待支票进账后方可开出正式发票。如需先开发票，而后再由业务经办人向客户办理收款的，应由单位负责人签批。业务经办人写明交款日期后，由财务人员开票，财务收款后方可将借条退回经办人。

第十条　客户所交应收账款、支票，交银行后因故退票，出纳应立即将银行退票原因通知业务经办人并转告原开票单位，立即重开新支票换回原支票。若因开票单位支票空头，密码写错等造成损失的，应由业务经办人向开票单位追讨或个人负担。

第十一条　各部门，各分公司业务经办人应将本人经办的应收账款建立明细登记簿，逐日、逐笔地登记所发生应收账款的单位名称、团号、金额、应交款日期、实际交款日期、金额、结欠金额，并按协议规定的还款日期一周前发出催款通知，提醒按期执行合同协议。各部门、各分公司业务人员登记的应收账款，每月应与财务进行对账，核对当月的应收、已收、累计应收余额，如有不符，应查清调账，必须做到双方账目相符。如因经办人工作失误，发生到期应收而未收，或发生呆坏账损失的，应由相应责人承担。

第十二条　按债务人书面文件确认的还款日期和金额到期后，经催告追讨超过三个月仍未收回的，应由原经办的债权单位申请仲裁或起诉。按仲裁书或法院判决书判决执行，收回款额记账。其中无法收回的坏账冲销，本部门已计提坏账准备的，仲裁、诉讼所发生的费用，由债权单位承担。

第十三条　对未签合同协议，没有缴纳质量保证金以及不实行客户信用卡建立信用额度的客户，和超过信用额度仍以应收账款办理业务的单位和业务经办人，除责令限期追回应收款外，如有坏账损失，则全部由经办人赔偿。如经单位负责人事先批准、会计人员对违规操作未加拒绝，仍按应收账款记账的，则由业务人员赔偿50%，单位负责人赔偿30%，会计人员赔偿20%。

第十四条 业务人员工作失察或与客户勾结及与不具备合法经营资质者合作，违规销售，造成应收款无法收回的，对业务人员除给予行政处罚外，全部收入由业务人员负责追回或赔偿。

第十五条 各分公司应按当期应收账款余额（当期应收账款减去已收回应收账款）的5%计提坏账准备。坏账准备也是允许发生坏账的最高限额。按坏账处理的应收账款，是指有确凿证据证明债务单位已撤销、破产、资不抵债、已处于停止经营或逾期3年以上的应收账款。按坏账处理的应收账款证据，经分公司负责人、业务主管、业务经办人签字后，由财务人员做账务处理。

第十六条 各分公司负责人按分公司允许发生坏账的最高限额进行考核，各业务经办人按其经办业务发生应收账款余额的最高限额进行考核。对实际发生坏账超过最高限额的，按以下办法进行惩处：

- 超过应收账款余额5‰未满7‰者，警告一次，并按超限额数的10%扣发年终分红及奖金；
- 超过应收账款余额6‰未满7‰者，记过一次，并按超限额数的30%扣发年终分红及奖金；
- 超过应收账款余额7‰未满9‰者，记过一次，并按超限额数的50%扣发年终分红及奖金；
- 超过应收账款余额9‰以上者，取消年度分红。如因此造成其分公司、单位完不成经营利润指标的，未完成指标的差额由分公司负责人、业务经办人分别按50%比率由个人弥补。
- 分公司负责人、业务经办人离职的，必须将应收账款列表交接清楚，对其中到期应收而未收回的应收账款，必须全部追回到账后，方可办理离职手续。公司负责人、业务经办人中途离职不计算奖金。

第十七条 分公司负责人、业务经办人任职期间未实际发生坏账和未达到应计提坏账准备5‰最高限额的，按以下办法进行奖励：

- 实现零坏账率的分公司负责人、业务经办人，按坏账最高限额的30%予以奖励；
- 实际坏账未达到1‰及以下的分公司负责人、业务经办人，按坏账最高限额的20%予以奖励；
- 实际坏账未达到1.1‰～2‰以下的分公司负责人、业务经办人，按坏账最高限额的15%予以奖励；
- 实际坏账未达到2.1‰～3‰以下的分公司负责人、业务经办人，按坏账最高限额的10%予以奖励；
- 实际坏账未达到3‰～4‰及以下业务经办人，业务经办人按坏账最高限额的5%予以奖励；

● 实际坏账未达到4.1‰~5‰以下的分公司负责人、业务经办人，不予奖励；

第十八条　各分公司除业务主管、业务经办人之外，参加应收款管理核算的部门（如财务部门）按该公司实际发生坏账未达到应计提坏账准备比率的，按以下办法奖励：

● 实现零坏账率的，按坏账最高限额的25%予以奖励；

● 实际坏账未达到1‰及以下的业务主管、业务经办人，及应收款管理核算的部门按坏账最高限额的15%予以奖励；

● 实际坏账未达到1.1‰~2‰及以下的业务主管、业务经办人及参加应收款管理核算的部门，按坏账最高限额的10%予以奖励；

● 实际坏账未达到2.1‰~3‰及以下的业务主管、业务经办人及参加应收款管理核算的部门，按坏账最高限额的5%予以奖励；

● 实际坏账未达到3.1‰~4‰及以下的业务主管、业务经办人及参加应收款管理核算的部门，按坏账最高限额的3%予以奖励；

● 实际坏账未达到4.1‰~5‰及以下的业务主管、业务经办人及参加应收款管理核算的部门，不予奖励。

第十九条　分公司催讨回收的应收账款记入贷方，作应收账款的减少。对按坏账处理的应收账款又设法收回的，贷记坏账准备，并按以下办法奖励：

● 由原业务部门原经办人员收回的，记入其当年业绩，按本办法第十七条奖励，并加发收回额20%的奖金；

● 其他部门其他人员收回的，按收回金额的30%予以奖励。

第二十条　"其他应收款"参照本办法执行。

（二）旅行社固定资产管理

固定资产折旧管理

固定资产折旧，是指固定资产在使用过程中，由于使用损耗等转移到费用中的那部分价值，通过提供服务，从所取得的营业收入中得到补偿，为企业今后的固定资产更新筹集资金。

（1）固定资产计提折旧的范围

● 房屋和建筑物；

● 在用的机器设备、运输车辆；

● 季节性停用、修理停用的设备；

● 融资租入的设备；

● 以经营租赁方式租出的固定资产。

（2）固定资产计提折旧的方法

计提折旧的方法主要有四种：直线折旧法、工作量折旧法（按设备工作小时分摊折旧法）、年限总和折旧法与双倍余额递减折旧法。

①直线折旧法。直线折旧法，也称为平均年限法，即根据固定资产的预计使用年限和预计净残值，按照年限等额计算提取折旧的方法。其计算公式为：

- 年折旧额＝(固定资产原值－预计净残值)/预计使用年限。

②工作量折旧法。工作量折旧法，也称为按设备工作量分摊折旧法，其计算公式为：

- 每个工作量的折旧额 ＝（固定资产原值－预计净残值）÷设备预计实际使用寿命。

③年限总和折旧法。该法以固定资产原值扣除净残值后的余额，与一个逐年变动的折旧率相乘，来计算各年折旧额的一种方法。其计算公式为：

- 固定资产年折旧额＝(固定资产原值－预计净残值)×当年的折旧率；
- 当年的折旧率＝尚可使用年限÷预计可使用年限总和；
- 预计可使用年限总和的计算方法。例如，预计可使用5年，计算方法即为：1＋2＋3＋4＋5；预计可使用7年，计算方法则为：1＋2＋3＋4＋5＋6＋7，以此类推。

④双倍余额递减折旧法。该法以固定资产年初折余价值，乘以一个固定不变的折旧率，来计算折旧额的计算方法。折余价值即固定资产净值，是固定资产原值，扣除累计折旧额的余额。折旧率是直线法的两倍。其计算公式如下：

- 年折旧率＝2÷折旧年限

采用该法计提折旧，由于净值逐年递减，在折旧率不变的情况下，净值永远无法摊完，所以计算中，通常已在折旧年限到期前2年，改用直线法计提折旧。

六、旅行社财务报表与财务分析

财务报表，是财务分析的基础。财务分析，即对旅行社的财务状况和经营成果进行分析和评价，它是财务管理的重要方法之一，也是旅行社一定期间财务活动的总结，为旅行社下一阶段的财务预测和财务决策提供依据。

(一)旅行社财务报表

旅行社财务报表，是反映旅行社财务状况和经营成果的书面文件。其主要包括资产负债表、损益表、现金流量表及其他附表。在此，我们主要介绍与旅行社经营关系最密切的资产负债表、损益表和现金流量表。

1. 旅行社的资产负债表

资产负债表，也称财务状况表(表12－2)，是反映旅行社在某一时点上财务状况的一种静态报表。通过资产负债表，可以全面综合地了解旅行社资产、负债和所有者权益结构的合理程度、财务实力的雄厚程度、偿债能力的强弱、所有者持有权益的多少及旅行社财务状况的发展趋势。

资产负债表是根据资金运动的规律，即资产 = 负债 + 所有者权益这个会计恒等式设计的。从结构上看，资产负债表主要包括资产、负债和所有者权益三大类项目，分别列在表的左右两方。表的左方是资产项目，反映旅行社拥有资产的分布情况；右方为负债及所有者权益项目，反映旅行社所负债务和所有者权益的状况。金额栏设有年初数和期末数两栏，以利于该表的使用者掌握和分析旅行社财务状况的变化趋势。

表 12－2　　　　**资产负债表**

会企 01 表

编制单位：　　　　　＿＿年＿＿月　　　　　单位：元

资　　产	行次	年初数	期末数	负债和所有者权益（或股东权益）	行次	年初数	期末数
• 流动资产：				• 流动负债：			
货币资金	1			短期借款	68		
短期投资	2			应付票据	69		
应收票据	3			应付账款	70		
应收股利	4			预收账款	71		
应收利息	5			应付工资	72		
应收账款	6			应付福利费	73		
其他应收款	7			应付股利	74		
预付账款	8			应缴税金	75		
应收补贴款	9			其他应付款	80		
存货	10			预提费用	82		
待摊费用	11			预计负债	83		
一年内到期的长期债权投资	21			一年内到期的长期负债	86		
其他流动资产	24			其他流动负债	90		
流动资产合计：	31			流动负债合计	100		
• 长期投资：				• 长期负债：			
长期股权投资	32			长期借款	101		
长期债权投资	34			应付债券	102		
长期投资合计：	38			长期应付款	103		
• 固定资产：							
固定资产原价	39			专项应付款	106		
减：累计折旧	40			其他长期负债	108		

续表

资　　产	行次	年初数	期末数	负债和所有者权益（或股东权益）	行次	年初数	期末数
固定资产净值	41			长期负债合计：	110		
减：固定资产减值准备	42			●递延税项：			
固定资产净额	43			递延税款贷项	111		
工程物资	44			负债合计：	114		
在建工程	45			●所有者权益（或股东权益）：			
固定资产清理	46			实收资本（或股本）	115		
固定资产合计：	50			减：已归还投资	116		
●无形资产及其他资产：							
无形资产	51			实收资本（或股本）净额	117		
长期待摊费用	52			资本公积	118		
其他长期资产	53			盈余公积	119		
无形资产及其他资产合计：	60			其中：法定公益金	120		
●递延税项：				未分配利润	121		
递延税款借项	61			所有者权益（或股东权益）合计：	122		
资产总计	67			负债和所有者权益（或股东权益）总计：	135		

企业负责人：　　主管会计：　　制表：　　报出日期：　　年　月　日

2. 旅行社的损益表

损益表，也称收益表（表 12－3），是反映旅行社在一定时期内（月度、年度）生产经营成果及其分配情况的一种动态报表。它是了解旅行社经营业绩，尤其是获利水平的主要报表。通过损益表，可以从总体上了解旅行社收入、成功费用和利润（或亏损）的组成情况，考核企业利润计划完成情况，分析企业利润增减变化的原因及其获利能力，并预测企业利润的发展趋势。

损益表是根据企业收入与支出相配比的会计原则而设计的。其基本等式为：

- 利润（亏损）＝收入－成本费用。

损益表一般划分为五个主要部分：主营业务收入、主营业务利润、营业利润、利润（亏损）总额和净利润，它们从上而下分列于损益表中。

表 12－3　　损益表

编制单位：　　　　____年____月　　　　单位：元

单位负责人：　　财会负责人：　　复核：　　制表：

项　　目	行　次	本　月　数	本年累计数
•主营业务收入：	1		
减：主营业务成本	2		
营业费用	3		
主营业务税金及附加	4		
•主营业务利润：	5		
加：其他业务利润	6		
减：管理费用	7		
财务费用	8		
•营业利润：	9		
加：投资收益	10		
补贴收入	11		
营业外收入	12		
减：营业外支出	13		
加：以前年度损益调整	14		
•利润(亏损)总额：	15		
减：所得税	16		
•净利润：	17		

3. 旅行社现金流量表

现金所起的作用，是不言而喻的。旅行社在经营活动过程中，会产生大量对旅游服务要素部门和企业的应付账款，以及电话费、员工工资等经营费用。这些款项都需要用现金来支付。如果不能及时获得经营活动所需的资金，旅行社的经营活动就会陷入严重的困难。通过对现金流量表的分析，可以大致判断企业的经营周转是否流畅。现金流量表（表 12－4）可以向旅行社管理者及其他有关单位和部门，提供旅行社在一定会计期间内，现金和现金等价物的流入和流出信息，可以使他们了解旅行社获取现金和现金等价物的能力，并据以预测旅行社未来的现金流量。

表 12－4　　　　　　　　　　　　　　　　　现金流量表

会　服：年03表

编制单位：×××国际旅行社　　　　　200×年　　　　　金额单位：元

项　　目	行　次	金　额
●经营活动产生的现金流量：		
销售商品、提供劳务收到的现金	1	
收到的租金	2	
收到的增值税销项税额和退回的增值税款	3	
收到的除增值税以外的其他税费返还	4	
收到的其他与经营活动有关的现金	5	
现金流入小计：	6	
购买商品、接受劳务支付的现金	7	
经营租赁所支付的现金	8	
支付给职工以及为职工支付的现金	9	
支付的增值税款	10	
支付的所得税款	11	
支付的除增值税、所得税以外的其他税费	12	
支付的其他与经营活动有关的现金	13	
现金流出小计：	14	
经营活动产生的现金流量净额	15	
●投资活动产生的现金流量：		
收回投资所收到的现金	16	
分得股利或利润所收到的现金	17	
取得债券利息收入所收到的现金	18	
处置固定资产、无形资产和其他长期资产而收到的现金净额	19	
收到的其他与投资活动有关的现金	20	
现金流入小计：	21	
购建固定资产、无形资产和其他长期资产所支付的现金	22	
权益性投资所支付的现金	23	
债权性投资所支付的现金	24	
支付的其他与投资活动有关的现金	25	
现金流出小计：	26	

续表

项　　目	行　次	金　额
投资活动产出的现金流量净额	27	
• 筹资活动产生的现金流量:		
吸收权益性投资所收到的现金	28	
发行债券所收到的现金	29	
借款所收到的现金	30	
收到的其他与筹资活动有关的现金	31	
现金流入小计:	32	
偿还债务所支付的现金	33	
发生筹资费用所支付的现金	34	
分配股利或利润所支付的现金	35	
偿付利息所支付的现金	36	
融资租赁所支付的现金	37	
减少注册资本所支付的现金	38	
支付的其他与筹资活动有关的现金	39	
现金流出小计:	40	
筹资活动产生的现金流量净额	41	
• 汇率变动对现金的影响额:	42	
• 现金及现金等价物净增加额:	43	
补　充　材　料		
• 不涉及现金收支的投资和筹资活动:		
以固定资产偿还债务	44	
以投资偿还债务	45	
以固定资产进行投资	46	
以存货偿还债务	47	
• 将净利润调整为经营活动的现金流量:		
净利润	48	
加:计提的资产减值准备	49	
固定资产摊销	50	
无形资产摊销	51	
处置固定资产、无形资产和其他长期资产的损失(减:收益)	52	
固定资产报废损失	53	

续表

项　　目	行　次	金　额
财务费用	54	
投资损失(减:收益)	55	
递延税款贷项(减:借项)	56	
存货的减少(减:增加)	57	
经营性应收项目的减少(减:增加)	58	
经营性应付项目的增加(减:减少)	59	
增值税增加净额(减:减少)	60	
经营活动产生的现金流量净额	61	
• 现金及现金等价物增加情况:		
现金的期末余额	62	
减:现金的期初余额	63	
加:现金等价物的期末余额	64	
减:现金等价物的期初余额	65	
现金及现金等价物净增加额	66	

(二)旅行社财务分析

考核和评价企业财务状况和经营成果的指标,主要包括流动比率、速动比率、资产负债率、应收账款周转率、存货周转率、资本金利润率、营业利润率、成本利润率等。这8项指标分别反映和评价旅行社的偿债能力、营运能力和获利能力(表12－5)。

表12－5　　财务状况和经营成果考核评价表

类别	指　标	计　算　公　式	目　标　和　含　义
偿债能力	流动比率	流动资产÷流动负债	评价企业以短期可变现资产,支付短期负债的能力
	速动比率	(流动资产－存货)÷流动负债	评价企业快速变现资产,支付短期负债的能力
	资产负债率	负债总额÷资产总额	说明资产中用以负债融资的百分比
营运能力	应收账款周转率	赊销收入净额÷应收账款平均余额	测算从赊销客户处收回现金的能力
	存货周转率	营业成本÷存货平均余额	评价企业一段时期(年)内,存货转化为销售的次数

续表

类别	指 标	计 算 公 式	目 标 和 含 义
获利能力	资本金利润率	利润总额÷资本金总额	评价企业所投入资本的盈利能力
	营业利润率	利润总额÷营业收入总额	评价企业营业收入中的盈利比例
	成本利润率	利润总额÷成本费用总额	评价成本费用和利润的关系

旅行社是旅游业的龙头,是一种典型的服务性企业。相对于其他行业,旅行社运营不要太多的资本金,主要依靠提供劳务获取收益。旅行社的资本金利润率比一般的企业要高得多。因此,资本金利润率不是衡量旅行社盈利能力的主要指标。其次,旅行社的成本费用占营业收入的比重很高,这是由旅行社企业性质决定的。一般情况下,旅行社的成本利润率都不高。因此,成本利润率也不是衡量旅行社盈利能力的主要指标。营业利润率才是衡量旅行社盈利能力的主要指标。不同的企业管理者看问题的角度往往不同,因此,他们所需要的信息也不同,特定的人可能会特别偏重某一张表,或某一个乃至几个指标。在企业管理实践中,每张财务报表提供的信息各有其不同的用途。上述所列财务指标,反映的是企业经营中的不同情况和不同问题。

【本章小结】

本章阐述了旅行社财务管理的内涵,是指旅行社利用货币形式,通过预测、计划、核算、分析、监督与控制,对资金运动和业务收支进行综合管理,促使旅行社遵守国家法律与规章制度,改善经营管理,加强经济核算,不断提高经济效益。

旅行社财务管理的方法,是指旅行社用来组织、指挥、监督和控制财务活动,以完成财务管理任务的手段。根据财务管理的环节,常用的管理方法,主要有财务预测、财务决策、财务计划、财务控制、财务分析等。

旅行社的会计核算以货币为计量单位,利用专门的方法,全面、系统、连续地反映经营业务过程和经营成果。旅行社的会计核算包括业务核算和业务结算两项内容。

旅行社的成本费用管理,是财务管理的重要内容之一。旅行社管理者通过对成本费用的分析、核算和控制,可以达到不断降低经营成本,提高经济效益的目的。对旅行社成本费用的核算方法,主要有单团核算法、等级核算法、部门核算法、总成本费用核算法。

旅行社通过向旅游者提供各种旅游服务,获得其预期的营业收入和利润。其利润来源于营业收入。利润是一定时期的经营成果。利润的高低,反映了旅行社经营水平的高低。

资产，是旅行社所拥有的全部资产的具体化形式，包括流动资产、固定资产、无形资产和递延资产等。对于旅行社的现金管理，主要包括完善现金收支的内部控制、加速现金回收和控制现金支出三个方面。债权资产的管理，主要是指对旅行社应收账款的管理。应收账款管理的主要目的，是保证制定合理的信用政策，并且保证信用政策在企业的经营实践中得到有效的贯彻执行。

财务报表，是财务分析的基础。财务分析，即对旅行社财务状况和经营成果进行分析和评价。财务分析是财务管理的重要方法之一，也是对旅行社一定期间财务活动的总结，是为旅行社下一阶段的财务预测和财务决策提供依据。旅行社财务报表，是反映旅行社财务状况和经营成果的书面文件。考核和评价旅行社企业的财务状况和经营成果的指标，主要有八项。它们是反映和评价旅行社偿债能力、营运能力和获利能力的重要依据。

第十三章

旅行社的信息管理

本章导读

本章首先介绍信息技术发展对旅行社业的影响、中国旅游电子商务发展的制约因素、中国主流运营网站的盈利模式，并提出信息时代旅行社的经营策略；然后重点阐述网络时代旅行社信息化管理的战略选择：互联网应用、全球分销系统（GDS）的应用，以及旅行社企业的内部信息系统建设。最后介绍美国运通和台湾雄狮旅行社，如何实施电子商务的案例。

通过本章的学习，您应该能够：

（1）了解信息技术对旅行社的影响；

（2）熟悉中国旅游电子商务发展现状的三大特征和主流网站的盈利模式；

（3）掌握信息时代旅行社的经营策略；

（4）深入理解信息时代旅行社的战略选择，并根据企业具体需要加以应用；

（5）学习美国运通和台湾雄狮旅行社成功实施电子商务的经验。

一、信息技术的发展对旅行社的影响

（一）信息技术在旅行社业务领域的应用

信息技术的迅猛发展，尤其是互联网技术对旅行社业务所产生的重要影响，信息技术在旅行社业务中的应用，主要体现在旅游信息咨询环节、旅游预订与销售环节、旅行社内部管理环节三个方面。

1. 旅游信息咨询环节

旅游者产生了旅游动机，第一步就是通过收集旅游信息，分析各种旅游产品的性价比，从中找到最适合自己的旅游产品。在旅游信息咨询环节中，旅游代理商（travel agency）利用自己代理了众多旅游产品的优势，向旅游者推荐合适的旅游产品，并通过最终实现旅游产品的销售，获取旅游运营商和旅游批发商（wholesaler）

的销售佣金。信息技术的广泛应用,大大降低了旅游代理商在旅游信息咨询环节中的重要性。目前,欧美等发达国家有经验的旅游者,大多通过互联网获得各种关于旅游目的地的信息。其中,包括各国旅游风光、旅游活动项目,各种包价旅游路线、日程、价格,以及旅游饭店的设施、等级和房价等。很多旅行社也都设立了自己的互联网站,通过旅游论坛(BBS)来解答游客提出的各种旅游咨询问题,从而促进企业旅游产品的销售。目前,国家旅游局等相关机构联合制作了一个包含中国各地旅游资源、产品、交通及接待设施等各种旅游信息资料汇编而成的软件,以供海外旅游商及旅游者检索使用。信息技术的广泛应用,虽然为旅游者提供了更多、更直接的旅游信息咨询渠道,但对于大多数缺乏旅游经验的大众旅游者来说,接受旅游代理商的专业咨询服务,依然是选择合适的旅游产品的重要渠道,信息技术在旅游信息咨询领域中的应用,也使得旅游信息咨询服务的表现形式变得更加多样化和形象化,有助于旅游者了解更多的旅游信息,从而作出正确的选择。

2. 旅游预订与销售环节

信息技术在旅游预订和销售环节的应用,主要体现在两个层面。其一,是利用信息技术开发的全球分销系统(GDS),大大提高了旅行社的工作效率,拓展了旅游代理商旅游产品的供应渠道,以 Amadeus、Calileo/Apollo、Sabre、Worldspan 为代表的全球分销系统,已经成为欧美发达国家旅游代理商的重要预订、销售工具,欧美及其他国家的旅行社均通过全球分销系统平台预订机票、饭店,其重要性如同电话、传真、电脑一样。例如,著名的 Sabre 股份有限公司,是美国的上市公司,全球员工约一万人,是全球旅游业和运输业信息技术的领导者,每年通过 Sabre 系统成交的旅游订单金额超过 750 亿美元。目前,由于政策的限制,全球分销系统还没有大规模地进入中国旅游市场。中国旅行社进行机票预订,采用的是中国航空信息有限公司开发的 CRS 系统。在不久的将来,四大全球分销系统将大规模进军中国旅游市场。中国旅行社界将体验到全球分销系统对旅游产品预订和销售环节的巨大影响。其二,是利用信息网络技术建立的旅游网站,已经实现了旅游产品的预订和销售。例如,全球最大的在线旅行社之一 —— travelocity 的主要业务,就是各种旅游票务(机票、火车票、船票等)、饭店以及各种旅游行程产品的网上销售。截至 2003 年年底,该网站已经拥有注册会员 4100 万人,2003 年实现营业额 3.84 亿美元。

3. 旅行社内部管理环节

利用信息技术,可以建立旅行社企业 ERP 管理系统,从而利用信息技术实现旅行社业务操作的流程化和透明化。例如,中青旅与国内著名 ERP 软件提供商——浪潮通软合作,根据旅游业务的发展需要,对企业的信息化管理系统作了整体的规划。第一期项目,重点实现旅游业务处理和财务处理功能。其主要包括连锁销售系统、国内团队操作系统、出境团队操作系统、单团核算系统、财务系统等，以实现旅游业务从开团、销售、单团核算到财务的集成处理。另外，还要实现 ERP 系统与青旅在线网站系统、饭店和机票预订中心系统的对接。第二期项目，主要实现入境旅游的子系统、导游和车队管理系统，以及 CRM 系统，以期把客户资源整合起来，更为主动地为客户提供专业化的服务。第三期，主要实现办公自动化、人力资源管理，以及各分(子)公司的财务和业务管理系统。目前，中青旅的信息化管理系统一期项目已经结束，信息化管理的好处已经初步展现：

(1)从战略层面来看，ERP 系统为中青旅向集团化迈进提供了强有力的支持，使得并购、战略联盟的运作不只是停留在战略层面上，而是从实际运行层面上也得到了技术保证。

(2)从业务层面上来讲，中青旅 ERP 的实施，对业务流程规范化起到了很好的促进作用。中青旅“连锁销售 + 网上预订 + 后台支持 + 财务监控”的业务模式，已经形成了一种规范化的业务流程。同时，ERP 系统实现了信息资源的一致性、共享性，使企业信息资源得到有效利用；提高了业务人员的工作效率和业务操作水平，以及对客户需求的反应能力。

(3)实施 ERP 之后，公司在管理、监督、决策等活动方面得到了很大加强。各部门人员责、权、利相匹配；纠正了可能的暗箱操作，财务对业务的全面监督成为可能；业务流程控制点明确，简化了决策环节；及时、快速、准确、全面的信息流，为企业决策提供了有力的支持，领导决策数字化，规避了企业的经营风险。

(二)信息技术对提高旅行社竞争力方面的作用

1. 信息技术的广泛应用为后来者设置了进入障碍

目前，中国的旅行社业，存在着进入门槛低、竞争激烈、利润率低的问题。信息技术在旅行社界的广泛应用，可以实现一定程度的规模经济，增加旅行社企业的市场份额，为游客提供更加具有个性化的优质服务，提高游客转换服务商的成本，赢得游客对本企业的忠诚度。投资于通信网络和利用数据库与信息技术等战略优势，制造一定程度的进入障碍。旅行社利用信息技术设立进入障碍的方式，主要有建立预订系统，实行俱乐部会员制，以及通过搞好与顾客的关系，增加顾客的转换成本等。例如，春秋国际旅行社率先在全国推出了“散客成团”预订系统，在全国发展了1000 多家代理商，从而确立了自己在散客旅游市场的优势地位。

2. 信息技术的应用可以为旅行社带来更多的收入

信息技术在旅行社业务流程管理中的应用，提高了旅行社的收益管理能力，信息化可以实现旅行社业务流程的透明度，可以让管理者了解某一旅游产品的市场销售状况和利润情况。由于旅游产品具有不可储存的特点，因此，旅行社设计的大型包价旅游产品必须在截止日期实现最大限度的销售。信息技术可以帮助旅行社实现对此类大型产品的销售监控和管理，从而帮助管理者作出正确的定价与销售决策。另外,信息技术的应用可以帮助旅行社实现网上预订和销售,节约大量的时间、人力和其他成本,为企业增加一个成本低、效率高的营销通道。

3. 信息技术的广泛应用可以帮助旅行社企业提高旅游者满意度,从而建立忠诚的旅游消费者群体,形成旅行社企业的数据库资产

旅行社企业作为服务性企业,在长期服务过程中建立起来的忠诚客户的数据库,能够成为旅行社企业具有战略重要性的隐蔽资产。具有这样一个数据库本身,就是竞争者进入的障碍,然而,更重要的是能从数据库中挖掘出游客旅游消费习惯的组合,进而抓住机会,开发出新的旅游产品,实现定向营销和服务,极大地提高客户的忠诚度。

同时,旅行社通过建立自己的旅游产品预订网站,由旅行社的旅游顾问,为旅游者提供旅游咨询服务,帮助旅游者实现网上自助组合开发旅游产品的梦想。信息化管理系统还可以帮助企业建立统一的客户档案管理系统,从而做到信息资源的共享,为客户提供更好的旅游售后服务,从而提高旅游者的满意度。例如,Club Med 是一家世界范围的、全面的胜地旅游公司。它进一步研究了其会员的年龄差异。通过研究会员特征数据库,认识到随着时间的推移,原来的单身会员已经结婚,并且有了孩子。为继续争取未来的度假旅游者,该公司改变了以往的做法,为有小孩的家庭提供住宿。现在,父母可以享受海滩和水上运动,而他们的孩子则由附近儿童乐园的 Club Med 公司的护士来照看。近来,Club Med 公司增加了乘游船度假项目,以吸引对水上运动失去兴趣的年长会员。由此可以看出,该公司在游客第一次购买时就掌握了游客的数据,从而抓住了与游客建立永久关系的良机,为将来在销售中创造新的或变化的旅游服务产品打下了潜在的基础。

二、中国旅游电子商务与旅行社的发展

(一)中国旅游电子商务发展现状

2003 年的"非典疫情"对中国旅行社的冲击很大。很多旅行社纷纷裁员减薪。然而,中国旅行社界在面临非典疫情冲击的同时却看到了中国旅游电子商务的无限商机。随着互联网在我国的迅速普及和国内旅游业复苏的背景,旅游电子商务已经呈现出勃勃生机,已然成为旅游市场中一支不可忽视的重要力量。广义的旅游电子商务(包含政府提倡的电子政务)应该包含 B to B、B to C、B to G 三个层面(图 13-1)。

在以上三个层面中,旅游消费者的旅游预订网站成为旅游电子商务的主流代表。虽然电子商务运用于旅游业仅有数年时间,但是其发展势头十分强劲。中国旅游预订网站的建设,始于 1996 年。1997 年由国旅总社参与投资的华夏旅游网

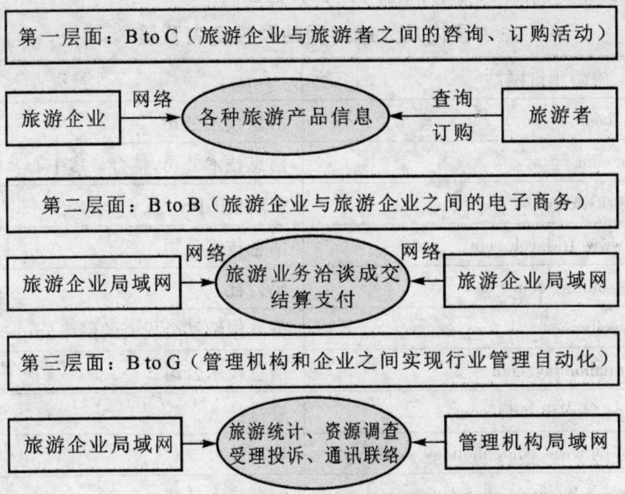

图 13－1　旅游电子商务三层面示意图

的创办，是中国旅游电子商务预订网兴起的引人注目的先声。此后，各类旅游网站如雨后春笋般纷纷建立，行业规模逐渐扩大。其间，经历了 1997 年至 2000 年上半年的投资热潮及炒作式发展。目前，具有一定旅游资讯能力的网站已有 5000 多家，其中专业网站 300 余家，主要包括地区性网站、专业网站和门户网站的旅游频道这三大类。中国旅游网站经过分化整合，以及经营策略的再探索，逐渐步入一个成熟、稳健的发展时期，呈现出以下三大特征：

1. 网站类型多样化，投资主体多元化

我国的旅游网站，按照各自业务侧重点和投资主体的不同，可分为六种类型。一是旅游产品提供商。如饭店、航空公司等建设的网站，希望可以通过网站直接获取预订，减少佣金成本并实现与顾客的直接沟通。二是旅行社企业建立的网站，主要包括传统旅行社建立的商务网站。如春秋旅游网（www. china_sss. com）、青旅在线（www. cytsonline. com），以及电话订房中心建立的网站等。三是由第三方运营商（信息技术公司）投资的大型旅游预订网站。如中国旅游资讯网（www. chinaholiday. com）、携程旅行网（www. ctrip. com）等。其优势在于资金、专业技术、广泛的代理网络和丰富的可选择产品。四是地方性的旅游网站。如金陵旅游专线（www. jltourism. com）等。它们以本地风光介绍或地方性旅游商务为主要内容。五是以政府为主导，“金旅工程”为代表的目的地营销系统和以构建“旅游电子商务大厦”为目的的电子商务平台的构建。六是互联网门户（如新浪网、Tom. com 等）和专业垂直门户网站（如滑雪、高尔夫网站）开设的旅游频道，通常也提供预订端口。

国内有代表性的旅游网站投资者背景,见表 13－1。

表 13－1　国内几大旅游网站及投资者背景

旅游预订网站	投资者
e 龙网 www. elong. com	信息技术公司
携程网 www. ctrip. com	信息技术公司,整合订房中心及旅行社
信天游 www. travelsky. com	中航信 GDS
星期五旅行在线 www. fridayol. com	信息技术公司
青旅在线 www. cytsonline. com	旅行社
再见城市 www. byecity. com	香港旅游基金投资的网络公司
中华假日 www. chinaholiday. com	信息技术公司
中国旅行热线 http://www. cnto. com	旅行社
黄金假日旅游预订网 www. goldenholiday. com	旅行社
黄山商务旅游网 www. huangshanholiday. com	信息技术公司

(网站选择:根据 Alexa 世界网站排名机构公布的排名及国内有关信息综合整理)

2. 市场不断扩大,行业领导者凸显

2004 年,我国旅游预订网站的市场领导者——携程旅行网、e 龙网等大型网站相继实现盈利以来,营业收入和市场份额保持快速增长。其中,中国饭店预订领域的龙头企业——携程旅行网已经成功在美国纳斯达克上市,2009 年实现营业收入 2.91 亿美元,经营性利润为 2.25 亿美元,净利润 0.98 亿美元,净资产收益率为 27.47%。携程傲人的经营业绩和领先的经营模式,成为中国旅游电子商务高速增长和高利润率的代表。目前,我国的旅游网站仍处于大、中、小规模多元并存的状态,以携程旅行网为代表的大型预订网站主导市场的局面已初现端倪。从发展规律看,走向"两极分化"的市场格局是大势所趋。即一端,是能提供非常多样的旅游产品的大型旅游电子商务网站,靠规模优势取胜;另一端,是提供特色旅游产品或服务的小型旅游企业,其小而精,专注于细分市场,并在他们从事的领域成为专家。

3. 信息质量和服务质量有所提高,但总体参差不齐

面对旅游消费者的网站,通常提供如下几方面的服务:一是旅游信息的汇集、传播、检索和导航。信息内容一般涉及旅游目的地、景点、饭店、旅游交通线路和旅游常识等的介绍。二是旅游产品(服务)的在线销售。网站提供旅游及其相关产品(服务)的各种优惠、折扣,航空、饭店、游船、汽车租赁服务的检索和预订等。三是个性化定制服务,即根据旅游者的特点和需求,组合定制旅游产品,建议个性化旅游线路等。一些主流的大旅游预订网站,已相当重视服务质量管理,向旅游者推出了全天候服务和快速回应、优惠价格、安全多样的支付方式等承诺。但从总体看,我国旅游网站的信息和服务质量仍参差不齐。不少旅游网站建成后,由于业务流量较少,经营者渐渐疏于管理,使得网上信息陈旧,顾客预订请求得不到应答。同时,由于行业监管的不力,旅游网站超范围和不正当经营的现象时有出现。尤其是一些小型旅游网站在完全没有监管的情况下乱发信息,虚报旅游价格,负面影响极大。

(二)我国旅游电子商务发展的制约因素分析

我国旅游电子商务的发展速度很快,但与发达国家相比依然存在着很大的差距。其中存在的一些问题,阻碍了中国旅游电子商务的发展:

1. 网站建设的制约

在我国旅游类网站的建设中,一方面,存在重复建设、宣传力度小、形象不突出的状况,另一方面,从各级政府到各旅游企业建立的网站,大多数内容简单、图像单一,信息发布不完整、更新不及时,对消费者缺乏回访的吸引力。旅游网站的建设,多以信息公布和搜索为主要目的。服务项目少,多为订票、订房等单项预订服务,而较少涉及旅游线路设计、自助旅游安排等项目,对实现供需双方网上信息即时交换和网上交易实现等方面,存在较大欠缺,不能满足消费者“个性化旅游”的需求,从而不能真正发挥电子商务的作用。

2. 观念制约

从企业角度讲,目前,电子商务还没有被广大旅游企业完全接受。网上促销、网上预订,尤其是网上经营,在我国众多旅游企业来说,还是一件比较陌生的事。许多旅行社企业对上网促销的宣传和营销效果缺少认识和体验,即使已经参与了电子商务的企业。它们在实际工作中所做的准备和相应的调整也不够完善,体现在计算机网络配备、员工上岗培训、标准化业务流程建立等各个方面应对不足,不能适应电子商务的特点。从消费者角度讲,传统的购物方式已在头脑中根深蒂固,成为一种习惯。人们在短时间内不可能适应面对虚拟旅游产品使用虚拟电子货币、电子机票进行的电子商务模式。企业和消费者双方观念的滞后,制约了我国旅游电子商务的发展。

3. 技术制约

由于互联网本身的不完善,网上交易保密性和网上交易法律关系方面存在着缺陷。网上交易和支付问题,是旅游电子商务发展的重要制约因素,由于支付问题未能真正解决。网上预订普遍缺乏约束力,使得网络对于出游者来说,更多的是用于浏览和搜索,而不是交易。网络深层功能的开发缓慢。

(三)中国主流旅游网站的盈利模式分析

旅游网站无论是作为一个企业,还是企业信息化建设的外在体现,盈利是其首要目标。我国的许多旅游网站,在发展过程中,经历过很多困境和挫折,最主要的原因,就在于没有找到一个真正既适合市场,也适合企业自身;既符合现状,又具备充分发展空间的盈利模式。

所谓盈利模式,是指企业实现盈利和增长的一系列发展战略、资源依托和经营手段。盈利模式分析,通常包括企业定位、市场定位、资源优势、利润源和收入结构、经营方式、防御性、成长空间等几个方面。目前,中国有代表性的旅游网站(如,携程旅行网、e龙网、青旅在线、信天游、中华行知网)都已经找到了适合自身特色的盈利模式(表13-2)。

表13-2　2004年国内代表性旅游预订网站盈利模式分析

	携程旅行网	e龙网	青旅在线	信天游	中华行知网
网站定位	集饭店、机票、度假预订、旅游信息及特约商户服务为一体的综合性旅游服务公司	旅游服务和城市消费网站	高度信息化的在线旅行社	中国民航自主建设的提供以航空订座为主的服务的电子商务网站	“网络版中国国家地理杂志”式的旅游资讯网,突出文化旅游信息的服务性
市场定位	商务游客为主(约占88%),观光和度假游客为辅(约占12%),中高收入白领阶层	商务旅游客人、城市休闲消费客户和商务企业集团客户	拼团散客、自助游散客和商旅客人	商务旅游客人、观光和度假游客等	具有一定文化品位与审美需求的国内拼团散客和自助游散客
自有优势资源	房态管理系统和实时预订系统;收购北京现代运通公司与海岸机票代理公司之后,改造成的携程订房中心、呼叫中心;收购上海翠明国旅	为大型集团客户开发电子商旅管理系统,通过饭店管理系统实现与饭店间的实时信息交换及大型呼叫中心。分销网络包括:“在线饭店分销联盟”	中青旅中国公民旅游总部、中青旅联盟企业、连锁门市	依托于中国民航信息网络股份有限公司运营的GDS系统(全球分销系统),充分发挥民航在旅游行业中的优势	高质量的旅游信息,完善的网络旅游社区,有效锁定一批高忠诚度的目标客户,有望转换成为合作旅游企业的有效客源
向旅游者提供的主要产品和服务	饭店预订、机票预订和“饭店+机票”式的度假旅游服务	饭店预订、特约商户消费、机票预订、“饭店+机票”式“自由行”产品,涵盖行、住、食、购、娱等领域;集团客户服务、会议服务、全球机场接送服务、欧洲火车通票服务等	饭店预订、机票预订、“饭店+机票”式的商务套餐和自由行服务;签证服务、用车服务和量身订制旅游线路的服务等	提供在线电子客票、机场座位预订、在线租车,以及天气预报、短信息、目的地接机时刻等服务	线路预订、饭店预订和旅游商品购买等;并提供高质量的免费旅游信息
业内协作	与目的地饭店、目的地营销组织或保险公司、航空公司和航空票务代理协作	与目的地营销组织、饭店、打折商户、航空票务代理、旅行社合作;与相关网站结成在线饭店分销联盟,包括综合性的门户网站、旅游垂直网站和其他商务网站等	依托中青旅中国公民旅游总部开展业务,销售其线路产品;与中青旅联盟企业、航空票务代理、目的地营销组织、目的地饭店及其他旅游企业合作	为航空公司、饭店、租车行、旅行社、航空机票代理人以及其他旅游服务企业提供产品宣传窗口和分销渠道	线路预订、饭店预订和旅游商品购买等交易方面的服务分别由与其建立联盟合作关系的旅行社、旅游用品商店和e龙网旅游频道提供。不与目的地饭店直接发生业务关系

续表

	携程旅行网	e龙网	青旅在线	信天游	中华行知网
利润源和收入结构	• 饭店预订代理费，基本上是从目的地饭店的盈利折扣返还中获取； • 机票预订代理费，从顾客的订票费中获取，等于顾客订票费与航空公司出票价格的差价； • 自助旅游中的饭店、机票预订代理费，以及保险代理费，其收入的途径也是采用了盈利折扣返还和差价两种方式； • 在线广告	• 商旅代理费中的饭店预订代理费，以目的地饭店盈利折扣返还的形式获得，还要扣除支付给联盟网站的交易佣金；机票预订代理费，则是从顾客订票费中获取的差价（约占总营业收入的50%）； • 特约商户营销代理费（约占25%）； • 网络广告（约占20%）； • 合作旅行社的会员加盟费、为集团客户提供服务的营业收入，以及提供全球机场接送服务与欧洲火车通票服务的手续费（比例很小）	• 组团利润，是青旅在线最重要的盈利途径； • 饭店预订代理费，是从顾客订房费中获取的差价，一般从房费中预先扣除，或是以饭店盈利返还的形式获取； • 机票预订代理费，是从顾客订票费中预先扣取的一个差价； • "自由行"产品中的饭店与机票预订代理费； • 目的地营销组织或旅游企业的广告费； • 其他服务（如租车服务、签证服务、量身订制服务的服务费）	• 代理销售机票（包括电子客票）的代理费； • 在线分销租车等产品的代理费； • 以ASP（应用服务供应商）方式为其他企业提供网站服务，既包括互联网接入、网站域名注册、电子邮件服务、信息储存空间、网页制作等技术功能，也包括常客管理、行程在线等一系列应用功能，并收取费用	• 合作旅行社在网上推广"线路预订"产品的盈利分成； • e龙网订房频道链接行知网饭店预订频道的租金； • 合作旅游用品商店通过中华行知网销售其产品的盈利分成；以文化信息吸引客户，以忠实客户群吸引合作企业，以合作企业产品吸引客户消费，通过合作企业的销售实现自身的利润
资金流方式	除饭店预订大多采用饭店前台支付的方法，对于其他两项主营业务，顾客可以选择在线支付，也可以选择线上浏览、打电话至呼叫中心确认和线下支付的方式，虽然携程采取积点奖励的办法鼓励网上支付，但是大部分交易还是离线完成的	饭店预订产品实行网上或电话预订、前台支付；机票和"自由行"产品则采取网上预订、线上或线下联系、送票上门收付的方式；线路由客户直接与旅行社交易、实地支付；打折商户产品的消费直接持e龙消费卡实地支付，无需预订	对饭店预订提供网上支付、网点/分社实地支付和饭店前台支付三种方式；对机票预订提供网上支付和网下上门收付两种方式；对线路预订提供网点/实地支付一种方式。就目前而言，网下或实地支付仍然是客户的主要选择	对机票预订提供现金支付和信用卡支付方式。旅游者可选择送票上门或在机场取票；租车可选择现金、信用卡、支票等方式，与供应商结算	中华行知网与目标市场之间只有信息流，而没有资金流和服务流；目标市场的资金流以一定的比例和形式经由行知网的合作企业流回网站

续表

	携程旅行网	e龙网	青旅在线	信天游	中华行知网
排他性与客户维系	向消费者提供低价与质量承诺；建立实时预订系统；发行会员卡、实行积分奖励；推荐特惠饭店与航班；在旅游交通站点设立产品推广点；建设目的地指南频道和社区频道；出版旅游系列丛书提高知名度	"一小时确认预订"的效率承诺；通过分销渠道发行e龙消费会员卡；通过消费积分奖励维系客户；提供5000多家特约商户消费服务，综合考虑"行、游、住、食、购、娱"六要素；开设"目的地指南"频道	树立并强化中国电子旅行社"第一品牌"；组建饭店会员俱乐部、快乐老人俱乐部和亲子家庭俱乐部等，以强化客户关系；客户关系管理系统在旅游社区中应用Cookies技术追踪登录者的旅游兴趣并提供相应信息服务	依托于中航信运营的GDS系统，提供全面准确的机票信息和实时的机票预订，在旅游者心目中树立权威性，并有各地送票网络支持，提供行程在线、短信息通知等增值服务	通过跨媒体合作与在线链接的方式来扩大网站的知名度，并通过网站提供丰富的旅游信息、一对一的旅游资讯服务和组织主题旅游活动来凝聚目标客户的认同，并增强其归属感
成长空间	客户满意度高，品牌地位逐渐确立；美国上市公司；强效的资本运作	通过与外资合作，与国际旅游分销体系整合；继续发展空间广大的差旅服务市场；通过并购，强化领先地位	利用中青旅的产品开发和网络优势，提供有保证的服务；开发个性化散客旅游产品，满足旅游者的个性化需求	随着中国GDS的完善，发展成涵盖航空订座、饭店订房，网上租车，网上旅游代办等多种服务的集成化网站	凭借锁定的网站会员资源，可能产生高溢价的并购；凭借资讯优势，可发展在线信息产品与服务

几大旅游预订网站的盈利模式，大都体现了网络经济的聚集效应和收益递增的优势，既以丰富的信息和产品吸引消费者，同时又凭借规模经济、标准化和高销售量，从合作伙伴处获得更优惠的价格。此外，我国旅游电子商务的交易方式具有明显的中国特色。饭店预订以电话预订、前台支付为主；机票预订以电话预订、上门收付为主；线路预订则以电话预订、网点支付为主。

同时，我国几大旅游网站所依托的，自有核心资源及资源整合方向各不相同，构成了盈利模式差异的根源。携程旅行网整合了订房中心、订票中心和旅行社等传统资源，提供线上和线下综合性服务。e龙网依托庞大的供应商网络和在线分销联盟，走纯旅游电子商务网站道路。携程旅行网和e龙网最近又都推出了针对企业客户的商务旅行管理服务，试图进军企业差旅费管理服务市场。青旅在线则依托中青旅强大的经营实力打造"在线旅行社"。最近青旅在线与世界最大的旅游供应商圣达特合资，成立了"遨游网"，成功地整合了青旅在线的在线旅游业务、四海通捷的订房服务和圣达特的旅游资源优势，成为传统旅行社进军旅游电子商务领域的成功代表。信天游以中航信GDS系统为业务和技术支撑；中华行知网则凭借丰富的资讯和忠实的会员人群吸引合作企业，以合作企业产品吸引客户消费，通过合作企业的销售实现自身的利润。可见，立足自身优势，发展独特的企业能力，对旅游预订网站的成功也是十分重要的。

值得注意的是，目前我国消费者，对于互联网电子商务的接受程度较低，使得旅游网站真正来自互联网的业务还很有限。携程旅行网有超过 70% 的业务来自呼叫中心。中青旅电子商务有限公司 2009 年获得净利润 2.53 亿元，总资产利润率仅 4%。中国国际旅行社总社、北京神舟国际旅行社集团的管理者也坦言，其建设的预订网站，主要起信息查询窗口的作用，业务流的获得还倚赖传统的线下方式。在这种旅游预订网站和传统经营的组合模式中，可以说网站对企业整体盈利模式的贡献，远远大于其自身的利润实现。

（四）网络时代旅行社的经营策略

随着通讯和计算机技术的发展，我国已经成为拥有亚洲第一、世界第二的网民规模，中国东部发达地区中心城市的宽带网络普及率，已经接近甚至超过某些发达国家的水平。网络的普及对人们消费习惯的改变是潜移默化的。旅游者也开始寻求更便捷的旅游信息来源渠道和旅游产品提供渠道。互联网恰好提供了这样一个平台，使旅游信息的流转不再受时间、空间的限制。旅游服务要素提供商（如航空公司、宾馆等）和最终的旅游消费者之间，能够建立起更直接的关系。作为旅游业龙头的旅行社，担负着组合旅游产品并直接向旅游消费者推介和销售的职能，同时又担负着向旅游产品供应企业及时反馈旅游市场需求的功能。旅行社的这一中介地位，决定了其收集信息、传递信息、综合利用信息的重要性。互联网的迅速发展对旅行社带来了巨大的冲击。一方面，旅行社可以从网上轻而易举地获得超大量的各种类型的旅游信息，从而加强与旅游供应商和旅游者之间的联系；也可使旅行社的传统经营运作方式信息化、简单化、科学化，促进旅行社经营管理的现代化。另一方面，互联网也会把旅游供应商和旅游消费者聚集在一起，互通信息，以致抛开旅行社中介机构，不必依赖旅行社所提供的信息，就可直接进行买卖活动。旅行社传统的市场将被其他类型的竞争者分割。因此，互联网的运用，既给旅行社的业务发展创造了更多的机会，又使旅行社的传统经营方式受到了极大的挑战。若不改变经营机制，转换服务功能，积极开拓新的业务，旅行社将被订房中心、信息交流中心等网上信息服务机构所取代。

1. 旅行社应该适应网络时代的要求，建立立体化多维的信息交流平台，确立团队观光、自助休闲、商务旅行有机结合的复合型业务结构

旅游咨询服务，是旅行社的传统主要功能之一。旅行社向旅游者提供旅游信息的专业咨询并向旅游者推荐最适合的旅游产品，最终通过旅游产品的销售实现企业的盈利。这是在旅游者对旅游目的地没有非常有效的了解途径的条件下，旅游者只能求助于旅行社所提供的市场信息和以往的接待经验。现在互联网络正在为游客提供越来越多的有关旅游目的地、旅游交通等方面的信息。大到旅游目的地的概况、风土人情，小到具体的饭店、餐馆、出租汽车等，这些信息可以由旅游者直接上网查询。这种网上查询，还具有信息量大、直截了当、互动便捷等优点。但是，互联网上不易进行特定信息的选择，对于初上网者来说，会感到费时、麻烦，上网费用高等。所以,旅行社可利用自己的网站点集中大量的旅游信息,并进行分类编辑,方便上网者查找。为建立完善的旅游信息库,旅行社可根据目前旅游的热点,选择相应的旅游目的地信息,集中在一起,设计成专门的网页,以供有意旅游者查询。据调查,互联网已成为发达国家旅游者最主要的信息来源渠道。2000 年 Concierge 公司对旅游和生活方式的调查,反映出美国人在计划、选择旅游线路和旅游方式时,互联网是首选的信息获得手段(占 26%),其他主要手段依次为旅行社(占 22%)、导游书籍和小册子(占 11%)、报纸和杂志(占 10%)。世界旅游组织在旅游电子商务研究报告(2001)中指出,上网旅游者的一般特征是“相对富裕、受过良好的教育、喜爱个性化的旅游、旅游频繁、旅游决策周期短”。旅行社建立了这种立体多维的信息交流平台,向游客提供旅游咨询、在线行程预订和支付服务,可以更好地整合旅游服务和技术服务资源,为更广大散客旅游者(包括各类商务、公务旅游者)提供更具个性化的服务,而且旅行社的网上服务也可以扩展到这些散客旅游者,向其提供更广泛的服务。由此可见,这种立体化的信息交流平台,可以帮助旅行社更快地适应信息时代人们旅游自助化的需求,从竞争激烈、利润微薄的团队观光市场,转向观光团队、自助休闲、商务旅行等多元化的旅游市场。

2. 适应人们多元化的旅游需求推出更能满足个性化需求的旅游产品

旅游者逐步走向消费成熟化,他们不仅需要传统的包价团队旅游,而且越来越多的旅游者希望根据自己的特殊兴趣和爱好,选择有针对性、有主题、有重点的旅游方式。如果旅行社还是采用包含旅游六大要素的全包价的观光团队产品,来应对多元化需求的旅游市场,就会造成很大一部分旅游需求的外溢,无形中就给很多商务咨询公司、会议服务公司、野外探险俱乐部等“类旅行社机构”提供了广阔的生存空间。因此,旅行社可利用互联网,向旅游者分类提供超大量的旅游信息。旅游者可以在网上查询自己感兴趣的有关旅游产品各类要素的信息。旅行社提供必要的组装指导服务,就可以形成因团而异、因人而异的时尚旅游产品。互联网技术的广泛运用,使这一涉及面广泛、随机因素繁多、组装运作复杂的个性化旅游产品得以实现,并逐步形成个性化旅游线路、个性化旅游服务、个性化旅游商品等一条龙体系。为此,旅行社相应推出网上信息提供、问题咨询、组装产品、预订饭店、代购票务、导游导购、服务追踪、信息反馈等一系列服务。目前,自助旅游逐渐形成风尚,这是在旅游消费逐渐成熟、大众化旅游逐步展开后出现的潮流。旅行社在此潮流中大有生意可做,因为旅游者仅仅根据网上获得的分散信息,难以组装成理想的旅游线路,单独购票和订房不仅拿不到优惠价格,且十分麻烦,这必然影响旅游者对旅游的整体感受。而旅行社可以发挥自己的批量采购优势和信息优势,根据自助旅游者的愿望,通过网站设计和预订“自助游”,将游程紧凑地安排好,房间预订好、车辆准备好,为自助旅游者节省金钱和时间,自然会受到他们的欢迎。因此,做好自助旅游生意所赚的钱,并不比带团队差,而且经营的灵活性提高了。旅行社为了做好个性化旅游服务，除了完善网络系统之外，还要提升顾客意识和服务意识，才能满足各类不同旅游者的个性化需求。

3. 建立传统营销方式和网上促销有机结合的E化营销网络

旅行社传统的营销方式，主要是印发产品宣传册，做电视、报纸广告，以及人员上门促销等。这种传统营销方式的范围较狭小。由于是单向的灌输式信息交流，一方面，当接收者不需要旅游时对广告不在意，另一方面，当他们需要旅游时又感到信息量不足。因此，促销效果不理想。随着互联网电子商务的迅速发展，旅行社可以充分利用互联网这个高效的营销渠道，网上营销具有覆盖面广、表现手法灵活、图文并茂、内容更新快、成本低廉等优点，而且与上网者可进行双向信息交流，引人入胜，说服力强，因而促销效果好。目前，我国的旅行社已经充分认识到网上促销的重要性，互联网已经成为旅行社和旅游消费者之间进行信息沟通的桥梁，上网者不仅可以接收旅行社发出的信息，而且可以通过聊天室、旅游论坛等提出自己的问题，由旅行社的专业人员进行解答；也可和其他旅游者交流旅游体会和经验，这样对旅游者所产生的促销效果会更好。因此，旅行社的网上促销宣传，并不仅仅是建立一个网址，而且要建立一个双向互动、沟通高效的网上营销平台。网页的内容应该是动态的，不断充实的，以满足不断变化的市场需求，介绍不断丰富的旅游产品，随时给用户提供最新的、实用的信息。另外，旅行社印发的宣传资料和小册子，也要提醒旅游者识别该旅行社在网上的网址。两种促销方式应相辅相成，以便吸引更多的旅游客源，真正起到促销的作用。

4. 利用网络信息技术完善旅行社的售后服务，以更完善的服务留住游客

国内的旅行社现在有一种倾向，就是游客安全、满意地结束了行程，就意味着一单业务的结束。这种倾向严重阻碍了旅行社售后服务系统的形成。美国《旅游代理人》杂志曾对一些常客不再光顾原旅行社的原因进行系统调查。调查结果显示，有68%的顾客，是由于旅行社缺乏售后服务和不积极争取回头客造成的。一些常客之所以不再光顾原旅行社，首先，是因为旅行社对他们今后的旅游抱着“爱来不来”的冷淡态度。其实，旅游者为了减少购买旅游服务的风险，十分钟情于熟悉的旅行社。正因如此，西方发达国家的旅行社都极为重视售后服务，并采取了多种多样的售后服务形式，以争取每一位顾客再次光顾。例如，在客人返回后的第二天就向客人打问候电话、或在网上对客人致以问候、给客人寄送意见征询单、明信片、举行游客招待会等。外国旅行社的做法十分值得国内旅行社借鉴。这次旅游的结束意味着下次旅游的开始，做好熟客的服务工作，就可以使他们下次旅游时再与该旅行社联系。因此，做好售后服务工作，是保持顾客和市场并不断做大的好措施，有方向、有基础、成本低、效果好。我国旅行社行业竞争日益激烈，保持和争取客源迫在眉睫。旅行社只有搞好售后服务，才能巩固与扩大客源。旅行社可利用网络信息技术建立自己的客户管理系统，建立客户档案，利用网络加强与客户的联系，进行售后跟踪服务，了解他们的新需求，以便于推出更符合潮流的旅游产品。这样，就可以使旅行社的产品开发更具有针对性，就轻而易举地实现了定向营销，大大提高了营销的效率。

5. 旅行社应该充分利用网络信息技术促进企业内部运作改革，提高运营效率

网络信息技术的有效利用，可以促进旅行社业务流程的优化和经营管理水平的提高。为了适应个性化旅游的开展，旅行社的工作量和复杂程度都会空前增加。旅行社应该根据旅游市场散客化的特点，对传统的旅游业务流程进行重组，改善自己的采购系统、销售系统、服务跟踪系统，充分利用全球分销系统（GDS）带来的产品多元化优势，利用网上电子订单进行网上采购和预订，不仅可以节省大量的时间、人力和联络费用，而且由于网上联络频繁，修正容易，减少了由于计划采购量和实际采购量之间的差异而引起的纠纷。另外，旅行社也可利用计算机信息技术建立内部管理信息系统，建立统一的顾客档案库，以便旅行社所属各分社或营业点掌握即时的销售状况，做到信息资源共享；建立财务管理系统，更好地控制所属各营业点的营业收入；建立网上培训课程，供分散在各地工作的员工随时随地学习；建立导游员和各类人员的资料库，以便为内部员工提供定制化服务等。内部网络可使旅行社内部管理信息畅通，管理透明度加大，这必然会使经营管理水平大幅提高。

6. 旅行社应该从容应对信息时代的挑战，成功转型为复合型服务提供商

互联网的普及和运用将对旅行社的发展起到积极的推动作用。旅行社要顺应潮流的发展，主动地转变功能，进行从内到外的改革。这种转变并不意味着旅行社被取代和消失，相反，这是将旅行社推向新的高峰的动力。因为高科技可以替代许多人的服务，解决许多问题，但不能替代人对人的服务。而且，技术越发达，人们所追求的越是人与人面对面服务的感受，人员服务将越升值。人对人服务的真情、细腻和个性化，将仍然是网络时代旅行社发展的主要方向之一。不断提高人员服务和网上服务的质量，将是旅行社今后的双重任务。旅行社作为人才密集型企业，在知识经济时代，人力资源更是旅行社发展的根本。旅行社管理应以人为本，重视高素质人才培养和员工激励，提高旅行社从业人员的素质，增强旅行社竞争力。

旅行社在网络时代不但要面临同业之间的残酷竞争，同时，还要面临网上旅行社带来的竞争，携程旅行网、e龙网等，这些依靠风险投资发展起来的互联网企业，通过对旅行社、机票代理机构等传统旅游企业的收购，已经将业务延伸到旅行社的单项预订、机票+酒店小包价产品、自助休闲度假领域。传统旅行社也纷纷利用自己在观光旅游领域的优势，进军互联网领域。上海春秋国际旅行社已经建立了拥有1000多家代理商的旅游产品批发销售网络，青旅控股不但建立了企业的ERP系统，而且将青旅在线和世界最大的旅游企业圣达特合资成立了"遨游网"，由此可以预见，随着传统旅行社与互联网企业相互融合的不断深入，这种集合了传统旅行社业务优势和网络信息技术优势的复合型旅游企业，经整合互补后必将产生更大的竞争力。

三、网络时代旅行社信息化管理的战略选择

旅行社企业的电子商务，是指通过现代网络信息技术手段，实现旅游商务活动各环节的电子化，包括通过网络发布、交流旅游基本信息和旅游商务信息，以电子手段进行旅游宣传促销、开展旅游售前售后服务；进行电子旅游交易；也包括旅游企业内部流程的电子化及管理信息系统的应用等。从应用层次来看，旅行社企业的电子商务可分为三个层次。一是面向市场，以市场活动为中心，包括促成旅游交易实现的各种互联网商业行为——网上发布旅游信息、网上公关促销、旅游市场调研和实现旅游交易的电子贸易活动——网上旅游企业洽谈、售前咨询、网上旅游交易、网上支付、售后服务等。二是利用全球分销系统（GDS）全面进军中国面临的旅游产品多元化、丰富化的机遇，促进中国旅行社企业的网上交易和分销的全面实施。三是网络重组和整合旅游企业/机构内部的经营管理活动，实现旅游企业内部电子商务，包括旅游企业建设内部网，利用计算机管理系统实现旅游企业内部管理信息化。发展到成熟阶段的旅游电子商务，使旅游企业/机构外部电子商务和内部电子商务的无缝对接，将极大地提高旅行社企业的运作效率。旅行社的电子商务不仅仅是旅游电子交易，而且包括应用现代网络信息技术手段进行的，有商业目的的发布、传递、交流旅游信息的活动。旅游信息服务是旅游电子商务的重要内容。如今，许多旅游者在网上查询旅游信息，并据此规划行程，作出旅游决策，但又在网下预订旅游产品。如果仅把旅游电子商务理解为旅游电子交易，就无法全面反映现代信息技术服务于旅游商务活动的丰富内涵和巨大影响。

（一）旅行社企业的互联网应用

1. 大型旅行社企业集团的互联网应用

大型旅游企业集团成为旅游电子商务的领先应用者和集中受益者。大型旅行社企业的互联网应用，主要体现在以下两个方面：

（1）建立含概 B to B、B to C 功能的企业门户网站，将传统的业务优势和网络信息优势有机结合，形成系统的旅游电子商务解决方案。全国性或跨区域旅行社集团实施电子商务优势最为明显。在这方面做得比较成功的传统旅游企业的代表，是青旅控股、上海春秋和广之旅。青旅控股作为中国旅行社企业上市公司的代表，投巨资用于信息化改造，如今，已形成系统的电子商务解决方案——与圣达特合资成立的遨游网和青旅在线，分别体现各自在饭店订房、订票和传统团队旅游方面的业务优势，与青旅控股 ERP 系统有机对接，实现信息一体化建设，网站的资讯全面，旅游线路等产品信息由系统智能地反映到网上；网上销售、资讯，网下销售，

以及内部销售管理紧密结合，B to B、B to C 有效结合，同时更加突出个性化服务。上海春秋旅行社1994年起，就通过电脑实时预订系统解决全国分社的散客运作，显示出准确、迅速、方便的规模化统一操作优势。其后，随着网络成员不断增加，形成了一个比较完善的代理商预订系统。由此，春秋旅行社迈入了旅游批发商的行列。其春秋旅游网将旅行社的优势产品作为网络营销的主打产品，不但得益于春秋旅行社作为旅游批发商在旅游线路价格、类型上的优势，而且利用旅行社规模订房、订票的价格优势带动商务旅游的运作，取得了良好的效益。春秋旅行社将传统业务优势和网络技术有机对接，成功地发展成为中国国内旅游第一大批发商。

（2）与新兴旅游网站的战略联盟。部分大型旅行社通过与旅游网站的战略联盟，实现了各自的优势互补，并以此为起点，为最终实现真正的 BtoC 模式的在线预订、网上支付和物流配送的真正的电子商务做铺垫。传统旅游企业通过与旅游网站建立合作，占领互联网销售的先机，又免去了自建网站的投资风险和网站推广面临的困难。同时，旅游网站背靠传统旅游业务的支撑，以及传统旅游企业提供的详尽准确的第一手旅游资料，使网站内容富有鲜明独特的个性和服务风格。旅游网站还可以通过为旅游企业服务收取一定的费用，以维持其正常运营并盈利。旅游企业和旅游网站的战略与策略是一个双赢的举措。旅游企业与旅游网站的联盟方式可以是多元化、市场化的。联盟，既可以通过资本手段进行战略性重组，造就大型企业集团，也可以委托旅游网站，完成传统旅游企业的网络化。旅游企业与旅游网站通过组建企业集团，借助资本运营实现资源的优化组合，便于管理和运作，同时具备朝阳产业与网络高科技双重题材，易于上市融资，提升核心竞争优势。例如，2003年，中国旅行社总社与携程旅行网就度假产品达成业务合作，中旅作为“特约产品信息提供者”，每月提前将下月新推出的网上旅游产品在携程旅游网上公布，同时作为互换，携程将自己开发的下月“机票 + 饭店”套餐提供给中旅，供中旅各营业部销售，并且，携程旅行网代理组织的网友国内外自助旅游活动，也将优先选择中旅的地接社作为合作伙伴。

2. 中小型旅行社企业的互联网应用

对于中小型旅行社企业而言，由于企业规模有限，覆盖范围限于具体的某个区域，因此，不可能在互联网的应用上投入大量的人力、物力。中小型旅行社企业的互联网应用主要体现在以下两点：

（1）借助旅游网站或第三方技术服务商，完成企业网站的建设和维护。中小型旅行社企业可以借助某些旅游网站或者一些互联网技术应用服务提供商，完成网络化建设。许多专业旅游网站和地方性旅游网站凭借其技术优势，推出面向中小旅游企业的 ASP（应用服务提供商）和 PSP（网络促销服务商）业务，包括主页制作、网络信息实时发布、建设企业网站、网站推广、提供专业旅游预订及管理系统、网络工程、操作培训等。这些服务，也为旅游网站创造了动态旅游服务信息的重要来源，使其发展为旅游行业门户网站。

(2)中小型旅行社可以充分发挥自己贴近旅游消费者的优势，依托大旅行社的网络资源，实现传统旅游业务和互联网应用的有机结合。中小旅行社可以发挥自己熟知旅游消费者消费趋向的优势，依托大旅行社的网络资源，做大旅行社的分销商，从中赚取佣金。这也有利于大旅行社实现规模经济，是一个双赢的策略。发达国家的旅游批发商和代理商的分工体系就是这样的双赢模式，但是，在中国的旅游市场要实现这一点则还需要一个较长的发展过程。一方面，大旅行社应该放弃某些大型旅游产品的部分零售利润，将其转化为中小旅行社的代理销售佣金；另一方面，中小旅行社应该放弃那种所有业务一把抓，不愿意做代理商的心理误区，充分发挥自己在旅游零售市场的优势，不但可以减少对旅游产品开发的投入，而且可以实现更大程度的旅游产品丰富化，从而可以更好地满足旅游消费者的需求。中国出境旅游市场的进一步开放，加速了这种局面的形成。国内有些大的出境旅行社，通过和国内旅行社合作建立门市销售网络的形式，发展自己的代理机构，而且通过网络，实现 B to B 的业务批发。这种现象虽然游走在国家对出旅境游经营相关政策规定的边缘，但却促进了中国旅行社垂直分工体系的形成。这样，中小旅行社就可以依托大型旅行社及其旅游网站的庞大信息资源和技术，做他们的代理商。目前，有些网站还为加盟商提供各种免费的网络技术支持和建立、维护网站的支持，甚至包括在网站推广方面的面授机宜。这样不仅可以降低入网成本，无须考虑自己做网站的成本，还可以获取佣金收入。

3. 旅行社企业互联网应用应借鉴的五种电子商务模式

传统的旅行社企业，要想在互联网的应用上取得成功，必须借鉴互联网企业摸索出来的成功的电子商务模式，然后将其与自己的传统业务优势有机结合，才能真正实现企业业务运作的转型。

国外的著名旅游网站，如美国旅游网站知名的品牌，主要有微软的 Expedia，旅游城(Travelocity)等，以及以顾客自订价格闻名的 Priceline. com 和美国各大航空公司幕后支持成立的 Orbitz 等。这些著名的旅游网站之所以能够吸引旅游者的注意，保持较高的关注度和很高的成交率，源于他们采用了成功的电子商务模式。其主要包括前台店面(Storefront)、入口网站(Portal)、定价(Pricing)、决策支援(Decision Support)，以及会员与折价(Membership & Rebates)五种模式。

(1)前台店面(Storefront)模式。前台店面模式提供给消费者许多旅游服务企业产品的选择。它结合了交易处理、安全、线上付款，以及资讯储存，使旅游产品能在线上销售。和其他行业的线上前台店面相比较，它提供了更便利的搜寻与采购服务。例如，旅游者可以一次性从许多旅游产品供应商中挑选所需的服务，而不是进行多次的个别采购。有些旅游网站以全方位的购物中心策略为其主要模式。为了建立电子商务中全方位的前台店面，线上旅游服务的提供者必须整理出旅游服务产品的目录，能在网站上接单、安全地收到付款，将服务或相关文件（如机票）寄送给顾客，以及管理顾客资料（如顾客个人档案）。旅游网站的经营者经常使用推（push）的技术，将旅游网站推销给潜在顾客。

（2）入口网站（Portal）模式。像雅虎这类的入口网站提供访问者一个机会，几乎能在一个地方就找到任何他们想要寻找的东西。门户网站通常具备提供新闻、运动和气象等资讯，以及搜寻网页的能力。这些网站一般都有很好的搜寻引擎。搜寻引擎包含了众多议题的整合性资讯。如果顾客需要进行特定的搜寻，可以使用垂直式入口网站（Vertical Portals）。这些网站可以针对某一领域提供大量的资讯。线上旅游服务在这些主要的入口网站中是很热门的。上千个网站，能接触各式各样的商品。一旦顾客熟悉某个网站，他就会比较愿意使用线上旅游服务了。

（3）定价模式。定价模式，是把价格当成是主要的竞争利器，包括定价比较、折扣价格、议价策略。定价比较策略，让顾客去挑选各种服务，并以最低的价格找寻所想要的服务。但是，顾客并不一定能在网络上找到最便宜的价格。例如，美国西南航空公司（Southwest Airlines）在其网站上利用定价模式来吸引顾客。然而，它有时会给顾客一些错觉，因为它把票价与税分开计算。例如，从 A 城市到 B 城市的机票，广告价为 99 美元，但这个资讯并未说明这个价格是单程票，而且是没有包含税收和汽油费的。

（4）会员与折价模式。折价，有助吸引顾客到网站上来。许多网站提供"每日低价品"及特价品来维持顾客的回流。有些旅游网站和批发商结成战略同盟，由旅游服务产品提供商（如航空公司或旅馆）提供折扣，旅游网站把这些折扣以折价的方式回馈给消费者。通过对顾客拜访附加价值的方式，线上旅游服务公司建立其顾客满意度与忠诚度。为了得到特价的旅游产品，顾客必须成为旅游俱乐部的会员。在注册过程中，顾客成为会员，并提供资讯。例如，顾客的姓名、需求、嗜好与联系方式等。这些资讯能让旅游网站和旅游服务提供者直接针对顾客量身定做所需的折价与服务促销方案。互联网旅游服务提供者，就与能在其网站上提供折价与促销的旅游产品供应商形成伙伴关系。

（5）消费决策支援模式。消费决策支援，就是能提供正确的解决方案给可能的顾客。在旅游业中，决策支援愈来愈热门，像雅虎就在其网站上增添了这项功能。决策支援提供相关的资讯与选项给顾客，能协助顾客作出最能吻合顾客需求与能力的决策。例如，顾客可能想买一张从底特律到沙维纳（Savannah）的机票，决策支援系统所公布的是直飞到沙维纳的成本价，直飞的机票标价 341 美元。如果顾客觉得 341 美元太贵，则可选择"修改你的搜寻"这个选项，决策支援系统就会提供较便宜的方案。相对于直飞到沙维纳的方案，另一个可能的方案，是先飞到查尔斯顿（Charleston）。决策支援系统会提供给顾客这个方案的飞机票票价（99 美元），以及当地租车业者的租车价格，从查尔斯顿到沙维纳是 100 美元。虽然，决策支援系统提供给顾客到沙维纳旅行较便宜的方案，但这项方案相对地却需要较多的时间与精力。顾客可以使用决策支援系统所提供的资讯，来作出最适合他们旅游消费的决策。

4. 旅行社企业互联网 应用应该注意的几个问题

旅行社企业的互联网应用，是旅行社适应信息化时代的要求，树立企业形象，进行成功的营销宣传，对促进企业的科学管理，增强企业的竞争力有着不可替代的作用。但在企业E化的进程中，一定要注意以下几个问题：

（1）旅行社企业的互联网应用应该建立在自身优势的基础上，而不是简单地建立一个网站。旅行社建立企业网站，是开展网络应用的基础工作。明确企业上网的目的及可用资源和客观的限制条件，才是企业成功实施网络应用项目的首要关键。旅行社经营网站，必须定位明确，充分利用自己在传统旅游业务领域了解最及时、最详尽的实用旅游信息，和拥有较成形的业务合作体系，拥有一定的产品开发和经营接待能力，拥有以往传统团队业务量作为支撑，以及因与供应商的关系而易于控制的采购成本等诸多优势；有效规避自己对网络技术缺乏了解，在组织网站内容、设计功能服务方面完全被动受制于技术提供方，缺乏对网络营销应用的掌握和重视程度不够，以及在面临新的组织结构调整时，对协调网站经营维护人员与具体业务操作人员的利益问题上，缺乏有效的激励机制，而导致旅行社资源不能充分整合、利用等劣势，实现传统业务优势和网络信息技术优势的有机结合，取得企业互联网 应用领域的成功。

（2）对技术提供方的选择，应遵循以下原则：

- 专注于那些旅游行业信息化服务的公司，有实际的旅游网站运营经验，对于网络旅游消费者的需求、旅游业务的实际运作乃至整个旅游行业的发展有较深刻的认识；
- 不能选择单一的技术型公司，要选择能够提供从需求分析、网站规划、设计制作到网络营销管理和执行等一条龙服务的全程信息化服务提供商；
- 合作方式上，不要选择单一的现金付款交易，最好是选择“现金+后期经营收入提成”的方式。如果双方合作愉快，甚至可以考虑合作经营的模式。旅行社与信息化提供商亲密接触、互相参股也并非不可考虑。

（3）对网站建设的分期投入。网站的建设和完善不能一蹴而就，需要进行以成本控制为前提，可拓展性和营销应用为导向的信息化规划，根据实际应用需求分阶段实施。

（4）对网站内容的编辑和维护。网站内容信息并非越多越好，非稀缺性信息的收集发布对于服务功能性定位的旅行社网站意义不大，只能加重维护人员的工作量。搜集更新与所经营产品相关度高、针对性强、时效性强的信息内容，加以人性化语言的编辑处理，是旅行社网站管理维护人员的工作关键。同时，这也是凸显企业网站特色,树立良好形象之所在。

(5)对网站功能的设计。由于旅行社网站信息更新要求比较高,在进行网站建设时必须重视网站后台管理功能的开发建设,为经营维护人员提供良好的操作环境。总的原则,是良好的互动性、管理智能化、操作界面友好易用。实现上述要求,才能简化操作流程,提高旅行社经营人员的工作效率和网络使用积极性。

(6)对网络营销的合理应用。大部分旅行社建立网站后,并不知道应该如何进行有效的推广,有的盲目地购买大量邮件地址,发送垃圾邮件或者购买搜索引擎的登录排名服务者,还算是有一些营销意识,但这些缺乏系统性、科学性的分散行为,远远不能达到令人满意的营销效果。应关注于聘请专业的旅游网络营销顾问,从网站规划设计、搜索引擎关键词选择、网页结构编排、营销邮件内容组织、一对一社区营销、网站访问效果监测等诸多环节,实施整合营销战略,才能使旅行社网站从茫茫网海和众多的竞争者网站中脱颖而出。

(7)对企业内部管理的调整。由于行业性质、企业规模等因素的制约,旅行社企业往往是比较注重现实效益的企业,分配机制与实际业务收益相关度高,少有战略性的投入决策。而网络部门的设置或者说相关人员的聘用安排,在某种意义上说,绝对是具有战略意义的中长期投入,套用旅行社固有的管理体系和分配机制,将不能适应新的变化。旅行社领导一定要对这一变化有足够的预见和应对措施。

(二)全球分销系统(GDS)在旅行社的应用

GDS(Global Distribution System)即“全球分销系统”,是应用于民用航空运输及整个旅游业的大型计算机信息服务系统。通过 GDS,遍及全球的旅游销售机构,可以及时地从航空公司、旅馆、租车公司、旅游公司获取大量的与旅游相关的信息,从而为顾客提供快捷、便利、可靠的服务。从 GDS 的发展过程看,GDS 是由于旅游业的迅猛发展而从航空公司订座系统中分流出来的、面向旅行服务的系统。如今,GDS 已经发展成为服务于整个旅游业的一个产业,除了原有的航空运输业,旅馆、租车、旅游公司、铁路公司等,也纷纷加入到 GDS 中来。经过技术与商务的不断发展,GDS 已经能够为旅游者提供及时、准确、全面的信息服务,并且可以满足消费者旅游中,包括交通、住宿、娱乐、支付,及其他后继服务在内的全方位需求。

1. GDS 在中国

目前,国际上主要有 SABRE、AMADEUS、GALILEO、WORLDSPAN、ABACUS、TOPAS、AXESS 和 INFINI 八大 GDS 供应商。其中 SABRE 以 26.17 亿美元(2000年)的销售收入,5.9 万个代理商的业绩切去了全球过三成的订座市场;来自欧洲的 AMADEUS,在代理人数量方面则始终保持相对于 GALILEO 的领先地位。2006年,AMADEUS 的收入为 15.64 亿欧元,全球 23 万个销售终端上印有 AMADEUS 的标志。位居全球第四的 WORLDSPAN,其代理人数量始终保持在 20 210 上下。在亚太市场上,AMADEUS 和 GALILEO 表现活跃。ABACUS 通过和 SABRE 的联盟,其代理人数量在1999年曾一度将GALILEO挤出三甲而稳坐季军交椅。有资料显示,仅SABRE、AMADEUS、GALILEO和WORLDSPAN等四家主要GDS供应商的总客航段数,在1999年就达到10亿。

世界上成熟的航空企业,一般依托一个或几个GDS,把自己的营销渠道扩展到全球各个角落。例如,美国三角航空公司、西北航空公司和美洲航空公司就分占了WORLDSPAN 40%、34%和26%的股份。从某种意义上来说,GDS已不仅仅是航空领域的信息平台,它还包括强大的非航空产品,特别是在旅游领域。在饭店客房、旅游景点、汽车租赁、出行向导等方面提供了方便快捷的服务平台。互联网的普及,使GDS能够为出行者提供旅游线路规划、机票预订、饭店预订和网上支付等全方位的服务。应该说,GDS代表了未来航空乃至整个旅游销售市场的方向。这也是国外GDS利用代码共享借势推销其航空产品的真正用意所在。

目前,在中国有两家规模比较大的封闭的专线网络分销系统,即中国民航的信息中心(以下简称航信)和阿巴克司(Abacus)。中国航信,是中国民航信息集团(中国民航六大集团公司之一)旗下的重点企业,中国唯一的本土CRS(航空旅游电子分销系统)服务提供商。2001年,中国航信在香港联交所主板上市(交易代码:0696),国内三大航(国航、东航、南航)是其重要股东。目前,中国航信国内服务网络已经覆盖内陆各主要城市及港澳地区,并连接到100余个国外大城市,为中国所有商营航空公司、外航驻华办事处、120多家机场和7000余家机票代理、旅行社、宾馆等分销商提供高性能的航空旅游产品分销信息平台,实时数据传输和交换服务。中国民航的优势自然是航空票的代理权,因为要做民航代理,所以需要加入中国航信。中国航信从2002年12月起推出的"全球饭店租车分销系统",从传统的航空到旅游、饭店、租车综合化发展。据公布的信息表明,通过遍布全国的航信航空旅游分销系统,持国际信用卡的游客可以在6000家机票代理点,对遍及全球的5.5万家饭店和2.4万家租车店实施查询和预订,应该很有优势。但目前,中国航信的定位系统主要还是局限于机票业务,同时,航空公司自身的整合不到位,与GDS的对接不到位,纳入全球分销系统也还有艰巨的工作要做。到2004年年底,我国的航空公司订座系统已与国外八大GDS系统实现了主机和主机的无缝直联。这意味着,在将我国航空订座系统纳入国际分销系统体系的同时,国际竞争也同期潮涌而来。目前,国内300个城市,1万余家旅行社,130个机场,2.2万个用户终端,都依靠中国航信的GDS做技术支持。2004年,中国航信营业收入12.83亿元,净利润4.49亿元,处理地区及外航的航班订座量为1.32亿人次。

阿巴克司(Abacus),作为亚洲最大的GDS系统,已经有在亚洲市场上较多的经验和基本的网络。它的国际化背景、国际化资源,以及先进技术是其优势所在。因我国整体上还处于开放的进行中,目前的开放管理规定是,外航在中国预订销售的需要审批,Abacus分销外航机票的优势受到约束。所以,目前的状况,是中国旅游市场还没有成为全球分销系统的有机组成部分。

2. 全球分销系统在中国旅行社的应用

全球分销系统作为一种旅游产品的分销手段，在发达国家已经被证明是成功的。欧美发达国家的旅行社，通过全球分销系统获得了更丰富的旅游产品供给，从而更好地满足了旅游者的需求。我国加入世贸组织以后，对中国航信这个本土的全球分销系统有三年的保护期，但也未能阻止 Sabre 等全球分销系统在中国旅行社界的扩张。全球分销系统全面进军中国市场，将给中国的旅行社界带来更多的产品选择。全球分销系统在旅行社的应用应该注意以下问题：

(1)加入 GDS 分销系统，对于中国旅行社界来说，面临的主要问题是观念上的更新，抛弃传统的业务操作模式，更好地利用全球分销系统带来的产品丰富化的优势，在实现更多旅游产品销售的同时，促进企业的发展。加入全球分销系统，资金问题并不是很大的障碍，因为，国外 GDS 为进军国内市场，在启动成本上，即加盟费用方面非常优惠，有的甚至免费提供使用。

(2)加入全球分销系统，需要在人力培训方面加大投入。其中，人力资源方面，因为兼具信息技术与旅游专业知识的人才十分短缺，为减少人力成本，与选择以较大的人力成本去挖掘有经验的人才为我所用相比，众多旅游企业似乎更希望选择廉价取得具有一定计算机网络知识基础、发展潜力巨大的旅游专业毕业生。这就意味着旅游企业要承担一定人才培训的支出。而中国旅行社人才的频繁流动，又让企业在人才培训方面不敢投入相应的人力、物力。企业对未来成本收益的不确定性预期，往往使他们在人员培训方面选择放弃。由此可见，加入全球分销系统，需要旅行社界转换人力资源开发的意识。

(3)GDS 作为一个封闭网，操作技术性强，和互联网的与消费者零距离接触这一优势相比，处于非常不利的地位。然而，亚洲最大的分销系统 Abacus 北京代表李东起总经理曾说，互联网的发展将改变旅游分销的商业模式和割据，而目前，GDS 能最大限度地提供最全面的服务分销手段，在未来相当长的一段时间仍无法替代，彼此各有优势，互相补充。在亚洲，互联网模式刚刚起步，GDS 仍扮演着主要角色。

由此可见，中国旅行社界在 GDS 应用方面应该加紧进程，这是与产业结构无关的客观和必然性选择。

(三)旅行社企业内部信息系统建设

旅行社企业的信息处理系统日益受到广大旅行社经理人的重视。越来越多的旅行社企业开始寻求适合自身业务特点和需要的信息管理系统。国内也出现了上海金棕榈、新干线、美狐等专业旅行社管理软件提供商。一些区域旅游批发商还委托第三方开发了具有企业特点的业务批发管理系统。实力强的旅行社集团，如青旅控股还启动了自己的 ERP 系统建设计划。随着计算机在旅行社行业的逐步普及，从单项业务自动化到全社各项业务实现“一条龙”式的计算机处理，大大地提高了旅行社的运行效率和管理水平。

1. 旅行社内部信息系统建设的意义

(1)信息系统建设提高企业的竞争能力和对外扩张能力。在企业管理方面，现代管理信息系统有效缓解了旅行社企业集团规模扩张带来的机构庞大、管理失效的弊病，有利于培育规模化、扁平化、标准化、程序化的企业管理新格局。在经营方面，时空无限的虚拟信息网络与旅游企业集团全国延伸的实体经营网络相互呼应，网站品牌与企业品牌强强联合，构筑了旅游企业集团的经营优势，并增强了企业集团的扩张能力。

(2)信息管理系统规范了企业的旅游业务操作流程。从旅行社企业的业务运转来看，旅行社信息管理系统让企业实现了从前台接待到计调工作的流程化。在财务方面，从经营数据的分析，到管理者对整个企业运作管理的透明化。单独从个人的工作过程来看，以一个组团计调人员为例，旅行社信息管理系统实现了从某条线路的设计，到线路的报价，再到房、餐、车等计调工作安排的系统化。因此，从旅行社企业的角度来看，信息管理系统带给旅行社的影响是全方位的和立体的。首先，信息管理系统体现了旅行社企业一直倡导的办公无纸化；其次，所有的单据都由计算机进行管理，从一份正规的单据(如，团队确认单、报价单)便足以看出一个企业的形象和正规化程度，有利于企业形象的塑造。

(3)信息管理系统可以对客户进行有效管理和跟踪，避免客户随着业务人员的流动而大规模流失。客户是任何一家旅行社最为重视的部分。随着业务范围的扩展，客户也会随之增多，而客户资料的保存、积累和利用是至关重要的。中国旅行社界人才流动导致客户流失的案例比比皆是。一家旅行社有位员工，工作了两年以后，由于另一家旅行社承诺给予更高的薪水而跳槽了，并把两年来所有的客户资料也都带走了。其原先所在的企业在他走后一蹶不振，很长时间都没缓过来。这是一个让许多旅行社经理人头疼的问题，而旅行社信息管理系统恰恰可以较好地解决这一问题。当软件的前台接待部分接待某一客人时，这个客人的所有资料都会自动累积到软件的数据库中，即使某一员工离开，这个客户的资料仍会保留在企业的数据库中，而且企业的业务人员可以根据客户资料，确定合适的客户拜访时间和向客户推荐恰当的旅游产品，从而提高企业营销的效率。

(4)旅行社的信息管理系统，可以让企业有效规避财务风险。旅行社须掌握旅游资源的各种服务信息。如，机票和火车票的信息、饭店的客房和服务指引、景点门票价格、地接服务的项目及报价等。旅行社是各类旅游服务要素产品的营销代理，往来款多、营销面广，既要提高销售人员的工作积极性，又要保证款项的及时结算，减少风险，故实现对信息的有效管理是至关重要的。旅行社的信息管理系统可以有效地实现对企业应收账款的管理和控制，从而有效控制企业的财务风险。

(5)旅行社信息管理系统可以让旅行社经理人从日常业务中脱身,更好地对企业进行战略管理。中国旅行社界绝大多数总经理都是企业最大的业务员和总计调。他们不敢从业务中脱身,总是忧虑、担心,甚至是害怕不掌握企业的业务,不敢去想管理、搞战略、做开发,而不得不去接手这一个、那一个的团队。这不仅使他们自己焦头烂额,而且得到的效果也适得其反。经理单打独斗,精力耗尽,但像拳头一样的整体力量却无法施展,业务停滞不前,企业效益总是在一个固定的范围内上下起伏,迟迟没有突破。他们总是在想,怎样才能有新的起色,绞尽脑汁地在自己局限的想法内去考虑如何使企业得到发展 。有的时候,旅行社经理经常问他的员工每天在做什么,接手做什么团队,做了什么线路,可总是这么问,会让员工感觉自己的工作在受到怀疑。信息管理系统可以给旅行社总经理带来更多的时间和空间,做业务的员工可在软件固有的框架中进行工作,经理无须监视员工的工作,所有的信息在信息管理系统中一目了然,包括收入、支出、成本、报价、利润等。

2. 旅行社内部信息管理系统的功能和特点

旅行社内部信息管理系统的功能,一般包括对外销售、接待安排、陪同管理、信息服务、财务结算、成本分析和财务账目的管理等。它可以满足旅行社业务活动中各部门管理人员的多种需要。

随着出境旅游和国内旅游市场越来越广阔,游客对散客出行、个性化出行、自助旅行的需求越来越旺盛。面对以上问题和形势,旅行社企业要想在竞争中取胜,必须大力加强信息化建设。由于旅行社属于知识密集型企业,因此,内部信息管理系统具有以下特点:

(1)旅行社信息管理系统中包含有一个庞大的资源信息库,接待游客需要及时安排行程计划,需要火车、轮船、飞机在各地建的运行时刻表及本地旅游汽车公司、饭店、景点、风味餐饮等多种信息。如,各服务要素的档次级别、价格特点、价格及企业采购的优惠办法等。这些信息资源与客户资源,构成了旅行社经营活动的基础。经营规模越大的旅行社,其信息资源库就越大。它涵盖了旅行社业务经营的主要机密,因此,旅行社信息管理系统对外都是保密的。

(2)旅行社信息管理系统主要面向营销管理、接待管理和财务管理三大业务环节。因此,需要相关部门业务人员的具体配合才能完成信息管理系统的建设。

(3)使用旅行社信息管理系统的工作人员中,多数是外联销售人员和接待人员。信息化管理系统主要是帮助他们完成比较程序化的办公经营活动,数据的复杂性不大,对计算机硬件的要求也不高,但对于人机对话界面的友好程度要求较高。

3. 旅行社建立企业内部管理系统的步骤

(1)系统规划,制定企业信息管理系统的实施计划和目标。确定实施旅行社企业信息化管理的目标和计划,包括远景规划和近期目标,并根据本企业和行业的情况，确定其所要求的特殊功能，为技术实现提供决策依据。

(2)进行业务流程重组。IT 技术为信息管理系统的实现提供了技术可能性，但真正地实施工作，仍来源于整个旅行社的业务过程。所以，旅行社企业应根据项目实施的目标、规划，调整旅行社企业的业务流程和组织结构，并根据旅行社企业的特点分析，优化其每个部门的业务流程，从而实现与信息管理系统的协调与配套。

(3)获得企业上下支持，组建信息管理系统项目小组。旅行社企业内部信息管理系统，涉及销售、客户、计调、财务、技术支持等众多业务领域，获得企业内部上下的支持、争取全员合作，是信息管理系统成功的必要条件之一。不仅如此，还要从各部门物色适当人选，组建信息管理系统项目小组，以实现最佳配置，为项目的顺利实施做好充分的准备。

(4)选择软件和供应商。软件的选择应根据远景规划和近期目标，基于企业现有的技术基础和业务要求，寻求适合公司状况的信息管理系统模块。同时，供应商的选择也非常重要，一般情况下，应选择具有成功经验，能提供良好售中、售后服务的 IT 服务供应商。

(5)重视员工培训。信息管理系统的成功应用，要依靠企业管理人员和技术人员的共同努力。员工应接受企业内部培训和供应商提供的外部培训，掌握并熟悉信息管理系统的使用，以确保数据转换工作的顺利进行。

(6)企业信息管理系统的维护。信息管理系统应能向相关人员提供性能指标，在正式开放前对系统进行测试，对不能满足需求的部分进行改进，直至达到最佳状态。

4. 旅行社信息管理系统的主要内容

目前，国内的旅行社管理软件提供商，针对国内旅行社规模大小、业务复杂程度的不同设计出各种不同版本的信息管理系统来满足旅行社的需要。由于中国旅行社界目前的业务操作还存在着很强的个性化色彩，因此，第三方提供的管理软件很难满足企业的需要。一般仍须在标准版本的基础上根据企业的特殊要求，再进行二次设计。目前，已经设计或购买了信息化管理系统的旅行社，都不同程度地反映，该系统对规范企业的业务操作起到了一定的作用。但毋庸讳言，在形形色色的信息管理系统软件中，也不乏一部分软件是换汤不换药，未能起到优化企业业务流程、提升企业管理水平的作用。

综合分析中国旅行社企业开发的各种信息管理系统，根据旅行社的各类业务需要，可以将旅行社信息管理系统分为国内旅游管理系统、出境旅游(含港澳游)管理系统、入境旅游管理系统；按照旅行社业务流程来分可以分为：旅游产品采购设计系统、销售管理系统、计调落实跟踪管理系统、财务结算管理系统、旅游资源管理系统。按照企业管理内容的不同又可分为：业务管理系统、财务管理系统、人事管理系统、办公管理系统、总经理管理系统等。有些软件开发商根据旅行社的需要，还有针对性地为旅行社开发了客户管理系统、流程重组系统、供应商管理系统、团队分销系统、中国公民旅游销售管理系统、票务管理系统、旅游资源管理系统等功能专一的软件。但，从企业管理咨询的角度来分析，这些软件都应该是旅行社企业信息管理系统不可或缺的功能模块。

5. 旅行社企业信息管理系统实施过程中遇到的难点分析

要解决信息管理系统实施过程中遇到的难点与制约因素，最重要的是判断企业是否有真正的需求，旅行社全体员工从上到下是否有统一的认识，只要在统一认识的前提下，其他的难点与制约因素才可以去克服。

旅行社行业最重要、最关键的产品就是数据与相关材料，并且这些数据与相关材料都在业务人员手中分散着。要想成功地建设信息管理系统，首先要做的一点，就是系统的建设，应该能够更好地帮助业务人员做好业务，让业务人员自愿把相关数据与相关材料输入计算机内。这样，旅游业信息化建设才能执行下去。所以，要从思想上让相关人员有所接受。业务人员平时工作很忙，而且他们的工作都是直接产生经济效益的。这种情况，就要求企业的 IT 人员对工作必须有足够的耐心。

在有需求、有配合的前提下，首先，旅行社高层领导应投入足够的精力参与各项重大决策。其次，各相关业务部门人员应积极参与到信息管理系统的建设中来，配合相关系统的应用。第三，旅行社与 IT 厂商之间应该密切合作，多沟通，把需求分析做好。IT 厂商的责任，在于向客户提供改进建议及技术支持。旅行社应处于主动地位，尽早地让厂商熟悉自身特点、旅游业务的需求及业务流程特点等。第四，要保持一种稳定而充满信心的心理状态。因为，信息化建设是渐进的，不是一蹴而就的。因此，不要寄予过高的期望值。第五，信息系统的实施会触及部分人的利益，对此要有所准备，积极做好员工的思想工作，同时要加强对员工的培训工作。第六，在选择 IT 厂商方面，一定要找项目制作规范、技术力量雄厚，且有一定行业经验的企业。

另外，要注意与旅游企业 IT 人员密切配合。在企业信息化过程中，供应商和企业 IT 人员谁也离不开谁。供应商在技术、实施上，应充分发挥其优势，而企业 IT 人员，应在把握客户需求、系统维护方面下工夫。所以，无论哪一方面的力量弱了，都会对项目的进展造成影响。因此，在项目进展过程中，双方需要密切配合，团结协作。

案例：

某旅行社信息管理系统业务管理子系统主要功能模块

- 收客中心：收客登记（收客登记、单项委托）；

  交易处理（散客修改、代理确认、不确定团、退团团款、个人团款、单位团款、单项团款)；

交易查询(交易信息、游客信息、退团信息、取消信息、个人团款、单位团款、单项团款)。

- 计调中心：产品中心(发布计划、销售日报、销售明细、计划修改、计划重用、历史计划)；
  计划落实(成团操作、客源地落实、目的地落实、单据打印)；
  团队成本(成本预算、成本结算)；
  线路模板(线路代码、线路模板)；
  导游管理(导游管理、质量反馈)等。
- 账务中心：团款确认(个人团款、单位团款、代理团款、单项团款)；
  团款查询(个人团款、单位团款、代理团款、单项团款、按团查询)；
  单团操作(单团核算、收支明细、到款情况、日收款、团费一览)；
  团队应付(单位应付、团队应付)。
- 统计中心：人数分析(业务员、部门、收客单位)；
  账务分析(应收已收、应收已付、团费一览)；
  同期比较(人数、利润)；
  综合统计(线路统计、流向统计、接待统计、票务统计)；
- 管理中心：单位管理(单位信息、部门信息、操作员)；
  系统维护(修改密码、公告维护)；

基础数据(航线信息、航班信息、火车信息、轮船信息、宾馆饭店、票务公司、车船公司、保险公司、定点餐馆、景点景区、门票价格、旅行社、接待标准、组团单位)等。

四、附件

案例 1：

美国运通的电子商务

1995 年，鉴于商业机构使用互联网的数量增多，旅行社咨询人员的短缺，传统运作方式成本增加等原因，美国运通公司着手开辟网上业务，成为旅行商中使用电子商务手段的领先者。在客户沟通方式上，它率先推出以电子邮件为基础的支出报告系统和预订系统，并于当年接受了第一个由代理商发出的预订。

1996 年 7 月，美国运通与微软合作，领先开发了名为 AEI TRAVEI——美国运通互动旅行(American Express Interactive Travel)的网上预订系统。从此,公司致力于电子商务,开始了由传统旅行商到E化旅行商的方向性转变。在此期间,美国运通积极与客户沟通,宣传旅游电子商务理念及其便利特性,培养已有客户使用网上预订,并在对互联网熟悉程度较高的电子科技公司中拓展新的网上客户群体。

到1999年中期,美国运通预订网已拥有240个长期合作的网上企业客户。AEI TRAVEI网上预订系统之所以取得这样的成绩,是因为它致力于了解其不同的顾客群,设计方案迎合其期望和需求。如,美国运通使网上系统的设计与各大公司旅行部经理的工作无缝连接。旅行部经理可以直接输入其期望价格、优先供应商和付款方式等信息,实施既定政策,并简化他们的工作。

同时,AEI TRAVEL还帮助那些原来总是通过电话选择最合适航班的商务旅游者,让他们按照电脑屏幕上一目了然的优惠项目来调整他们的旅游时间。这能使旅游者平均节省20%的旅游费用。除此之外,由于美国运通的代理预订费用低于电话预订,各大公司可以进一步节约资金。美国运通致力于设计AEI TRAVEL带给旅行者的"特有利益"。其中有增加值的特色内容,包括座位计划工具、旅游指南、常用旅游模板、签证和护照计划工具,以及顾客档案等。其中"定制座位图"这项服务影响最大。商务旅游者第一次感到AEI TRAVEL给他们带来好处。这点是电话预订无法做到的。美国运通还发现,网络可以方便地记录下每个顾客的情况,形成顾客档案,包括飞行常客、是否是贵宾、餐饮和座位的偏好等。AEI TRAVEL不仅能给客户提供最低价格的产品,而且还能自动根据客户的个人偏好,建议最适宜的航班、座位、饭店等。常用旅游模板也有助于减少安排定期商务旅游所耗费的时间。顾客需要做的,就是查出存好的旅行计划,更改日期后即可预订。这些创新为商务旅游者提供了极大的便利和附加价值,使越来越多的人开始偏爱网上预订方式。1999年上半年,AEI TRAVEL的票务销售量每月增长一倍。

美国运通始终保持着对新技术的敏感性,在引入语音识别、个人数字助理/移动电话方法和智能卡等方面及时捕捉最新潮流,在行业内保持技术领先。这种领先,使美国运通AEI TRAVEL网上预订系统能不断推出新的电子购物解决方案和新功能。在运通在线环境中没有一成不变的规则,从这一点,可以看出运通在旅游运作中的持续成功,源于其不断研究市场需求,提出解决方案并融合技术创新的能力。

- 透析运通网站成功的密码

运通公司网站定位在以财务服务为基础的客户经营管理全面解决方案上。"解决方案"又针对市场划分出三层业务群。一是个人家政理财服务;二是小实业群(员工数100名以内)的财务与资金管理;三是企业级的投资与全面经营规划。对上述三者均以"提供世界范围的信用卡、金融、旅游服务,全面帮助个人与企业的经营活动"为宗旨。

运通网站的多重功能，体现了该公司以多元化服务为竞争武器的营销策略。这主要是因为，如果运通单纯发行电子卡，那么，它就根本不是信用卡巨头维萨（Visa）和万事达的对手；如果仅仅从事旅游客运业务，那么，它又远不具备几大航空公司的实力；在企业经管咨询上，它也比不过众多知名的法律、金融、人力资源、市场策划等专业咨询公司。它的明显长处，就在于其常规服务的全面性上，对绝大多数中小企业来说，这些正是它们日常经营与管理所需的服务。在互联网上，运通网站的特色，就是“面向绝大多数客户、满足绝大多数需求、提供绝大多数常规服务”。

运通公司的优势体现在其“别具一格”和“降低成本”的竞争策略上。它以较低入门费上的众多咨询服务项目吸引大批顾客。随着其顾客数的增加，运通又以低价位与 AOL（美国在线）结盟，进一步降低其服务费门槛，并迅速增加了许多项基于网络的特色服务。这样，不断地以“别具一格”来促进“降低成本”，再以“降低成本”来强化其“别具一格”，两种竞争手段交替作用，构筑了运通坚实的市场地位。

当然，运通“全面性、综合性、个体化”的服务，仍是按脉络、有重点、分层次地展开，运通公司的所有业务都是围绕其主营方向——运通卡的发行与信贷管理展开的。运通网站的核心业务，是围绕信用卡发行为主线的“商务解决方案”。它是借助互联网的各种便利条件，以其丰富而细致的咨询服务来争取客户，并为客户提供全面增值服务的。

运通网站的营销策略是超越了广告层而进入到业务作业层，再由单纯的作业层进入到服务的增值层。它超越了常规信贷服务界线，已进入到为企业与个人提供“经营理财解决方案”的全面增值服务上。运通针对绝大多数个人或小企业缺乏整体性、常备性和多样性咨询的事实，以此为网站业务切入点，建立了庞大的虚拟咨询中心，向所有使用运通卡的顾客提供服务。如，对小企业运通卡用户，网站提供如下咨询服务：小额购/销业务、企业日常管理、拓展国际业务、寻找生意源、争取更多顾客、特许经营、与政府签订合同、员工聘用与人力资源管理、公司常规业务、建立规章制度、法律与保险等。这些服务项目对任何小企业都具有很强的吸引力。

同时，运通还推出一个名为“小企业交流区”的网上咨询中心，对顾客与用户管理、企业资金管理、市场开拓、常规业务、网上拓展市场、税务、差旅和开办家庭公司等问题提供咨询。形式上又分为专家讲座和个案解答两种，对专家讲座，运通会特请税务专家主谈税务话题；对个案解答，运通的承诺是“顾客的所有问题将在5个工作日中给予答复”。

实际上，运通向社会提供的各类服务，早已远远超出了一家信用卡和旅游服务公司的基本范围。运通作为一家传统的服务公司，借助信息技术和互联网推出了全面服务解决方案，将竞争优势建立在企业智力资源的外延上。随着运通网站的服务在品种和深度上的不断拓展，用户获得的，是一个世界级大企业的智力援助、流程化管理和先进的作业指导，运通也深层次、全方位地介入客户企业的管理层。从逻辑上看，运通网站已成为无数中小公司的管理咨询中心，成为这些企业和个人不可脱离的一部分。而这些中小企业实际就成为在信贷上、管理上、运作模式乃至日常决策上，都通过互联网寄生于其上的社会作业体，成为以运通为智力核心的"星云体"模型。

案例 2：

雄狮旅行社的自助电子商务之路

成立 25 年的雄狮旅行社，不是个一般的旅行社，而是一个旅游产品的批发商。其上游是航空公司、饭店、租车中心等产品供货商；下游是台湾 2000 多家旅行社。台湾地区旅游业最特殊的现象，是上中下游相互合作依存，却也彼此竞争。批发商，如雄狮旅行社，可以跳过组团旅行社，直接销售产品给消费者，正如最上游的航空公司也可以直接贩卖机票自由行。

雄狮旅行社的 E 化历程，要从 12 年前说起。董事长王文杰虽是传统旅游业出身，但他相信信息的应用，会是旅游业者的核心竞争力。他先找了两位技术人员，建置 MIS 部门，开始导入计算机化和信息化。

- 最关键的第一步——在线订团系统

旅游业务是信息密集、变动性高的行业，客户今天要到日本，明天后悔，又决定去美国，信息的往来密度很高。早期的信息化重点，是追求沟通的效率。雄狮旅行社很早就发展出透过专属网络的电子信件，主要的管理阶层都能透过电子信件，随时随地召开电子会议，同时也有和全省分公司相连的专线。

1995 年，雄狮旅行社跨出旅游业信息化最关键的第一步——在线订团系统。

过去雄狮旅行社从航空公司批来的"团位"，例如，4 月 15 日出发，350 个台北至洛杉矶的机位，会交给众多业务员，带着 DM，一一到各家旅行社拜访告知，希望旅行社多加推广，但是业务员和旅行社都不知道这 350 个机位，经过全省各地旅行社的订位促销后，每日还剩多少"存量"，出团会不会有问题。这中间都靠雄狮旅行社负责控团的人每天接一堆电话，来确认计算机里的"库存"与订位信息。而这台电脑里的信息，却只有坐在办公室里的这位控团者一个人可以看得到，效率非常低。

"在线订团系统"推出后，等于释放出控团者的信息，业务员可以直接透过计算机接触到目前订团的进度。这是雄狮旅行社第一次因信息系统的介入，改变了行之有年的流程，也改变了工作者的角色和位置。

- 国外的相关解决方案，不适用台湾地区的旅游架构

2001 年开始，下游旅行社可以透过互联网，直接操作在线订位/订团系统。目

前，雄狮旅行社任何一个经销商，都可以透过一组专属的账号和密码，登录雄狮旅游的 B2B 网站，查看出团状况，包括价钱和人数都能一目了然。网站上还可以直接下载特殊出团行程的广告 DM。经销商能够以 DIY 的方式，取得雄狮旅游第一手业务信息，无形中也节省了两边联络的时间和沟通成本。半年来，雄狮旅行社的 B2B 业务已经有平均每月 1000 万的营收来自网络，占整体 B2B 部门营业额的 1/4。在台北地区 600 家下游旅行社中，已经有四五百家拥有雄狮旅行社的网络账号。雄狮旅游的业务员，也从挨家挨户传递信息的传统业务，变成探询市场与客户需求，开发新产品的知识工作者。

董事长王文杰的远见，让雄狮旅行社在 E 化过程中有了多数公司梦寐以求的人才优势。12 年前进入公司的两位 IT 人员裴信佑与陈宪祥，现在分任雄狮旅行社的总经理与副总经理。12 年来，他们从 IT 技术人员起家，历练过行政管理、营销业务等各种职位，还亲自下海带过团，担任过导游。这使得他们拥有了难得的旅游专业和 IT 专业知识和经验。准备导入 E 化时，负责 E 化的副总经理陈宪祥曾经试图要寻找合适的 ASP 或委外厂商，但是几经尝试，发现外部厂商完全缺乏对旅游产业的理解，而国外的旅游相关解决方案也不适用于台湾地区的架构。于是雄狮决定一切自己来，信息厂商只扮演辅助的角色。

• 选择工具和厂商时，要考虑后续维护问题

公司的问题、资源、限制，都是自己最清楚。陈宪祥举例，当初几乎所有的厂商都建议他使用 Linux 平台，主要是价格便宜，但他最后决定，采用 Windows 平台，以及 SQL Server 与 Windows NT 系列的平台，以 ASP(Active Server Page)开发前台、写程序。主要是考虑到工程师和企业内的使用者都熟悉 Windows 的架构，如果要更换新的平台，光是先前的教育训练，后续的维护，就会耗用更大的成本。陈宪祥提醒，企业在选择使用工具和厂商时，一定要考虑后续维护的问题，如果为了拣一时的便宜，后续的维护成本可能会比第一次投资还要大。

10 年的 MIS 基础，让雄狮旅行社升级 E 化时，更容易直接进入 ERP、CRM 的境界。但是 1999 年飙起的互联网热潮，仍让雄狮吃了不少苦头。“这 3 年信息科技的变化，比我过去 17 年的经历都要快、都要复杂。”陈宪祥指着一张充满 ERP、Data Mining、CRM 等英文专有名词的流程图笑说：“这些字眼害了我们公司好久，搞了一两年还不知道在做什么。”

dot com 风暴，也让雄狮一度迷失焦点。互联网直接冲击旅游业的生态与商业模式。国外在线旅行社如火如荼地展开，也不免让雄狮旅游做起了互联网模式的大梦，想要模仿美国的成功案例，投资发展旅游入口网站。曾经有半年的时间，陈宪祥每天都花时间与 IT 厂商、创业投资者谈，等于是放下了雄狮旅游本体业务的改进，而想一步跳跃到另一项新的业务，全力冲刺一个全新的领域，但却由于架构设想太大，资源不足，再加上网站还没完成，dot com 就开始泡沫化，耗资千万的计

划被迫暂停了。

- 回归基本面，将网络看成本业的进化

这段学习经验并没有让雄狮旅游对网络丧失信心，他们只是回归基本面，更切实地将网络看成本业的延展和进化。2001 年 1 月，雄狮旅行社的新网站正式上路，网友可以在新网站上直接申请入会、查询数据及在线刷卡。当网友看见心动的行程，可以直接连上国际计算机预订机位系统，立即完成预订机位刷卡付款的工作，避免了以往人工操作一来一往的低效率。新网站上线，浏览人数比先前增加 3 倍，每天少说有一万人次上网浏览，网站业绩也到每月三千万的进账。

雄狮旅行社算是规模较大的中型企业，信息系统以及网站投入的人力成本也相对较多。对于台湾九成以上、员工不到 50 人的小型旅行社，陈宪祥建议，E 化不一定需要像雄狮那么大的投资和架构，重点是想清楚自己从哪里开始，要到哪里去，以公司现有的基础，踏上 E 化的第一步。

【本章小结】

本章阐述了信息技术的迅猛发展，尤其是互联网技术的发展，对旅行社的业务产生了重要影响。信息技术在旅行社业务中的应用主要体现在旅游信息咨询环节、旅游预订与销售环节、旅行社内部管理环节三个方面。信息技术可以提高旅行社的竞争力，主要体现在三个方面。

中国旅游网站的发展主要呈现三大特征。目前，中国有代表性的旅游网站（如携程旅行网、e 龙网、青旅在线、信天游、中华行知网）都已经找到了适合自身特色的盈利模式。几大旅游预订网站的盈利模式，大都体现了网络经济的聚集效应和收益递增优势。

互联网的运用，既给旅行社的业务发展创造了更多的机会，又使旅行社的传统经营方式受到了极大的挑战。网络时代旅行社的经营策略有鲜明的特色，文中进行了详细介绍。

旅行社企业的电子商务，是指通过现代网络信息技术手段，实现旅游商务活动各环节的电子化，包括通过网络发布、交流旅游基本信息和旅游商务信息，以电子手段进行旅游宣传促销、开展旅游售前售后服务、进行电子旅游交易；也包括旅游企业内部流程的电子化及管理信息系统的应用等。从应用层次来看，旅行社企业的电子商务可分为三个层次。

第十四章

旅行社品牌管理实务

本章导读

本章首先介绍品牌的含义和构成、品牌的发展历程和品牌忠诚度、品牌决策等品牌管理的基础知识，让读者对品牌管理有一个基本的认识；然后阐述旅行社企业实行品牌管理存在的问题及原因，以及中国旅行社企业实行品牌的可行性和必要性；再次介绍中国旅行社企业品牌管理先行者的有益尝试和美国运通的品牌策略；最后重点阐述中国旅行社企业的品牌管理解决之道，希望对旅行社从业者，尤其是企业的高级管理者如何做好企业的品牌塑造，有一个很好的引导作用。

通过本章的学习，您应该能够：

(1)了解品牌管理的基础知识。

(2)知道中国旅行社企业品牌管理存在的问题及其产生的原因。

(3)学习美国运通及中国旅行社企业品牌管理先行者的有益经验，并将之运用到企业品牌塑造的实际工作中去。

(4)掌握中国旅行社企业品牌管理解决之道，并将之与企业的品牌管理工作有机结合。

一、品牌管理基础知识

品牌，是一种名称、术语、标记、符号或设计，或是它们的组合运用。其目的，是借以辨认某个销售者或某群销售者的产品或服务，并使之同竞争对手的产品或服务区别开来。开发一个有品牌的产品，需要大量的长期投资，特别是用在广告、促销和包装上。品牌的要点，是销售者向购买者长期提供的一组特定的特色、利益和服务。最好的品牌，是传达质量的保证。

(一) 品牌的含义和构成

1. 品牌的含义

一个品牌能表达六层意义：

(1)属性。一个品牌,首先给人带来特有的属性。例如,奔驰汽车表现出昂贵、优良制造、快捷、工艺精良、耐用、极高的声誉、高额的再出售价格等。公司可以利用这些属性的一个或几个做广告宣传。

(2)利益。客户最终购买的是利益。所以,属性需要转化成具体的功能和利益。奔驰汽车昂贵的属性,体现了购买者的财富、身份和地位。

(3)价值。品牌体现了厂家的价值感。例如,奔驰汽车体现了高性能、安全和威信等。该品牌营销者,必须推测出寻找这些价值的特定购买群体。

(4)文化。品牌附加和象征了公司的文化。奔驰汽车表现了有组织、有效率、高质量的德国文化。

(5)个性。品牌代表了公司的个性。

(6)使用者。品牌还体现了购买或使用这种产品的是哪一类消费者。

一个品牌最持久的含义,应该是它的价值、文化和个性。

2. 品牌的构成

品牌是多种外在因素和内在因素的结合体(图 14－1)。

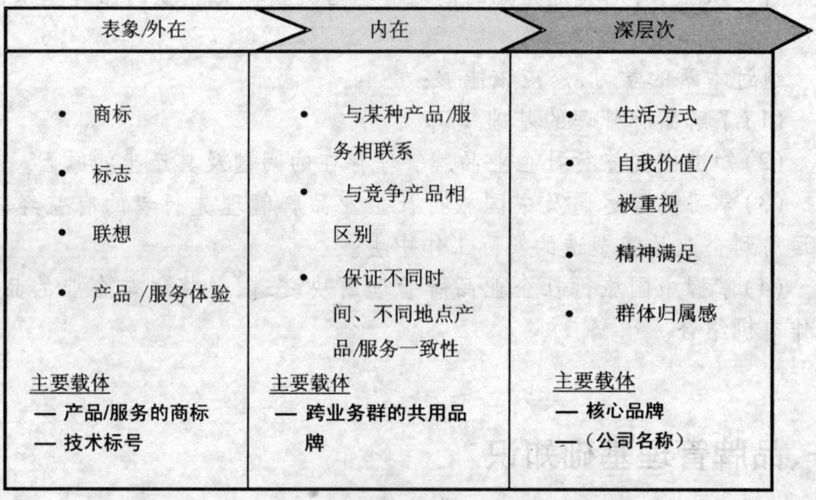

图 14－1　品牌构成示意图

知名品牌都是这样的结合体(图 14－2)

(二) 品牌发展历程与品牌忠诚度

1. 品牌发展历程

通过对世界知名品牌发展史的研究,可以发现知名品牌的发展历程是有迹可寻的,都经过了“认知—信任—交易—满意—忠诚—口碑”(图 14－3)。

表象/外在	内在	深层次
McDonald's	·统一的菜单 ·清洁/质量 ·快速亲切的服务 ·便利	·待人和善 ·愉快、有趣的体验 ·家庭氛围
Budweiser	·新鲜/清淡 ·统一的质量 ·流行/能负担得起	·美国传统/生活方式 ·放松/享受 ·男子气概/手足情谊 ·有趣
	·易于使用 ·昂贵但可靠 ·最适合图形工作	·创新/叛逆 ·不拘小节 ·创造性革新
	·高质量 ·简洁的设计 ·协调一致的色彩模式	·休闲的生活方式 ·激情
	·优质/品种多样 ·卓越的技术	·杰出的/优秀的 ·运动型/精力充沛 ·自我表现/时尚

图 14－2　世界知名品牌构成说明

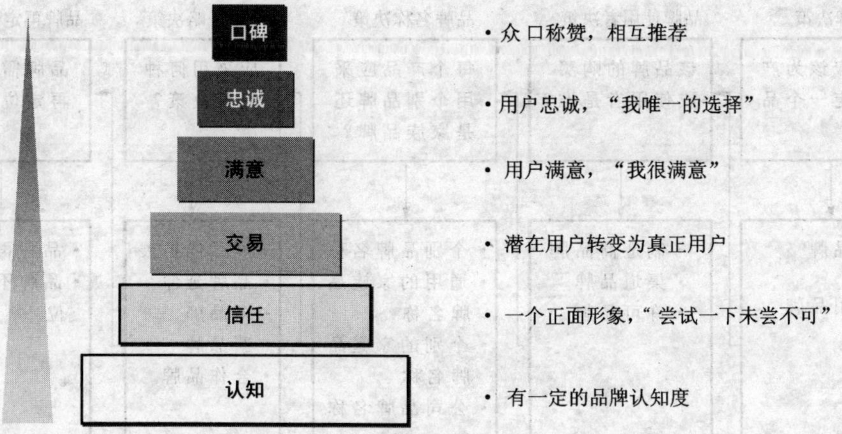

图 14－3　知名品牌发展历程示意图

2. 客户忠诚度

品牌发展历程中,在市场上呈现出的力量和价值是不一样的。这表现在客户对品牌所表现出来的忠诚度上。以对品牌的忠诚度为标准,可将客户分为以下五种类型:

(1)客户会转换品牌,特别是由于价格的原因。无品牌忠诚。

(2)客户是满意的,没有理由转换品牌。

(3)客户是满意的,并不会因为价格而转换品牌。

(4)客户认识到品牌的价值并给予相当的重视。

(5)客户愿为该品牌作贡献。

3. 品牌忠诚度的作用

研究发现,高的品牌忠诚度可为公司提供竞争优势。

(1)高水平的品牌知名度和忠诚度,可以减少公司的营销成本。

(2)分销商和零售商希望代理对消费者影响大的知名品牌,这加强了公司对他们讨价还价的能力。

(3)知名品牌有极高的认知质量,可以比竞争者卖更高的价格。

(4)知名品牌的信誉度高,公司更容易进行品牌拓展。

(5)在激烈的市场竞争中,品牌给公司提供了保护作用。

品牌需要仔细管理,以便不使它的价值降低。随着时间的推移,品牌需要不断维持或改进,包括知名度、品牌认知质量和功能、积极的品牌联合等。这些都要求不断地研究和开发投资、有技巧的广告、出色的促销活动和客户服务。

(三)品牌化决策

品牌化决策的过程,如图 14-4 所示。

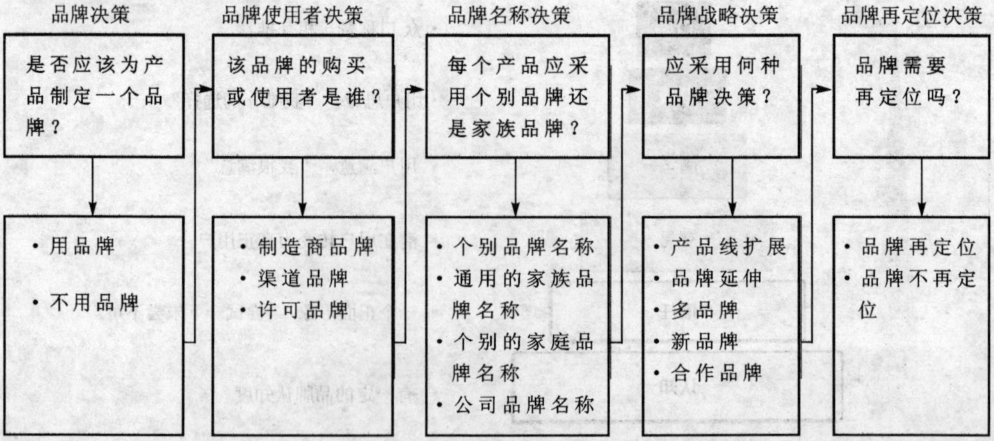

图 14-4 品牌化决策过程

1. 品牌决策

公司要决定是否应为该产品制定一个品牌。今天品牌化发展是如此迅速，以至于很少有产品不使用品牌。建立品牌要付出成本——包装费、标签费和法律保护费等，并且如果该品牌不被客户所接受，还得承担投资风险。但品牌，也能为销售者带来诸多的好处。销售者的品牌名称和商标，对其产品独有的特点提供法律保护；通过建立品牌忠诚度吸引忠实的和有利于公司的客户，使销售者在竞争中得到某些保护，并使他们在规划市场营销时具有加大的控制能力；品牌化有助于销售者细分市场；强有力的品牌有助于建立企业形象，使企业更容易推出新品牌和获得经销商及客户的信任和接受。

2. 品牌使用者决策

制造商在如何使用品牌方面有几种选择：可使用制造商自己的品牌，也可使用渠道品牌或者许可品牌。一般来说，在市场上制造商的品牌，趋向于占支配地位，但一些大型的经销商和零售商也在开发自己的品牌。中间商开发自己的品牌，首先，因为它有利可图；其次，中间商可用自己独家专用品牌区别于其他竞争者。除此之外，有些制造商或零售商通过“租用”对客户拥有魅力的名称，诸如其他厂商创立的名称或商标、著名人物的姓名等，可以使产品得到一个家喻户晓的品牌名称，这就是所谓的“许可品牌”。

3. 品牌名称决策

品牌名称的使用，也有几种选择，包括个别品牌名称、通用的家族品牌名称、个别的家族品牌名称和公司品牌名称。具体采用哪种命名方式，取决于产品本身的属性和特点，以及对公司整体利益和风险的考量。

4. 品牌战略决策

在这方面公司可有五种战略选择：

(1)产品线扩展。即公司在同样的品牌名称下，在相同的产品种类中引进新的项目内容，如，新口味、新形式、新颜色、新增加成分、新包装规格等。

(2)品牌延伸。即公司决定利用现有品牌名称来推出其他产品。如，本田利用其公司名称推出了摩托车、滑雪车、割草机、海上发动机和雪地摩托。一个受人注意的好品牌名称，能给予新产品既可得到认知，又能较容易地被接受。

(3)多品牌。即公司在同类产品中引进其他品牌。如，宝洁公司在清洁剂产品上有 9 个品牌。

(4)新品牌。即公司为新产品确定一个全新的品牌名称。

(5)合作品牌，也称双重品牌。是指两个或更多的品牌在一个产品上联合起来使用。

5. 品牌再定位决策

一种品牌的最初市场定位可能是适宜的，但随着竞争品牌的推出，削弱了企业的市场份额，或者客户的偏好转移，使企业品牌的需求减少。这时，企业不得不对之重新定位。例如，七喜公司为自己的品牌重新定位，标榜自己是生产非可乐饮料的知名企业，从而获得了非可乐饮料市场的领先地位。

二、中国旅行社企业品牌管理存在的问题及原因

随着2004年度全国国际旅行社百强的出炉，又一年度的旅行社座次之争，在一片争议之中尘埃落定。国旅、中青旅、康辉位居三甲。而一个非常奇特的现象是，所有旅行社，包括位次靠前，被消费者熟知的国、青、中三大社，却没有一个在全国性比较有影响的媒体上露过面，真正是"电视无影、电台无声、报纸无名"。同时，在中央电视台的"品牌中国"栏目中发布的众多品牌中，旅行社品牌无一入选。

企业品牌影响力小，产品严重同质化，服务无法有效保证，正是我国旅行社企业品牌管理的现状，也是将影响我国旅行社进一步发展的软肋。

（一）社会分工和产业定位不明确，旅行社经营范围有限，导致中国旅行社业的品牌培育没有足够的空间

我国旅行社属于许可经营的行业，其经营范围受到严格的限制，即使是拥有出境旅游经营权的国际社，其业务范围也只涵盖入境、国内、境外旅游的包价旅游，而未涉及公务、商务旅游安排，会展奖励旅游服务，出国咨询等多个方面。现有产业定位和社会分工对旅行社经营范围的局限，使得我国旅行社难以走出千军万马挤观光团的怪圈。我国旅行社的业务，主要还是集中在团体观光旅游和包价旅游这一狭窄的范围内。

与此相比，外国旅游经营商的产品和业务范围则更为广泛和多元化。有调查显示，在美国，团体休闲观光旅游方式仅占美国旅行社营业总收的不到6%。而休闲观光散客方式和商务旅行方式分别占了41%和53%。更不要说美国运通经营的旅行支票和银行卡业务，日本交通公社发行的购物券、旅游券给他们带来的巨大收益。这些都是中国旅行社业绝对不能涉足的。在国外，日本交通公社承担了日本60%以上的商务旅游服务。其电脑中心可以出售日本18家航空、铁路、轮船的票务，300多家巴士公司的10万个座位、5000个景区参观点的门票，1万家饭店的12万间客房。而在我国，航空、饭店、铁路等相关行业，对旅行社的依赖度和配合度却相应较低。旅行社不一定能成为航空公司的代理，航空公司代理人大多不是旅行社。

随着我国对外开放的不断扩大，以及5年有效因私护照的发放，出国咨询服务，也就是因私出国服务，将是一个很可观的市场。然而，受到严格管制、精挑细选出来的出国旅游组团社却不能经营这项业务，而让很多新成立的企业去从事这项

服务。我国旅行社只有首先打破现有的经营范围局限，实现业务范围与国际接轨，才能与外国旅游经营商站在同一起跑线上，进行平等的竞争，才能有足够的空间做大、做强。为此，我们应参照国际模式，明确旅行社的产业地位和社会分工，进一步扩大和延伸旅行社的经营范围。我国可将旅行社明确定位为“旅游服务提供企业”，强调旅行社是“旅游服务”的提供者，而不仅仅是包价旅游的组织者和观光旅游服务的提供者。不论因私、观光旅游，还是公务、商务旅游，其出行所需的交通、饭店、餐饮的预订，以及接送、导游等服务，都可以由旅行社提供。只有明确旅行社的产业地位和社会分工，将公务、商务旅游安排、会展奖励旅游服务、出国咨询等新业务及代办签证，代订机、车、船、景点门票等单项服务，明确纳入旅行社的经营范围，才能走出旅行社经营的误区，给中国旅行社品牌的培育创造一个更广阔的空间。

（二）国际旅行社经营机制改革进程缓慢，没有为我国旅行社品牌的塑造提供一个良好的体制环境

旅行社业是市场竞争日益充分，开放程度越来越高的行业。其行业特点，决定了旅行社的长远发展离不开富有活力的机制和科学的管理。旅行社是劳动密集型、知识密集型、人才密集型的行业，让旅行社的骨干成为股东，把企业作为自己的企业，才能避免业界精英的流失。中国旅行社业，尤其是国际旅行社普遍存在投资主体单一、产权不够明晰，经营管理水平较低等问题。目前，我国仅有个别旅行社通过上市成为公众公司。很多国际旅行社尚未按照现代企业制度的要求进行根本性的改革。企业机制没有转变，导致承包挂靠之风盛行，违规经营屡禁不止，严重扰乱了正常的市场秩序。也给行业监管造成了一定的难度。骨干层的流失是我国旅行社体制改革滞后所造成的最大损失。中国旅行社界只有通过鼓励和倡导各旅行社企业深化体制改革，建立现代企业制度，转换经营机制，在尽可能短的时间内造就一批机制灵活，能够与国外竞争对手相抗衡的旅行社，树立起响当当的民族品牌，才能在国际旅游市场的竞争中取胜。

（三）服务行业特点决定了旅游服务要素的同质性，增加了特色旅游产品的创新和市场开拓的难度

消费者对品牌的认同和信仰，归根结底是对该品牌所代表的产品特质的认同。但目前，我国旅行社行业缺乏定位清晰、具有特色的产品，也就难以形成被消费者认可的品牌。品牌信仰的建立，是基于产品的特色，而目前中国旅行社业都需要进行“行、游、住、食、购、娱”旅游六大要素的采购。这些要素，对所有旅行社和其他咨询服务机构都同等开放。资源供应的同质、经营范围的限制、传统观光团队产品的操作模式，导致了旅游产品的同质。只有产品具有不同的特色，才可能产生不同的推广方法和宣传方式，雷同的产品也必将导致旅行社线路、产品推广宣传的雷同，基本上脱离不了“旅行社名＋线路＋报价”的模式。

(四)法律法规的缺失,导致对旅行社特色品牌保护乏力

目前,我国法律中对商业方法、技巧,尤其是服务行业的独特性保护尚属空白。在旅行社产品创新的实践过程中,我们经常看到,往往是一个旅行社开发出一种旅游线路或者采取一种崭新的旅游操作方式,很快便被其他旅行社所仿效,开发者尝试性成果的收益被其他旅行社所分享。例如,“我到北京上大学”夏令营产品推出不久,在同一旅游市场就出现了“我的大学在北京”等模仿产品,从产品的名字到产品的创意包装几乎相同,严重影响了“我到北京上大学”经营网络的加盟者对市场的开发。这种搭便车行为的泛滥,导致了旅行社无法在很短的时间收回产品开发设计的成本,特色旅游产品开发的积极性减弱;所有旅行社聚集于传统的线路大打价格战,使旅游产品同质化加剧,特色更不明显。旅游市场就出现了“劣质产品驱逐优质产品”的严重局面。

(五)日益加剧的市场竞争,导致旅游产品毛利率的逐步降低;旅行社盈利能力的下降,导致对旅游品牌的推广投入捉襟见肘

目前国家已经放开了对旅行社的审批,旅行社的数量迅速增加,市场竞争不断加剧。同时,我国的旅游大众消费时代刚刚到来,旅游者的品牌消费意识还有待于进一步强化。大部分旅游者的价格敏感度较高。旅行社为了获得较大的市场份额,进行“削价竞争”成为占领市场有力武器的现象,导致旅游产品的毛利率不断降低,旅行社的获利能力下降。在这种情况下,投入大笔资金进行品牌的塑造和推广,对旅行社来说无异于自杀。旅行社只好将资金投放在能带来实际经营利润的旅游产品“区域性广告”的发布上。广告的形式,也多以促销广告为主;少数有远见的旅行社也通过与旅游主管机构的合作,借船出海,设计一些主体旅游活动来打造自己的品牌。

(六)中国旅行社中知名度较高的企业,均是历史沿革的结果,并没有形成真正以旅游产品的特色带动起来的名牌

中国旅游者津津乐道的国、中、青三大社,虽然建立了全国的网络,但这仅仅是在计划经济体制下垄断经营形成的,是历史沿革的结果;并且该知名度仅仅局限于企业名称的知名度上,与产品、服务特色没有直接的关系。三大社尚没有形成自身独特的品牌特色,没有形成具有独特内涵的品牌形象。虽然现在国、中、青大旅行社均号称为全国性的旅行社,但是均未真正建立起联网互动的全国性有效网络,名称中有“国旅”“中旅”“中青旅”的并非都是一家人。

同时,由于报名参团游客的地域性限制,利益的非直接性,使这些大社不会花费大量的费用,在更为广泛的范围内进行无效的宣传。因为,这些宣传或许会被与自身毫无关系的其他旅行社所利用,为别人的企业做了宣传广告。如,中青旅网站“青旅在线”上的“聚焦中青旅”栏目所刊发的有助于中青旅形象和品牌推广的公司动态和媒体报道文章,经常被其他同中青旅控股股份有限公司无任何资本或行

政关系的地方中青旅的网站所窃用。

三、中国旅行社企业品牌管理的必要性和可行性

中国旅行社业经过近十几年的快速发展,价格竞争已经到了白热化阶段。在这种情况下,中国旅行社企业必然要改变竞争的策略,由价格竞争过渡到品牌竞争是一个必然的趋势。

(一)中国旅行社企业进行品牌管理的必要性

1. 中国的旅游者需要旅游服务的知名品牌

在旅游已经成为人们生活的必要组成部分的今天,如果没有旅游服务知名品牌的指导,旅游者将会面临诸多压力。

(1)感知风险的压力。随着旅游市场的透明度越来越高,旅游者了解了越来越多的旅游知识,在旅游服务提供商良莠不齐、鱼龙混杂的今天,感受到了越来越多的风险;

(2)错误选择的压力。如果选择了一个服务质量没有保证的旅行社,不但没有获得满意的旅游体验,还会浪费自己的时间和金钱;

(3)旅游者个性和感知的情景压力。在旅游需求日益个性化的今天,旅游已经成为人们释放个性、张扬自我的途径之一。有经验的旅游者已经厌倦了那种千篇一律的急行军式的团队旅游。旅游市场呼唤个性鲜明、内容丰富的主题旅游产品;

(4)时间资源匮乏。在人们生活节奏越来越紧张的今天,旅游者没有太多的时间去选择自己满意的旅游服务商。

与之相反,知名旅游品牌的存在可以给旅游者带来很多的益处。

知名旅游服务品牌对旅游者的作用,给旅游者带来的利益主要体现在:

功能/作用	消费者利益
认同、识别	清楚识别、理解旅游产品、快速识别寻找后的旅游产品
实际	通过重复购买和忠诚,可以节省时间和精力
担保	任何时候、地点都确保相同的服务质量
优化	确保在同类旅游产品中购买最好的,得到最好的旅游体验
特性	确保自我形象,或展示理想的形象
持久	因为服务多年的品牌产生熟悉和亲密而带来满足
快乐	与品牌吸引力、标志及其沟通相关的满足
伦理	在品牌和其社会关系中与行为相关联的满足

2.中国旅行社界需要知名品牌来引领市场的发展

中国旅游业经过20余年的快速发展,市场竞争越来越激烈。竞争的结果必然是资产、客源、效益不断向好的旅行社集中,众多无品牌优势和资产优势的中小旅行社经营日益困难,时刻面临被兼并、重组乃至破产的命运。任何旅行社要成为竞争的优胜者,而不被淘汰出局,必须以良好的定位、合理的价格和诚信的服务赢得游客信赖,创成名牌。知名品牌同样可以给旅行社带来不菲的收益:

(1)知名的旅游服务品牌,可以表明公司旅游服务产品的质量,获得旅游者的信任。例如,春秋国际旅行社推出的"纯玩团"产品,已经成为旅游观光高端产品的代名词,虽然比同类产品高出几百元,但还是获得了旅游市场的高度认可。

(2)知名的旅游产品可以获得长期稳定的销售,占领较大的市场份额。

(3)知名的服务品牌可以培养忠诚顾客,扩大旅游者多次购买的可能性。

(4)知名品牌可以为旅行社建立竞争优势,品牌声望是旅游者需要和持久魅力的来源,在旅游市场上,支配性的品牌可以成为竞争者进入的壁垒。

(5)旅行社通过品牌延伸推出新产品,扩大边际收益。

(6)旅行社通过品牌特许和品牌联合获取收益。世界知名旅游服务商——美国运通,目前在我国都是通过品牌特许来建立自己的服务网络,加盟者在享受运通客源、品牌、培训等服务的同时,向美国运通缴纳一定的品牌使用费。

(7)建立品牌资产,在购并和合作投资方面获取收益。目前,青旅控股、港中旅、中旅、康辉等旅游企业,在构建全国经营网络的过程中,其品牌影响力开始逐步显现。例如,港中旅凭借自己品牌的影响力,收购了国内有一定知名度的"中远、招商"等旅行社,以及一些具有较强实力的地方旅行社。收购过程中,港中旅的品牌知名度、完善的经营网络、雄厚的资本成为吸引被收购者的重要砝码。

3.中国旅行社业增长方式的转变,需要知名旅游品牌

从整体而言,目前,我国旅行社业仍处于粗放经营阶段。表现在靠找关系拉客源,靠恶性削价吸引客源,导游、司机同货物供应商串通一气拿回扣,"一锤子买卖"意识浓厚,游客往往有花钱买罪受、上当受骗之感。旅行社自身效益则不断下降。从旅行社的角度来看,主要是要有名牌意识,用诚信服务、高水平的管理、文明的竞争手段去赢得游客,赚取利润。也就是说,旅行社实施名牌战略,可以促使导游素质提高、服务改善、管理走向有序,从而推动旅行社业整体素质提高。而"名牌",是高质量、高科技文化含量的代名词,是市场竞争"优胜劣汰"的结果。因而,实施名牌战略是旅行社业转变增长方式的一条重要途径。

4.中国旅行社业迎接全球一体化的挑战,需要知名旅游品牌

中国已经加入了世界贸易组织,世界旅游巨头已经通过合资、合作、独资等各种形式进入中国旅游市场。国内旅游市场竞争国际化,国际旅游市场竞争国内化,无论是资金实力、企业规模,还是服务质量、管理水平,中国旅行社业与外资旅行社业都还存在相当大的差距。从迎接全球经济一体化挑战的现实需要出发,客观上要求中国旅行社业必须依靠提高服务质量、提高服务的科技文化含量来求得生存和发展,在激烈的市场竞争中守住本土市场、开拓海外市场,奋发图强,塑造中国旅游服务的知名品牌。

(二)中国旅行社业实施品牌管理的可行性

1. 中国旅行社界已形成一批有一定影响力的旅行社,具备了一定的企业基础

经过20余年的发展,截至2004年年底,中国的旅行社已经超过了1.5万家。其中一批旅行社已在竞争中脱颖而出,形成较大影响力。如,中国旅行社、中国国际旅行社、中国青年旅行社、中国康辉旅行社、上海春秋国际旅行社等。这些品牌旅行社通过与国际旅行社业巨头合资合作等各种手段,学习国际旅行社业的先进经验,进一步改善服务,加强管理,尽快地做大,做强;另一方面,它们的示范作用会带动一批有一定实力的旅行社学习、借鉴其经验,迎头赶上。从而引起中国旅行社业展开一轮又一轮的竞争,促使竞争各方不断进行服务、管理等方面的改进、完善,形成全行业实施名牌战略的氛围。

2. 中国旅游者名牌意识的觉醒,为中国旅行社业品牌管理提供了庞大的市场基础

中国改革开放20多年,国民经济的持续发展,提高了人们的旅游消费能力。近年来,一些有经验的旅游者消费品位明显提高,旅游消费决策理智化、旅游消费需求精致化,对旅行社服务质量的档次品位非常关注,迫使旅行社精心策划旅游线路,周到、细致地为游客服务,满足游客的求名、求舒适心理。例如,珠江三角洲、长江三角洲的大众旅游市场已经出现了"双飞三星级饭店"的自由行旅游产品。这些产品的价格远高于同类的报价标准团产品。同时,多年来的旅游经历也教育了游客,与其花较少的钱找没名气的旅行社接受低劣服务,不如多花点钱找名牌旅行社享受高档次的服务。因而,品牌逐渐成为这些游客选择旅行社的首要考虑因素,价格慢慢地不再成为选择旅行社时着重考虑的因素。这为旅行社实施品牌管理提供了坚实的市场基础。

3. 政府营造了扶持旅游名牌、实施品牌管理的大环境

我国政府已把旅游业放在第三产业优先发展序列的首位,许多省市,尤其是旅游资源丰富的省市,把旅游业列为主导产业或支柱产业,予以重点扶持。进入20世纪90年代以来,国家旅游局就在全国部署旅游名牌战略工作,各级地方政府从资金、土地、税收、人才等方面,对旅游名牌战略工程给予了大力支持。中国加入世贸组织之后,很多地方的旅游主管机构制定了一系列的政策,鼓励当地旅行社的发展,同时为全国大社的网络化建设和中外合资旅行社的建立提供了很多便利条件。旅行社地方保护主义的影响力逐渐消退,可以说,创建旅行社名牌、实施品牌管理的社会条件已基本成熟。

四、中国旅行社业品牌管理的尝试

中国旅行社界的先行者对品牌管理已经进行了很多的探索，主要分为以下三种模式：

（一）国、中、青三大体系开始通过“收购建立资产纽带+特许经营”等手段，解决各总社与地方分支机构商号混淆的问题，取得了一定进展，但还没有实现根本性的突破

1. 国旅体系

目前，“CITS 国旅”已经被国家工商总局认定为“中国驰名商标”，从法律意义上保证了国旅总社对“CITS”的专属权。国旅总社以此为尚方宝剑，勒令各地方国旅，要么与国旅总社建立资产纽带关系，成为国旅真正意义上的分支机构，要么停止使用国旅的商标。在这种情况下，国旅体系风起云涌。一方面，国旅总社与部分沿海发达城市的地方国旅联合组建了股份公司，谋求海外上市；另一方面，一些发达地区的国旅分支机构纷纷改头换面。上海国旅加入了锦江旅游集团，深圳国旅启用了“国旅新境界”的新商标。

2. 港中旅体系

2007 年，港中旅集团与中国中旅集团完成了“航母型”合并重组，双方旗下的核心产业——中国旅行社总社（CTS）、港中旅国际（CTI）、招商国旅（CMIT）、香港中旅社和海外分社，经过整合重组，组成了中国旅行社总社有限公司，成为港中旅集团旗下负责旅行社业务的全资子公司。

整合后的中旅总社坚持以业务流程的再造、商业模式的创新、组织架构的重建、实体布局的推进和天地联网的实施来推动企业的发展，提升企业品牌影响力，力争在 2010 年实现在全球及国内建立 8 个区域公司、150 家分公司、500 家直营门市，最终实现旅游业务“中国第一、亚洲前列、世界一流”的品牌目标。

在旅游市场竞争日益激烈的今天，很多地方中旅的负责人都在考虑，是否加盟港中旅体系的问题。因为，加盟中旅就要缴纳几万元的品牌使用费。而港中旅的品牌能否为企业带来更多的利润，是谁也说不清楚的。同时，非法使用港中旅名称在国内也得不到有效的制裁，这使得相当数量的小旅行社宁愿打擦边球，而不会选择规范的加盟方式来获取港中旅商标的使用权。因此，可以推断，这种品牌加盟形式只能在“港中旅体系”的小范围内适用，其主要对象是和中旅总社有长期合作关系的地方旅行社。

3. 青旅体系

中青旅总社的品牌管理，主要是通过股份制改革来实现的。1997 年，中国青年旅行社作为主发起人，成立了中青旅控股股份有限公司，并于同年上市。随后一

两年内，中青旅通过资本运作，收购或成立广西、浙江、江苏、新疆、广州、深圳中青旅，并建立了海外的香港和日本中青旅作为其开拓海外市场的平台。

青旅控股为了同原青旅系统成员相区别，于2002年推出新的企业LOGO，并注册了“中青旅”文字和其LOGO的图形商标；但即使这样，也未能有效解决“中青旅”的商号混淆问题，青旅各地方分支机构都有权使用“××中国青旅”的企业名称。对于普通旅游者来说，“中青旅”和“中国青旅”很难区分。

(二)广之旅等发达地区的旅行社，较早地进行了企业品牌设计和推广，取得了较好的经济效益和社会效益

广之旅1994年在全国旅游系统中率先导入CI，确立了自己统一的带有象征意义的徽标、名称、广告词、专用色等企业文化标志。新品牌“广之旅”很快风靡整个旅游界，在品牌定位上坚持了扎根国内客源市场，面向中高档消费群体，经营亲情化旅游产品的原则。

在品牌建设中，广之旅注重将产品设计与社会公益有机结合，开发出具有社会意义的旅游产品，紧紧抓住质量这一要素，力塑优质、优价的品牌形象，以及树立热心公益、富有爱心、负责、可靠的企业形象。1994年，率先在旅游业中倡导并推出了“服务质量保证金制度”，1996年制定了“广之旅文明服务承诺制”，使客人的满意度提高到95%以上。2000年，广之旅顺利通过ISO 9001质量体系认证，实现了质量管理与国际接轨，多次荣获国家、省、市颁发的“文明服务示范单位”、“全国用户满意单位”等光荣称号，赢得游客的充分信赖，在广大消费者中树立了优质、高档的良好品牌形象。

在品牌定位方面，广之旅抓住中国人崇尚亲情、友善的传统，推出了充满温情的“亲子团”、“孝顺团”、“蜜月团”等旅游系列，提出了“一切为了客人满意”等服务口号，被市场认定是为亲情旅游产品的典范。在树立品牌形象方面，为了进入政府部门和国企这块大市场，广之旅牢牢抓住中国人“讲政治，讲思想”的特点，结合国内特有的节庆和大事、要事，设计出有中国特色的系列旅游产品。如，在本地市场推出的“抗战功臣延安行”、“百万老革命喜看广州新容”、“老将军八一南昌行”、“红军长征足迹游”、“红色之旅”、“香港回归嘉宾团”、“迎澳门回归学子团”等，在港澳地区推出的“祖国历史文化教育团”、“黄博军训团”，贴近广州发展变化的脚步，还推出“万人游省城”、“广州一日游”、“九运场馆先睹为快”、“科普一日游”、“信息化一日游”，以及在每年的“国庆”、“七一”等节日，为企业量身定做的爱国主义教育系列产品线路等。

品牌的树立和推广，需要科学的广告策略。广之旅选择报纸、杂志、广播、电视、互联网等有效媒体，全面、立体和不间断地发布系列旅游广告，及时向顾客宣传公司的销售新动向。同时，借助大型社会活动扩大企业影响，通过赞助“美在花城”、“全国旅游歌曲大赛”等大型活动树立企业形象，大大提高了广之旅品牌的知

名度和美誉度。从1996年起，进军电视领域，分别与省、市电视台推出“无限风光广之旅”。通过10余年的不懈努力，广之旅已成为广东省旅行社业中唯一的著名商标，现正申请成为全国驰名商标。

案例：

广之旅CI简介

(1)徽标的含义。灿烂阳光、怒放红棉、无边绿野，洒脱酣畅的几笔、亮丽鲜明的色彩勾勒出天地间一个无限风光的旅游世界。这就是广之旅的过去、今天和未来不断拓展与创新的事业空间。

(2)“广之旅”的含义：

- “广东、广州人之旅”，广东、广州人的旅行社，专为其外出旅游提供最佳服务，创造更多的机会；
- “广东、广州之旅”，接待前来广东、广州旅游的八方游客，为广东省、广州市的旅游事业发展作贡献；
- 广阔的旅游空间，广泛的旅游资源；
- “之”在古汉语中也作“去”解。“广之旅”也可理解为“畅游天下”。

(3) 广之旅广告词：“广之旅，无限风光带给您”。

(4) 广之旅CGZL。

(三)旅行社对特色旅游产品品牌保护的尝试

针对只有企业名称的品牌效应，而没有特色产品品牌效应的现状，一些意识领先的旅行社纷纷采取注册产品名称商标的方式保护产品品牌。

(1)青旅控股，在2001年注册了“小太阳”的图形商标，作为其旅游产品销售终端“中青旅连锁”的标志图形。根据业务需要，针对老年人旅游、青少年学生旅游和其他消费群体，开发了有针对性的新产品，申请了“快乐老人”、“东方学子”、“同心之旅”等特色产品的商标注册，初步建立起基于产品的品牌体系。

(2)国旅总社，针对自己在中国公民旅游市场的开发战略，策划注册了“环球行”的批发品牌，采用国际化的旅游批发商经营运作模式，由国旅总社进行产品的设计与开发，在全国发展旅游代理商，逐步发展并建立“环球行”旅游代理商网络。笔者曾经浏览过“环球行”的产品手册，产品内容丰富，表现形式新颖，体现了国旅总社的综合优势。“环球行”的策划运作，很好地将品牌的拓展和网络建设有机结合，值得中国旅行社界借鉴。

(3)老年旅游在中国成为一个主打的旅游产品之后，一些旅行社纷纷注册了“夕阳红”、“夕阳美”、“金色年华”、“银发之旅”等老年旅游的产品品牌。有的旅行社在企业名称中也体现了自己专业从事老年旅游的特色，一时之间在中国旅游界掀起了一阵产品商标注册浪潮。与之相对应的青少年旅游，也出现了蓝图伟业注册的“学”字商标(其推出的“我到北京上大学”无法注册为商标),还有很多旅行社根据自己推出的产品,注册了其他青少年修学旅游的商标。“红色旅游”概念提出以后,中国大地掀起了一阵“红色旅游”的浪潮,于是许多旅行社又开始抢注“红色之旅”、“红色旅游”等商标。

我国旅行社对老年旅游、青少年旅游、红色之旅等旅游产品商标的注册,说明了品牌意识或者说是商标意识在旅行社中的苏醒,但也同样说明了这种意识的滞后。我们应该清醒地看到,即使相应的产品商标被核准注册,也仅仅是在凸显旅游产品特色的道路上迈了一小步。总体而言,很多旅行社并未对产品进行精心的策划和包装,也未突出其更明确的定位,给旅游者一种“换汤不换药”的感觉。

五、他山之石——美国运通的市场策略

“美国运通”这个名字,对于中国旅行社界的从业者来说已是“耳熟能详”。它不但是世界上最大的旅行社之一,同时也是美国著名的金融企业。它成功地将旅游服务业及针对个人和中小企业的信用卡、理财、税务等金融服务有机地结合在一起,形成了一种以“高端客户”为服务主体的“范围经济”效应,抗风险的能力远远超过我国的旅行社。美国运通在发展历程中,也曾经遭遇到“VISA、MASTCARD”等金融企业的强力竞争,但通过其附属产品策略,使他们成功地化解了危机,不但成功地延伸到低端金融服务市场,还成功地保持了为高端人群服务的企业形象。美国运通如何确立自己的细分市场,树立品牌,如何细分产品,以及如何保持优质服务的策略,值得中国旅行社界认真研究和学习。假以时日,我们期待着中国的金融界进一步开放,出现某个著名金融企业和著名旅行社的有机结合,能够诞生出一个中国的“运通”。

案例:

运通公司市场策略——树立品牌　细分产品　优质服务

在国际银行卡市场中,美国运通公司所处的地位比较特殊。一方面,作为传统意义上的闭环型(closed loop)银行卡机构,其产品的发行一般都是通过下属的运通旅游服务公司来完成。因此,在发卡量上远远落后于VISA、万事达。另一方面,虽然运通的发卡量在整个银行卡市场中所占的份额有限(不超过10%),但其卡片的消费量却在市场上占据颇高的比例。2003年,世界范围内运通卡的消费市场份额约为20.27%。如何以较小的发卡量,占据较大的消费市场份额,这与运通较为独特的运营和发展模式是分不开的。

- 强调品牌战略,把握核心市场

从创业到如今,强调品牌战略是运通营运中的一大特点。运通的战略目标,就是成为世界服务行业中最受推崇的品牌。在创建品牌时,运通不只局限在通过广

告和交流树立形象,而是在其做的每一件事情中,体现品牌管理的标准,在客户期望的服务和其实际提供的服务之间创造一种平衡。他们将品牌的内涵定义为信心、安全感、可靠、声誉和优质服务。

正是由于运通重视其品牌战略,在坚定品牌管理核心标准的前提下,对包括主要产品在内的品牌结构进行了适时的调整,才使运通公司的成功有了基础性的保障。1997 年,运通品牌被评为最受公众接受的品牌之一。其品牌的无形价值达到 170 亿美元。这也是运通产品在全球范围内被广为接受的重要原因。

为了达到公司的战略目标,从营运初始,运通便将自己的细分市场定位于高收入的人群,为他们提供各种相关的适选产品。在发展历程中,无论其核心客户如何调整,运通始终牢牢把握住自己的市场定位,并致力于开发有利于强化品牌的核心业务。据统计,全球 500 家大规模的机构,其中七成以上使用美国运通公司卡。与其他主要信用卡持有人比较,运通卡会员每月收入为普通市民平均收入的两倍。在亚太地区,同其他信用卡持卡人相比,运通卡持卡人的平均消费额要高出 49%。正是因为拥有这些高端的持卡人,使得运通卡的发卡量虽然相对较小,但却在消费市场中占有相当的份额。

• 依托基本需求,提供相应产品

运通成立之初,主要业务是旅游服务。即使在今天,运通旗下的运通旅游服务公司也是世界最大的旅行社之一。运通目前的业务品种,包括其核心目标客户,都或多或少与旅游相关。正是依托旅游业的优势地位,运通一方面在满足客户基本需求的同时,适时推出其相应产品;另一方面,也能及时了解其目标客户群,在满足基本需求之外的各种其他需要,进而将其纳入自己的产品方案之中,使之成为能够全方位解决客户需求的产品。虽然目前运通的品牌结构有所调整,其新开发的产品更多针对无差异支付,但旅游及相关服务在其产品功能中所占的比重依然很大。可见,在发展其他产品的同时,坚决依托某一基本需求,突出自己的优势和在行业中的地位,是运通经营的基本策略之一。

运通非常重视在全球持卡人和旅游者中进行经常性的调查,了解客户需要什么、想得到什么、希望什么和渴望什么,并比较其需求的相同和不同之处,然后制定出自己的目标。中国改革开放后,越来越多的国际旅游者来华旅游。美国运通对此及时采取措施,于 1987 年开办了相关业务。正是由于其及时的应对策略,使得运通的外卡消费量约占中国外卡消费市场份额的 45%。其产品和服务占中国每年旅游外汇收入的 15% 以上。

• 通过附属品牌战略,形成较为完整的产品链

20 世纪 90 年代,运通曾遭遇过一次危机。面对 VISA、万事达信用卡的强劲攻势,运通的市场份额急剧萎缩。为了改变被动的市场局面,运通及时调整策略,适时推出了自己的信用卡产品——Optima(通常所称的运显卡),与万事达和 VISA

在低档信用卡市场一争高下。同时,运通在营销初期对其信用卡产品赋予了比VISA、万事达更为优厚的奖励计划和服务项目及便利,使消费者更乐意选择运通的产品。除Optima(运显卡)之外,运通还推出了许多针对不同层次客户的中低端产品。如,打折卡、低利卡、免费卡等,甚至还有一种以学生为服务对象的信用卡。这种制作精美的塑料保值卡,面值从25美元到100美元不等。学生们可以用它在校园里给家里打电话、在咖啡馆进餐、在书店买书,甚至能在宿舍洗衣房里洗衣物。

这样的低端产品和运通一贯推行的高端路线有着很大的差距。如何调整其与原来产品间的关系,在追逐低档市场利益的同时,能维护高档信用卡的尊贵品质,从而维持运通的高端品牌策略,是其必须解决的问题。为此,运通并未直接将运显卡纳入自己以往的品牌系列,而是将其命名为Optima。从市场营销的角度来看,Optima只是一个附属商标。虽然在它的表面也印有美国运通的标志,但它与其他运通卡有着本质的不同。采用附属商标的营销手段既能让大众接受,又能保证主打品牌的特殊地位不受损失。通过附属品牌策略,高端持卡人不会因此而感到有损脸面,低端持卡人也会基于费用、便利及优惠等原因对此予以接受。而运通的产品体系也得以进一步丰富,从而形成了针对不同细分市场的较为完整的产品链,使产品的市场覆盖面得到了极大的拓展。

- 强化对持卡人的服务,提高用户忠诚度

相关研究显示,在中、低端信用卡市场,持卡人认为服务质量和他为此所支付的费用是同等重要的;而在高端银行卡市场中,持卡人对质量的敏感度更高,价格问题反而相对不怎么重要了。对于像运通这样走高端路线的企业而言,对持卡人的服务质量无疑是其生存的关键之所在。为此,运通着力打造完善的持卡人服务体系。一方面,通过各个环节,体现其对持卡人的重视。如,建立内容详尽的用户资料库,从而使运通服务人员能投其所好,按时给白金卡用户拨一个电话,提醒他们别忘了诸如给母亲买生日礼物等日常小事,或通知用户下榻的饭店,为他免费送上其偏好的饮料等。另一方面,运通建立了约四五千人的大规模客户服务中心,7天24小时为持卡人提供各项服务。其客户评价分为优秀、良好、好、有待改进、不满等5档。在其日常的营运中,优秀和良好的比例占总数的80%以上,足见其对持卡人的服务质量已达到相当高的水平。

六、中国旅行社业品牌管理的解决之道

中国旅行社界的品牌管理,是旅行社以品牌导游、品牌服务、品牌商标、品牌商号的创立、保护和发展为中心目标,以提高旅行社市场竞争力和经济效益为主要目的而进行的,具有较长时间和较大空间跨度的,系统周密的谋划、设计及其实施过程。其主要通过品牌管理规划、产品创新、满足客户需求、服务质量保证、加强企业

管理、营销体系、运用法律保护、企业文化建设八个方面来实现的。

（一）品牌管理规划

旅行社的品牌管理规划，主要通过细分市场品牌设计、品牌纵向管理规划、品牌横向管理规划、品牌垂直管理规划四个方面予以实现的。

1. 细分市场产品品牌设计

细分市场产品品牌设计，主要是通过目标客户细分、产品品牌定位、品牌价值驱动因素与手段三个步骤来实现。

(1) 目标客户细分。中国的大众旅游市场已经到来，按照旅游者的旅游目的划分，可分为观光旅游、度假旅游、商务旅游，及以科学考察、宗教朝圣等为目的的主题旅游等；按照旅游者的年龄划分，可分为青少年、成年、老年等不同类型的旅游者。目前，我国旅行社界已经出现了针对老年旅游者、青少年旅游者、新婚旅游者等细分人群的旅游产品。对目标客户的细分，需要了解“客户是谁？客户的行为特征是什么？客户想在什么时候出去旅游？客户需要什么样的旅游产品？客户在旅游过程中更重视什么？”等，目的就是要了解细分市场客户的行为特征，并对其进行细分，设计出不同的产品来满足他们的需求。

案例：

目标客户细分不到位的尴尬

某旅行社通过市场调研认为，本地区的老年旅游大有可为，在重阳节前一个星期组织了一个赴北京的老年旅游团，且根据老年人的特点，专门安排了一个“老年人保健养生”的主题讲座，但没想到，这个讲座并未受到老年人的欢迎。很多老年人向导游提出，讲座要占用一个下午的游览时间，与其听讲座，还不如在北京多逛两个景点；还有些老年人自己结伴去景点玩了，以行动表现出对安排讲座的不满，进而导致听讲座的老年人很少，讲座未能取得预期的效果。旅游团完成计划旅游行程回到客源地后，该旅行社进行了细致的总结并针对老年团友进行了专访调研，发现很多团友在该市老年大学学过类似的课程，很多团友都听过类似的讲座，虽然组织者请的是北京著名老年养生专家做讲座，但由于讲座内容没有新意，无法引起老年游客的兴趣；同时，旅行社选择的是常规北京五日游行程，一些受老年人欢迎的人文类景点没有安排，于是，很多老年人自然就产生了与其浪费一下午听讲座，还不如去玩两个自己感兴趣的景点。由此，便出现了上述让组织者尴尬的事件。

上述案例充分说明了对目标客户市场进行细分，了解客户特定需求的重要性。该旅行社后来针对老年团友提出的意见对产品进行了重新设计，又推出了系列老年旅游产品，受到了该地区老年旅游者的欢迎。

(2) 品牌定位。品牌定位，即品牌的价值定位，主要体现在产品的功能性和情感性上。其目的，就是树立细分市场旅游者期望的品牌形象。如，某旅行社推出的青少年夏令营产品，抓住了青少年学生和家长对夏令营产品的不同需求点，将“名校参观、语言学习、意志磨炼、团队精神培养”等诸多功能，在产品中进行了有机融合，而且针对青少年学生的情感诉求进行了专业的包装，成功地树立了该产品的品牌形象。

(3)品牌的驱动因素与手段。品牌的驱动因素和手段，主要包括采取什么样的广告形式、旅游产品的促销形式、产品的销售、产品的特性、产品销售网点的覆盖面、为该旅游产品提供的服务等诸多要素，对上述手段进行详尽的规划和设计，主要是根据细分市场客户的特点确定基本的市场行为，以确保市场开发的成功和品牌的有效建立。

2. 品牌的纵向管理规划

品牌的纵向管理规划，主要是指使用品牌组合，来保证在细分市场上的专业性。目前，我国的国、中、青、港中旅、康辉、上海春秋等超大型旅行社的业务领域，已经拓展到旅游市场的每个层面，即使一些地区性旅游大社的业务范围，也已经包括了“航空票务代理销售、观光包价团队旅游、企业奖励旅游、机票+饭店自由人度假旅游、散客成团旅游、青少年修学旅游、老年旅游”等细分市场。有的旅行社还试图进入“针对企业单位客户的差旅费管理服务”市场；还有的大型旅行社进入了景区景点开发、饭店经营与管理、旅游房地产及与旅游业根本不相关的领域。在这种情况下进行每个细分市场产品品牌的设计，成功地利用品牌组合就显得非常必要。

在众多旅游细分市场中运用品牌组合，可以显示旅游服务的专业性，使企业获得最大的产品销售量和利润。每个细分市场产品品牌之间的区别，不仅仅是旅游产品价格的差异和针对客户类型的差异，细分市场的产品品牌要建立针对不同客户群的明确定位，在确立品牌的时候，要尊重企业经营的历史和充分利用现有的品牌资产，以达到利用品牌组合覆盖旅游市场中不同客户群的目的。

每一个旅游企业在运用品牌组合的时候，最终的结果，都是理性和不确定性的有机结合，没有一个旅行社只是基于调研的数据来管理自己的品牌组合，因为市场调研的数据，只是一个可以依据的信息，而不是答案。充分的市场调研和从业者旅游业务运营经验的结合，常常是旅行社进行品牌组合常用的手段。对于旅行社来说，任何一种品牌组合都是一个较优的解决方案，都是基于自身情况和旅游市场的结合得出的。

对于大型旅行社而言，由于经营范围广泛，基本上覆盖了所有的旅游细分市场，品牌组合就显得非常必要：

(1)单一的品牌，不大可能在多种旅游细分市场中实现最大的潜力。我国旅行社目前的主打产品，主要是团队观光包价旅游产品，不可能满足所有旅游细分市场的需求，由此导致很多高端旅游客户被一些商务会议公司和俱乐部提供的服务所覆盖。随着中国旅游市场需求的日益多元化，大型旅行社进行有机的品牌组合就显得势在必行，如果使用单一品牌，在对旅游市场吸引力的差异化和覆盖的广度方面，将不可避免地作出妥协。

(2)脱离组合而孤立看待多个“单一”品牌，可能会得出次优的成果。其主要表现在品牌之间针对相同客户群的竞争，以及组合中的差距导致无法满足客户的需求，使竞争者有机可乘。例如，某旅行社推出一个高端婚庆旅游产品，得到了市场的好评，由于对婚庆旅游市场进行相应的细分和品牌的组合，该市的另外一个竞争者推出了一个针对大众新婚旅游的全包价产品品牌，成功地利用了该旅行社高端婚庆旅游服务品牌对市场的开发效应，获得了很好的收益。

(3)市场细分、组合协调和品牌定位，都是旅游市场销售人员所使用的竞争手段。

综上所述，旅行社的品牌组合在很多时候是尊重历史与当地市场的结果。中小型旅行社由于实力有限，可以采用“聚焦”战略，将品牌塑造集中在自己有优势的某一细分市场，最终以专业化的服务获得对该市场的深度开发，可以成功地树立与大型旅行社的差别竞争优势。

3. 品牌的横向管理规划——品牌延伸

品牌组合一般管理着相同业务群的不同品牌，而品牌延伸，却是一种策略。即，用同一品牌名称向不同的业务群扩张。品牌延伸的机会，应该建立在品牌的情感特征之上，而不是物理或产品性能。我国运用品牌延伸最成功的是“海尔集团”。在中国旅行社界品牌意识日益增强的今天，旅行社从业者掌握了品牌延伸的技巧，对旅行社的业务进行分析，在推出新的旅游产品的时候，要进行市场推广成本的分析，如果能够成功地利用企业已经在旅游市场上树立的知名品牌进行品牌延伸，可以获得很好的效果。

(1)品牌延伸的好处

- 使新产品很快打开市场；
- 节约新产品市场导入的费用；
- 节约营销成本；
- 丰富品牌旗下的产品线，给消费者带来完整的选择，给品牌注入新鲜感；
- 有助于品牌资产与价值的提升，树立行业综合品牌；
- 不同产品各自在市场上取得成功的美誉相互呼应声援，有助于拔高品牌形象。

(2)品牌延伸的局限性

- 使原本清晰的产品形象变得模糊不清；
- 降低了品牌在原来市场的专业化形象；
- 万一个别产品在市场上失败，会给其他行业的产品带来损失，有损综合品牌形象。

(3) 何时使用品牌延伸

- 延伸品牌没有不良联想的时候；
- 企业广告投入有限的时候；
- 原有品牌已经成为行业代名词的时候；
- 延伸品牌与原来产业关联度高的时候。

(4) 何时不用品牌延伸

- 市场竞争并不非常激烈的时候；
- 在新行业不具备核心竞争力的时候。

总之，品牌组合与品牌延伸是在相关性与专业性中寻找平衡。在品牌设计过程中，注意“简单易记”是第一要务。因为，客户不可能记住超过7个字的品牌，用知名品牌、联合品牌，在不同场合以不同的方式出现，是帮助旅游者有好记性的办法。这也就是为什么旅游界有很多是“×××旅行社和××航空公司联合推出××××几日游，特价×××元”的广告了。

4. 品牌的垂直管理规划

品牌的垂直管理规划，是根据旅行社的客户特征和企业使命，通过系统的战略规划，明确企业的发展战略目标，确立企业的核心品牌，明确企业的诉求。核心品牌通常与产品品牌组合使用。核心品牌通常以企业名称为载体，包含企业理念加诉求。在广告宣传中，往往首先出现产品品牌，最后出现企业名称和理念诉求。例如，海尔的核心品牌是“企业名称+企业经营理念”的完美结合。广之旅的品牌垂直管理规划，可以说是中国旅行社界的一个范例。广之旅通过系统的规划、恰当的市场推广、不断提升的质量管理体系，成功地树立了自己在珠江三角洲中国公民旅游市场的优质服务品牌。

(二) 旅游产品的创新是旅行社品牌管理的基础

消费者对品牌的认可，必须落到实实在在的产品和服务中去，只有产品和服务具有与众不同的特色，才能使消费者明确感知。在旅行社行业中，这一点很难做到，但却至关重要。旅游产品是旅行社赖以生存的基础，在中国旅行社界产品严重同质化的今天，谁在旅游产品的创新研发上占得了先机，谁就会取得很大的竞争优势。没有好的旅游产品，优质服务便无从谈起。旅行社产品的典型市场表现，是旅行社推出的各种旅游线路。一些服务意识领先的旅行社从业者，一直致力于旅行社特色旅游产品的开发、设计、创新工作，同时，致力于实现“无形产品有形化”，并且通过优质服务体现出产品的特色。只有这样，才能让旅游者明确区分不同的服务，建立旅游者的品牌信仰。

对于旅行社来说，在已经众多，而且日益增多的品牌中，要想营建游客对某一品牌的忠诚，首先，产品设计必须具备与众不同的特色。比如，某旅行社黄金周期间“胜利大逃亡”的生态游、“走进新时代”的深圳游等特色产品，上海春秋的散客成团、中外宾客同车游、爸妈之旅等特色产品深受旅游者欢迎，经营效果都很好，足以说明只有产品特色化才能具有竞争力。产品特色化是形成产品品牌的重要因素。

其次，就旅行社产品而言，产品功能要满足特定的需求，就必须开发优质产品。由于人们求新求异的心理，单一的、观光功能的游线，难以吸引游客回头，即使是一些著名景区和游线，游客通常观点也是“不可不来，亦不可再来”，难以塑造品牌忠诚。因此，在产品设计上，应尽量具有满足大众生理和心理重复性需求的功能，即致力于旅游产品的多元化。如，具备医疗作用的温泉、矿泉旅游产品，易于让人形成爱好乃至嗜好的体育健身旅游产品（如，高山滑雪场、高尔夫球场），满足人类戏水天性的海滨度假产品，进行知识和技能培训的修学旅游产品，以及部分公众存在心理依赖性的宗教旅游产品等。

再次，旅行社产品设计包装及推出时机的选择上，应善于打线路的“时间差”。旅行社提供给游客的产品，目前主要是各种类型的旅游线路。要吸引较多的游客，线路开发必须突出“实”、“新”、“特”、“精”。“实”就是线路要适合游客的实际需求，游客喜欢什么就开发什么线路。“新”和“特”，是指旅游线路要力求创新，富有特色，给游客以新鲜感。“精”就是要建设精品旅游线路，将一些级别高、生命力强、深受游客欢迎的旅游热线，建设成企业的核心品牌产品。由于旅游产品不具有垄断性，某旅行社推出后获得成功，很多旅行社会跟进模仿。因此，要树立产品品牌，在“实”、“新”、“特”、“精”的基础上，更应善于打线路的“时间差”，要比其他旅行社快几天推出新线路，就需要旅行社认真考察有关景区景点，精心策划，并事先做好保密工作。所有准备工作做好后，再隆重包装推出。这样，其他旅行社要模仿，起码得花一周左右的时间做准备，到推出同样的线路，起码就是十天半月之后的事了。因此，不断抢先开发新线路，就能先入为主，率先吸引大批游客，尤其是在节假日旅游，成效更加显著。

最后，需要将旅游产品品牌的塑造贯彻到旅行社的业务流程中去，建立横向和纵向的载体体系。这样，就可使旅行社业务环节的每个方面，都成为展示品牌形象的有效载体，才能形成自身的品牌形象。横向方面，可以针对旅游市场的细分，策划包装针对青少年、老年人、残疾人、女性游客等不同人群的特色旅游产品，设计针对这些人群的服务细节，以突出细节制胜，形成覆盖面广、成系列的产品品牌；纵向方面，将产品开发和旅行社的业务运作环节紧密结合，在旅行社售前市场开发、签约、出游、回访等旅游服务全过程突出特性化，凸显旅行社的服务品牌，使旅游者一接触到该品牌，就会立刻想起品牌的特色。

（三）满足旅游者需求是品牌管理的核心

目前，旅行社界有很多企业都购买了具有一定客户关系管理功能的“信息管理软件”。青旅控股还建立了自己的 ERP 系统。在旅行社业中，客户关系管理（CRM）的实质，就是努力维系旅游者和旅行社之间的关系，其最终目标也是为了企业的品牌得以延续和持久。品牌作为一种关系，是基于企业和客户之间相互信任的前提条件下而建立起来的。所以，品牌管理的策略应该是感性的，而不是理性化的。与客户培养和塑造一个感性的、富有个性色彩的品牌关系，需要经历如下过程：首先，要有知名度，让客户获得足够的信息，能够充分了解品牌；其次，要获得客户对品牌的尊重，与客户建立起友谊关系，进而赢得客户的信任；最后，由信任而生成对品牌的忠诚，客户和品牌之间转变为水乳交融的合作伙伴关系。

品牌就等于客户，拥有客户才意味着拥有品牌。因此，满足客户需求和维系客户关系的能力，是衡量企业品牌管理能力的一项重要指标。按照国际著名咨询公司普华永道的指标，一个企业是否具备客户关系管理（CRM）能力，可以从六个方面来加以衡量：

（1）企业是否把客户信息作为战略性的资源来管理？

（2）企业是否评估客户的持续价值？

（3）企业如何定义和满足客户的期望？

（4）企业的发展战略是否与客户的价值相匹配？

（5）企业是否进行了跨部门的集成？

（6）企业是否主动管理客户的体验和感受？显然，这种能力与最终反映在企业品牌竞争力上的、满足客户需求的程度是一致的。

为何旅行社品牌管理的核心，要转向以满足旅游者需求程度为归宿呢？如今每一个竞争者都具备了模仿其竞争对手旅游产品、服务、系统甚至整个过程的能力，持续保持一个品牌的差异性市场定位，再也不像以前依靠国家给予的垄断经营政策那么简单，更不能靠广告就可以长期维持一个品牌的形象。即政府的保护、单一的市场营销已难以奏效，而客户关系的培植则具有唯一的不可替代性。

国内旅行社界目前流行的信息管理软件功能，主要集中在对具体业务的管理上，很少有企业认识到 CRM 与品牌管理之间的密切关系。我们习惯把客户服务和品牌管理分开来的传统观念，将随着中国旅行社业的逐渐成熟，旅行社界 CRM 软件的普及和推广应用，尤其是境外跨国旅行社企业的示范效应的促动而转变，能否利用 CRM 满足客户需要，将是衡量和提升本土旅行社品牌与跨国旅游企业品牌竞争实力的指标之一。

目前，客户管理系统在航空服务业和饭店服务业都已经得到了广泛应用。有些航空公司和饭店管理集团已经建立了庞大的客户数据库。这些资料可使企业根据客户的需求提供定制的个性化服务，大大提升了客户对企业品牌的忠诚度。航空业和饭店业已经把客户服务作为品牌管理的核心，为品牌意识有待增强的中国旅行社界提供了很多学习的案例和机会。

案例：

信息技术条件下的客户服务，对树立企业品牌的促进

以联合航空公司（United Airlines）为例，想查看一下您的飞行里程？没有问题；您想为下次的旅行预订一份素食餐，没有问题。您只需再上上网就可以了。联合航空在向客人提供出色、周到服务的同时，又搜集到了客人的资料，为下一次的服务打下基础。这样做的结果，使联合航空的品牌在客人心中加深了印象。这只是第一步，在网上预订联合航空服务的客人，必须要同时回答一些关于以往飞行旅行的问题。这样航空公司就可以得到很多资料，以往这些资料要借助昂贵的消费者座谈会才可以收集到，而现在，乘客可以准确地告诉航空公司他们需要什么样的服务和什么样的产品。联合航空网站最初的意义，只是在于让旅客更方便地订到合适的座位，而现在，却戏剧性地转变成为一个能让航空公司直接接触到客人、有效改善自己服务的窗口。当游客体验到这个服务带给自己的好处之后，他们会更加热衷于再次接受服务，从而带动服务的整体提升。现在，航空公司的网上交易开始普遍出现，但是也有许多担心随之产生。人们担心网上交易会动摇品牌和顾客之间的关系。但是出乎意料的是，网上交易的结果非常好。1996年国泰航空公司（Cathay Pacific Airline）主持了几次网上的机票拍卖，航线是从美国到香港。这个活动非常成功，后来国泰航空又主办了"数码旅行"的推广活动。在活动之前，航空公司已经预先知道入选者最感兴趣的地方，推广活动的目的就是让这些消费者梦想成真。消费者和航空公司之间的关系建立在满足消费者愿望的基础上，而非一种直接的销售模式。这样一来，国泰的品牌变得更加个性化，消费者和航空公司之间的关系更加牢固，国泰公司的品牌价值也就成倍地增加。

（四）信守承诺、提供有保证的优质服务是旅行社品牌管理的关键

如何给一个旅游服务品牌建立一种信用，并进而转化为企业的无形资产，让旅游者心甘情愿地为此而付出比竞争对手高出很多的价格？提供有保证的优质服务，是营建品牌忠诚的基础条件。没有优质服务，各种经营策略就都难以奏效。反之，即使不运用其他策略，游客也完全可能因为旅游产品提供的优质服务而作出"下次再来"的决定。优质服务产生的亲和力，完全可以克服一定的空间距离障碍，使游客在众多同类产品品牌中不作其他选择。要做到这一点，中国旅行社界需要从以下几个方面着手：

1. 中国旅行社界需要尽快转变经营观念

中国旅行社界存在的种种问题，根源就在于经营观念不正确。旅行社业普遍存在着浓厚的推销观念，即把引诱游客购买旅游产品和服务作为经营活动的中心，在游客付款以后，就不再对游客负责。有这种观念的旅行社，不研究游客需求，不在提高服务质量、精选旅游线路上下工夫，而是用花言巧语或不兑现的承诺，引诱游客参加旅游，依靠大量游客的一次性购买，而不是重复性购买来取得利润，把企

业信誉与长远发展置之脑后。在这种经营观念指导下，旅行社不可能有大的发展，今后，甚至连生存都会有问题。旅行社要在旅游市场上树立自己的品牌，首先，必须迅速转变经营观念，坚决去掉推销观念，树立现代市场营销观念和名牌意识，认真研究游客需求，以需求为导向，提高服务质量，提供高质量的旅游产品，注重游客满意，以良好的信誉吸引游客。

2. 加强对导游人员的管理和培训

导游人员代表旅行社的形象，是旅行社文明程度的窗口。游客是从与导游人员的接触中感知旅行社的，往往把对导游的评价直接延伸到旅行社身上去。从这种意义上说，导游人员是旅行社创名牌的关键所在。因而，要加大对导游人员的管理和培训力度，全面提高导游的整体素质。

(1)改善导游的薪酬获取方式，把导游的服务质量和获得导游津贴紧密挂钩。上海春秋国际旅行社在导游管理方面做得很好。他们的优秀导游员一天最高可以拿到300元甚至更高的导游津贴，较好地解决了“导游依靠拿购物回佣，导游变成导购”的行业难题。

(2)把导游员的经常性培训作为旅行社的长远战略任务来抓，在经费、时间、人员安排上实行倾斜政策，采用多种方式培训导游。从时间角度来看，定期培训与不定期培训、经常性培训与临时性培训相结合；从空间角度来看，旅行社内部培训与社外培训，国内培训与国外培训相结合；从主体来看，自学与送培相结合。要对导游素质进行全面培训，既要进行经营观念、思想道德、社交礼仪培训，又要进行法律法规、业务知识与技能培训。通过培训，提高导游服务水平和游客满意度。

3. 提高旅行社企业采购和资源供应的能力，信守对各项旅游服务要素的承诺

旅行社的产品，首先要实现“标准化”，然后才有“个性化”。“标准化”就是要求旅行社真正实现各项旅游产品要素资源供应的质量保证，不再出现“三星饭店”换成“准三星级饭店”“豪华空调旅游车”换成“一般旅游大巴”的现象。

综上所述，旅行社的客户就是企业的品牌，品牌是一种感觉，是存在于旅游者心中的一种无形资产，而不是旅游产品本身。旅游者越来越重视旅游服务带给自己的旅游体验，而不是旅游产品的商业价值。我国旅行社目前的致命弱点，是在宣传自己的旅游产品时，给旅游者描述的天花乱坠，而在旅游服务过程中却原形毕露，问题多多，从而造成旅游者预期的期望值和实际得到的旅游体验相差甚远。因此，有保证的优质服务将成为中国旅行社能否树立自己强势品牌的关键，强势品牌对于旅游者来说，就是“可以信守旅游服务的承诺”。要增强自己品牌的竞争力，首先要遵循基本的商业游戏规则，这是中国旅行社界与国际旅游企业接轨的第一步。

(五)加强企业管理——中国旅行社品牌管理实践的主要手段

中国旅行社界的生存环境已经成为一个需求多样化的旅游市场。对于依靠计划经济体制下垄断经营发展起来的“国、中、青”为代表的中央大社而言，旅游服务品牌已经不能满足新形势下旅游市场的需求。中国国有旅行社企业普遍存在着产权不明晰、管理体制僵化、激励措施不到位等诸多问题。有的国有旅游企业甚至发展到依靠承包，收取承包费生存的地步。在这种情况下，必须从改变体制、改善管理上下工夫，提升企业的经营管理水平，重新建立适应市场经济体制下的品牌体系。只有实行严格而科学的管理，真正做到管理出效益，管理出名声，才能从根本上解决旅行社品牌管理的落实问题。其主要体现在：

(1)制定一整套严格的高标准旅游服务规范。从经理到导游必须按标准提供服务。新员工必须接受服务规范培训，合格后才能上岗。

(2)制定服务承诺及其奖惩条例，并向广大员工及游客公布。疏通游客信息反馈渠道，设立举报电话。

(3)建立内外结合的服务监督机制。从旅行社内部选派原则性强、有责任心的得力人员组建监督考核员工的专门机构，定期与不定期地监督考核服务行为，并提出考核报告和建议。从游客中聘请兼职监督员，随时考察员工的服务情况，还可不定期地召开游客座谈会，听取意见和建议。

(4)严格按服务规范和奖惩制度规定奖优罚劣。对表现突出的员工实行重奖，激励其继续作出一流的贡献；对游客反映大、表现差的员工进行行政、经济处罚，直至开除。从而在企业内部形成一股浓郁的扬善抑恶、积极向上的氛围。

另外，中国旅行社企业面对飞速发展的旅游市场，重新建立一套新的企业品牌架构体系，对国旅、中旅、青旅这些从计划经济体制发展起来的大型旅游企业更具有实质意义。包括改变企业的品牌观念，依据企业未来的发展战略，界定企业品牌、专业旅游产品品牌及产品品牌之间的关系，从而在整合企业资源的基础上，实现品牌资产价值的最大化。进入21世纪以后，企业品牌管理的重心将从视觉转向核心主体。从核心竞争力理论来分析，这是对我国旅行社企业竞争力的一项长期考验。企业长盛不衰的根本性要素，是企业自身的素质，内部条件比外部条件更具决定性影响。企业依赖强势品牌获取超额利润和保持长期竞争优势的关键，就在于企业能力、资源和知识的积累。这些都是通过具体的企业管理实践来实现的。而我国旅行社业科学的决策、科学的管理尚未真正形成。管理能力的缺乏，对我国旅行社品牌管理是一个严峻的挑战。

(六)恰当的市场营销手段是旅行社品牌管理的助推器

任一品牌的产品投放市场，都不能离开宣传攻势，大众传播媒介和人际传播媒介综合运用的最基本的效果，是扩大这一品牌的知名度，但对旅行社而言，其更重要的作用，应是向游客提供充分的信息，塑造整体形象，营建亲切气氛，形成面向某一细分客源市场的品牌形象。

人是有感情的动物，旅游企业与商品的形象，影响着中间商和旅游者的购买决策。如果在接待服务上也面对这一细分市场，采取相应措施和方式，就易于使这一阶层的客源产生心理亲和，进而产生品牌忠诚。比如，在广告、公关、人员与营业推广等宣传活动中，与新闻媒体单位和重要客户等举办联谊活动，在闹市区、大型超市、商场或饭店举行的促销活动中，发放宣传资料，如果经济实力允许，甚至也可起用形象代言人之类的宣传手段，社会大众在不同的时间和空间里，都可以看到、听到、感受到有关旅行社的信息。通过宣传促销，可以树立旅行社较好的整体形象，有利于招徕更多的客源，不断强化旅行社品牌的忠诚度。

在目前，旅行社行业整体毛利率非常低的情况下，很难不顾成本采取大手笔，对旅行社企业或产品品牌进行推广。但，可以通过与具有实力的行业、企业进行合作，借势、借力进行推广。一般可采取双方合作的方式进行"捆绑式"宣传，可以集中合作方的财力，达到事半功倍的效果。这种"捆绑式"销售，既可是同业内（如，旅行社与旅行社之间）的联合，也可以是与旅游产业链上游和下游（如，旅行社与饭店、景区点、交通等方面）的联合，或者与其他行业实力很强的企业合作。例如，中青旅控股股份有限公司最近与"统一"企业合作，中青旅为统一绿茶的促销活动提供旅游名额，作为回报，统一企业在其促销的绿茶包装上出现中青旅的 LOGO，并在开展促销活动的五省市投放市场，促销期间均出现中青旅 LOGO。中青旅与统一的这一合作，产生了很好的借势、借力效果。对中青旅的品牌推广起到了非常理想的作用。

尽快发展旅游电子商务，实行网上促销，也是旅行社有效塑造企业品牌形象的一个重要手段。目前，国外旅行社已经普遍运用电子商务手段开展网络旅游业务，特别是欧美等国的互联网，已经在旅行社广泛运用。他们可以通过互联网进行预订和交易，既方便游客，又有效地扩大了宣传招徕力度。互联网的运用，将给旅行社的传统运作方式带来一场革命，有可能完全改变传统旅游业的运作方式。这是我国旅行社面对入世与外资旅行社竞争，必须认真考虑的问题。我国旅行社在互联网营销方面，与国际发达国家的旅行社还存在着不小的差距。美国已经出现了"Expedia"等大型的网上旅行社。中国的在线旅游，无论从服务内容还是服务规模上，都与之存在很大的差距。

（七）运用法律法规，重视商标注册与保护是中国旅行社界品牌管理的外部保证

重视旅行社企业的商标注册与保护，包括旅行社企业商标及旅游产品服务商标的注册与保护。关于企业商标的注册模式，可按《商标法》的规定操作。旅游产品的商标注册则可将该产品中独特的地方，以文字予以抽象表达并注册商标，以保护产品的文字描述来保护产品的独创性思维和独特的运作方法。林洪岱先生作了开创性研究，认为可以采取"旅游企业品牌＋目的地旅游"的模式。如，"山东国旅泰山游"、"山东国旅曲阜游"、"青岛国旅崂山游"等。这种模式富有启迪意义，可

以一试。以《商标法》来保护旅游产品的独特性，虽然不可避免地有漏洞，但也是现有法律体系下唯一可采取的方法。

除此之外，在旅游电子商务日益普及的今天，旅行社企业还需要特别重视在互联网上进行旅行社企业商标及旅游产品服务商标的域名注册与保护，并将网上网下注册与保护有机统一起来。

（八）企业文化建设是中国旅行社品牌管理保持品牌竞争力的源泉

任何中国旅行社企业在品牌初创期间，都必须在短期和长期利益之间作出选择，当然，最理想的状况，是在保证企业生存的前提下，同时兼顾企业的长远利益，即处理好产品和品牌之间的平衡关系。但事实上，中国的旅行社往往难于抵挡短期利益的诱惑，加之体制问题，所有权和经营权的分离，会不可避免地导致经营者为获取短期利益的最大化，而不惜牺牲企业的长远利益。中国的品牌对大多数中国旅行社企业来讲，还仅仅是一件体面的外套，或者说是一件奢侈品。

中国旅行社企业应该逐步建立起基于长远发展，并兼顾社会进步的企业文化——这种文化根植于企业的价值观。美国兰德公司曾花20年时间跟踪了500家世界大公司，发现其中百年不衰的企业有一个共同特点，这就是他们始终坚持四种价值观。一是人的价值高于物的价值；二是共同价值高于个人价值；三是社会价值高于利润价值；四是用户价值高于生产价值。而这正是打造企业核心竞争力的一个重要“着力点”，同时也是发挥企业核心竞争力的重要“支点”。这些价值，伴随着企业的发展变迁和经营活动的成败考验，日积月累积淀为企业文化，并转化为企业凝聚力和活力的源泉。没有一定的企业文化作支撑，中小企业将很难长大。是什么造就了世界500强企业中的美国运通、日本交通公社这样的旅游服务品牌？既不是资本、规模和技术，也不是特定的优秀员工（这些因素每天都在变化），而是看不见的企业文化。这些文化融入企业长期发展的战略经营方针之中，渗透在企业经营和管理的每一个环节，并随企业文化的不断延续和更新，最终通过旅游服务在市场上形成自己独特的品牌竞争优势。

总之，21世纪，现代旅行社企业战略的重点，在于最大限度地创造强势品牌，从而保证企业投资获得长期的根本性的利益。中国旅行社业在企业文化建设和品牌管理方面才刚刚起步，我们应该清醒地认识到最终决定企业品牌命运的，不是旅游产品的价格，也不是跨国旅行社竞争者，而是我们自己。

【本章小结】

本章阐述了品牌是一种名称、术语、标记、符号、设计，或是它们的组合运用，其目的是借以辨认某个销售者或某群销售者的产品或服务，并使之同竞争对手的产品或服务区别开来。品牌化决策，包括品牌决策、品牌使用者决策、品牌名称决策、品牌战略决策、品牌再定位决策。

中国旅行社业经过近十几年的快速发展，价格竞争已经到了白热化阶段。在这种情况下，中国旅行社企业必然要改变竞争策略，由价格竞争过渡到品牌竞争是一个必然的趋势。中国的旅游者、旅行社界和旅行社业增长方式的转变，以及中国旅行社业迎接全球一体化挑战，都需要旅行社企业有自己的知名品牌。同时，中国旅行社界已形成一批有一定影响力的旅行社，具备了一定的企业基础；而且中国旅游者的名牌意识已经觉醒，为中国旅行社业品牌管理提供了庞大的市场基础；政府营造了扶持旅游名牌、实施品牌管理的大环境，这些都为中国旅行社企业打造自己的知名品牌，提供了良好的外部条件。

中国旅行社界的先行者对品牌管理已经进行了很多探索，主要有三种模式：(1)国、中、青三大体系开始通过"收购建立资产纽带+特许经营"等手段，解决各总社与地方分支机构商号混淆的问题，取得了一定的进展，但还未得到根本性的解决。(2)广之旅等发达地区的旅行社较早地进行了企业品牌设计和推广，取得了较好的经济效益和社会效益。(3)针对只有企业名称的品牌效应，而没有特色产品品牌效应的现状，一些意识领先的旅行社纷纷采取注册产品名称商标的方式，保护产品品牌。

中国旅行社界的品牌管理，是旅行社以品牌导游、品牌服务、品牌商标，品牌商号的创立、保护和发展为中心目标，以提高旅行社市场竞争力和经济效益为主要目的而进行的，具有较长时间和较大空间跨度的、系统周密的谋划、设计及其实施过程。它主要通过"品牌管理规划、产品创新、满足客户需求、服务质量保证、加强企业管理、营销体系、运用法律保护、企业文化建设等八个方面来实现的。

主要参考书目

李宝明. 旅行社经营管理. 北京:经济科学出版社,2004

徐东文. 旅行社管理. 武汉:武汉大学出版社,2003

贺学良. 现代旅行社经营管理. 上海:复旦大学出版社,2003

[美]艾德里安·高斯蒂克,切斯特·埃尔顿. 24 支胡萝卜管理. 北京:机械工业出版社,2004

罗伯特 L. 马希斯,约翰 H. 杰克逊。人力资源管理培训教程. 北京:机械工业出版社,2004

贺爱忠. 简论旅行社名牌战略. 哈尔滨:《商业研究》杂志社,2001 年第 5 期

龚兴邦. 旅游业的旧经营观念亟待改变(J). 北京:《商业经济研究》杂志社,1999(12)

朱中奇. 扩大内需:国内旅游如何升温(N). 北京:经济日报社,1999 - 06 - 01

林洪岱. 中国旅游业的品牌化诉求(N). 北京:中国旅游报社,2000 - 06 - 26

陈南江. 论旅游产品品牌忠诚的营建. 广州:广东省旅游局发展研究中心,2002 - 6 - 5